高校行政管理：
理念与路径

高建勋 / 著

武汉理工大学出版社
·武 汉·

内容提要

本书从行政管理基础理论入手，围绕历史、环境、主体、过程、发展等方面的问题，对高校行政管理展开全面系统的阐述。作者运用行政管理学的理论，结合新时代高校发展的实际，梳理了中西方大学的历史演变及经验启示，分析了高校行政管理的主体即高校各级领导的职位、职权和责任，就如何提升高校领导者的方式方法和艺术，优化高校领导者的素质结构提出了对策；着重介绍了高校行政管理的基本方法，如高校战略管理、高校决策过程、高校行政沟通等，注重基础性、系统性、前沿性；就如何做好高校人力资源管理、办公室管理、危机管理、意识形态工作管理、绩效管理提出了解决方案和实现路径；最后对高校行政改革与发展趋势进行了展望。

图书在版编目 (CIP) 数据

高校行政管理：理念与路径 / 高建勋著. — 武汉：武汉理工大学出版社，2024.5
ISBN 978-7-5629-7068-2

Ⅰ.①高… Ⅱ.①高… Ⅲ.①高等学校—行政管理—研究—中国 Ⅳ.① G647.2

中国国家版本馆 CIP 数据核字（2024）第 108234 号

责任编辑：王兆国
责任校对：杨 昱　　　　排　版：任盼盼
出版发行：武汉理工大学出版社
社　　址：武汉市洪山区珞狮路 122 号
邮　　编：430070
网　　址：http://www.wutp.com.cn
经　　销：各地新华书店
印　　刷：北京亚吉飞数码科技有限公司
开　　本：170×240　1/16
印　　张：24.5
字　　数：388 千字
版　　次：2024 年 5 月第 1 版
印　　次：2024 年 5 月第 1 次印刷
定　　价：98.00 元

凡购本书，如有缺页、倒页、脱页等印装质量问题，请向出版社发行部调换。
本社购书热线电话：027-87391631　87664138　87523148

·版权所有，盗版必究·

前言

党的二十大将科教兴国战略、人才强国战略、创新驱动发展战略提高到前所未有的高度,指出"教育、科技、人才是全面建设社会主义现代化国家的基础性、战略性支撑"。作为教育、科技、人才"三个第一"交汇点的高等学校,高校管理体制的改革创新和管理效能的提质增效已然成为实现高等教育治理现代化建设目标的必要条件。

行政管理是大学治理的一种有效方式,一所大学不可能没有行政管理。大学组织体系与成分构成具有复杂性与多样性,既有学术科研单位、行政单位、后勤服务单位,还有附中、附小、幼儿园等附属单位,有的还拥有多个校区;从人员构成看,很多大学在校师生员工达几万人,有的甚至高达十余万,有教师群体、学生群体、行政管理干部、后勤服务人员,还有其他一些集体成员。各群体成员不同的属性、内容、层次,使得他们的利益要求和利益关系呈现出结构性构成状态,即不是平面的而是多元立体的利益关系。与此同时,与企业组织不同,高校属于利益相关者组织,政府、社会对高校都有一定的利益诉求。高校行政管理是指高校为了完成人才培养、科学研究等相关工作目标,依托一定的体制、机制和工作方法,发挥管理与行政的职能,引领和指导全校教职员工合理使用校内各类资源,有效地开展教学、科研活动,达到既定的组织活动目的。大学管理者是特殊的职业人士,既要理解学者和学术,又要通晓现代管理的理念和方法。尤其在当前,我国高等学校"双一流"建设如火如荼,完成这一项宏伟的任务,仅仅依靠专任教师队伍是远远不够的,也要有一流的行政人员与机构。"双一流"建设的重点是学科,师资队伍是关键,管理是支撑。高校管理主要包括教学管理、科研管理、学生管理、人事管理、财务管理、后勤管理、意识形态管理、绩效管理等。面

高校行政管理：理念与路径

对新阶段新征程严峻的形势任务,高校管理工作重、任务新、要求高,由于长期以来管理队伍缺少专业教育培训,对外交流较少,专业化水平不高,多数管理人员基本依靠个人经验的积累来开展管理工作。北京大学校长林建华认为：大学管理者与其他行业的管理者一样,是一个专业化程度很高的职业。一个好的大学管理者需要学习、需要实践、需要磨炼,需要经历过成功和失败,才能成长,才能进步。高校行政管理工作既涉及宏观层面的运行管理,同时还要参与到微观层面的落实执行,既有总揽全局的中心工作和重大事项,也有细致入微的行政事务和琐碎流程,涉及的领域方方面面。只有依靠理论的指导,才能在整体上提高高校行政管理工作水平。本书即针对这一问题的研究成果。

本书力图奔着问题去、奔着解决问题去,通过综观大学历史演变、国际高等教育比较研究、高校行政管理实践经验总结等途径,采用中外结合、立足现实、审视历史、面向未来的方法,从理论与实践两个维度上围绕"大学是什么、大学管理干什么、大学管理怎么干"进行深入、系统地分析,突出理论性、针对性、实用性和创新性,能够真正为高校管理系统内的干部提供参照借鉴。

一是理论性较强。本书以夏书章主编的《行政管理学》为指导,从行政管理基础理论入手,围绕历史、环境、主体、过程、发展等方面,对高校行政管理展开全面系统的阐述,力图构建具有我国特色的高校行政管理学理论体系。本书尤其结合了作者多年的工作探索、理论研究,结合了新时代高等教育发展的实际,从而尽可能地将理论与实践结合起来。书中第一章是关于大学的总体认识。作者梳理了中西方大学的历史演变,包括近现代大学的由来、发展历程、组织特征和经验启示,回答"大学做什么""什么是大学""怎样办大学"和"办什么样的大学"这样几个基本理论和实践问题,对我国高校"双一流"建设有借鉴意义。古今中外、不同流派关于管理的定义,可谓仁者见仁、智者见智。但综合分析,不难发现,这些定义都围绕着管理的主体、客体、目标、手段等核心要素。其中,最为核心的要素就是"人"。本书第二章就着重阐述了高校行政管理的主体——高校领导的职位、职权和责任,将学科理论的基础性、系统性、前沿性等核心概念和有关知识加以界定,就如何提升高校领导的方法、方式和艺术以及优化高校领导者的素质结构提出了对策,使高校行政人员知晓"我正在做什么？""我将要做什么？"只有目的明确了,才能找到前进的方向,从而唤醒高校行政人员的自觉意识。

二是针对性较强。现代大学管理是否一流，既取决于一流的管理体制和管理文化，也取决于一流的治理体系和治理能力，这一系列"一流"的交汇点和落脚点就在大学的行政管理人员。现有的专门针对高校行政管理乃至学校管理的理论书籍不多，许多高校行政人员"求学无门"，找不到学习读本。本书内容体系相对于公共管理学更为精练和紧凑，更加紧密结合高校行政管理工作实际，第三章、第四章、第五章重点介绍了高校行政管理的过程和基本方法，如高校决策过程、高校行政沟通、高校战略管理的内涵和途径，从而使得高校行政人员可以对高校行政管理的基本理论有一个完整且系统的把握，然后在治理能力上积极探索、大胆改革、力求创新，切实提升行政管理效能。

三是实用性较强。本书坚持问题导向，坚持需求导向，注重理论与实践紧密结合，对于高校行政管理理论知识的阐述重在基础性，着眼于实际工作者在实践中最常用的一些基本知识，力求做到简明通俗，不做过于专业深奥的讲解。"科学管理之父"泰勒认为，管理就是确切地知道你要别人干什么，并使他用最好的方法去干。本书第六至十一章着重就如何做好人力资源管理、学生事务管理、办公室管理、危机管理、意识形态工作管理、绩效管理提出了解决方案和实现路径。提高行政效率是行政管理的出发点和归宿，而行政改革是提高行政效率的必由之路。本书第十二章对高校行政改革与发展趋势进行了研究，对我国高等教育的未来进行了展望并提出了建设性构想。这些都是作者在长期的高校管理实践中，针对现实工作中的实际问题，深入开展研究而形成的具有较强理论性和较好实用性的理论成果。本书中既有宏观的政策考察，又有中观的制度分析，亦有微观的对策探讨，为读者提供了可供操作的思路，让读者从中得到相应的启示，对高校行政人员的专业化发展、高校治理体系和治理能力现代化有一定的参考价值和指导意义。

高校行政管理学是一门应用性极强的学科，其旺盛的生命力在于理论密切联系实际，因此需要在深刻了解我国高校的基础上，根据现实情况进行研究，生搬硬套别人的东西是不行的。本书是作者多年观察、研究和实践的浓缩，其创新之处在于：一是初步建构了一套高校行政管理学的理论知识体系。本书着眼于高校行政人员在实践中最常用的一些概念和基本知识，介绍了高校行政管理学的核心概念、管理主体、管理过程，以及管理的保障和目的，重在基础性。如认为目前我国大学组织的特性为：突出政治性，兼顾社会性；统一性较强，逐步向多样性转变；

学术权力和行政权力失衡；政府政策在高校改革发展中发挥主导作用。高校办公室具有五大职能：统筹协调职能，参谋助手职能，督察督办职能，安全保密职能，服务保障职能。为做好高校管理工作提供了理论指导。二是聚焦我国高校行政管理的热点、难点问题，提出了对策探讨和路径选择。战略管理、人力资源管理是高校行政管理的热点问题，一些高校争先恐后地把"人事处"改名为"人力资源部"，将人力资源的规划与建设纳入学校发展战略。本书对高校人事制度变革中的预聘—长聘制、考核评价制度改革、薪酬激励制度改革、职员制改革进行了利弊分析，以期提供借鉴和参考。本书针对高校危机管理、意识形态工作管理、绩效管理等管理难点问题，也逐一分析了它们存在的问题及原因，有针对性地提出了改进路径。如高校绩效管理是一个复杂的、系统的过程，加之我国高校绩效管理起步较晚，虽然近年来在这方面取得了很大进步，但还存在诸多问题，本书分析存在问题的原因后，提出了优化我国高校绩效管理的对策：第一，加强绩效管理知识的学习；第二，建立合理的绩效标准，完善绩效管理制度；第三，建立行之有效的沟通和激励机制；第四，引入先进的管理模式；第五，积极争取外部行动者的支持性环境。这些解决问题的方案是具体方法以及在实践中的基本原则，并非教条的理论和僵化的说教，读者能够活学活用。不过遗憾的是，由于时间、精力及能力所限，有些问题尚未得到充分的探讨，比如，相关管理案例较少，人力资源管理如何实现"岗位、职责、贡献、薪酬"相匹配的岗位管理模式，还有待于进一步探讨。此外，对高校行政道德、学生管理、教学管理、科研管理、财务管理等问题没有展开研究，这些都是今后需要进一步努力的方向。

本书在撰写过程中，得到了武汉纺织大学领导和同事的支持与指导。武汉纺织大学姜永杰、王霄鹤、邓兰、张竣青、汪伦参与了部分章节的资料收集整理工作。感谢武汉理工大学出版社的大力支持。对于所有花费时间、付出心血的同事和朋友，我都发自内心地感激。本书还参考了互联网上的一些成果，限于篇幅，部分资料来源没有一一注明出处，敬请谅解。

当前，管理理论越来越多地被人们所重视，尤其是实际管理工作者更加重视管理理论的作用，更加自觉地在管理理论的指导下开展管理工作。本书是笔者长期从事高等教育理论研究和实践探索的结晶，对高校行政管理人员、辅导员有较强的指导和借鉴作用，同时也适合各级教育行政机关部门和各类管理者阅读和使用,具有很强的可读性、针对性、思想性与参考性、启发性。

  最后,需要指出的是,本书肯定存在不完善之处,在思路整理、结构安排、文字表述方面还有很多遗憾,加之自己的理论功底不深、能力水平有限,疏漏之处在所难免,诚望广大读者批评指正。

高建勋

2024 年 3 月 2 日

目录

第一章　识读大学 | 1
第一节　中西方大学的历史演变及经验启示 | 1
第二节　大学社会职能的历史演变及发展趋势 | 16
第三节　我国大学组织的特征 | 24

第二章　高校行政领导 | 31
第一节　高校领导概述 | 31
第二节　高校内部领导体制 | 47
第三节　行政领导的方法和艺术 | 55
第四节　行政领导者的素质结构及其优化 | 63

第三章　高校决策过程 | 79
第一节　高校决策及其特点 | 79
第二节　决策过程 | 90
第三节　加强和改进高校决策 | 102

第四章　高校行政沟通 | 109
第一节　行政沟通的概念和要素 | 109
第二节　沟通的机制和方法 | 118
第三节　做好高校对外宣传 | 130

第五章 高校战略管理 ┆ 139

　　第一节 高校战略管理概述 ┆ 139
　　第二节 战略管理过程 ┆ 147
　　第三节 创新战略管理 ┆ 157

第六章 高校人力资源管理 ┆ 171

　　第一节 高校人事管理和人力资源管理 ┆ 171
　　第二节 我国高校人事制度 ┆ 176
　　第三节 高校人事制度改革的探索 ┆ 186

第七章 高校学生事务管理 ┆ 198

　　第一节 高校学生事务管理概述 ┆ 198
　　第二节 高校学生事务管理的未来发展方向 ┆ 207

第八章 高校办公室管理 ┆ 222

　　第一节 办公室工作的性质与职能 ┆ 222
　　第二节 高校办公室管理的科学化和现代化 ┆ 234
　　第三节 高校办公室工作的创新 ┆ 240

第九章 高校危机管理 ┆ 249

　　第一节 高校危机管理概述 ┆ 249
　　第二节 高校危机管理的体制 ┆ 261
　　第三节 高校危机管理的机制 ┆ 265

第十章 高校意识形态工作管理 ┆ 279

　　第一节 高校意识形态管理概述 ┆ 279
　　第二节 加强高校意识形态工作管理 ┆ 288
　　第三节 加强高校网络意识形态管理 ┆ 299

第十一章 高校绩效管理 ┆ 307

　　第一节 高校绩效管理概述 ┆ 307
　　第二节 高校的绩效计划与实施 ┆ 315
　　第三节 高校绩效考核 ┆ 320
　　第四节 高校部门绩效反馈与改进 ┆ 331

第五节 我国高校绩效管理实践 ┊ 333

第十二章 高校行政改革与发展 ┊ 341

第一节 高校行政改革概述 ┊ 341
第二节 当代西方国家的高校行政改革 ┊ 345
第三节 我国高校的行政改革及展望 ┊ 351

参考文献 ┊ 367

后　记 ┊ 376

第一章

识读大学

党的二十大报告提出"教育是国之大计、党之大计",首次对教育、科技、人才进行"三位一体"统筹安排、一体部署,强调"教育、科技、人才是全面建设社会主义现代化国家的基础性、战略性支撑""深入实施科教兴国战略、人才强国战略、创新驱动发展战略",极具战略意义和深远影响。高等教育作为科技创新的重要力量,在服务国家科教兴国和创新驱动发展战略中发挥着独特且不可替代的作用,特别是集中力量开展高层次创新人才培养、加快基础性学科和紧缺型人才培养,为现代化建设提供了各类人才与科技创新的源头活水,为中国式现代化奠定了高等教育基石。要想统筹教育、科技与人才,必须发展高等教育,实现高等教育现代化,建设高等教育强国。我们要准确把握教育、科技、人才三位一体统筹部署的战略意义和深远影响,在新的赶考之路上守正创新、攻坚克难,以高等教育高质量内涵式发展全面服务支撑中国式现代化建设。

第一节 中西方大学的历史演变及经验启示

大学是什么?不同时期、不同国家的不同人从自身的时代背景和文化背景出发,对这一概念持有不同的观点。从本质上讲,大学是学术组织和知识圣地。"大学",英文是"university",其来源于拉丁文

"universitas",本义是行会。一方面,大学是有历史的组织,它最早可追溯到中世纪。另一方面,大学在社会中扮演着重要角色。纽曼曾说,"大学是探索普遍学问的场所。"学问,或称知识,是大学的最本质的体现,也是大学得以延续数百年的重要支撑。大学是一个知识组织,同时它还是一个以教学、科研和服务社会为基本职能,以教研为核心,以合作为纽带,以创新为方向的有机组织,是让一个社会、一个民族、一个国家乃至全世界充满希望的组织。回顾过去,每一所大学都有自身的起源,每一个国家的大学也有自身的起源。大学的起源有先有后,发展有快有慢,它们共同组成了动态的全球大学系统。当前,我国高校正在开展"双一流"大学建设,一方面需要通过国际比较明晰自身的优势与不足;另一方面也要从自身的历史与现状中寻求新的发展道路与特色。大学发展的历程总是伴随着国家政治经济文化的变迁,无视大学的起源、发展特点及其环境变迁,就无从理解大学行为并建构大学未来。

一、西方大学的历史演变及启示

关于西方大学的起源,在教育史学界,一直有着不同的意见。有人把大学的起源追溯到古代埃及、罗马和中国,但是大多数的教育史学家认为,大学的起源应当是欧洲中世纪诞生的大学,这种观点基本上成为了世界高等教育界的共识。无疑,西方各国大学的起源并非同步,而是前后相继的,欧洲中世纪的大学也并非在欧洲各国同时起步。

(一)西方现代大学的起源

大学起源于欧洲中世纪,约诞生于12世纪。中世纪在欧洲历史上是指其封建社会时代,时间从公元476年西罗马帝国至文艺复兴前。拉丁文"大学(universitas)"一词,原意就是"行会""社团""公会"之意,起初并没有学术或者教育的含义,后来则专指12世纪末在欧洲出现的一种高等教育机构。这种机构具有这样一些特征:组成了系和学院,开设了规定的课程,实施正式的考试,雇用了稳定的教学人员,颁发被认可的毕业文凭或学位,等等。中世纪大学发展经历了数百年的演化过程。在大学发展的早期,大学是逐渐形成的,并没有根据专门的法令创办的大学,因此不可能为任何一所早期大学指定一个确切的创建时间。

12世纪,在意大利、法国和英国开始出现了一些最早的大学,其中具有代表性且影响较大的是意大利北部的博洛尼亚大学和法国的巴黎大学。

学术界普遍认可的意见是,1088年诞生于意大利北部的博洛尼亚大学,是近现代世界上的第一所大学,是欧洲最古老和最有名的大学之一。博洛尼亚是中世纪时期意大利北部的一座国际性大都市,它位于一个天然的十字路口,是阿尔卑斯山北与拜占庭通商的必经之路。商业的繁荣促进了此地对罗马法学者的大量需求,许多著名的罗马法学者开始在此从事教学活动,并渐渐使得博洛尼亚的法律学校的教学水平远远超过了意大利其他地方,到12世纪中期,博洛尼亚大学已经成为欧洲罗马法和教会法最重要的中心,吸引了欧洲各国的学生前来求学,使得大学从一开始就具有跨国界性。学生在博洛尼亚被当作侨民,受到当地政府和市民的不公正对待,于是学生们按种族、地理出身组成了四个同乡会,后又逐渐发展为山南人团体和山北人团体两个学生团体,这成为博洛尼亚大学的肇端。起初,博洛尼亚大学由从事教学的博士进行管理,但随着学生团体权利意识的增长以及他们对博洛尼亚经济的影响,同乡会逐渐掌握了博洛尼亚大学的控制权。学生通过同乡会选举学校领导,当选者要接受同乡会的监督和制衡,而博洛尼亚的教师们尽管也有自己的社团——博士协会,并拥有组织考试和授予学位的权利,但这些教师以教授医学和法学科目居多,非常依赖固定收入和学费,对学校像学生一样缺乏长远的集体责任感,因此,他们并没有形成一个有权力制定大学章程的法人团体。因此,在博洛尼亚,博士协会没能演变为教授会。

1222年,博洛尼亚大学发生分裂,对该校不满的教师和学生迁移至帕多瓦(Padua)办学,于是又出现了帕多瓦大学。在中世纪,西班牙、法国、德国和波兰等国的许多大学,都是这样自发创办起来的。

中世纪的大学与宗教有着千丝万缕的联系,要么是依附于寺院或教堂,要么本身就是神父或是神职人员创办的。巴黎大学是于1150年成立的,由巴黎圣母院大教堂学校演变而来。起初,法国布列塔尼半岛一个叫阿培拉德的年轻神父来到巴黎在圣母院讲授神学和逻辑学,吸引了数以千计渴求知识的青年人来听他的演讲。一些不同意他的观点的神父,也前来解释他们各自的学术观点。这种自由讲学的风气,很快就吸引了来自英国、意大利、德国、瑞典、匈牙利等国的学生和听讲者。于是,在巴黎塞纳河畔的一个小岛上,在古老的巴黎圣母院附近就诞生了巴黎大学。1200—1210年间,诞生了巴黎教师和学生的行会组织,1215年正式称为大学。经过一系列与教会的冲突，巴黎教师几乎获得了当时行会所能拥有的全部特许权，比如有权自主录用人员，颁发授课准许证书；有权确定其内部机构的章程，有权开除违反章程的成员；有权选举大学的官员，如同乡会负责人、校长等。巴黎大学也有同乡会，并且很可能是受博洛尼亚的影响，它们是由初级学院艺学院的文学硕士（他们既是神学院、法学院和医学院三个高级学院的学生，同时又担任艺学院的教师）以及他们各自招收、指导并管理的学生组成。与博洛尼亚不同的是，巴黎大学的同乡会是由师生共同组成的。在1200—1220年间，巴黎大学的各学院已经独立设置，每个学院之首，即为执教教师的全体大会，由选举产生的院长主持，处理学院的各方面事务，特别是有关教学方面的事务，如课程、讨论、考试的组织等。该校分文、法、医、神学四科，后来发展为西欧各大学"典范"。

这些大学按领导体制可分为两类：一类是"学生大学"。以博洛尼亚大学为代表，由学生主持校务。教授的选聘、学费的数额、学期的时限和授课的时数，均由学生决定。欧洲南部的大学，如意大利、法国（巴黎除外）、西班牙、葡萄牙等地的大学多属此种类型。以后，这种形式逐渐被削弱，到18世纪末彻底消亡。另一类是"教师大学"。以巴黎大学为代表，由教师掌管校务。欧洲北部的大学，如英格兰、苏格兰、德国、瑞典和丹麦等地的大学，多属此种类型。中世纪大学主要从事纯理论研究，与社会保持一定的距离，因而被称为"象牙之塔"。

大学这一高等教育形式，自中世纪出现以来，表现出了旺盛的生命力。以"教师行会"——巴黎大学为策源地，先后传承与创立了牛津大学、剑桥大学、哈佛大学、耶鲁大学等一大批世界一流大学，被誉为"西欧大学之母"。

英国的大学出现的时间比法国巴黎大学约晚20年。英国牛津大学的诞生，似乎有点偶然性的色彩。1167年，英国国王亨利二世与法国国王菲利普三世不和，下令召回了在法国的英国学者和学生，禁止他们到法国讲学和从事研究工作。这批回国的学者来到牛津，从事经院哲学的教学与研究，1168年，牛津大学就正式诞生了，它是以巴黎大学为榜样的学校。1209年，由于牛津大学的部分学者与当地居民发生冲突，于是逃到了剑桥，遂出现剑桥大学，从而造就了英国最负盛名的两所大学。部分世界著名大学的传承线索为：巴黎大学（1150年）—牛津大学（1168年）—剑桥大学（1209年）—哈佛大学（1636年）—耶鲁大学（1701年）—普林斯顿大学（1756年）等。

继意大利、法国和英国之后，新建大学的浪潮雨后春笋般地出现了。在14世纪，德国建立了海德堡大学，捷克建立了布拉格大学，波兰建立了克拉科夫大学。到1500年，全欧洲已有80所大学，1600年发展到108所。中世纪欧洲大学的陆续出现，为欧洲的文艺复兴、宗教改革运动做了准备，直接推动了各国科学和文化事业的发展，促进了这些国家的城市的繁荣和商业的发展。

从16世纪开始，欧洲的大学开始了大规模的改革，其核心是弱化神学地位和强化科学研究。16世纪中叶，格拉斯哥大学着手进行课程改革，设立了自然科学类课程，使学科范围不断扩大。法国于18世纪开始兴办"法国大学校"，即高等专科学校。这类新型高校以重科技、重实践、重应用为教学特色，推动了大学教育模式的创新。与此同时，德国的哈勒大学和哥廷根大学已经成为严格的研究机构和专业学习的高等教育机构。

（二）西方大学的发展

虽说大学自12世纪以来创立日久，但直到18世纪末，大多数欧洲国家的研究工作还是在诸如英国皇家学会这类科学院的主持下进行的，大学只是进行教学与培训的机构，研究工作仅仅起着一种附带的作用。虽然日内瓦学院、莱顿大学、爱丁堡大学、哈勒大学和哥廷根大学等欧洲名校已经重视原创性研究与研究生培养，但直到1810年柏林大学的建立才达到近代大学发展史上的一个高峰。

1810年，洪堡创立了柏林大学，标志着现代意义上的大学正式起航。柏林大学建校之初就十分重视研究工作，讨论、专题讲座、实验、专题研究成为训练学者必不可少的途径。这些做法首先扩大至德国其他大学，进而为其他国家所仿效。到19世纪，大学已经成为人类科学研究的重要源泉。可见，现代大学与早期大学的重要区别是更加强调研究群体的协同效应，更加突出对自然科学的追求。在现代大学的早期，学科界限较为模糊。但是随着科学技术的不断发展，大学规模不断壮大，学科分类不断细化。这一方面造成了学科体系的不断完善，另一方面也催生了现代大学的分化：一是大学类型的分化，即专科大学的出现；二是学科体系的分化，即产生了分科、分专业教学；三是教学与研究分离，学科之间割裂的现象日趋严重。

美国作为英国的殖民地,教育的发展模式深受其宗主国的影响。在1776年美国独立以前,共有10所大学,它们都是仿照英国牛津大学和剑桥大学而建立起来的。这些大学是:哈佛学院(1636年)、耶鲁学院(1701年)、威廉和玛丽学院(1693年)、国王学院(1756年,哥伦比亚大学的前身)、皇后学院(1776年,罗格斯大学的前身)、新泽西学院(1746年,普林斯顿大学的前身)、费城学院(1755年,宾夕法尼亚大学的前身)、罗德岛学院(1754年,布朗大学的前身)、达拉茅斯学院(1769年)等。

美国的哈佛大学创建于1636年,是由移居美洲的英国清教徒仿效剑桥大学的模式建立的,因此始称剑桥学院。1639年更名为哈佛学院,目的是永久纪念学校的创办人之一和办学经费的主要捐赠者、英国剑桥大学伊曼纽尔学院文学硕士约翰·哈佛。1701年,以詹姆士·皮尔庞特牧师为首的一群康涅狄格州公理会牧师,说服该州法院投票赞成建立耶鲁大学,哈佛大学1668届毕业生亚伯拉罕·皮尔逊被推选为第一任校长。1718年托管人将它命名为耶鲁学院,以感谢英国商人伊莱休·耶鲁(Elihu Yale)对学校的慷慨捐赠。由耶鲁大学校友担任第一任校长的美国大学有:普林斯顿大学、哥伦比亚大学、威廉姆斯学院、康奈尔大学、霍普金斯大学、芝加哥大学、佐治亚大学、密西西比大学、密苏里大学、威斯康星大学和加利福尼亚大学,因此耶鲁大学享有美国"学院之母"的美誉。

虽然美国最早的大学比欧洲中世纪大学晚了500多年,但是后来居上。美国现在不仅拥有全世界三分之一数量的大学,而且世界顶尖的前十名研究型的大学也都在美国。早在20世纪70年代初,美国在世界上第一个实现了高等教育的大众化(适龄青年的毛入学率达70%以上)。

日本科学史学家汤浅光朝在统计了自文艺复兴以后科技文献分布的基础上,于1962年证实了英国学者贝尔纳关于世界科学中心转移的观点。从历史发展的进程来看,近代以来,世界先后形成了五个世界科学中心,分别是16世纪的意大利、16世纪中叶到17世纪的英国、18世纪的法国、19世纪的德国和20世纪的美国。在近400年间,世界科学中心转移的路径是:意大利—英国—法国—德国—美国。其实,自中世纪大学诞生以后,高等教育的中心也经历了世界范围的转移,其转移路径大体与科学中心的转移路径基本相同。这说明,教育与科学是一对孪生的兄弟,它们彼此相互依存、相互促进,是建设研究型大学的两项最主要的任务。

(三)西方大学历史演变的启示

从大学的起源和发展中,我们可知,欧洲中世纪的大学,称得上是近代大学的源泉和雏形。西方大学经历了近千年的历史,也正是在历史的漫长演变过程中,不仅形成了当代一批著名的研究型大学,而且还形成了西方大学教育的精髓,可以概括为以下几个方面。

一是自治独立性。大学有别于其他社会机构,首先在于其为学者的团体。这一组织的性质,决定了大学从一开始就拥有相对于教会和政府的独立管理权。大学自治权的获得,使得大学能够摆脱政府和教会的干涉,不会出现受政府左右改变大学的办学方向的情况,也不会出现因社会动荡而中断学术研究的情况,大学成了一个保护和推动师生集体探讨学问、传播科学、培养专门人才的教学研究机构。适应社会需要而出现、随社会发展而发展的大学,之所以能作为一个独立的社会实体而存在,就在于它是学者的行会,以学术生活为天职,拥有内部自治权,从而保证教学、科研工作的正常进行,推动学术的发展和社会的进步,这是大学的基本特征,也是大学生存的根基。

二是学术自由性。大学从起始就是作为学府而存在,而不是一级行政组织或政治团体,这决定了大学有别于其他社会机构的另一基本特征:学术自由。在西方大学发展史上,"学术自由"和"大学自治"是一对孪生概念。大学不迷信权威,只崇尚真理,学术面前人人平等是大学奉行的宗旨。例如中世纪大学就为当时学术思想的论战提供了一个最佳场所,其中孕育了近代科学技术的萌芽和资产阶级新文化思想。如欧洲哲学史上有名的经院哲学之争就是在大学展开的。我们今日批判经院哲学的繁琐、乏味,争论"一个针尖能站几个天使"等无聊问题,说明中世纪大学的学术辩论大多脱离社会实际,而使得学术争鸣毫无意义。但我们应肯定,这对中世纪盛行的宗教迷信是大胆的挑战,它启迪了人们的理性和智慧,动摇了传统的盲目信仰观念,从而对欧洲思想解放运动产生了积极的影响。可以说,正是有了当时的质疑争辩,甚至是某些枯燥乏味、毫无意义的争辩,才有了今天大学的学术水平和规则。中世纪后期随着教会对大学的逐渐渗透和控制,对所谓异端邪说的残酷迫害和镇压,使得中世纪大学黯然失色,骤失活力,留给后人极为深刻的教训。

三是民主开放性。早期中世纪的大学是十分民主的,学生或教师都可以担任校长,教师来去自由,大学的建立与分离也是自由的,学术问题更是平等、自由地进行争鸣。这种民主的教育原则,先后由欧洲和美国的大学继承了下来,成为西方大学教育的精髓之一。诞生于十二、十三世纪的几所大学,都是超越了民族界限和文化壁垒而成立的国际性共同学习中心。不论是学生还是教师,都是从各地汇拢来的有阅历者。这充分说明,高等教育本身就是开放性的教育。正是这种开放性,使得大学能成为一个保持独特性和多样性的动态发展系统,在推动科技进步和社会发展方面的作用日益增大。大学的民主性,首先在于教育机会的民主化。从纯学术研究和重文科教育的"象牙之塔"转向注重社会需求,进行各种各样的专门职业高等教育和继续教育,教育机会逐渐扩大,趋向大众化、普及化。其次是大学内部关系的民主化。大学本身是由师生自愿组合的学术团体,其管理方式必然是民主的。历史上波隆那大学为"学生大学",巴黎大学为"先生大学"。表明早期大学的管理方式是民主的,学生按不同籍贯组成同乡会,教师按学科组织成教授会,校长由同乡会和教授会共同推选,作为教授会的首席代表出面主管校务,每一成员都有发言权和表决权,有权参与决策校内的事务。早期大学形成的这一整套民主管理方法对近现代大学有着深远的影响,在大学内部实行"教授治校"便作为一种历久弥坚的大学理念传承下来。

四是公平竞争性。大学的发展,在于教学质量的不断提高,出人才、出成果,从而不断适应社会发展对高等教育的要求。这有赖于大学的运转方式——公平竞争性,因为大学以传授、创造知识、培养专门人才为己任。历史上国王可以随意赐封给大学以各种新校名,但每一所大学的新文化绝不是国王赐封的;国家可以任意圈定一所大学的校园面积和规模,但大学培养的各种专门人才绝不是任何力量能随意圈定的。由此决定了大学的公平竞争性。正式进行知识交易的中世纪大学,在教学活动中进一步明确了公平竞争的原则。如以社会声望和学术成就为标准来聘请教师,要求教师讲座要有质量,如不能长期保证有5个以上的学生听课,则被解聘或处以罚金。教师执教证书和学生学位的获得,都要通过一系列答辩、考核的竞争方式来决定。产业革命和资本主义商品经济的逐步确立,带来了人类社会的深刻变革和飞跃发展,也给近代高等教育以极大冲击和推动。人才市场、技术市场的建立完善和科学技术的迅猛发展在很大程度上和范围内增强了大学的竞争意识和竞争机制,大学在办学模式和专业设置上,特别是在大学的内部运行机制上展开了公平激烈竞争,以此适应社会的选择和挑战,这成为现代大学存在发展的首要条件。

总之,大学的自治独立性、学术自由性、民主开放性和公平竞争性,是西方大学沿袭了近千年的精髓,它们是相互包容、相互影响和相互促进的。我们应该学习和借鉴国外大学的经验,但西方高等教育经验在我国的应用有其局限性。因此,我们要坚定不移走自己的路,这既是我国高等教育改革与发展的方向,也是高等教育必须承担的使命。

二、中国大学发展的历程及基本经验

大学在我国的起源也存在着争议,主要有两种观点:一种认为我国大学起源于古代的"太学";一种认为应该以清末引入的西方大学堂作为我国大学的源头。目前学界及教育主管部门达成共识较多的是第二种观点。该观点认为,我国的大学应该以清末西方大学堂作为源头,理由如下:中国高等教育历史悠久、资源丰厚;但目前实行的大学制度,无论从形式到内容,从制度到文化都与古代的太学关系不大。回顾我国高等教育百余年的发展历程,从清末时期的诞生,到民国时期的曲折发展,再到新中国成立以后的探索发展、改革开放后的快速发展、新时代的高质量发展,中国高等教育从无到有、从小到大,我国已经从一个高等教育的弱国逐渐发展成为一个高等教育强国。

(一)清末中国高等教育的诞生(1901—1911年)

中国高等教育的诞生与中华民族的屈辱历史密切相关。1898年戊戌变法,同年7月3日清光绪皇帝下诏创立京师大学堂。戊戌变法百日维新失败之后,随即下令停办各省书院改建的学堂。1900年庚子之乱,慈禧太后和光绪皇帝出逃西安。遭受了庚子之乱沉重打击的清王朝风雨飘摇,不得不痛定思痛,又捡起1898年戊戌变法时的方案推行新政。1901年9月,清政府在西安颁布了将各省的书院一律改设成大学堂的诏令,中国高等教育真正意义上的诞生便是从此刻开始的。各省经过紧锣密鼓的筹备,于1902年将省城书院改成了大学堂。1902年颁布的《钦定高等学堂章程》标志着我国近代高等教育从旧学体系中开始蓬勃发展。当时设立大学堂的目的及办学宗旨,仍然纠缠在"师夷之长技以制夷""中学为体,西学为用"的"体""用"之争上,尚不能称为完全意义上的近代高等教育。

(二)民国时期高等教育的曲折发展(1912—1949年)

经历过10年短暂的蓬勃发展时期,中国高等教育开始进入新的发展阶段——民国时期。民国时期我国政局动荡、经济社会发展不稳定、思想文化错综复杂,高等教育周旋于理想与现实之间,经过不断地借鉴传统,在稳定与革新之间徘徊调适。在特定的历史条件下,我国高等教育形成了较为完备、成熟的政策体系。

抗战前的高等教育(1912—1931年)。抗日战争以前,我国的高等教育发展主要分为三个阶段。第一阶段,民国初期高等教育的兴起。1912年9月2日,国民政府教育部宣布将"注重道德教育,以实例教育、军国民教育辅之,更以美感教育完成其道德"作为当时的教育宗旨。同年《大学令》的颁布为我国定位大学的职能提供了强有力的理论基础,即大学应该响应国家号召,通过教授学术、传播知识以及培养人才来满足国家社会的发展需要。这两项政策可以说是将民国初期教育的目标与方向定了下来。第二阶段,北洋军阀统治时期的高等教育。北洋军阀时期,我国正处于一个新思想与旧思想大碰撞的时期,加之外来西方文化的冲击,中国进入转型时期。国民政府教育部于1917年颁布并实施了《国立大学职员任用及薪俸规程》,为我国近代高等师资管理框架的初步形成奠定了基础。出于当时社会发展的迫切需要,国民政府教育部提出了壬戌制,有力地推动了我国高等教育走向科学民主化,同时也为现代高等教育的理论框架打下了坚实的基础。第三阶段,南京国民政府初期,我国高等教育的完善与定型。南京国民政府在1929年颁布了《大学组织法》,对我国大学的管理体制进行了全方位、系统化的概括与说明。与此同时,南京国民政府也没有忽视专科学校的发展,于同年颁布了《专科学校组织法》。紧随其后的1931年,南京国民政府趁热打铁,提出了《学位授予法》,清晰地界定了我国学士、硕士以及博士三个等级学位的授予条件。经过这三个阶段的发展,我国高等教育的立法体系日趋完善,这一时期我国高等教育的发展态势呈现出成熟、稳定、完备的特点。

抗战后高等教育的动荡与调整(1931—1949年)。抗日战争爆发以后,为了满足战时需要,巩固南京国民政府的统治地位,当局颁布实施了一些军事化色彩浓重的教育政策。不仅严格要求教员的行为举止,更是对学生的思想行为进行了监督管理,这些政策终结了上一阶段高等教育的短暂发展。1937年抗日战争全面爆发以后,高等教育事业遭到了前所未有的重创,大部分高校都遭受战争的直接破坏,部分严重到停办的地步。为了保留住残存的高等教育事业,国民政府教育部决定让处于战区的部分高校内迁。最为著名的便是由国立北京大学、国立清华大学和私立南开大学联合的西南联合大学,以及由北洋大学、北平师范大学和北平大学组成的西安临时大学,后改名为西北联合大学。虽然战争摧残了我国高等教育事业,但是战时高校的内迁在一定程度上使得我国高等教育的实力得以保存下来,文化知识得以传承下去,并为国家培养出了许多的大师级人才。在国家危难之际,"西南联大"和"西北联大"现象不能不称为世界高等教育史上的奇迹。为了维稳当时高等教育动荡不安的局面,国民政府教育部于1938年颁行了《国立各院校统一招生办法大纲》,具体阐述了各个地区的招生标准及规则。总而言之,在战时阶段,国民政府采取强制性措施对高等教育加以保留、复原,及时挽救和调控了惨遭破坏的高等教育事业,使高等教育在抗日战争时期也在曲折之中不断发展。1947年解放战争爆发,刚得到短暂发展的高等教育事业又开始进入发展的低谷期。

中国共产党创立马克思主义新大学(1921—1949年)。1919年"五四运动"爆发,标志着中国进入了新民主主义革命阶段。1921年7月,中国共产党第一次全国代表大会在上海召开,中国历史翻开了崭新一页,开辟了新民主主义高等教育的新时代。中国共产党成立之初,为更广泛地宣传马克思主义理论、培养革命干部,先后创办了一批具有高等教育性质的教育机构,比较著名的有湖南自修大学、上海大学、农民运动讲习所等。土地革命时期,中国共产党建立了多个革命根据地和各级苏维埃政权,高等教育在这一时期的中心任务是培养能领导革命的高级干部。随着中央根据地的不断发展扩大,逐步构建起了以苏维埃大学、红军大学、马克思共产主义学校等为代表的干部教育体系,为革命事业培养了大批优秀干部,为革命战争与阶级斗争提供了持续的人才供给。

抗日战争时期,中国共产党提出"实行抗战教育政策,使教育为长期战争服务",建立起一套在战争形势下服务于抗日战争的新型高等教育范式,其中以中国人民抗日军事政治大学、陕北公学、延安大学、中共中央党校为代表,为抗日战争胜利作出了重要贡献。解放战争时期,中国共产党要求扩大教育界统一战线,团结工农商学兵,进一步规范解放区原有的大学,并创建了东北军政大学、哈尔滨工业大学等一批人民革命大学和新办大学,为新中国高等教育的发展奠定了良好的基础。

(三)中华人民共和国成立后高等教育的发展(1949—　)

中华人民共和国成立以后,我国高等教育的发展可分为以下四个阶段。

第一阶段,建立社会主义高等教育体系阶段(1949—1977年)。1949—1966年(也称为"17年"时期)完成了对旧中国高等教育的接管和改造,是高等教育恢复发展阶段。中华人民共和国成立初期,百废待兴,中国共产党接管并改造我国原有的高等教育体系,在此基础上构建新的教育体系。社会主义改造时期,全面地、系统地学习苏联,1952年进行了大规模的高校院系调整,对一些私立大学和教会大学进行了改造和裁撤,把一些综合大学改设为独立的专门学院;专业设置方面,较为注重工业方面的专业,忽视政法、财经等文科专业,增设了许多行业地方高校,高等教育培养了大批国家经济建设、社会发展急需的各级各类人才。1958年还进行了轰轰烈烈的教育革命,对我国高校的办学理念、体系等进行了变革,基本肃清了封建主义、资本主义对高等教育的影响,确立了中国共产党对高等教育的领导权,高等教育规模迅速扩张。1961年,制定了《中华人民共和国教育部直属高等学校暂行工作条例(草案)》(简称《高教六十条》)等有关文件,对于完善教学秩序、规范学校管理、提高教学质量、加强学校建设等都起到了积极作用,开启了中国高等教育制度建设的先河。但是,1966—1976年"文革"时期,我国高等教育惨遭十年浩劫。许多高校被迫停办,高校规模和数量急剧下降,高考也被迫取消。直到1977年我国才恢复中断了11年的高考,自此我国高等教育事业又迎来了另一个春天。

第二阶段,高等教育精英化阶段(1978—1999年)。以1978年党的十一届三中全会的召开为标志,我国高等教育事业也进入了改革开放阶段。1978—1992年,教育部主要针对我国的教育体制提出了一系列的改革措施。高等教育事业乘着恢复高考以后改革的春风逐步走上了正规化。我国高等教育在经历了恢复和整顿时期后,以1985年出台的《中共中央关于教育体制改革的决定》为节点,拉开了新时期高等教育改革探索的序幕;1993年,国家教委发布《关于加快改革和积极发展普通高等教育的意见》;到20世纪末,初步建立起有中国特色的社会主义高等教育体系,呈现出以下特点。一是在办学体制上,从以往政府包揽的办学体制初步转变为以公办为主,民办、民办公助与境外合作办学等多种形式为辅的办学新格局。二是在管理体制上,以共建、划转、合并、合作办学和参与办学等方式,形成中央和省级政府两级管理、分工负责,以省级政府统筹为主、条块有机结合的体制,通过合并,我国出现了一批文理工农医等各大学科门类齐全的综合型大学,如北京大学、清华大学、浙江大学、四川大学等。三是在投资体制上,从过去单一依靠国家拨款转变为以国家财政拨款为主、多渠道筹措高等教育经费的新体制,并建立了大学生缴费上学的制度。四是扩大大学招生规模。1999年6月,全国教育工作会议提出"教育产业化",随着国家进一步扩大高等教育招生规模、连续安排中央国债资金投入支持高等教育发展,经过一系列的政策落地,不论是高校的招生人数还是高校的规模都得到了很大的提升,高校基本上覆盖到了全国的各个地级市,民办高校也迎来前所未有的发展机遇。高等教育逐步进入大众化阶段。五是建设"211工程"和"985工程"。1995年、1998年国家先后启动了"211工程"和"985工程"建设,这两项重大举措壮大了我国的人才队伍,进一步提升了高水平高校的办学水平与国际影响力,也带动了中国高等教育整体实力的提升。总的来说,相较于上一阶段而言,这一阶段由于改革开放的不断深入,我国经济社会飞速发展,高等教育呈现出蓬勃发展的势头,进入了飞速发展的黄金时期。

第三阶段,高等教育大众化阶段(2000—2011年)。自1999年高校开始扩招以来,全国普通高等教育的招生人数和在校生人数均有了大幅度增长。进入21世纪,随着我国国民经济迅猛发展,高等教育的发展面貌也开始焕然一新。在这一阶段,我国普通高等教育招生人数由2000年的220.6万人增加到了2012年的688.8万人,相当于2000年的3倍多。全国普通高校在校人数更是从2000年的556.1万人迅速扩张到了2012年的2391.3万人,是2000年的4倍多。与此同时,我国高等教育的毛入学率于2002年突破15%,开始进入高等教育的大众化阶段。高等教育不再是束之高阁的"象牙塔",而是大众化的社会需求。到2012年,我国高等教育的毛入学率已经达到了30%,各项指标都表明在这一阶段我国高等教育已经从精英化阶段进入到了大众化阶段,高等教育的规模空前扩张。

第四阶段,新时代高等教育内涵发展和特色发展阶段(2012年至今)。党的十八大以来,党中央统筹国内国际两个大局,明确了立德树人是教育的根本任务,着力培养担当民族复兴大任的时代新人,不断推动高等教育内涵式发展。党和国家先后出台了《教育部关于全面提高高等教育质量的若干意见》《关于加快建设高水平本科教育全面提高人才培养能力的意见》《加快推进教育现代化实施方案(2018—2022年)》《中国教育现代化(2035)》等一系列重要文件。2015年11月,《统筹推进世界一流大学和一流学科建设总体方案》出台,进一步明确了高等教育要成为世界一流大学的目标与路径。同时,"六卓越一拔尖"计划2.0全面开启,以"建金专、建金课、建高地"的质量革命工程以及以"新工科、新医科、新农科、新文科"为代表的"四新"建设全面开展,中国高等教育进入高质量内涵式发展新阶段。高等教育的体制机制更趋完备,保障教育公平取得重要进展,深化教育领域综合改革向纵深推进迈出重大步伐,高校师资队伍建设和人才培养质量稳步提升,科学研究水平和社会服务效能显著提高,为国家经济社会发展提供了重要支撑。

(四)新中国高等教育发展的基本经验

中国共产党在领导和探索中国特色高等教育发展的百年征程中,深刻回答了"为谁办高等教育、办什么样的高等教育、怎样办高等教育"等一系列重大问题,为我国高等教育事业的发展积累了宝贵经验,为新时代高等教育发展提供了重要理论遵循和实践指导。

一是坚持中国共产党的全面领导。坚持和加强中国共产党的领导,是中国人民在革命、建设、改革各个时期教育实践过程中得出的基本结论和重要历史经验,这也成为中国新型高等教育的"新"之根本所在、中国特色高等教育的"特"之根源所在。从理论逻辑上看,中国共产党是我们各项事业的领导核心,必然也是高等教育事业的领导核心;坚持党对各项事业的全面领导,必然要坚持党对高等教育事业的全面领导,这是中国人民深切认同的结论。中国特色社会主义最本质的特征就是中国共产党领导。我国高等教育之所以能在较短时间内取得举世瞩目的伟大成就,最根本的保证就在于坚持和加强党的全面领导,这也是中国高等教育发展的鲜明特征。

二是坚持社会主义办学方向。高校具有鲜明的政治属性和鲜明的政治功能。习近平总书记强调:"我国是共产党领导的社会主义国家,这就决定了我国高等教育发展要同我国发展的现实目标和未来方向紧密联系在一起,为人民服务,为中国共产党治国理政服务,为巩固和发展中国特色社会主义制度服务,为改革开放和社会主义现代化建设服务。"党的十八大以来,扎根中国大地办大学是高等教育发展的重要遵循,中国特色社会主义教育发展道路越走越宽。历史经验表明,中国高等教育事业是在中国共产党的领导下、在中国社会主义制度的推动下逐步发展壮大的,社会主义制度的优越性是中国共产党领导高等教育取得伟大历史成就的土壤和养分。

三是坚持以立德树人为根本任务。古人云:大学之道,在明明德,在亲民,在止于至善。推崇德才兼备,是中国教育传统的一贯主张。中国共产党继承中华优秀传统文化,以马克思主义为指导,高度重视全民思想道德建设,具体到领导高等教育事业中,必然也一以贯之地强调道德建设的优先地位。党的十八大首次正式提出把立德树人作为教育的根本任务,习近平总书记多次强调落实立德树人根本任务,培养担当民族复兴大任的时代新人。进入新时代以来,党中央相继召开全国高校思想政治工作会议、全国教育大会、学校思想政治理论课教师座谈会,推动立德树人切实贯穿教育教学全过程。教育部颁布了《关于全面深化课程改革落实立德树人根本任务的意见》《关于全面落实研究生导师立德树人职责的意见》等重要文件,更是为立德树人提供了政策和制度保障。

四是坚持以人民为中心。马克思主义认为,人民群众是历史的创造者。中国共产党自诞生之日起,就把全心全意为人民服务作为党的根本宗旨,把实现好、维护好、发展好最广大人民根本利益作为一切工作的出发点和落脚点。坚持以人民为中心发展高等教育,是党全心全意为人民服务宗旨的根本体现,是坚持以人民为中心的执政理念在高等教育中的具体体现和生动实践。尤其是党的十八大以来,国家大力推进教育公平,统筹均衡教育资源分配,实施国家农村和贫困地区定向招生专项计划,实施中西部高等教育振兴行动计划,推动教育实现了精准脱贫,使教育发展成果更多更公平惠及全体人民。

五是坚持服务国家战略。从定位上看,高等教育不能游离于社会现实之外,不能脱离本民族和国家的前途命运,不能"躲进小楼成一统",而是必须服从并服务于当时的中心工作。进入新时代,我国高等教育以建设高等教育强国为引领,更加注重从国情实际出发,紧密对接社会需求、科技前沿和产业发展,而不是追求做西方高等教育的"翻版",坚持"四个服务",在实现高水平科技自立自强中强化使命担当,坚持联系中国国情实际、解决中国实际问题。

六是坚持改革创新。改革创新是中国共产党人的鲜明品格,中国共产党领导高等教育始终在改革中不断发展。党的十八大以来,在以习近平同志为核心的党中央坚强领导下,以内涵式发展理念为指导,高等教育围绕管理体制、区域布局结构、培养质量、评价体系等方面的改革不断向纵深发展,驱动我国高等教育发展总体水平和质量不断提升。2015年,《统筹推进世界一流大学和一流学科建设总体方案》出台,明确把"双一流"建设作为战略目标,彰显了中国共产党领导高等教育实现新突破和跃升的决心与魄力。

从百年历史进程来看,中国共产党领导高等教育不断发展进步,在继承和发扬优良传统与宝贵经验的基础上不断开拓创新,总体上遵循着以中国共产党的领导为前提和起点、社会主义为方向、人民中心为立场、改革创新为动力、思想政治教育为生命线、政策为引领、制度为保障的基本历史逻辑。只有总结好中国共产党领导高等教育的百年历史经验,深刻把握贯穿其中的历史逻辑,我们才能更好地不忘本来、开辟未来。

第二节 大学社会职能的历史演变及发展趋势

英国著名教育家阿什比曾经指出,任何大学都是遗传与环境的产物。"遗传"是指大学对自身理想和精神的传承,"环境"是促进大学改变的社会环境因素。大学职能的不断拓展和延伸很好地诠释了这一论断,大学是通过不断自我完善以保持旺盛生机与活力的组织。大学自诞生之日起,就孜孜不倦地关注自己的命运,并与社会的发展、人的发展产生关联,大学发展是一个在坚守理想和价值中探索求新的过程。大学职能演变是属于内发型的,各种社会因素的变革和影响仅是大学职能演变不可或缺的外部条件,其终归是由大学在本能和本质的驱使下,自身条件逐渐成熟而发展起来的自发的、渐进的发展过程。大学成为迄今为止人类历史上最悠久最活跃的社会组织之一,皆因大学忠实地遵循"适者生存"的社会法则,不断拓展和丰富自身的职能,既能很好地适应社会发展的需要,又积极地引领社会的进步,社会发展的外部驱动和大学发展的内在逻辑形成互动,构成大学发展的动力之源,推动大学实现一次次的历史性跨越。大学终于从最初的"象牙塔"走出,并逐步从社会的边缘走到社会的中心,越来越受到人们的关注和社会的重视。

一、大学社会职能的历史演变

在以往的相关研究中,大学职能、大学功能和大学使命三个概念极易被混淆使用。职能是指组织、团体或社会机构应尽的职责和应发挥的作用;功能是指物质系统所具有的作用、能力和功效;使命是人们对组织必须承担的社会责任的一种认定,亦是人们对组织应有价值的一种判断和要求。我们发现,职能是社会机构、组织或人员在其职务上所应该尽的责任和所应发挥的作用;功能是社会机构、组织或人员本身所具有的能力;使命是对社会机构、组织或人员的价值要求和未来期许。由此可见,大学职能是大学作为一个复杂的学术组织应该承担的职责与义务,是对大学"应然"的要求;大学功能是指大学本身具有的能力、作用和功效,是对大学"实然"的要求;大学使命反映出大学组织的价值追求和人们对大学的期许,其具有前瞻性。由此,我们认为,大学职能是大学作为一个理性的学术组织所应承担的职责和发挥的作用,它关涉到大学的办学理念与发展方向,其有强烈的建构性与目的性。

大学职能的扩展是有规可循、有章可依的,绝不是漫无边际、自由无度的。大学职能的演变史就是一部很好的启示录,通过追根溯源,向历史纵深回望,可以温故而知新,掌握大学历史演进的脉络和发展规律,瞄准大学的发展方向和路径,方能永葆大学健康、持续地发展。

大学诞生于漫长黑暗的中世纪,但对学术的敬仰和对真理孜孜以求的属性注定大学是一个卓尔不群的社会组织。迄今为止,大学经历了欧洲中世纪大学、近代大学和现代大学三个不同历史阶段,其职能也由最初单一的教学职能演进到近代大学教学、科研两项职能,再发展到现代大学教学、科研、服务三项基本职能,呈现的是梯次而进的顺序,其脉络走向是清晰可寻的。

人才培养职能的提出始于1088年意大利的博洛尼亚大学,博洛尼亚大学设置法学(随后有医学、神学和文学)学科,目的是培养职场人士,人们将此职能称为"人才培养";1810年柏林大学创办,洪堡校长倡导的"由科学而达至修养""教学和研究相统一"办学思想兴盛起来,大学科学研究的职能由此产生;19世纪下半叶以来,美国实用主义开始盛行,"威斯康星思想"深入人心,大学开始从"象牙塔"中走出来,直接为区域经济社会发展服务,服务社会成为社会普遍认同的大学第三项职能。在我国,大学又增加了文化传承与创新、国际交流与合作两大职能。

(一)大学的第一项职能:人才培养

这是大学的初始阶段,即从12—13世纪的西欧中世纪大学的出现至18世纪近代大学的产生所具有的职能。如前所述,中世纪大学的出现是当时社会政治经济文化发展的集中体现,由于当时宗教神学在社会占据统治地位,大学带有强烈的宗教神学色彩。尽管这些大学的产生途径和基本类型有所不同,但都是由研究高深学问的教师或学生组成的具有行会性质的组织,是纯粹的教与学的机构,带有较强的专业性。"它们的职能仅仅是传授和保存已有文化,向社会提供受过博雅教育的法学、神学、医学人才,大学只是教与学的机构。"这一时期,教学是大学的唯一职能,即为社会"培养训练有素的官吏、通晓教义的牧师、懂得法理的法官和律师以及精通医术的医生是其根本目的"。因此,大学要突出其教学的唯一职能:要为学生提供适宜的学习环境,要为学生传授普遍且完整的知识,以帮助学生发展智力、探求真理、掌握真理。当然,大学也存在科研活动,但这主要来自学者个人的"闲逸的好奇",在"科学成了神学的婢女"而"大学则是教会的灰姑娘"的中世纪,科学研究在大学还没有找到存在的法则和理由,尚不足以作为一项职能而存在。

（二）大学的第二项职能：科学研究

从中世纪大学到近现代大学，经历了漫长的岁月。在第一次科技革命浪潮的推动下，在欧洲各国社会政治制度变革因素的影响下，社会要求大学走出"象牙塔模式"，通过不断完善和塑造自己以更好地适应和满足社会发展的需求，更好地肩负起引领和推动社会变革的重任。大学在19世纪初经历了一场里程碑式的变革，其标志是1810年柏林大学的成立。19世纪初，德国教育家威廉·洪堡认为"大学教授的主要任务并不是'教'，大学生的任务也不是'学'。大学生需要独立地去从事'研究'。至于大学教授的工作，则在于诱导大学生'研究'的兴趣，再进一步去指导帮助学生去做'研究'工作"。因此，洪堡认为：第一，大学的本质是"客观的学问与主观的教育"相结合，大学应该保证学生通过探索纯粹的客观学问来获得教养；第二，大学理应保持"孤独与自由"的原则，即思想自由、大学自治、教授治学；第三，在新型大学中必须将教学与科研统一起来。因此，洪堡于1810年创办了柏林大学。教师和学生都需要从事科学研究。以研讨班（Seminar）的形式开展，把科学研究引入教学过程中。柏林大学将科研引进教学中，结束了传统大学将教学与科研分离的状态，同时也发展了高校的第二项职能——科学研究。柏林大学明确地把科学研究作为大学的重要使命。人们通常把洪堡提倡大学"教学与科研相结合"的思想称为"洪堡精神"。以"洪堡精神"为办学理念的柏林大学成为新型大学模式，首先影响到其他欧洲国家，进而为美国所效仿，进而在世界更广的范围传播，推动了欧洲高等教育乃至世界高等教育的近代化。大学接纳了科学，科学赐予大学以力量，使大学迅速崛起。因为教学和科研在本质上是统一的、相辅相成的、相互促进的，没有一流的教学就没有一流的科研，反之亦然。

（三）大学的第三项职能：服务社会

德国大学模式漂洋过海到美国以后，迅即受到第二次科技革命浪潮的洗礼以及美国社会流行的功利主义、实用主义的影响，刺激大学职能的进一步拓展，即在教学和科研职能的基础上，强调大学通过各种形式为社会提供直接的服务。这是美国大学的首创和贡献，开始于19世纪中叶,即美国1862年颁布《莫雷尔法案》后,随着一批赠地学院的建立而逐步兴起的。1862年,美国颁布《莫雷尔法案》,规定联邦政府按各州在国会的议员人数,以每位议员三万英亩的标准向各州拨赠土地,各州应将赠地收入开办或资助农业和机械工艺学院。受此影响,成立于1848年后得到赠地而发展起来的威斯康星大学,在服务社会方面成绩卓著,为其他高校树立了榜样。1904年,范海斯开始担任威斯康星大学校长,他重视大学与州政府密切合作,以及大学在地方文化和经济发展中的地位和作用,开拓了大学服务社会的两条基本途径:其一,传播知识,包括函授、开办学术讲座、辩论与公共研讨、提供一般的信息与福利;其二,专家服务,即大学的学者直接参与州政治、经济和文化发展方面的咨询及策划、管理工作。在这种观念的支配下,威斯康星大学通过传播知识和专家服务等手段,使教学、科研和服务都面向本州的文化和经济发展的需要,并促成教学、科研和服务的一体化,形成了著名的"威斯康星思想"。大学被赋予新的职能,即把社会服务与教学、科研并列为大学的三项基本职能。"威斯康星思想"的确立以及在世界范围的传播,使大学发展出现了历史性飞跃,从此开创了现代高等教育的先河。

（四）大学的第四项职能：文化传承与创新

进入21世纪,文化与经济、政治相互交融的程度不断加深,经济的文化含量日益提高,文化的经济、政治功能得到逐步强化,文化已经成为国家的软实力。大学文化属性越来越受到重视,文化共同体、文化育人、对社会文化建设潜移默化的引领作用等成为审视大学的新视角,以文化传承创新提升大学品质建设显得极为必要。基于文化在政治经济和社会发展中越来越重要的地位和作用,文化传承与创新已由大学的一般性职能逐渐上升至大学的基本职能。2011年4月,胡锦涛同志在清华大学百年校庆大会上提出:"高等教育是优秀文化传承的重要载体和思想文化创新的重要源泉。""不断提高质量,是高等教育的生命线,必须始终贯穿高等学校人才培养、科学研究、社会服务、文化传承创新的各项工作之中"。[①]首次指明了大学和文化传承与创新之间的关系,明

---

① 胡锦涛.在庆祝清华大学建校100周年大会上的讲话[N].人民日报,2011-10-09.

确了大学的第四项重要使命,具有重要的理论和实践意义。这是党和国家在高等教育改革发展大政方针方面的重要变化,是科学发展观在高等教育领域的体现和发展,是对大学职能的丰富和发展。为深入贯彻胡锦涛讲话的精神,2012年3月,教育部颁发的《关于全面提高高等教育质量的若干意见》中对大学的文化传承与创新使命进行了进一步阐释:推进文化传承创新就是要兼顾中华优秀传统文化与世界优秀文明成果,加大对文史哲等学科的支持力度,培育大学精神,发挥文化育人的功用。党的十八大以来,习近平多次提及文化自信,强调既传承优秀传统文化底蕴来夯实根基,又汲取先进的革命文化与社会主义先进文化经验来增强底气。大学作为文化传承与创新的重要平台,需持续发挥其文化职能,打造"四个自信",完善中国特色社会主义的文化建构。

(五)大学的第五项职能:国际交流合作

大学职能是随着社会变迁和时代赋予的不同使命而不断演进的,每一次大学职能的改变,也都与大学内在治理结构的完善和人才需求的新趋向相伴随。2017年2月,中共中央、国务院印发的《关于加强和改进新形势下高校思想政治工作的意见》中强调"高校肩负着人才培养、科学研究、社会服务、文化传承与创新、国际交流合作的重要使命"。[1] 以习近平同志为核心的党中央进一步把国际交流合作列为大学的"第五项重要使命",对于扎根中国大地办好大学与加快建设世界一流大学和一流学科,从而提高高等教育发展水平,增强国家核心竞争力具有重要的指导意义。今天,中国的国际地位发生了历史性的变化,我国经济总量跃居世界第二,国际贸易总量居世界第一,教育规模世界最大,在国际事务中扮演着越来越重要的角色。国际地位的变化,要求我国要培养一大批具有外语能力、国际交往能力、国际视野和跨文化知识的专门人才;需要教育上的互通与交流,增加文化软实力。国际交流合作职能的确立,表明国家从深化教育改革的角度,对高等教育的定位与发展又有新的期待和思考,释放出通过大学职能的扩大进一步提升办学质量,从而在开放中实现大学自身的革新与飞跃的信心。在当今世界政治多极

---

[1] 中华人民共和国中央人民政府.中共中央、国务院印发《关于加强和改进新形势下高校思想政治工作的意见》[EB/OL].(2017-02-27).http://www.gov.cn/xinwen/2017-02/27/content_5182502.htm.

化、经济一体化、信息全球化的背景下,大学承载着新的时代使命,加强国际交流合作,将深刻改变高等教育未来发展的格局。

二、大学社会职能的发展趋势

纵观大学发展的历史可以发现,其社会职能由最初的单一人才培养职能演进为以培养人才为主,具有多功能和复杂结构,不断发展变化的综合社会实体,体现教学、科研和服务的一体化。大学的职能演变是内在性与外在性的统一,呈现的是一个循序渐进的历史过程;大学的职能演变表现在纵向和横向两个维度上的拓展和延伸,追求的是各项职能间的良性互动、叠加效应。

大学的发展具体表现在数量的增长、规模的扩张和社会影响力的提升上,这得益于大学职能的演变和发展。大学的历史共约1000年,由于职能单一,前800年发展速度缓慢。17世纪以前创建的大学总共不过80所。17—18世纪是较少创建大学的时期,200年间共产生了不到30所大学,大学发展速度与前几个世纪基本相当,况且大学的规模较小。这一情形到19世纪才有了明显改变,19世纪创建大学的数量超过此前两个世纪的两倍,几乎达到了17世纪前所创建大学的总数。大多数院校创建于19—20世纪,最近200年才是大学的高速发展时期[①]。大学的发展史,其实就是其基本职能的丰富史,是大学发展逻辑的历史延伸和必然结果。随着大学职能的不断丰富和发展,大学与社会的关联度越来越紧密,促使大学从最初的象牙塔走出,来到社会的边缘,并逐步走到社会的中心,成为现代生活的重要组成部分。社会要求大学有更多的承载和担当,大学也必须以有为求有位,在经济社会发展中充分发挥自身的职能,彰显存在的价值。从大学社会职能发展和演变的历史进程中可以发现,其总的趋势是:从单一化走向多极化,从封闭式走向开放式,逐步实现从传统向现代的转型。随着大学与时代变化的不断适应、与经济社会不断融合,大学不仅在数量上达到相当的规模,而且在质量上也逐步取得了社会的认可和支持。当今世界各国的高等教育已经不是单一结构、单一功能的社会实体,而是一个以培养人才为主的、具有多功能

---

① 姚锐,陈署钧.大学与科学的关系——历史与现实[J].高等理科教育,2009(4):24-26.

和复杂结构的、不断发展变化的综合社会实体,教学、科研和服务一体化。随着时代的发展变化,大学的职能也会不断地与时俱进,不断拓展和丰富自己的外延和内涵。

大学的发展史像一座内涵丰厚的思想宝库,清晰地记录着大学职能演变的脉络、走向和特点,蕴含着丰厚的滋养和深刻的启迪。它既是对过去的记录,也是对现在的认识,更是未来的向导。追寻和探究大学发展史,有助于更好地掌握大学的发展规律,为大学的健康、有序、快速发展提供弥足珍贵的有益启示。

首先,大学的职能演变是内在性与外在性的统一,呈现的是一个循序渐进的历史过程。"作为对外在环境的压力的一种反映方式,大学使命的演变和发展并不是疾风暴雨似的'废旧立新',而是大学在自身内在逻辑的基础上通过对传统的改造和吸收而循序渐进地'推陈出新'。如今,大学使命不再是一元的而是多元的,这种多元化的发展得益于大学在历史进程中的不断创新、开放和积淀。"[1]大学由单一的教学职能过渡到双重的教学和科研职能经历了近800多年的漫长等待,因为中世纪大学诞生在宗教神学的土壤之上,神学和科学势不两立,加之当时社会对科学的依赖程度较低,大学不允许也不必真地理会科学。但"大学几百年来积累起来的处理人文学科和经院哲学的经验,在很大程度上有助于解决科学问题"。"大学几百年来所进行的人文学术活动,是未来科学研究的恰当准备。"[2]在科技革命的媒介作用下,在社会需求的刺激下,大学的趋理性和科学的求真性就会很自然地结合,科研成为大学的一项职能就是顺理成章之事。教学和科研相得益彰,互促共进,极大地开拓了大学的视野,增强了大学的实力,壮大了大学的底气,也为开展广泛的社会服务创造了条件和可能。大学的职能扩展是有时序性的,如果盲目地发展和扩张,将给大学的发展带来损害。高等教育发展可以适度超前,但不能盲目冒进。然而目前一些大学不顾条件上专业,不惜代价上层次,不顾容量上规模,结果伤了元气和根基,失去了优势和特色。这种妄自贪大、盲目攀高、硬性求全的急功近利行为,是不符合高等教育发展的客观规律与和谐社会建设需要的。

---

[1] 周廷永,熊礼波.西方大学使命的变迁及其历史效果[J].新华文摘,2009(16):119.
[2] 周廷永,熊礼波.西方大学使命的变迁及其历史效果[J].新华文摘,2009(16):119.

其次,大学的职能演变表现在纵向和横向两个维度上的拓展和延伸,追求的是各项职能间的良性互动、叠加效应。关心大学必关注大学职能的演变,但人们往往习惯沿着"教学、教学与科研、教学科研服务"这样一个纵向顺序思考和探究,着眼点更多停留在新职能的拓展和延伸上,而忽视了原有职能的延展和深化。同时,对各项职能间的逻辑关系关注得不够。大学职能是在纵向和横向的交错和渗透中不断向前发展的。比如,中世纪大学的教学职能停留在"试图通过理性思考和抽象推论证明上帝存在和基督教永恒合理性的学问"上,局限在"坐而论道""徒陈空文"的重复与再现的过程中,而今天的大学则是把培养和造就大批具有创新精神和实践能力的高级专门人才作为自己的培养目标,是由重复与再现到创造与更新的过程。此外,大学的各项职能间存在着内在逻辑,它们互为条件又互为目的,相互联系又相互渗透,共同支撑、构成大学的职能体系。发展新职能不能稀释和削弱原有职能,更不能以牺牲原有职能为代价。因此,要始终追求各项职能间的相互协调和互利共进,这是大学职能发展的初衷和原则。在大学职能演进的过程中,屡屡出现教学与科研的矛盾,社会服务与教学、科研的矛盾,衍生出"重科研、轻教学"的不良倾向和片面强调社会服务而冲淡教学、科研的"商业化""功利化"倾向,其实质是违背大学理想和追求的异化现象,有损大学的价值和尊严,必须加以防范和纠偏。

第三节 我国大学组织的特征

"大学之道,在明明德,在亲民,在止于至善",这是《大学》的大学观。"大学者,研究高尚学问之地也",这是蔡元培的大学观。他认为,学校应为师生创造研究高深学问的条件和氛围。"所谓大学者,非谓有大楼之谓也,有大师之谓也",这是梅贻琦的大学观。当西方近代大学模式传入中国的时候,既有制度层面的东西,又有精神层面的东西。而这种精神层面的东西经过历史的沉淀与浓缩,便形成了现代大学组织的特性。如果说先贤们对大学的论述更多是源自一种价值判断,那么,《中国教育百科全书》和《中华人民共和国高等教育法》对大学的界定则是一种事实的描述。其规定符合以下条件的高等学校才能称之为大学：以培养本科生为主；在学类，至少要具有文科、理科、工科、政法、财经、教育、农林、医药八大科类中的三个学科；具有较强的教学、科研实力和水平；全日制在校生在5000人以上。这一定义，从表面上看，它对大学提出了教育层次、学科类别、办学水平和学校规模的要求；实际上，它蕴含着大学的学位制度、学术制度、培养制度和招生制度等问题。

一、大学与其他组织的基本差异

人类社会是一个有组织的社会，每个人都是一个或多个组织的成员。组织的种类和形式多种多样，大到国家，小到家庭，组织广泛分布于社会生活的各个领域。组织是伴随人类群体活动的出现而产生的，并不断发展完善。

行政组织有广义和狭义之分。广义的行政组织就是指各种为达到共同目的而负有执行性管理职能的组织系统。它既包括各类企事业单位、群众团体、政党的负有管理职能的组织系统，也包括国家机关中的立法、司法系统中负有执行性职能的各类单位和国家的整个组织系统。大学组织便是这众多行政组织中的一类。狭义的行政组织是指依据一定的宪法和法律程序建立的，行使国家行政权力、管理社会公共事务的政府组织和机构以及实体。

大学是实施高等教育的行政组织。其包括两层意义：大学是一种"行政组织"（最近邻属），这一行政组织是"实施高等教育的"（种差）。我们可以将大学与其他各类组织在使命、权力结构、问责和运行机制四个维度方面进行比较。

第一，在组织目标使命追求上，经济生产组织目标单一，最主要的目标是经济效益；政治组织可以有很多目标，如社会稳定、社会发展、人民福祉等，但最为根本的还是政党利益；整合组织目标追求的应该是社会效益。从中世纪到现在，大学的使命已经发展成为人才培养、科学研究、社会服务、文化传承和创新以及国际交流与合作。

第二，在组织权力来源与结构方面，经济生产组织的最高权力机关是股东大会，股东大会选举董事会，董事会聘请总经理；政治组织通过党员代表大会推选常委会，日常职权由常委会行使；整合组织的职权主要来源于法律法规的授权,也有文化和道德的要求。而大学的权力来源较为复杂一些,公办高校来自政府的授权,民办高校来自董事会的授权,在大学内部同样也存在管理上的行政权力和学术上的学术权力。

第三,在组织问责方面,经济生产组织易于操作和测量,主要看组织的经济效益;政治组织的绩效,主要看经济的发展、人民的生活;整合组织的绩效也是易于测量的,主要看工作结果所传递的价值判断,这种结果是否促进了社会的和谐。大学的绩效是最难测量的,因为大学事业的结果有很大的延后性,"十年树木,百年树人",在短期内判断一所大学的绩效是不太可能的。

第四,在组织的运行机制方面,经济生产组织主要靠效率机制;政治组织、整合组织主要靠合法性机制。而大学相对复杂,大学的运行要靠大学文化机制、合法性机制,在有些方面,还要靠效率机制。

二、我国大学组织的特性

大学作为一种现代组织,既具有一般组织所共有的特征,也有其独特的特性。

突出政治性。政治性是我国高校办学的根本遵循,是高等学校的本质属性,这是与西方大学的本质区别。首先,我国高校坚持党的全面领导,实行党委领导下的校长负责制。2014年12月,习近平总书记在第二十三次全国高等学校党的建设工作会议上指出,加强党对高校的领导,加强和改进高校党的建设,是办好中国特色社会主义大学的根本保证。因此,党的领导是中国大学治理中最重要、最基础的中国特色。高校必须突出政治性,引导广大师生做社会主义核心价值观的坚定信仰者、积极传播者、模范践行者。其次,高校的立身之本在于立德树人。政治性在于贯彻党的教育方针,致力于培养堪当民族复兴大任的时代新人。最后,从个人的角度看,高校师生的思想政治觉悟相对较高,较之其他社会组织的个人,有着更为鲜明的政治价值取向和正确的政治追求,高校发挥着道德辐射源的作用。

我国高校在突出政治性的同时,也兼顾社会性。随着社会的发展,大学日益受到社会的青睐。高校的社会性,首先是新时期新阶段组织发展的需要。任何开放型组织的发展,都要从社会大舞台中汲取营养,获得历练,积累智慧。社会的发展,既为高校发展提供了空间,又对高校的社会性职能提出要求,即围绕社会的需要校正组织的导向,高校的定位应该与国家高等教育发展的水平和程度相吻合,与经济社会发展的水平和需求相适应。其次,现代大学的稳定和活跃,在很大程度上取决于其对社会的开放和对环境的吸收。大学倘若与社会隔离脱节,不仅容易引起大学与社会关系的紧张和冲突,更严重的是它们可能会由于失去了与社会在物质、信息、人才等资源方面的正常交流而不能形成自调节、自适应社会环境的能力,进而也就逃脱不了停滞、落后的厄运。

统一性较强,逐步向多样性转变。伯顿·克拉克(Burton R.Clark)在他的《高等教育系统》一书中引录了法国著名教育社会学家埃米尔·涂尔干(Emile Durkheim)的如下一段话:"很少能找到一种机构,既是那么统一,又是那么多样;无论它用什么伪装都可以认出;但是,没有一个地方,它和任何其他机构完全相同。这种统一性和多样性构成大学是中世纪生活的自发产物的最后证明;因为只有活的东西才能这样尽量充分保持它们的个性,同时使它们自己服从和适应形势和环境的变化。"[1] 它揭示了大学组织最基本的特性:多样性和统一性。在我国高校,大学组织尽管具有多样性,但是每一所大学都具有同样的多样性,因而从整体上看,又具有统一性。具体来说,首先,我国大学的职能统一,集人才培养、科学研究和社会服务等职能于一身;二是目标统一。我国各类型高校都要坚持中国特色社会主义教育发展道路,贯彻落实党的教育方针,培养德智体美劳全面发展的社会主义建设者和接班人。我国很多高校缺少差异化,管理模式和评价导向趋同,过于强调学校办学的统一标准,在一定程度上阻碍了学校的自主发展,导致办学活力不足、办学自主意识不强,导致"千校一面"。另外,大学的统一性特征还明显地反映在专业设置、学科体系、课程体系、教学内容和方法体系等诸多方面,统一的核心课程设置、垄断性的统编教材其实是造成学科专业雷同、"千校一面"的一个重要原因。要解决这一问题,应调动大学的积极性,鼓励有条件的大学创新办学模式。

学术权力和行政权力失衡。大学是以人才培养、知识创新和社会服务为己任的学术组织,因此,学术属性是大学区别于政府和企业等其他

---

[1] [美]伯顿·R·克拉克.高等教育系统——学术组织跨国研究[M].王承绪,徐辉,等,译.杭州:杭州大学出版社,1994:1.

高校行政管理：理念与路径

组织的本质属性。同时，大学作为现代社会的一个正式组织，带有明显的科层属性。大学的科层属性是基于学术属性衍生出来的，是非本质属性，服务于学术属性。大学的学术属性和科层属性在权力结构上表现为大学权力的二元特征，既包括基于自上而下层级制的行政权力，也包括基于对知识的占有优势的学术权力。学术权力是学术人员和学术组织所拥有和控制的权力，主体主要是从事教学和科研的学术人员和相关的学术机构，客体主要是学术事物、学术活动和学术关系。行政权力是大学的行政组织或行政人员管理其职责范围内行政事务或活动的权力。行政权力的主体是校内的行政组织和行政人员，行政权力的客体是职责范围内的事务和活动。

我国大学内部学术权力和行政权力失衡，表现为行政化倾向严重，行政权力泛化，学术权力弱化。首先是严格的行政层级。从校长到处长到科员，有层层叠叠的管理层级。学校的一切事务，无论大小巨细，都由各级领导拍板，教授、学者、教师的话语权不多，不起决定性作用。在行政权力的扩张下，学术权力被淡化。其次，大学两种权力分工不明确，学校所有事务都向行政权力靠拢。当前大学的行政权力想通过控制学术活动来提高自己的影响力，学术权力也想发挥行政管理职能来谋求自己在学校里更多的发言权。两种情况都体现了大学里的一种权力失衡现象，这不利于大学的和谐健康发展。行政权力不断侵入学术权力领域，控制学术活动，使得学者失去了学术自由。最后，学术人员或学术组织自身的行政化倾向。表现在学术人员或学术组织总是在行政人员的指令下行事，学术人员或学术组织当前的学术思维总是被行政思维所牵制，他们所做的学术研究或多或少都与行政扯上关系。而且，学术组织内部本身的层级性、等级性也很明显，组织内部的学术民主也没有得到充分的发挥，话语权总是掌握在威望等级较高的专家、教授手中。目前这一现象在一些高校已经有所改变。如一些高校组建了大学学术委员会以及各学科领域的学部学术委员会，目的就是为了形成一个相对独立于行政决策体系之外的学术决策和咨询体系。总之，大学的学术权力和行政权力对于大学发展都是不可或缺的，尤其我国大学正处于快速发展和转型阶段，两种权力间的协调合作尤为重要。我们要在充分了解两种权力之间不同特征属性的基础上，通过合理的制度设计，使它们优势互补，形成合力，共同推进高等教育的高质量发展。

政府政策在高校改革发展中发挥主导作用。大学自治与社会推动是大学的两种发展动力。大学自治与社会控制的对立统一源自知识生产的个体性与社会性的矛盾统一。对大学来讲,知识生产的个体性和合理性要求维护学者追求真理和学问的自由、独立思考和创造的自由、支配时间的自由、学术自我管理的自由,也就是要维护大学学术自由和大学自治的自由;知识的社会效用和知识生产的合法性要求大学的知识生产要能满足社会的需要,符合社会的价值取向。作为社会利益代表的国家有必要对大学的活动进行管理和控制,从而决定了大学自治是有限度的自治。正如布鲁贝克所言:"高等教育越卷入社会的事务中就越有必要用政治观点来看待它。就像战争意义太重大,不能完全交给将军们决定一样,高等教育也相当重要,不能完全留给教授们决定。"[1]。我国高等教育改革发展呈现出鲜明的中国特征,主要体现为:始终坚持和完善党的领导、政府政策始终发挥主导作用、高等学校内部治理的基本制度框架始终是党委领导下的校长负责制等。这些相关治理制度在高等教育实践中不断形成、确立、完善和定型,并逐渐成为中国高等教育治理的根本制度。[2]

我国高等教育的发展史是一部国家政策主导下的高等教育治理变迁史。政府根据国家经济社会发展战略和高等教育改革发展目标,制定体制改革的目标、任务、步骤和重点突破口,并通过教育理念创新、法律法规建设、政策和经费驱动,引起制度创新需求,促进体制改革。尤其是党和国家颁布实施的一系列的政策和法规,深刻影响着高等教育治理的变革路径,政府政策实际上在高等教育治理变迁中发挥着直接的主导作用,推动着中国高等教育治理的变迁。如,在2012年之前,只有极小比例的高等学校拥有自己的学校章程,但随着2012年教育部《高等学校章程制定暂行办法》的颁布实施,全国的高等学校基本上都很快制定了属于自己的"宪章",不仅为高等学校办学自主权的落实提供了制度基础,也为政府、高校、社会三者之间的新型关系建立指引了方向,这是政府政策推动高等教育改革和发展的有力证明。我国高校的内部治理结构变迁也具有明显的政策主导特征。据统计,在1949—2018年间,与我国高等学校内部治理相关的政策文本共计91份。为了贯彻和落实党

---

[1] [美]约翰·S·布鲁贝克.高等教育哲学[M].王承绪,等,译.杭州:浙江教育出版社,2002:32.
[2] 李立国,张海生.国家治理视野下的高等教育治理变迁——高等教育治理的变与不变[J].大学教育科学,2020(1):32.

和国家对高等教育的宏观战略和发展规划,教育部还出台了一系列有针对性的教育政策,对接国家宏观战略规划和长远目标的同时,为高等教育改革和发展目标的有效实现提供政策指引,如《中国教育改革和发展纲要》(1993)、《国家中长期教育改革和发展规划纲要(2010—2020年)》(2010)、《教育部关于深入推进教育管办评分离促进政府职能转变的若干意见》(2015)等。在此基础上,各级政府尤其是省级政府根据专项文件的精神,结合本地实际,不断加大对省域高等教育的统筹力度,进而提升高等教育服务地方经济社会发展的能力。各高等学校则又根据本校实际和发展传统,制定适宜于自身发展的规划。这种层层传达的"自上而下"的政策实施,从本质上来说就是政策主导下的高等学校内部治理变迁。需要注意的是,对政府政策的过度依赖极易造成高校改革发展的路径依赖。如何将政策的有效引导与高等学校的自主发展和自我约束相结合,是更好地推进现代大学制度建设过程中必须认真思考的问题。

第二章

高校行政领导

领导、管理水平展现一所大学的精神风貌,是大学核心竞争力的重要组成部分。特别是党的十八大明确提出"推动高等教育内涵式发展",对高校的决策管理水平提出了新的更高要求。现代大学领导者在决策、指挥、协调、激励等过程中面临的环境较之过去发生了根本变化。管理目标的多元性、管理对象的自主性、管理环境的开放性对高校领导者构成了严峻的挑战。成功的高校领导者必须具备强烈的机遇意识、开阔的国际视野和科学的发展理念,在决策、沟通、权变、以人为本等方面因势利导,团结和带领师生员工努力实现大学高质量发展目标。

第一节 高校领导概述

一、领导的含义及其特点

(一)领导的含义

领导,不同的学者对其定义有所不同。本书是把领导作为一种领导行为、领导过程来看待。领导是指在社会共同生活中,即群体生活中,领导者运用影响力,通过各种途径,动员、引导追随者实现组织目标的一种过程,确切地说是一种高级管理活动的过程。①

从专业化角度出发,领导的工作主要包括五个要素,分别是领导者以及被领导者,还有作用对象也就是客观环境、领导的行为以及领导职权。领导人员借助组织宣传活动以及领导人员自身表率作用,然后潜移默化地间接影响单位的员工。从管理学角度出发进行解释,领导负责在一定社会群体以及社会组织之内,为该组织预定相应目标,然后运用自身权力以及影响力来影响被领导者,并使其将组织目标作为自身发展目标。

领导是具有多层次、多领域内涵的概念,可以从多种角度进行分类:按权力基础进行分类,有正式领导和非正式领导;按行为发生的层级分类,有高层领导、中层领导和基层领导;按行为发生的领域分类,有政治领导、行政领导和具体业务领导等。需要指出的是,作为名词的"领导"一般就是指组织的领导者。

(二)领导的特点

第一,领导是一个社会组织系统。这个系统由领导者、被领导者、环境三个要素构成。领导者是在一定的组织体系中,处于组织、决策、指挥、协调和控制地位的个人和集体,在领导活动中,他们处于主导的地位。被领导者就是按照领导者的决策和意图,为实现领导目标,从事具体实践活动的个人和集团,他们构成领导活动的主体,是实现预定目标的基本力量。领导者与被领导者的关系,就是权威和服从的关系。环境是独立于领导者之外的客观存在,是对领导活动产生影响的各种外部因素的总和。这三个要素缺一不可,它们相互结合,才能构成有效的领导活动。

第二,领导是动态的行为过程。这个过程由领导者、被领导者和组织环境三方面相关的因素所构成。其中,领导者是起主导作用的因素,被领导者、组织环境是影响领导有效性的重要因素。领导行为是由这三个因素行为组成的复合函数,用公式表示为"领导行为=f(领导者,被领导者,组织环境)"。因此,研究领导行为时,必须充分考虑各种因素的作用及相互关系。领导的三个要素表现为两对基本矛盾:一是领导

---

① 夏书章.行政管理学[M].广州:中山大学出版社,2018:85.

者与被领导者的矛盾；二是领导活动的主体与领导活动的客体的矛盾。领导者的"投入"要通过被领导者的行为效果"产出",领导活动主体作用于客观环境的过程,表现为客观环境由"自在之物"不断地转化为"为我之物"的具体过程。

第三,领导是高层次的管理。高层次的管理是宏观管理,主要处理带有方向性、原则性的重大问题,独立性较强,因此,把高层次的管理称为领导。

第四,领导是体现高度权威的管理活动。领导权威表现在领导者与被领导者的关系上,它既反映领导者的权力和威望,也反映被领导者对这种权力和威望的认可和服从。

(三)"领导"与"管理"的关系

第一,在广义或外延层次上二者具有相等性。"领导"与"管理"长期"合二为一"使用,在"领导"一词出现之前,其含义包括在"管理"之中。中国的"经世治国"以及"修身、齐家、治国、平天下"之说中的"治国"就包含了"领导"。就是有了"领导"一词之后,人们还往往把二者当作同义语来使用。在现实活动中,存在着包括决策及其实施的领导,即广义的领导;也存在包括决策执行与决策制定的管理,即广义的管理。很清楚,这里的广义的领导与广义的管理是一回事。换言之,在广义层面上作比较,领导与管理是等同的,是一回事。

第二,在狭义上两者具有本质的差异性。从历史发展来看,管理与领导的分化及人们对其本质的认识是一个自然历史过程。随着社会活动规模的扩大和社会分工的发展,19世纪中期发生了所有权与经营权分离。20世纪初,泰罗提出计划(管理)职能与执行职能分开的科学管理,开创了人类社会管理的新纪元。随着决策现象出现,对领导、管理、决策与执行四者相互关系的研究突出起来。人们在归纳研究中,发现领导与决策联系在一起,管理与执行联系在一起,逐渐形成了领导就是决策、管理就是对决策的执行的观念。

第三,二者广义和狭义的混合关系。平时所讲的"领导是管理"和"管理是领导",即把二者连接在一起进行思维判断是不妥的,因为违反同一律,产生逻辑混乱的情况。但是,分别作为独立的命题,采取广、狭组合模式,不仅是正确的,而且是下定义的重要方法。一般所说的"领导是管理"里的"领导"是属于狭义的领导含义,因为仅指决策而言;而"管理"则为广义的管理含义,因为它包含执行决策和决策的制定。所谓"管理"也是"领导",只不过不是一般的领导,而只是低层级的领导。

(四)高校管理工作的特殊性

现代大学职能的传统概括是"教学、科研、服务",即知识的传播、创造和应用。基于大学的三大功能,高等学校的管理表现出了以下特点。

一是管理目标的多元性。随着大学逐渐成为社会的中心,社会对大学的要求也更为多元,大学发展需要兼顾的目标也越来越多。高校管理者面临的中心工作就是如何为高水平的人才培养、科学研究、社会服务提供支撑和保障。目前,我国高校资源相对有限,多种目标之间会产生一定的冲突,这就要求管理者审时度势,有所取舍。各个大学可以根据自身条件选择自己的办学特色,走内涵发展的道路。如何确定并保持自身的核心竞争力,则取决于高校管理者的办学理念。

二是管理对象的自主性。高校管理的主要对象是教职工与学生,即知识分子。老师与学生主要从事创造性的工作和学习,所以具有非常强的自主性,这就要求实施尊重个性的差异化管理。而且教师、学生作为知识分子,他们的维权意识、民主意识、认识问题的能力,都比普通群体强,对很多问题都有自己独到的见解,所以要充分尊重他们的意见,对于合理的部分要认真吸纳。作为高校的管理者,尤其要注重这一点,切实做到以师生为本,建立健全各种利益表达机制,充分保障师生的权益,让师生在大学的发展中能够真正获得自身的发展。

三是管理环境的开放性。高校的发展越来越具有开放性,营造良好的公共关系、获取优质的公共资源已经成为高校高质量发展的重要保障。高校管理者应当具有较强的社会活动能力,哈佛大学第27任校长萨默斯说,他主要做了三件事:一是聘请世界一流的教授;二是任用一流的院长;三是筹集办学经费。这三件事都是外向性事务,主要是通过管理者的人格魅力、公关能力、社会影响力发挥作用。可见,大学需要主动开拓社会资源,寻求更广阔的发展空间。

四是管理者角色定位的多重性。高校管理者需要扮演不同角色:一是管理者。很多人从事的是非常专业的管理工作,例如,科研管理、财务管理等等,需要较高的专业素养。二是服务者。从某种意义讲,高校的管理即服务,要通过有效的工作为师生发展提供支撑保障。三是教育者。高校管理者承担着管理育人的重要职责,特别是辅导员队伍对于引导大学生成长成才具有重要作用。四是党政干部。现阶段我国高校管理者不能简单等同于国外高校的行政人员,他们具有党政干部的身份,肩负着开展党务行政工作、维护学校和谐稳定等职能。可见,管理者面临多种角色冲突,必须善于"弹钢琴"。

二、领导、管理工作的专业化

(一)领导、管理工作的专业化的含义

何谓"专业化"？按照《辞海》(缩印本)的解释,"专业化"是"表示转变成某种状态或性质"。这里既包含了过程的含义,又包含了性质的含义。关于专业化(或称为专业社会化)也有两层含义：一是指一个普通职业群体逐渐符合专业标准、成为专门职业并获得相应的专业地位的过程；二是指一个职业群体的专业性质和发展状态处于什么情况和水平。根据以上两个方面的含义,我们认为专业化是指个体专业水平提高的过程及一个职业群体在一定时期内,逐渐符合专业标准、成为专门职业并获得相应的专业地位的过程。前者是个体专业化,后者是职业的专业化。

领导、管理工作的专业化,是领导、管理工作科学化的一个重要内容,也是建设一流大学的迫切要求。

首先,高校管理的复杂性要求高校管理专业化。高校管理是一项系统工程,按管理的不同工作内容,有人事管理、教务管理、学生事务管理、后勤管理(包括财务管理)、资产管理、学术管理、意识形态管理等不同类型方面的管理。这种复杂的系统的管理工程,要求高校管理实行专业化的分工,同时不断提高管理人员的专业化水平,充分发挥各部门人员的专业优势,提高部门管理的效能,最终共同为学校的管理服务,提高学校的管理效能。

其次,高校管理的法治化要求高校管理实现专业化。高等学校作为依法自主办学的法人实体,应依法享有自主权,实现自我约束、自我管理。管理工作法治化要求学校所制定的各项管理规章制度要与国家有

高校行政管理：理念与路径

关法律法规相吻合，并认真执行规章制度，实现管理的统一性、连续性、稳定性，以保障高校教育教学秩序的正常化。为了加强高校的法治化建设，实现依法治教、依法治校，要求高校管理实现专业化。

最后，高校的高质量发展需要高校管理专业化。教育部启动的"双一流"建设，包括名师战略、金课建设、双万计划及教育教学审核评估等，高校如何依据政策研究制定落实方案，直接关系到"双一流"建设的效果。因此，把"双一流"建设落到实处，需要一支专业化的管理队伍。高校提高教育质量，固然要有一流的师资队伍，但高等教育的形势发展和深化改革以及师生双方的教学活动质量，必须以科学规范的管理来保证。要实现科学规范地管理就必须有一支具有科学管理能力的专业队伍。管理队伍和教师队伍的建设同样重要。高校在加强教师队伍建设的同时，也要重视加强管理队伍的建设。

根据专业化的定义，我们认为高校领导、管理工作的专业化包括：高校管理机构（分工）的专门化、高校管理制度的规范化、高校领导及管理人员的专业化。其中，高校领导、管理人员的专业化是其中的关键因素。因为领导、管理人员的专业化决定高校管理的水平与效能，决定高校管理的规范化水平，最终决定高校管理的专业化水平。领导、管理人员的专业化水平是决定高校管理效能的决定性因素。因此，在这里主要讨论的是领导、管理人员的专业化问题。

高校领导、管理人员专业化旨在建设一支高素质、高效率、职业化的高校领导干部队伍。具体来说，是指高校领导干部在整个行政管理专业的生涯中，依托高校行政管理，通过终身行政管理训练，习得高校行政管理的专业技能，实施专业自主，表现专业道德，逐步提高自身的行政管理素质，成为高校行政管理的专职工作者的专业成长过程。高校领导、管理专业化的"专业"，是相对于职业而言的，它既不是指教育学的"学科专业"，也不是指汉语语义学中的"专业"内涵，这里所讲的"专业"（profession），是指一群人经过专门教育或训练、具有较高深和独特的专门知识与技术、按照一定专业标准进行专门化的处理活动，从而解决人生和社会问题，促进社会进步并获得相应报酬和社会地位的专门职业。

随着高等教育事业的蓬勃发展，各项工作专业化、专门化、精细化程度越来越高，对干部专业素养、业务能力提出了更高要求。领导干部的专业化水平本质是专业素养问题，包含专业知识、专业思维、专业方法、专业能力、专业精神等要素。其中专业能力和专业精神是领导干部专业化的核心要素。专业能力是领导干部对本职工作的把握和驾驭能力,包括适合于工作岗位的专业知识、专业思维和适应管理岗位的组织管理能力等领导干部均应具备的通用能力。专业精神是适应岗位的敬业精神,是"干一行爱一行、钻一行精一行、管一行像一行"的执着精神。专业能力与专业精神相辅相成,专业精神在专业能力实践中升华,专业能力又因专业精神的激励而不断增强。

(二)高校领导、管理专业化的实现路径

1. 高校领导、管理专业化存在的问题

高校的中心任务是人才培养,这一点早已经深入人心,各高校普遍重视师资队伍建设,在教师的选拔、培养、薪酬等方面做了卓有成效的工作,培养了一大批专家学者。但是高校管理,尤其是高校管理专业化方面却存在不少问题。

一是传统的行政管理观念严重制约高校管理专业化。我国传统文化中有"学而优则仕"的思想,在高校管理的实践中也存在着"官本位"的现象,在这种观念的支配下,有的高校把一批教授推到管理岗位上,把担任学校的管理干部作为一种酬赏,奖赏给那些治学有方、科研有为的专家教授,这种做法导致高校的管理水平不仅没有上去,反而影响了教师的学术发展。

二是高校管理实现了部门化,但部门人员的专业素质不高。我国高校普遍实行了校院两级管理体制,另外还设立许多职能部门,实行了部门化管理。各个部门各司其职,共同承担高校管理多方面的职能。这种管理部门化(专门化),有利于发挥各类人员的优势,提高高校的管理效能。但是由于各部门的管理人员的专业化程度不高,在一定程度上影响了高校管理的整体效能。

三是高校管理的法治化程度低。高等学校作为依法自主办学的法人实体,依法享有自主权,应实现自我约束、自我管理,强化法治化管理。管理工作法治化要求学校所制定的各项管理规章制度与国家有关法律法规相吻合,并认真执行,以保障高校正常的教学和生活秩序。但是部分高校所制定的规章制度的科学性不够,制度不规范,缺乏权威性和长效性,人为因素较严重。

四是高校管理实现了人员的专职化,但管理人员的专业化程度不高。由于高校管理人员队伍来源复杂,很多人员没有经过专门的培训,缺乏管理科学知识,缺乏管理能力和研究能力,习惯于维持传统而单一的常规管理,习惯于接受上级指令,把管理当作一种重复性或循环性的活动,就事论事,片面决策,顾此失彼,管理粗糙,把自己混同于一个事务主义者或工作中的"救火队员",导致高校的管理工作停滞在一种低效的简单管理阶段,不能适应新时代高校高质量发展的需要。

2.高校领导、管理专业化的实现途径

一是树立管理专业化理念,重视高校管理干部队伍的专业化建设。我们要转变观念,重视管理队伍建设,把管理队伍建设提升到与教师队伍同等重要的地位上来,制定与教师队伍相配套的管理队伍建设规划。要像培养学科带头人那样培养管理干部,使他们成为精于管理、懂得教育的现代复合型管理专家。完善评价体系,形成竞争激励机制。对高校管理人员的工作绩效进行客观公正地评价和考核,实行动态管理,奖优罚劣,优上劣下。以提高待遇为核心,建立有效的稳定机制。各级领导应关心管理干部,建立正常的考核晋升渠道,对他们既要讲奉献,也要讲待遇报酬,使他们与同等学力、同时期毕业的教师和其他专业技术人员相比不至于产生明显的差别,使管理干部岗位更具有吸引力。

二是强化岗位培训和任职资格培训,提升高校管理干部管理专业化能力。首先,按照"先培训,后上岗"的原则,抓好上岗培训。建立类似于教师资格制度的高校管理人员的任职资格制度,严格岗前培训,提高高校管理人员的专业素质。其次,针对现阶段高校管理人员的状况,有计划、有组织地分期分批进行管理知识培训。最后,要抓实考核机制。对不适应管理岗位的人员要组织转岗。

三是强化管理干部自身修养,着力培养管理干部专业精神。习近平总书记指出:"各级领导干部要干一行爱一行、钻一行精一行、管一行像一行,在勤学苦干、多思善悟中尽快成为行家里手,全面取得领导工作主动权"。广大干部要树立起实现第二个专业化的转型意识,抓紧自学,自觉地掌握领导、管理理论与方法,注意总结提高,探求领导、管理工作的固有规律,较快、较好地实现由具有某门知识与技术的"硬专家"领导、管理,向具有战略决策能力、组织指挥能力、教育与激励能力及协调与控制能力等的"软专家"领导、管理的转变,成为"双内行"(具体业务内行、领导管理内行）的新型专业人才,出色地完成所担负的领导管理工作任务。

三、行政领导：含义、特点和作用

（一）行政领导的概念和特点

行政领导和领导一样具有名词和动词两种用法。动词意义上的行政领导是指一种活动——在行政组织中,经选举或任命而拥有法定权威的领导者依法行使行政权力,为实现行政管理目标所进行的组织、决策、指挥、控制等活动的总称。[①] 由此,我们可以从三个构成要素来理解行政领导的内涵：第一,行政领导者产生于公开、规范的选举或任命程序,领导者权力的获得来自法权赋予；第二,行政领导的目的在于有效地组织与管理社会事务,实现行政管理的目标,因而,领导活动的开展具有一定的绩效要求；第三,行政领导体现了领导者与行政组织内部成员、社会成员之间的领导与服从关系。为了顺利实现管理目标、有效开展领导工作,行政领导需要立足于广泛的社会共识和共同的价值理念。作为行政管理的头脑和核心,行政领导具有"引导"和"统领"的功能,在行政管理过程中起导向作用。我国目前的行政领导,主要指各级国家行政管理活动中的领导者及其领导活动,同时也包括高校等企事业单位行政管理系统中的领导。名词意义上的行政领导是指人、领导者和领导集团。

行政领导根据不同的划分标准,可以划分为不同的类型。通常,按照权力分配的集散程度划分为集权、分权、放任三种类型,也可以称为自决型、民主型、"无为而治"型三种。集权型是一种行政权力高度集中、协调有效、控制力强,但下属处于被动地位、时时受限,从而缺乏主观能动性的一种领导方式；分权型则是一种集思广益,确保决策尽可能科学化、民主化的领导类型,行政领导者注重下属人员的需要、情感、意见和建议等,同时,它也具有决策过程缓慢、效率低下的缺点；放任型是行政领导者充分授权给下属,让下属有决策的自主权的一种领导方式,它有

---

① 夏书章.行政管理学[M].广州：中山大学出版社,2018：91.

利于行政领导者回避权力、规避责任。

行政领导具有以下三个特点。一是行政领导发生在行政管理活动中。在特定的行政环境约束下，为实现一定的行政目标，高校行政领导者依据政策法规，对全校师生员工进行指挥与统御，从而保证国家高等教育政策目标得以顺利实现。二是行政领导具有明显的执行性。高校行政机关是执行机构，承担着大量的执行性的事务。行政领导者依法治校，迅速组织人力与物力资源，提高工作效率，高效地实现上级党委、政府和教育行政主管部门的决策意志。三是行政领导具有鲜明的政治性。加强党对高校的领导，是办好中国特色社会主义大学的根本保证。高校领导者要提高政治站位，首先从政治上来理解和把握问题，学会从政治上谋划、部署、推动工作，坚持党委领导下的校长负责制，坚持社会主义办学方向，为党育人、为国育才，培养担当民族复兴大任的时代新人。

（二）行政领导在行政管理中的地位和作用

高校行政领导在行政管理中具有重要的地位和作用，具体表现在以下三个方面。

第一，行政领导是行政管理协调、统一的保证。行政管理本身是一个复杂的社会系统。为保证高等学校行政活动的协调和统一，需要行政领导的统一意志和统一指挥。随着高等教育的普及化，高校行政管理涉及领域越来越广，日常事务日益复杂，行政人员不断增加，统一意志和统一指挥的行政领导的必要性和重要性更为突出。行政管理既有纵向层次的区别，又有横向领域的划分。高校领导干部要准确把握航向，把广大党员干部和师生员工的思想和行为积极引导到自觉贯彻执行党中央路线方针政策和学校党委决策上来，形成统一的意志，为建设教育强国而不懈奋斗。

第二，行政领导是行政管理过程的战略核心。一般而言，行政领导的过程是推动他人去做、借助他人智慧和力量来表现的，这符合管理的特征。因此，行政领导是有管理性质的社会活动，行政管理过程与行政领导过程是交叉的。就具体过程看，行政管理是通过各环节连接起来的链条，主要环节有建立行政组织、选才用人、收集信息、确立目标、制定计划、组织实施、检查监督、调节完善等。这实质上是不断制定和执行政策的过程。"出主意""用干部"是行政领导的根本职责。正是这两种领导职责构成有效的行政管理活动,并贯穿于行政管理活动过程的始终。

第三,行政领导是行政管理成败的关键。行政管理是由诸多因素构成的大系统,每个因素都对行政管理产生影响。由于行政领导有"统领""引导"的整体管理功能,尤其是行政决策规定了目标及达到目标的途径和措施,因而成为行政行为的指南和准则。行政效能由行政决策的效率决定。要保证行政决策的高效能,不仅要提高效率,更要保证行政决策的正确导向。否则,方向错了,效率愈高,损失愈大。正是这样的决定作用,规定了担负行政决策责任的行政领导是整个行政管理活动成败的关键。在中国特色社会主义新时代,实现高质量内涵式发展成了我国高等教育的主题词,要求大学更加注重发展的质量和效益。因此,在管理上,大学需要改变过去外在依赖性,亟须转变管理理念、优化管理机构、探索管理新途径,探索和建立适合高校自身特点的行政管理模式,实现由"政策驱动"向"内需驱动"转型。目前,我国高等教育发展和改革已经进入了"深水区"。面临着利益格局的重新调整,改革过程中必然会出现许多新问题,如果缺乏强有力的行政领导,势必导致行政效能低下,势必会使改革停滞不前。因此,正确认识行政领导的职、权、责,建立和完善科学的行政领导制度,掌握并运用科学的行政领导方法、方式和艺术,优化行政领导者的素质结构,这些无不对行政管理效能产生决定性影响。[①]

四、行政领导者的职位、职权和责任

行政职位、职权、职责是行政领导者从事行政领导活动的基本条件。任何行政领导者都是一定的职位、职权、职责的统一体,三者之间相互联系,互相制约,不可偏废。有职就要有权,有权就要尽责,任何将三者分离的状况都将妨碍行政领导者领导作用的发挥。

(一)行政领导者的职位

行政领导者的职位是指组织人事部门根据法律法规,按规范化程序

---

① 夏书章. 行政管理学[M]. 广州:中山大学出版社,2018:92.

选择或任命行政领导者担任的职务并赋予其应履行的责任的统一体。职位是以"事"为中心确定的,职位的设置有数量的规定性,职位本身具有相对的稳定性。它包括两个基本的要素:职务和责任。责任就是担任一定职务的人对其职务行为的承诺,表明他该做什么和不该做什么。一个人只有外界赋予了一定的职位和职权,才能去履行自己应尽的职责,并在决策时发挥其制约力和影响力。这种影响力和制约力是来自职权本身的一种力量。无职无权,当然不可能有权力的制约力和影响力的存在。

高校领导干部按照工作内容,可以分为党务管理、行政管理两大类;按照管理权限,又可分为学校领导、中层干部、普通干部等层面。广义上的大学分本科院校和专科院校,本科院校的学校领导都是正厅级,但部分"中管高校"的党委书记和校长高配副部级;专科院校的学校领导为副厅级。高校各级领导身处高校的各个职能部门,位居不同领导职位,扮演着重要的领导角色。

(二)行政领导者的职权

法定的与职位相当的行政权力,就是行政领导者的职权。行政领导者的职权,是其行使指挥与统御过程的支配性影响的实质条件,就是为完成所规定的任务或实现某一目标而从事的职务行为和相应拥有的权力。同时,职权不仅意味着行政领导者具有从事一定行为的可能性,而且意味着必须从事这一行为,否则就构成失职。因此,职权对行政领导者来说,既是他们的权利,又是他们的义务,职权是权利与义务的共同表现。

职权是与职位联系在一起的。首先,职位权力与职位具有不可分性,领导者有职位就有权力,如领导者被免去职位,则职位权力也就不存在了。其次,职权与职位具有对称关系。职位权力是组织赋予的,在更宽泛的意义上是社会制度和法律所赋予的。职权的大小要与职能的高低、责任的轻重相适应。再次,职权是法定权力。它一方面要约束行政领导者的思想与行为,另一方面又要确保这种权力的稳定性,使其不能以任何形式进行私人性的转让。最后,行政职权是有限度的权力,是上级机关考虑到管理分工的不同而进行的功能性划分,并由领导机构授予,被授予者需对权力有明确的认识,从而掌好权、用好权。行政领导的权限范围包括人事权、物权(即对物质资源的配置与使用权)、财权、组织权。行政领导必须"严以用权",而不能"滥用职权"。

(三)行政领导者的责任

行政领导者的责任,是指行政领导者违反法定的义务所引起的必须承担的法律后果。行政领导者的责任有多方面的内容,主要由政治、工作、法律三个层面的责任构成。

第一,政治责任即领导责任,是指领导者在维护宪法、体现党的领导、遵守党的纪律、维护社会安定团结和保守国家机密等过程中进行组织、计划、指挥、控制和协调的责任。领导者虽然没有违法,但若违反了党章的规定或者纪律的规定,也要受到党纪处分,甚至要被罢免职务。

第二,工作责任是指行政领导者的岗位责任,是从上级赋予个人的权力和责任相对等的角度来理解行政领导所承担的责任,这是最为基本的内容。目前,上级行政领导为了落实责任,往往通过和下级签订责任状、制定相关奖惩办法,来约束下级领导。这个层面的制度设计重在激励行政领导,让领导对所承担的职责负责。

第三,法律责任是指行政领导者在行政管理活动过程中因违反法律规范所应承担的法律后果或应负的责任。领导者的行为虽还没有触犯刑律,但已经违反了有关行政法规,因此要承担相应的行政责任。

权力和责任向来是相伴相随的统一体,"有权必有责,有责要担当,权责对等"是行政管理的基本原则。没有无权力的责任,也没有无责任的权力。权力与责任是对应的、统一的。对一个领导者来说,他只有明确了自己的责任,并且敢于承担责任,才能干好大事业、开拓新局面,才能更好地推动组织的发展,更好地为人民服务。

五、高校领导者的责任与权威

(一)高校领导者的责任

作为高校管理主体,高校领导者是高等教育事业发展的核心主体,他们既负责大学办学目标的实施、主持大学的日常运行,又扮演了办学者法定委托人和消费者服务提供者的角色,承担了大学外延与内涵发展的主要责任。高校领导者的责任范围主要包括以下几个方面。[①]

第一,办学方向明确的政治责任。"培养什么人""怎样培养人""为谁培养人"始终是大学面临的首要问题。我国是中国共产党领导的社会主义国家,这就决定了我国高校必须坚持社会主义的办学方向。大学领导者要坚持党对高校的全面领导,在指导思想上,坚持马克思主义指导地位;在基本制度上,坚持党委领导下的校长负责制这个根本制度;在价值诉求上,强调办人民满意的高等教育;在人才培养上,强调培养中国特色社会主义建设者和接班人。

第二,效益优先的办学治校责任。办学治校是大学领导者的主要岗位职责。大学领导者要明确学校办学定位,制定学校现阶段所承担的任务目标管理和未来发展方向,让大学生获得基本的教育资源,除了筹措经费之外,还有一项重大职责就是根据社会人才需求和学生对新知识的需要的变化,不断地创新人才培养模式。应针对大学办学资源的主要配置载体课程体系(实质上的培养模式)和课程要素(实质上的办学资源配置终端),引入并更新教学内容与教学手段。

第三,立德树人的人才培养责任。习近平总书记指出:"高校立身之本在于立德树人"。我国高校不仅承载着传播知识、传播思想、传播真理的功能,还承载着塑造灵魂、塑造生命、塑造新人的重任,要坚持把立德树人作为根本任务,培养一代又一代拥护中国共产党领导和我国社会主义制度、立志为中国特色社会主义事业奋斗终身的有用人才。另一方面,学生及家庭缴纳学费分担教育成本,提高了消费者获得服务回报的期望值,大学确定了为消费者群体(学生、家长)服务的角色地位,必须始终坚持以学生为中心,尊重学生、理解学生、关爱学生。

第四,以科技文化服务为核心的社会服务责任。大学的根本使命是人才培养,随着知识经济时代的到来,大学从社会的边缘已进入了经济社会发展的中心。学校如何积极主动地承担起创造科技文化、以独特优势推进社会经济进步的重任,已成为大学领导者的重要使命。现代大学领导者必须有开放的胸怀和博大的社会责任感,善于筹划与组织资源,发挥大学自身优势,寻找和创造以行业市场和区域社会为基本阵地的社会服务机会,营造校内社会发展责任氛围和服务机制、渠道方面的平

---

① 徐同文.大学领导者的责任定位[J].教育研究,2008(10):87-90.

台,推动大学承担起应有的社会发展责任。

第五,建设平安校园的职业岗位责任。大学的管理者主体组成,从宏观层面上说应该是全体教职员工。在大学领导者的岗位责任中,他是全体教职员工的责任代表,其主要工作事务也是校园中人财物和校园秩序、风气的管理控制。所以,大学领导者责任内涵中的很大一部分立足于并体现在校内治理结构运作上。

(二)高校领导者的权威

什么叫权威?恩格斯在《论权威》一书中指出,"一方面是一定的权威,不管它是怎样造成的,另一方面是一定的服从,这两者不管社会组织怎样,在产品的生产和流通赖以进行的物质条件下都是我们所必需的"。这表明了权威在社会生产生活中的地位和作用。"没有领导,就没有权威。"这表明了领导与权威的密切关系,领导是权威的前提条件,是构成权威的基础。

行政领导权威,是指建立在法律、正当程序或领导者人格魅力基础之上的可以对领导对象的心理和行为产生指引效果的一种无形的影响力。

行政领导权威在行政管理过程中有其存在的必要性。首先,协调行政过程中各方利益关系需要行政领导权威。社会经济成分的多元化,导致行政管理过程中的利益主体也出现了多元化,这一状况要求行政领导权威把它们协调统一起来。其次,实现行政目标需要行政领导权威。要有效实现共同的行政目标,需调动一切积极因素,步调一致,统一行动,集中各种资源共同努力奋斗,并增加团体成员的凝聚力和向心力,行政领导权威正扮演了这个特殊的角色。再次,提高行政管理效能需要行政领导权威。科学管理是统一意志、高度规范化、系统化的管理,是强调行动统一、步调一致、整体协同配合的管理,行政领导权威就是实施这种管理的核心和首脑。

在高校的行政管理实践中,管理理念、制度及行为需要得到师生员工的认可与配合,而在管理过程中得到师生员工认同和信服的那种威信力便是领导权威。这种权威是在与教学、科研活动紧密联系的管理活动中体现出来的,事实存在于每一个具体有效的管理行为的背后,发挥着不可替代的渗透性作用。

高校行政管理：理念与路径

在高校行政管理过程中，合理塑造领导权威是积极管理的一种模式，而领导权威的异化却会导致现代管理理念和行为的丧失。

第一，合理塑造高校领导权威。领导权威的塑造需要良好的制度环境，但更需要管理主体的积极努力。其一，领导者应具备高尚的品德和良好的素质。领导者要在管理过程中注重学习与锻炼，充分发挥主体性功能，不断提升自己的政治素质、知识素质、能力素质和心理素质，敬业爱岗，勤奋工作，以自己的才能和业绩创建领导权威。其二，领导者应按照制度规范和组织程序正确行使岗位权力。领导者应以身作则，自觉遵守学校规章制度，并在制度化框架中体现对师生员工的人文关怀。其三，领导者必须具备强烈的岗位责任意识。在履职过程中要充分体现使命感和责任感，使岗位功用得到最大限度地发挥，这样才能使大家公认该岗位管理权威的存在，使权威得以被塑造和张扬。其四，管理过程应凸显民主原则和服务功能。管理的核心是服务，管理必须民主。管理人员应具备足够的服务意识，将师生员工看作是合作者、评价者和监督者。管理是为了促进教学和科研活动的开展，管理双方只是相对分工不同，一部分人从事教学科研工作，另一部分人则对此进行服务和管理，双方对各自的工作互相认同，两者都是高校赖以存在的基本元素和组成。因此，管理行为的指向应该融入师生员工的取向、感情和目标，否则，管理权威的合法性基础会消失，权威也将荡然无存。

第二，防止高校领导权威的异化。其一，权威不等于威权。管理权威与民主管理并不矛盾，甚至可以说它们是两个领域的概念。当把权威理解成威权、集权之后，主客体的竞争和对抗就会代替双方的合作与协同。而通过家长制、一言堂所建立起来的权威，只是个人意志的无限延伸，没有稳固的基础，埋藏着深深危机，至多是虚弱的"权威"，当被管理者的主体意识觉醒之后，这种"权威"便会土崩瓦解。其二，管理权威不等于职位权力。职位"权威"的过分夸大会使管理人员滋生短浅的满足感，消解工作的主观能动性，容易沦为事务性的传统样式官僚体制的奴隶，产生态度冷漠、趾高气扬、办事拖沓、效率低下等现象，甚至发生管理"寻租"、以权谋私等违纪违法行为。其三，管理权威不等于个人魅力。虽然领导的个人魅力会散发人际吸引力，从而增加组织的向心作用，有助于管理实践的高效率。但魅力型权威的本质是一种宗教性权威，缺乏坚固的理性基础，累积的只是个人崇拜等非理性的感情因素，而道德热情有时却会湮没管理的公正与正义。

第二节 高校内部领导体制

一、我国高等学校内部领导体制

习近平总书记在第二十三次全国高等学校党的建设工作会议上强调,"坚持和完善党委领导下的校长负责制,不断改革和完善高校体制机制"。实践证明,党委领导下的校长负责制为高校改革发展稳定提供了坚强的制度和组织保障,有利于加强党对高校的领导,有利于坚持社会主义办学方向,有利于提升高校办学治校能力水平,有利于促进高校的改革发展稳定,符合我国国情和高等教育发展规律,是中国特色现代大学制度的核心内容。

（一）我国高等学校内部领导体制的演变历程

我国高校领导管理体制是历史的选择。党和政府历来十分重视大学的发展。新中国成立初期,在接管并改造旧大学的同时,建立了社会主义新大学,并多次对大学进行内部管理体制改革。伴随着国家经济、政治的宏观大背景的演变,我国高校的领导体制经过了多次变革,总体来说可以分为以下六个阶段。经过多种探索,我国最终确立了党委领导下的校长负责制,坚持和完善这一大学根本领导管理体制对我国高等教育的发展极其重要。

第一阶段：校长负责制(1950—1956年)。校长为大学的最高行政负责人,校务委员会为最高审议决策机构,大学比照国家其他事业单位设立行政机构,在这种体制下,校长直接由中央人民政府任命,领导并负责学校内部的所有工作,代表学校直接向政府负责;这一阶段行政权力控制了大学,教师在学术事务上没有发言权。

第二阶段：党委领导下的校务委员会负责制(1956—1961年)。大学的重大问题由党委决定,经校务委员会讨论通过,由校长负责组织实施。这种管理体制中的行政权力仍然集中于学校一级,但校长的权力有所减弱,中层的权力有所扩大,基层教师仍没有参与学术管理的权力。此外,在行政权力之上又增加了政治权力对大学发展的领导。政治权力和行政权力共同控制了大学的发展。

第三阶段:党委领导下的以校长为首的校务委员会负责制(1961—1966年)。校长是由国家任命的学校行政负责人,对外代表学校,对内主持校务委员会和学校的日常工作。校务委员会是大学行政工作的集体领导组织,由校长、副校长、党委书记、教务长、总务长、系主任和若干名教授及其他人员组成。校长和校务委员会在党委的领导下开展工作,对于学校的一些重大问题,由校长提交校务委员会讨论决定,再由校长执行,这种体制是在前一种体制上的改进,既充分发挥了党委的统一领导核心作用,同时又兼顾了校长和行政系统的作用,调动了广大职工的积极性,提高了办学效率;校长仍然是大学行政权力的集中代表,行政权力仍集中于学校一级;政治权力没有变化;教师有了参与学术管理的权力,但仍然很小。

第四阶段:党委'一元化'领导(1966—1978年)。在1971年后实行党的一元化领导体制,大学大都以党委"一元化"领导下的"革委会"作为大学的行政领导机构,以政治权力行使行政权力,这种体制取消了校长的存在和知识分子的作用,在一定程度上也否定和破坏了党委的集体领导;绝大多数大学原来的各种职能机构都被取消,调整为政工、教育和办事三组。

第五阶段:党委领导下的校长分工负责制(1978—1985年)。党委是大学的领导核心,对大学实行统一领导,大学的重大问题由党委讨论决定,由校长分工实施。这种体制加强了党委的领导地位,同时也增加了校长的责任感与使命感,在行政问题上主要由校长负责,但这种体制导致正副校长都对党委负责的错误理解,没有明确校长的职责且在一定程度上存在党政不分的状况。另外,大学内部设立了学术委员会,学术权力开始取代一部分行政权力而对学术事务进行管理。

第六阶段:校长负责制(1985—1989年)。1985年以后,高校开始逐步实行"校(院)长负责制",有些学校还设立了由校长主持的校务委员会。这在一定程度上提高了高校的行政办事效率,但也淡化了高校党的领导作用,削弱了高校的党建工作和思想政治工作。①

第七阶段:党委领导下的校长负责制(1989年至今)。党委领导下的校长负责制是指校长受国家委托,在党委领导和教职工民主参与下管理大学,对大学行政工作全面负责的一种大学领导制度。1989年8月,《中共中央关于加强党的建设的通知》规定:"高等院校实行党委领导下的校长负责制",之后,《中共中央关于加强高等学校党的建设的通知》(1990年)和《中国共产党普通高等学校基层组织工作条例》(1996年)又重申高等学校实行党委领导下的校长负责制。1998年8月,全国人大常委会通过的《高等教育法》进一步从法律上明确"国家举办的高等学校实行中国共产党高等学校基层委员会领导下的校长负责制",第一次以国家大法的形式对高等学校的领导体制作出法律规定。

(二)我国高等学校内部的领导体制

2014年10月,中央办公厅印发了《关于坚持和完善普通高等学校党委领导下的校长负责制的实施意见》(以下简称《实施意见》),规定"党委领导下的校长负责制是中国共产党对国家举办的普通高等学校领导的根本制度"。坚决规范执行党委领导下的校长负责制,要从以下四个方面抓好落实。

第一,坚持党委领导核心地位。要站在讲政治的高度,坚持党委领导核心地位不动摇。准确把握党委的职责定位,不断加强党对高校的领导。党委要坚持"把方向、管大局、做决策、保落实",坚持管干部、管人才和党要管党、全面从严治党,认真履行党章等规定的各项职责,健全和完善党委领导的内容和途径,全面贯彻党的教育方针,坚持社会主义办学方向,扎实组织推进党建等工作,有力提升党建等工作科学化水平,推动各项改革不断深化和各项事业健康发展,确保为党和国家培养源源不断的合格建设者和可靠接班人。校长必须自觉服从和接受党委领导,主动维护党委领导的核心地位,把思想自觉落实到行动自觉,体现在积极按规定参与加强班子建设、组织落实好党委决策部署,落脚到组织开展好教学、科研和行政管理工作。

---

① 欧阳淞.高等学校实行党委领导下的校长负责制的实践与思考[J].红期文稿,2011(5):10.

第二,正确处理党委领导和校长负责的关系。要充分认识党委领导下的校长负责制是不可分割的整体,正确处理好党政关系、党委领导与校长负责的关系。党委作为高校的领导核心,贯彻民主集中制实施集体领导,需要通过党委会、常委会会议等途径来实现。而且,党委领导是对学校改革发展稳定全局和办学治校育人各方面工作的全面领导,要把方向、管大局、抓大事、做决策、用干部、保落实,同时支持校长依法按规定独立负责地行使职权。要明确党委领导是集体领导,而不是党委书记个人领导;校长负责不是校长个人说了算,而是在党委领导下实行行政首长负责制。校长执行落实党委决策部署,认真负责地做好教学、科研和行政管理工作。党委书记、校长都要自觉提高政治站位,作出科学工作定位,积极协调配合,共同团结协作,努力营造团结共事的和谐氛围,带头形成领导合力,带头加强班子建设,同心协力组织做好各自职责要求的各方面工作。

第三,认真执行民主集中制原则。贯彻执行党委领导下的校长负责制,就是在高校贯彻执行民主集中制原则。党委和行政都要按照民主集中制原则要求,按照《实施意见》规定,结合学校实际,健全完善党委会、党委常委会、校长办公会等议事规则,对党委全委会、党委常委会、校长办公会等各自不同的决策范围、召开周期、表决方式、督办机制等,予以明确规定并严格执行。细化党政议事决策的职能定位、参加对象、决议范围、议事程序、执行落实、监督检查,形成系统、规范、操作性强的制度体系,严格遵守"集体领导、民主集中、个别酝酿、会议决定"的原则要求,进行正确的民主和正确的集中,防止和杜绝劣质民主、过度集中等问题,不断加强领导班子全方位建设,提高科学决策、民主决策、依法决策水平。

第四,正确处理好党委书记和校长的关系。处理好党委书记和校长党政"一把手"的关系,是落实好这项制度的关键所在。没有党的组织建设,靠校长的一己之力,是没办法把学校办好的;没有党的坚强领导,也就没有全校的行动统一。不放手让校长和行政班子大胆工作,党委工作也会衰减力量,顾此失彼,难以实现立德树人的目标,也完不成教学和科研的任务。因此,党委书记和校长都要对标政治家、教育家标准,涵养政治家的格局风范、教育家的专业素养,做到政治过硬、品行优良、业务精通、锐意进取、敢于担当,彼此之间充分理解、相互信任、支持配合,凡事从全局和长远出发,不能计较个人得失,时时处处出以公心,遇到分歧坦诚交心,主动坦诚交流思想,真诚彼此交换意见,事先充分酝酿,全面沟通协调,重大问题都经集体讨论决定,决不能从个人角度出发争拍板权、计较谁说了算,或是搞团团伙伙、个人专断,否则对个人会两败俱伤,严重损害班子建设和学校事业发展。

二、我国高等学校院(系)领导体制

高等学校院(系)是按照学科发展需要而设立的教学科研组织和管理单位,是高校内部重要的组织机构,直接担负着具体的人才培养、科学研究、社会服务和文化传承创新的组织管理工作。院(系)领导体制不仅与院(系)事业发展息息相关,而且也影响着学校党委、行政决策的贯彻执行,影响着学校办学质量与办学目标的实现。

(一)我国高等学校院(系)领导体制的发展演变

中华人民共和国成立以来,高校院(系)领导体制发展演变经历了不同的形式和阶段,不同的领导体制在不同的历史条件下都发挥了应有的作用,并在长期探索和发展的基础上,因应时代发展变化作出了新的选择——党政共同负责制[①]。

第一阶段:系主任负责制(1949—1958年)。中华人民共和国成立后,我国学习借鉴苏联高等教育经验,在高校实行"一长制"即校长负责制。1950年8月,经国家政务院批准实施的《高校暂行规程》明确规定:"大学及专门学院采取校(院)长负责制,在校(院)长领导下设校(院)务委员会。系为教学行政的基层组织,由系主任负责"。系主任作为第一责任人领导系的各项工作,直接向校长负责。这一时期,系级党组织对系行政工作不起直接领导作用,与系行政之间没有领导和指导关系,主要负责思想政治工作。系主任负责制的领导体制,在1958年9月终止执行。

第二阶段:系总支委员会领导下的系务委员会负责制(1958—1961年)。1956年9月党的八大通过的党章规定:"企事业单位党的

---

① 杨少波.高等学校院(系)领导体制的发展演变与现实思考[J].华中农业大学学报(社会科学版)2012(2):117-121.

基层组织应当领导和监督本单位的群众组织"。这一规定,第一次明确确立了高校党组织在学校的领导地位,高校领导体制也随之发生变化。伴随着全国性整风运动的深入开展,为全面加强党对高校工作的领导,1958年全国教育工作会议结束后,中共中央、国务院发布《关于教育工作的指示》,明确提出"在一切高校中,应实行党委领导下的校务委员会负责制。"取消了校长负责制,系一级组织也相应地实行了系总支委员会领导下的系务委员会负责制。

第三阶段:系总支委员会监督下的以系主任为首的系务委员会负责制(1961—1966年)。1961年,中共中央在纠正"左"的错误思想的同时,总结了新中国成立12年来教育工作中正反两个方面的经验教训,并于同年9月颁布《教育部直属高校暂行条例(草案)》(简称"高教六十条")。"高教六十条"规定系级组织的领导体制为"系的党总支委员会保证和监督系务委员会决议的执行和本系各项工作任务的完成。……系主任在校长领导下,主持系务委员会和系的经常性工作"。

第四阶段:"革命委员会"负责制(1966—1978年)。"革命委员会"作为高校校、系的领导权力机构,工宣队、军宣队进驻高校,队员联合进入校、系革命委员会后,实行革命委员会一元化领导,负责校、系各项工作组织。这一体制,严重破坏了党对高校的领导,违背了高等教育规律和高校办学规律,给我国高等教育造成了严重危害。

第五阶段:系总支委员会领导下的系主任分工负责制(1978—1989年)。"革命委员会"负责制的校、系领导体制终止。同时,教育部于1978年重新修订了"高教六十条",试行《全国重点高校暂行工作条例》。新条例规定"系一级则实行系总支委员会领导下的系主任分工负责制,系总支委员会(或分党委)领导全系工作,贯彻执行学校党委会的决议,讨论和解决系内重大问题,报学校党委会批准实行"。

第六阶段:党政共同负责制(1989年至今)。1989年前后,国内政治风波和苏联解体、东欧剧变,给党的建设提出了严峻挑战和新的要求。党中央对高校党的建设给予前所未有的重视,把坚定正确的政治方向放在教育工作的第一位,全面纠正20世纪80年代以来削弱高校党组织作用的做法,重新定位高校内部党组织和行政组织的关系,并于1989年下发《关于当前高校工作中几个问题的意见》,明确"高校仍实行党委领导下的校长负责制",1990年颁发的《中共中央关于加强高校党的建设的通知》,要求系党组织由过去的"起保证监督作用"转变为"发挥政治核心作用",规定系总支是全系的政治核心,参与本系行政管理工作重大问题的讨论决定,支持系主任在其职责范围内独立负责地开展工作。1996年中共中央颁布的《中国共产党普通高校基层组织工作条例》(以下简称《条例》),规定"系级党总支应参与和讨论本单位教学和科研、行政管理中的重要事项。支持本单位行政负责人在其职责范围内独立负责地开展工作,系级单位党的总支部(直属党支部)委员会同系级单位行政负责人一起,做好本单位干部选拔、培养、考核、监督工作……"。这一时期,虽然对院(系)一级的领导体制并没有做出明确的规定,但从几个文件的规定来看,在明确院(系)党组织的政治核心作用的同时,也初步形成了以"党政分工、共同负责"为基本框架的党政共同负责制雏形,院(系)领导体制经过几十年曲折探索,终于找到了正确的发展方向。

此后,各地各高校党组织以《条例》为指南,在实践中不断丰富和完善党政共同负责制。2010年8月,中共中央印发新修订的《中国共产党普通高等学校基层组织工作条例》,2021年4月16日,中共中央印发新修订的《中国共产党普通高等学校基层组织工作条例》,在第十一条有关高等学校院系党组织的主要职责第二款中均规定"通过党政联席会议,讨论和决定本单位重要事项。"这个规定是中央总结和肯定基层的创新经验,确立了党政联席会议制度作为院(系)党政共同负责制的有效制度保证,也进一步明确了院(系)实行党政共同负责制的领导体制。实践证明,党政共同负责制是适合我国国情,有利于院(系)党组织和行政领导班子正确履行职能,有利于院(系)党政领导班子发挥集体领导作用、形成强大工作合力,共同推动院(系)事业发展的有效领导体制。

(二)院(系)党政共同负责制的内涵

党政共同负责制是高校院(系)层面的管理制度,其本质是在学校党委的统一领导下,院(系)党政班子成员共同实施分工合作、共同负责的领导管理制度。党政共同负责制的本质是集体领导。共同负责本身意味着责任和权力的平等性,院(系)党委班子和行政班子地位平等、责任平等、权力平等,不存在三次关系、从属关系、上下关系,但工作的侧重点有所不同。院(系)党政共同负责制主要通过党委会和党政联席会及其相关配套制度实现。

第一,共同负责是指院(系)党委班子和行政班子共同保证事业发展目标、发展任务的顺利实现,对人才培养、学科建设、师资队伍建设、和谐院(系)建设等重要事项共同负责。有效地避免了党建与中心工作脱节、避免个人集权的形成,有利于充分发挥院(系)党委的政治核心作用和监督保证作用。

第二,共同负责不等于党政职责不分,而是在坚持对共同目标、重要事项共同负责的基础上,各有工作侧重点。院(系)党委班子的主要职责和工作侧重,是保证党和国家的大政方针、学校各项决策的贯彻执行,领导党的建设、思想政治工作、群团组织。行政班子的主要职责和工作侧重,是保证人才培养方案的执行,负责教学管理、专业建设、条件建设等具体行政事务。

第三,共同负责是对决策过程和决策结果的共同负责。核心是对院(系)改革、发展以及涉及师生切身利益的重要事项,严格遵循决策程序,共同讨论决定。

第四,共同负责的工作落实机制是分工负责。在集中院(系)党委班子和行政班子集体智慧、民主决策后,党政班子及其成员根据决议分工负责,分头执行。

(三)建立和完善院(系)党政联席会议制度

高校院(系)是学校各项工作正常开展的基础单位。院(系)班子团结、师生凝聚、学院和谐、齐心协力、共谋发展是推动发展的核心动力。始终把班子建设作为推动学院发展的核心工作来抓,需要贯彻落实好党政联席会议制度,坚持好集体领导,执行好党的民主集中制原则。

第一,建立健全院(系)党政联席会议制度。要想充分发挥党政联席会议制度的作用,就要有一套行之有效的规章制度和运行机制,实现规范化管理。要进一步明确院(系)党政领导的岗位职责。党政领导分工要明确、职责要清晰,各司其职,不越权、不推诿,相互补位、共同负责。要进一步明确院(系)党政联席会议的议事范围。凡涉及院(系)"三重一大"事项的必须经党政联席会议讨论决定,同时细化重要事项包含的具体事项,使政策在院(系)层面更具操作性。要进一步明确院(系)党政联席会议的议事规则。党政联席会议一般每周召开一次,遇特殊情况可随时开。会议主持人由党政主要负责人商定,不同主要事项分别由书记或院长主持。会议由全体党政领导班子正副职参加,同时可根据讨论议题由党政主要负责人研究商定邀请会议议题的核心利益相关者列席。

第二,实行集体领导下的党政分工负责制。院(系)实行党政联席会议制度,院长(主任)是本单位行政工作的领导者和组织者,党总支书记是思想政治工作和党务工作的领导者和组织者。党总支要参与院(系)行政重大问题的讨论决策,保证和监督党的路线、方针、政策和校党委、行政的决定在本单位的贯彻执行。党政既要明确分工、各司其职,又要密切配合、互相支持,做到补台不拆台、到位不越位。党总支书记要支持院长(主任)在其职责范围内独立负责地开展工作。院长(主任)也应尊重党总支书记的意见和建议。院长(主任)和总支书记对本单位的全面工作负总责。

第三,加强对党政联席会实施情况的督查和考评。加强制度建设需要通过建立健全督查考评机制来提供保障。要落实好院(系)党政联席会议制度,同样也需要建立健全督查和考评机制。高校党委是否高度重视、是否狠抓落实检查,直接关系到院(系)党政联席会议制度执行得好坏。学校党委要加强对院(系)党政联席会议制度执行情况的监督检查,定期检查院(系)党政联席会议形成的会议纪要,重点检查会议是否定期召开、纪要是否规范、议事范围是否按照规定执行、是否坚持民主集中制原则等内容。高校还应该定期对院(系)党政联席会执行情况进行检查,聚焦"三重一大"事项,查找、处理、纠正存在的问题,督促院(系)高效落实党政联席会议形成的相关决策。此外,高校还应该将党政联席会议执行情况纳入院(系)领导班子考核内容,将考核结果与领导干部的职务晋升、职称评聘、绩效等遇挂钩,增强院(系)党政领导的制度执行意识。

第三节 行政领导的方法和艺术

领导方法是指怎样领导的问题,领导艺术是指怎样领导好的问题。领导方法和领导艺术虽然是不同的两个概念,但又是相互联系不可分割的。领导方法是领导艺术体现的载体,领导艺术是领导方法有效地运用。要掌握领导艺术,首先必须掌握基本的领导方法。在掌握基本的领导方法的基础上,进而掌握领导方法的有效运用,即掌握领导艺术。换言之,首先学会怎样做领导工作,进而,再学会怎样做好领导工作。

一、行政领导方法的含义

方法是任务达成的必要手段,在日常生产生活中,任何目标的有效达成都必须以科学而稳定的方法为手段,古人云:"授人以鱼,不如授人以渔",讲的就是方法的重要性。在行政领导过程中,领导者领导方法运用得不同,取得的效果也会相差甚远:领导方法得当,则人心振奋皆大欢喜、事半功倍;领导方法不当,则打击下属积极性,甚至影响内部团结,结果事与愿违、事倍功半,久而久之,领导者的向心力、凝聚力就会被削减,使日常管理陷入困境。

领导方法,是指领导者为实现领导职责、发挥领导作用而采取的手段、办法、措施、程序等的总称,其本质是领导者必须遵循和把握的实践规律和原则的总结。方法是完成任务的手段。毛泽东指出:"不解决方法问题,任务也只是瞎说一顿。"是否具有科学的领导方法是能否实施正确领导的关键。方法对头,可以少走弯路、提高效益、事半功倍。

行政领导方法可分为以下两类。一是行政领导制度所要求的具有广泛制约力和影响力的根本方法。二是提高工作效率的具体可变的方法。这种方法随着时间和条件的变化而改变,又称为行政领导的方式和艺术。

二、根本的行政领导方法

根本的行政领导方法分为实事求是的方法、群众路线的方法、矛盾分析的方法。[①]

[①] 夏书章. 行政管理学[M]. 广州:中山大学出版社,2018:103.

（一）实事求是的方法

实事求是即一切从实际出发，理论联系实际，坚持实践是检验真理的唯一标准。它既是我们党的思想路线，也是我国行政领导的最基本的思想方法、工作方法。习近平总书记指出："实事求是，是马克思主义的根本观点，是中国共产党人认识世界、改造世界的根本要求，是我们党的基本思想方法、工作方法、领导方法。"

坚持和运用实事求是的方法，必须做到以下三点。

第一，一切从实际出发，反对主观主义。坚持实事求是，基础在于"实事"，就是了解实际、掌握实情。这就要求我们必须不断对实际情况作深入系统而不是粗枝大叶的调查研究，使思想、行动、决策符合客观实际。习近平总书记指出："坚持一切从实际出发，是我们想问题、作决策、办事情的出发点和落脚点。"

第二，真研究问题、研究真问题。习近平总书记要求年轻干部"真研究问题、研究真问题，不能搞作秀式调研、盆景式调研、蜻蜓点水式调研"。行政管理者必须牢固树立问题意识，始终坚持问题导向，在找准找实问题上下功夫，在直面问题、解决问题上动真格。

第三，坚持用实践检验和发展真理。坚持实事求是，关键在于"求是"，就是探求和掌握事物发展的规律。习近平总书记强调"坚持实事求是，就是坚持一切从实际出发来研究和解决问题，坚持理论联系实际来制定和形成指导实践发展的正确路线方针政策，坚持在实践中检验和发展真理"。

（二）群众路线的方法

群众路线即一切为了群众，一切依靠群众；从群众中来，到群众中去。习近平总书记指出，"党的领导工作的正确方法就是将群众意见集中起来形成正确的决策，又到群众中宣传解释，将决策化为群众的行动，并在群众实践中检验这些决策是否正确。"

坚持和运用这个方法，必须做到以下三点。

第一，始终站稳人民立场。坚持人民主体地位，虚心向人民学习，倾听人民呼声，汲取人民智慧，从群众中寻找解决问题的方案和办法，使作出的决策和决策的执行充分体现民心民意。

第二，提高群众工作能力。行政领导者必须深入研究新形势下群众工作的规律和特点，努力提高群众工作的针对性和有效性。在继承传统的基础上不断改进和创新联系群众的方式方法，密切党群干群关系，充分调动各方面群众的积极性、主动性、创造性。

第三，解决群众最关心、最直接、最现实的利益问题。要践行以人民为中心的发展思想，为群众办实事，让群众获得感成色更足、幸福感更可持续、安全感更有保障。

（三）矛盾分析的方法

矛盾即对立统一，对立统一规律揭示了事物发展的源泉、动力和实质内容，它是唯物辩证法的实质和核心，是人们认识世界和改造世界的根本原则。对立统一规律转化为方法论，就是矛盾分析方法。矛盾分析方法，是指运用辩证唯物主义对立统一原则去分析事物，在整个唯物主义的方法体系中居于基础和核心地位。学会分析矛盾，养成分析矛盾的习惯，是做好行政领导工作的重要保证。

矛盾分析的方法主要包括以下几个方面。

第一，坚持"两点论"。矛盾分析方法是"两点论"与"重点论"相结合的方法。行政领导者必须全面地、系统地和发展地思考问题，处理矛盾，防止和反对问题认知片面性，切忌"顾此失彼"。

第二，坚持"重点论"。习近平总书记指出："在任何工作中，我们既要讲两点论，又要讲重点论，没有主次，不加区别，眉毛胡子一把抓，是做不好工作的。"行政领导者必须既注重总体谋划，又注重牵住"牛鼻子"，深刻把握好前进道路上遇到的主要矛盾和次要矛盾、矛盾的主要方面和次要方面的关系，优先解决主要矛盾和矛盾的主要方面，以此带动其他矛盾的解决。

第三，创造条件，做好矛盾的转化工作。同一性和斗争性是矛盾的两种基本属性，推动了事物的运动和变化。矛盾的斗争性，其作用表现在量变和质变两种状态中。行政领导必须善于从各方面创造有利条件，使矛盾朝着正确的方向转化。

三、高校行政领导艺术

（一）行政领导艺术的含义与分类

行政领导艺术是行政领导者在领导活动中为达到一定的领导目标而灵活运用各种领导理论、方法而形成的各种策略、方式、方法和技巧。行政领导艺术是科学理论和实践相结合的产物，是行政领导者的智慧、学识、才能、胆识和经验的综合反映，是行政领导者的素质和能力在方法上的体现，它贯穿于整个行政领导过程和行政领导活动的各个方面。行政领导艺术是领导者必须具备的基本技能，是检验领导者水平和能力的重要尺度。好的行政领导艺术是一个单位、一个部门良好运转的必要保障。加强对行政领导艺术的理解和认识，不断提高行政领导艺术意义深远。

行政领导艺术的类型，从影响范围上进行区分，可划分为总体性、局部性、专业性的领导艺术；从领导事务的类型上进行区分，可划分为授权艺术、用人艺术、处事艺术、运时艺术。

（二）行政范围影响意义上的行政领导艺术

第一，把握好总体性的领导艺术。善于洞察形势，抓住有利时机，利用良好机遇，是行政领导有效工作的基本要求。掌握好总体性的领导艺术，则可以在正确处理整体与局部关系的基础上，提高工作效率。

第二，专业性的领导艺术。它是各级各类行政领导需要结合自己的工作实际加以把握和运用的。因为，任何一个领导，只有对自己所从事专业的领导工作了如指掌，灵活机动地调动各种有利因素，才可能对本部门、本组织的各项工作加以及时地安排，对各类问题加以及时解决，才能不耽误正常工作的运作，确保工作的高效率。

（三）行政领导事务类型上的领导艺术

根据行政领导者的基本职能，行政领导艺术可以分为以下四个方面的艺术。

第一，授权艺术。授权艺术指的是行政领导依据法定的权力授予下级人员自主处理相关事情的权力，并要求其承担一定的责任，从而提高行政绩效。一个好的领导者知道怎么运用自己的权力去调动每个下级成员的工作积极性。运用好授权的艺术就好像是行政领导者学会了"分身术"一样，能够达到"事半功倍"的效果。如何授权、如何放权已成为当今社会一个热点。

授权要适宜。因事授权的原则要求授权应与职责相联系，放多少权就应该承受多少责任，同时也要有必要的监督和控制相配合。授权的关键点在于"适宜"二字，具体内涵包括：如何授权，授多少权，授哪些权，如何平衡权责等。

授权应该考虑适当的方式。针对工作的具体情况和下属的工作能力等不同因素，要分别采用不同的授权方式。比如，对长期进行授权的下级，可以采用充分授权的方式，将大部分权力授予他，自己只保存部分例外权力，这样不仅使下级感到备受信任，也有利于领导者自己把主要的精力转移到其他重要事项上面去；而对于那些首次授权或跨部门授权，则应该采取制约性授权的方式，以防止出现重大偏差。

还要适度授权。这也就是说要分层授权，不越级授权。包括三个方面的内容：一是行政领导者在授权时，应注意不授权自己职权范围外的权力；二是部分授权，只授予下属完成有关事项的权力，而不是行政领导者手中的全部权力；三是一事一授，事情完成之后领导者应及时收回权力。

第二，用人艺术。行政领导者作用发挥的大小，工作成绩的大小，在很大程度上取决于行政领导者的用人艺术。用人是领导的基本职能之一，也是实现领导决策的组织保证。行政领导的用人艺术实际上就是领导者在日常的领导过程中所表现出来的用人技巧，它包括人才的选拔、知人善任、人才的激励等方面。所谓"为政之要，唯在得人"，这充分说明了用人艺术的重要性。

合理选择人才是前提。根据"量才适用""人尽其才"的用人原则安排教职工工作。一是适材适所，有职有权。要把适当的人才安排到最能发挥其才能的工作岗位上去，实现人与事的最佳配合；配置适合其才能的职责，赋予必要的权力以及适当的利益，以实现能力与职责相对应、职责与权力相匹配，责、权、利相统一。二是看其长处，容其短处。行政领导者在用人时，要兼顾着眼长处、短中取长和避短用长三个方面。选择人才不能求全责备，使用人才也要扬长避短，用其所长，容其所短。否则，就难以调动教职员工的积极性，管理目标也将难以达成。三是搭配使用。由于人皆有所长短，因此，在使用中要注意用此人之长补彼人之短，产生互补效应，提高整体效能。如激进者应辅之以慎重者，大刀阔斧者辅之以精雕细琢者。

合理使用人才是关键。合理使用人才的艺术，不仅表现为将最佳人才选用在合适的岗位并赋予一定权力，而且表现为如何充分发挥各级管理者和教职员工的作用，并借助他们的智慧和力量来完成高校管理任务，最大程度上达成高校整体工作目标。为此，高校领导者必须掌握使用人才的基本技巧。一是出于公心。高校高层管理者用人要不徇私情，等距交往。对管理者和教职工要讲感情，但又不能讲私情、拉关系。要秉公办事，讲究原则，不谋个人利益，做到等距交往。二是理解与信任。下属如果感到高层管理者理解他、信任他，那他就会乐于尽力。高校高层管理者要想使下属感到被理解和信任，就应该对他们待之以诚、晓之以理、动之以情、用其所长和尊重其职权。三是要善用有过错的人。错误有各种各样，要区别性质，往往有差错过失的人中包含了许多能人，采取既往不咎的态度是激发这类人才智的重要技巧。对他们做及时的表扬肯定，会收到意想不到的效果。四是要大胆起用新人。在用人上要破除论资排辈的陈腐观念，敢于起用新人。只有大胆起用新人，才能使高校保持活力。

"人"的艺术还包括人际关系的艺术。领导者的人际关系艺术，特指在领导活动中通过人际交往、联系协调、沟通情感，营造良好的领导群体及其与之相关的内外环境的能力的艺术。"师生为本"是大学管理工作的出发点和落脚点。一要尊重师生的主体地位。大学不是领导者的大学，而是师生的大学，要通过深入细致的工作调动师生积极参与学校管理的责任感和主人翁意识。二要提高管理服务质量。现在很多高校是多校区办学，如何实现行政服务功能集中、管理服务流程的优化，都对领导者提出了新课题。三要为师生发展提供一流的支撑。服务师生说到底就是要在空间、资源、财力、政策等方面提供支持，让优质资源科学配置到每一位师生，让师生能够心无旁骛地投身科教事业。这需要高校领导者既善于争取增量资源，更要善于盘活和配置存量资源。四要善于运用考核激励机制。既要有适度约束，更要有鼓励师生自由探索的

高校行政管理：理念与路径

氛围和土壤，这也是高校管理和其他社会组织的重要区别。企业化的管理可以突出一元价值追求，可以通过持续的物质激励实现企业目标，但高校自身的特点决定其不可过分浮躁，必须通过差异化的政策实现弹性激励，允许不同类型的师生通过一定的努力都能最大限度地实现人生价值。

第三，处事艺术。行政领导者每天都有大量亟待处理的事务。干好领导工作，忠于职守，专心本业，统筹安排，学会"弹钢琴"，等等，是行政领导者处事的要则。

第四，沟通的艺术。大学处于政府、市场、学术三种力量的作用之下，必须通过有效的公共关系管理，组织好内部资源，协调好外部资源。领导者至少应善于进行以下四个层面的沟通。一是善于跨部门协调。能与学校各部门、学院的工作人员建立良好的互动关系，能打破壁垒，联合各部门（学院）力量集体攻关。在当前的环境下，领导者一定要有宽广的胸襟、长远的谋略，要善于与竞争对手构建双赢的战略伙伴关系，取长补短，互通有无，走向更大的成功。二是善于跨领域合作。能与各级政府、知名企业的相关人员建立良好的联系，积极掌握校友情况，为学校争取更多的社会资源，营造更好的外部环境。三是善于跨文化交流。能与持不同学术思想、价值观念的人和谐相处。跨文化领导具有区别于传统领导的独特性，是一种追求知识的活动，同时也是一种在强化自我意识和尊重差异之间求取平衡的活动。在当今世界，真正有效的领导很少能独立于全球环境的影响之外。四是善于与师生沟通。要转变工作作风，主动倾听师生最关心、最直接、最现实的问题，为师生排忧解难。沟通是一所大学最直接的外部形象，也是高校管理者必备的素质。高校领导者要认识到自己并不是单纯的行政人员，还负有育人的职责，应当主动与学生真诚沟通，营造全员育人的良好氛围。

第五，运时艺术。时间对于我们，特别是对于一个领导者来说是有限的。运时艺术，既包括领导者对自己本职工作事务处理的时间安排，也包括他对本组织内各类事务处理的时限的了解和运筹。运时艺术的原则是：自觉形成时间意识，合理安排时间消耗比例，善于把握高效率的黄金时间段，能够利用各种有利因素，延长内在时间，从而提高时间使用效率。

领导者管理时间主要包括三个方面。一是要善于把握好自己的时间。当一件事摆在领导者眼前时，应先问一问自己"这事值不值得做？"

然后再问一问"是不是现在必须做？"最后还要问一问"是不是必须自己做？"只有这样才能比较主动地驾驭好自己的时间。二是不随便浪费别人的时间。有人做过统计，某领导者有 3/5 的时间用在开会上。领导者要力戒"会瘾"，不要动不动就开会，不要认为工作就是开会。即便要开会，也应开短会，说短话。千万不要让无关人员来"陪会"，"浪费别人的时间等于谋财害命"。三是养成惜时的习惯。人才学的研究表明，成功人士与非成功人士的一个主要区别就是成功人士年轻时就养成了惜时的习惯。要像比尔·盖茨那样，能站着说的东西就不要坐着说，能站着说完的东西就不要进会议室去说，能写个便条的东西就不要写成文件。只有这样才能形成良好的惜时习惯。

第四节 行政领导者的素质结构及其优化

一、行政领导者的素质

（一）行政领导者素质的含义

素质一词最早见于生理学，指的是人的神经系统和感觉器官上的先天特点，其后又被人们用来泛指事物本来具有的内在特征。所谓领导者素质有双重含义：一是指构成领导者的各种内在要素，即使领导者之所以成为领导者的生理、心理、文化、思想、政治、道德等因素，以及由这些因素综合而形成的本质性能力，亦即领导能力。它们是领导者任职的内在根据和条件，统称为领导者素质。二是指这些要素、能力的现实状态，即发展程度或实际水平。也就是说，领导者素质同时又是一个发展的动态概念，用以描述和揭示现实领导者的实际状态、水平和差距。领导者素质与先天遗传的生理、心理特点有关，受它们的影响与制约，但主要是后天社会实践中自身努力的结果。

（二）行政领导者素质的重要性

高校行政运作和发展的活力归根结底取决于从业人员，特别是领导者的素质。要建立办事高效、运作协调、行为规范的高校行政管理体系，建设高素质的专业化高校行政管理干部队伍，素质建设就是其中的重要问题，领导者素质是重中之重。由于领导者自身在组织活动中所处地位的特殊性，领导者素质对行政活动中的组织、策划、决策等关键环节有着直接、显著的影响和重要的意义。

首先，行政领导素质是领导功能实现的重要保证。领导者具有激励、控制、协调、选才用人等诸多重要的功能，而这些功能的实现必须以领导者自身的良好素质为基础。只有具备了相应的素质，才能充分发挥这些职能。就选才用人来说，领导者只有具备了政治素质，才能把握好选才用人的前提和方向；只有具备了基本的道德素质，领导者才能本着公平、公正的原则选拔人才；只有具备了知识素质和能力素质，领导者才能全面、综合而准确地对人才进行考核、评价乃至最终的取舍；只有具备了较好的心理素质，领导者才能克服人性自身的弱点——嫉妒心理，才能使真正的人才得到正确地运用……因此，只有领导者具备了相应的领导素质，领导者才能实现自身的领导功能。

其次，行政领导素质为领导者影响力提供了基础。领导的实质就是影响力，而领导者的影响力又可分为"职务权力影响力"和"非职务权力影响力"。所谓的职务权力影响力无非就是指领导者因自身的职务权力而获得和具有的影响力。如果领导者的领导活动是依靠权力影响力或大部分依靠权力影响力来进行的，那么这样的领导活动即使不能完全被判定为失败也根本谈不上成功。而事实上，很多成功的领导活动是以非权力影响力为主导的。"群众的眼睛是雪亮的"，一个领导者的素质如何、能力怎样，被领导者是了然于心的。领导者只有拥有较强的领导素质，才能被领导者所认可，才能具有和充分发挥这种影响力，以致最终完成领导活动、实现组织目标。

再次，行政领导素质是领导艺术的活水源头。领导艺术是指领导者在一定理论知识和辩证思维的基础上，灵活运用领导方法的技巧、技能。由此可知，领导艺术实现的关键在于领导方法的运用。而领导方法所具有的系统全面性、社会团体性、综合有序性、真实准确性，以及领导艺术的灵活性、创新性、经验性和多样性都对领导素质提出了相应的要求。具体说来,领导方法的系统全面性、综合有序性和领导艺术的经验性、多样性要求领导者具有一定的知识素质,这种知识素质包括领导者对专业知识的掌握程度和其他知识(历史经验、相关学科等)的了解程度;而领导艺术的灵活性和创新性,又对领导者的创新能力素质提出了相应的要求。

最后,行政领导素质是领导者自我完善和发展的前提条件。领导者只有具备了相应的素质才能充分意识到自身的不足。有句话说"无知者无畏",也就是说什么都不知道,所害怕的东西也就越少,相对而言也就是"有所知才能有所畏"。对于领导者而言也是如此,只有明确自己应该拥有哪些素质,每一种素质又应该达到怎样的程度才能意识到自身在领导素质方面存在着哪些不足。从某种意义上来讲,认识到自身的不足也是领导者应具备的素质之一。领导者只有意识到自身在个人素质和其他方面的不足所在,才能进行自我完善,才能给自己的发展确定方向、明确目标。

(三)行政领导者素质的特点

领导者素质具有时代性、层次性等突出特点。

所谓时代性,是说一代之治有一代之才,不同的历史时期和不同的任务,对领导者素质有不同的要求。虽然领导者的素质有稳定性的一面,一经形成,便相对稳定地发挥作用,但领导者的素质更具有动态性,又处在不断变化之中,这也是时代性的表现。习近平总书记指出:"好干部的标准,大的方面说,就是德才兼备。同时,好干部的标准又是具体的、历史的。不同历史时期,对干部德才的具体要求有所不同。革命战争年代,对党忠诚、英勇善战、不怕牺牲的干部就是好干部。社会主义革命和建设时期,懂政治、懂业务、又红又专的干部就是好干部。改革开放初期,拥护党的十一届三中全会确定的路线方针政策,有知识、懂专业、锐意改革的干部就是好干部。现在,我们提出政治上靠得住、工作上有本事、作风上过得硬、人民群众信得过等具体要求,突出了好干部标准的时代内涵"[①]。

所谓层次性,是说对处于不同层级、肩负不同责任的领导者,对其素质要求也是不同的。如美国学者罗伯特·卡茨认为领导者必备三种技能:技术技能(专业业务能力)、人际技能(处理人际关系能力)、概念技能(分析和决策能力)。如果把领导者分为低、中、高三个层次,那么三种技能的结构比例依次为:低阶层——47∶35∶18,中阶层——27∶42∶31,高阶层——18∶35∶47。行政领导者一步步向上升迁时,他对技术技能的需求将会逐渐降低,而对于概念技能的需求程度则会急剧上升。一位高层行政领导者若想发挥最高的效能,就必须具备良好的概念技能。

二、高校领导个人的素质结构及其提升

高校领导个体素质主要包括政治素质、知识素质、能力素质和心理素质等方面。其中,政治素质是保证,知识素质是基础,能力素质是重点,心理素质是前提。

(一)政治素质

党的二十大报告提出:"坚持把政治标准放在首位,做深做实干部政治素质考察,突出把好政治关、廉洁关。"培养选拔干部必须坚持把政治标准放在首位,把严把紧政治关这个首要之关,锻造忠诚干净担当的高素质干部队伍,确保选出的干部政治上站得稳、靠得住、能放心。政治素质的内涵不是一成不变的,而是与时俱进的。政治素质的内容是基于各时代的不同特点、社会实际情况等来定义的。从内容上来讲,高校领导干部政治素质涵盖政治忠诚、政治定力、政治担当、政治能力、政治自律等五个方面。

第一,政治忠诚。高校领导干部要学深悟透习近平新时代中国特色社会主义思想,贯彻落实习近平总书记关于教育的重要论述,始终保持对党的忠诚和对党的教育事业的忠诚,时刻牢记作为高校领导干部的初

---

① 习近平,《在全国组织工作会议上的讲话》(2013年6月28日),《十八大以来重要文献选编》(上),中央文献出版社2014年版,第337页.

心使命就是为党育人、为国育才，并且要将立德树人贯穿教育教学的各环节。

第二，政治定力。高校领导干部要增强"四个意识"、坚定"四个自信"、做到"两个维护"。坚定拥护党的领导，在思想上行动上与以习近平同志为核心的党中央保持高度一致，在大是大非面前能够坚定政治立场，毫不动摇。必须在壮阔的时代大潮中提高站位，坚定扛起教育强国的职责和使命，胸怀"两个大局"、心系"国之大者"，坚持不懈地用习近平新时代中国特色社会主义思想铸魂育人，着力培养担当民族复兴大任的时代新人。

第三，政治担当。高校领导干部应在落实党中央精神和上级党组织的决策部署上，做到主动担当、尽职尽责、落到实处。

第四，政治能力。高校领导干部应坚持立德树人，遵循高等教育规律、思想政治工作规律和学生成长成才规律，具备良好的政治敏锐性、政治鉴别力和工作推动力，不断提高政治判断力、政治领悟力、政治执行力。

第五，政治自律。高校领导干部应不断加强党性修养，廉洁自律、实事求是，勇于开展批评和自我批评；严格按照党的纪律执行任务，遵守国家法律法规，爱岗敬业，为人师表。

（二）知识素质

领导者的知识越渊博，工作思路就越清晰，对问题分析就越透彻，对事物的判断力和决策力就越强。合理的知识结构是领导干部必备的基本条件，也是提高行政领导水平的重要环节。现代高校领导者既要具有较宽的知识面，懂得和运用马克思主义基本理论、基础科学文化知识、现代科学技术知识和法律知识，同时也要具有从事教育管理工作所必需的业务知识和现代领导与管理知识，成为掌握业务知识与领导知识的"双内行"，从而适应整个知识系统既高度分化又高度综合的发展趋势及其客观要求，做到博与专的统一。

知识素质要求领导者：首先，要具有一定的基础知识，作为一个领导者必须拥有一些基础的哲学知识、法律知识、管理知识和必要的经济知识。其次，要有一定的专业知识。俗话说"术业有专攻"，每一个行业也有着自己的特性与规律，作为一个合格的领导者必须了解甚至要灵活运用本行业的特性与规律，以达到有效领导，实现组织目标。此外，领导者还要广泛涉猎各类知识。由于联系的普遍性，为充分把握事物间的联系、为可能遇见的问题做好预先准备，领导者必须尽可能多地了解其他各类知识，以至于能灵活应对领导活动中出现的各类问题与特殊情况。高校领导、管理的对象是大学师生，文化层次都比较高。这就要求领导者要具有相应较高的文化素质，具备丰富的专业知识及合理的知识结构，还要具有广博的相关学科知识，能够掌握并运用教育学、心理学、社会学、管理学、计算机科学等相关领域知识去进行科学领导、管理。

（三）能力素质

能力是知识的发挥和运用。能力素质主要包括创新能力、组织能力与综合能力。

第一，创新能力。行政领导者多从事非常规性的面向未来的工作，创新能力是最基本的能力素质要求。创新能力的表现主要有发现问题的敏锐观察能力、统观全局的统摄思维能力、拓展思路求索答案的能力、借鉴经验开拓新路的能力和远见卓识预见未来的能力。要不断吸收和借鉴先进的、符合实际的管理经验，在工作中多思考，真正做到管理科学化。其具体内容有：洞察力、预见力、决断力、推动力、应变力。

第二，组织能力。组织能力是行政领导贯彻执行决策、提高执行力以实现目标的保障，也是行政领导者的基本能力。具体包括：组织设计能力、组织动员能力、组织控制能力、组织协调能力。

第三，综合能力。综合能力是行政领导者的另一基本能力要素。因为领导工作是一种"统领各方"的工作，"各方"既包括各组织、机构、系统，各种利益和力量，也包括各种知识、信息、情况等。综合能力具体包括：信息获取能力、知识综合能力、信息沟通能力、利益整合能力。

（四）心理素质

从个体心理品质角度来看，心理素质主要包括气质、性格、意志等几个主要方面。良好的心理素质包括良好的人际关系、良好的个性心理特征、积极进取的人生态度以及坚强的意志品德，还有对工作和生活中遇到的各种挫折的承受能力等，作为一个行政领导者，更应具备这些心理素质。具体表现为以下几点。

第一，敢于决断的气质。任何决策都是有时效性要求的。在对客观事物充分调查的基础上，行政领导者应有不失时机地、勇敢果断地处置问题的热情与气魄。

第二，竞争开放型的性格。竞争从某种意义上说就是奋力争先。领导者应有敢为天下先、善于争先的品格。领导者要与各种人打交道，要随时处理各种矛盾。这决定了行政领导者要有开放的心态、宽阔的胸襟、公道正派的作风，团结众人一起去不懈地竞争。

第三，坚韧不拔的意志。开拓创新就难免遭受挫折、失败。只有具备不怕挫折与失败而百折不挠的毅力，才能经得起各种风浪的考验。因此，意志坚强是行政领导者必备的条件之一。要在急、难、险、重的工作中，把困难和挫折看成锻炼自己的机遇，要有知难而进、迎难而上的决心。要担当，不胆怯。

三、行政领导班子的素质结构及其优化

领导班子结构主要是指一个领导班子在年龄、知识、专业、智能、素质等方面的布局和搭配情况，是一个多序列、多层次、多要素的动态结合体。最佳的领导班子结构应该是梯形的年龄结构、合理的专业结构、较高的智能结构、协调的素质结构等。合理的领导班子结构，可以通过成员间的有效组合，提高领导班子工作效率，最大限度地发挥领导班子成员的个体能力，产生领导的群体效能，使领导班子整体效能大于个体效能之和。

（一）合理的静态结构

第一，年龄结构的层次性。年龄结构是根据不同领导层次，由老年、中年、青年干部按合理的比例构成的综合体。高校领导班子要有合理的年龄结构的层次性。首先，要注意老中青三代的结合。既要有年资高、阅历深、经验丰富的老同志来掌舵，又要有一批年富力强、能挑重担的中年骨干大显身手，还要注意吸收一些年轻有为的新手作为后备军。其次，要注意研究和确定领导班子成员的平均年龄。就领导班子成员全体来说，应使他们的平均年龄处于最佳年龄之中。一般来说，领导班子最佳年龄区间（系平均数）以40到50岁为宜。

第二，知识结构的多样性。知识结构是指领导班子应有较高文化知识水平，强调各类人才的合理搭配，注重知识结构的多样性。现代高等教育因其规模大、领域广、层次多，尤其是大学作为知识的生产中心，新兴自然科学、社会科学的发展很快，相应地要求领导者应具备合理的专业知识结构，这样才能协调处理好各方面的问题。具体来说，就是在领导班子中，既要有人文学科出身的成员，也要有理工科出身的成员；不仅具有高深思维能力、远见卓识的思想家，又有善于审时度势、把握全局、统筹指挥的复合型人才，还应包括善于协调、平衡的组织家，以及具有脚踏实地精神的实干家。各种专业知识背景的人才汇聚在一个领导班子里，有利于形成班子成员总体在专业知识结构方面的全面性和完整性，克服和弥补各成员个体的片面性和局限性，从而有效地保证领导和管理好各项工作。

第三，智能结构的合理性。智能结构是指领导班子成员不同智能的合理构成。领导班子成员要有良好的智能结构。智能是指人们获取知识和运用知识、经验以解决问题的能力。每个领导个体都要有自己获取知识和解决问题的方式和途径，从而形成不同的智能类型。人才学将其分为发现型、再现型和创造型三种。发现型领导，善于观察，长于研究，能从寻常或复杂的现象中产生灵感，发现问题；再现型领导，善于操作，长于表达，能够将科学的发现进行成功的再现，把理论变为现实；创造型领导，勇于探索，善于创新，能够有所突破，有所前进。也有些学者将领导分为决策型、组织型、实施型三种。一个领导班子担负着多种功能，它的领导成员的智能不应是同一形式的，既需要决策型人才，又需要组织型人才、实施型人才。这样，领导班子就能发挥出高度的创造能力、组织能力、决策能力，发挥出巨大的作用。

第四，气质结构的互补性。气质结构是指领导班子成员在不同气质类型方面的合理构成。领导班子成员要有完善的气质结构。现代心理学研究表明：两个气质类型不同的人在协调活动中，比气质类型相同的两个人配合所取得的成绩更好。领导班子成员具有不同的气质类型，能够使大家在工作中协调一致，互相补充，融洽相处。性格是一个很复杂的心理现象，表现为性格的理智特征、情绪特征、意志特征及对环境态度的特征。它是在人们认识过程、情感过程、意志过程及对社会、对他人、对自己的态度等方面表现出来的差异性，具有较强的稳定性。所以，在对待性格结构时,既要考虑性格本身的多侧面特征在具体个体身上的独特反映,又要考虑多种不同的性格在集体中的组合,以形成领导班子的成员之间相容、互补的性格结构组合的局面。

(二)合理的动态结构

领导班子的动态结构,是指在动态领导过程中,领导班子所形成的合力。领导班子合力,即班子成员在工作中相互配合、相互支持、密切合作所产生的凝聚力与战斗力,包括合力关系和合力状态。

1.合力关系

领导班子的整体素质并不等于领导成员素质的机械相加之和,而取决于各成员在领导活动中能否形成良性互补、互动的合力关系。这种良性互补的合力关系主要表现为以下几点。

第一,经验、阅历的互补关系。在领导班子面临新的压力和挑战时,在个体领导成员间,形成良好的经验和阅历互补关系,可增强领导集体克服困难的信心和能力。这里的互补绝不是个体人数和质量的简单相加,而是一种有机组合,认真分析个体成员互补的因素,慎重选择,使个体能力得到充分体现。遵循互补原则,就是使成员间形成取长补短、协调合作的智慧组合,最终使班子成为"各有所长、人尽其才"的有机整体。例如,在高校领导班子配备中,把急躁型干部和稳重型干部进行搭配;把熟知党务领导工作的干部与善于行政管理工作的干部进行搭配;把技术精通的干部与知识面广的干部进行搭配等等。

领导经验就是有曾经担任过领导工作的经历,领导是做人的工作,与人打交道,这既是科学又是艺术,需要经过锤炼以获得经验,只有积累丰富的实践工作经验才会在领导岗位上得心应手,否则处处受挫在所难免。多岗位工作经历既可以使领导干部了解所从事的多岗位所涉及的事务,使管理经验多样化,全局观整体观系统观增强,又可以防止过分"青睐"于自己曾经工作的某一部门,一定程度上避免经历单一等现象;此外,多岗位、多部门工作经历,有助于领导干部对校情的把握和理解,肩负起引领发展的重任。领导的基本素养通常是通过多岗位、多部门的不断锻炼,慢慢积累而成的,但也需要特定条件和经历的推动,例如关键性岗位的锻炼,一定层次的全面主持工作经历等,以胜任更高层次岗位工作。

　　第二,专业知识和能力的互补关系。当领导集体遇到重大的非程序性决策时,对决策方案的选择能力,取决于领导成员的知识和能力素质。只有在领导成员知识和能力素质形成良好的互补关系时,才能最大限度地扩大领导者的有限理性,提高领导集体的决策能力。首先,注重多学科专业背景。现代科学技术迅速发展,新知识层出不穷,高校领导班子决策涉及的专业知识越来越多、领域越来越广。当前我国高校专业门类众多,在选配领导干部时,首先要考虑学科专业的齐全性,既要选配熟悉各方面业务工作的领导干部,又要重视成员间各方面业务能力的互补,防止畸形配备。其次,要考虑专业的对路性。根据岗位和职责需要,选配具备相应专业知识和业务能力的干部进领导班子。如果专业不齐全、不对路,一些领导干部的优势就难以发挥、才能难以施展,不仅阻碍工作的开展,而且造成人才的浪费。当前,发展依然是解决高校各种问题和矛盾的关键,学校发展一刻都不能放松。党中央强调党要管党、全面从严治党,党政"一把手"必须把责任担起来,切实履行党建职责。所以高校党政"一把手"必须懂学科发展、熟悉党务工作,这是一个必备要素。

　　第三,品德和责任的互动关系。领导的人品、道德素质是相互作用、相互影响的互动关系,主要包括道德互动和责任互动。如果多数领导成员能廉洁自律、勇于负责,就可以对个别组织成员形成一定的威慑力,而每个成员都能廉洁自律、勇于负责,就可以使领导班子树立廉洁奉公、对人民负责的良好形象。

　　重视班子结构的动态调整。首先,领导班子要依据组织的生命周期调整组织结构状态(包括主要负责人的更换),从其内部结构、内在关系考察。随着部分班子成员或履新,或退休,或提拔,班子结构的平衡状态会逐渐被打破,难免出现一些消极局面,有的成员因年龄偏大,动力不足;有的因长时间得不到提拔,工作消极。一个干部长时间在同一地方或同一部门工作,人熟地熟工作熟,滋生惰性、缺乏创新,甚至会出现不正之风和腐败现象。因此,只有适时地调整领导班子,调配班子成员,才能长期保持领导班子结构的相对合理和平衡。其次,领导班子要依据外部环境的变化调整组织结构状态,迎接外部挑战。高校领导班子成员的合理搭配有赖于学校性质及状况。例如:因高校是公办或民办、所属类别等性质的不同,高校领导班子结构也会不同;因高校办学规模、办学层次等调整,其领导班子结构也会相应调整。领导成员的合理搭配有赖于社会环境,主要包括国家政权性质、政策法规、经济文化等因素,例如《高等教育法》《教育改革和发展规划纲要》等政策法规明确指出"坚持和完善党委领导下的校长负责制",对高校党委书记、校长的选拔提出明确要求;现实教育、文化等环境要求选配懂教育、能创新、顾大局、知细节、求实际的领导。

2. 合力状态

在领导活动中,衡量一个领导班子素质的高低,主要看以下四个方面。

第一,团结合作能力。团结合作是领导班子的生命线,是实现组织目标的可靠保证。

第二,科学决策和处理复杂事务的能力。科学决策是领导班子的首要任务。一个班子领导者素质的高低,主要是看它能否有效地进行科学决策,同时还要看领导班子对突发事件的反应能力和处理复杂事务的能力。

第三,动员与统御的能力。能否有效地动员学校师生员工参与管理是班子领导能力的集中体现,是树立领导形象的最有效途径。动员能力和统御能力是相辅相成的,不可偏废。

第四,清除积弊和开拓进取的能力。任何领导活动都不可避免地带来一些负面效果,而这些弊端积累到一定程度,就必须加以清除。一个素质较高的领导班子能够及时发现和正视这些问题,并不断地解剖自己,锐意改革,积极进取。

(三)高校领导班子合力建设的基本路径

领导班子合力,即班子成员在工作中相互配合、相互支持、密切合作所产生的凝聚力与战斗力。班子合力不足,其具体表现为班子成员之间相互通气不够、协调不够,以致工作中出现脱节甚至成员之间发生误解的情况,班子内只注意了分工,忽视了协作,班子成员之间关系不和谐、不融洽,意气用事,决策时只从自己的角度和利益出发,意见不能统一,达不成共识,形成"议而不决"的局面,出了问题谁都不愿承担责任,互相推诿,互相指责。究其原因,一是本位思想作祟,缺乏全局观念、大局意识。二是班子主要领导"班长"威信不高,缺乏驾驭全局、凝聚人心的能力和水平。三是有的班子成员缺乏宽阔的胸襟和容人的气度。四是班子内部批评与自我批评的风气没有形成。

第一,高校行政领导班子结构合理化的保障措施。

高校行政领导班子结构的合理化是一个很复杂的问题。我们应尽量做到的是使班子群体结构的大多数方面处于优化水平,使班子群体结构在总体上处于较为理想的状态。

首先,要着眼于高校行政领导班子结构合理化问题。预先制定较为完备科学的领导干部选拔配备制度,并在实际工作中严格执行,从制度上保证班子的群体结构趋于合理,这是最根本的措施。一是效能优先原则。合理配备高校领导班子成员,应注重人数"精"而不是人数"多"。班子要有一定的人才储备,并且要最大限度地发挥现有人才的价值与效益。二是强强联合原则。高校领导班子中的每一位领导者既要负责重大问题的集体决策,又要独立负责某一方面的工作,因此,必须是具有独立领导能力的强者。在班子成员配备中,既要有善于驾驭全局、运筹帷幄的一把手,也要有懂得协调各方、精通业务的副职干部。

其次,上级主管部门要特别重视领导班子里主要领导成员的配备。主要领导成员的综合素质应比较优良。高校党政一把手不一定要每种能力都高于他人,但是必须具备把控全局的能力、独特超前的思维和善于用人的艺术,成为领导班子的核心,使班子拥有强大的向心力。

再次,领导班子自身要注重建设提高,从而依靠班子自身力量,使班子群体结构不断自我完善。具体讲,领导班子要发扬党的优良传统,实行民主集中制,建立学习和民主生活会制度,勇于批评与自我批评,形成一种能敞开思想、开诚布公、平等交换意见的民主气氛,使班子里的每一位领导成员在这样的工作环境中能够相互了解、相互适应、相互促进,齐心协力地完成行政管理任务。一个具有良好民主作风的领导班子,就更容易调动和发挥广大知识分子的积极性,把高校的各项事业推向前进。

第二,高校领导班子合力建设必须处理好的关系。

一是班子成员定位问题。每个人都是多种角色的重叠。自然属性的角色往往是稳定不变的,而社会属性的角色则是变化的,所以,角色定位是每个人奋斗中无法回避的。一所高校改革发展稳定如何,关键在党委,在党的各级组织;关键在校领导班子,各部处、院系的领导人。从现实情况看,工作差的单位或部门主要是领导班子差,有的单位天时地利皆宜,为何工作上不去,就是因为缺少人和缺少正副职的良好配合。配合不好,又主要是因为正副职角色定位不准。

首先是正职的角色定位。一是心胸开阔。能对副职放心放手,不应担心越权越位,不害怕超过自己,不应计较小事未能及时请示报告。只有对副职思想上放心,才能在工作中放手。二是敢于决断、能凝聚班子力量。正职把精力用到宏观思路上、组织布局上、总揽全局不断提出新要求上、抓班子带队伍上,这既有利于调动副职积极性,又能不断提高班子的整体水平。三是不分亲疏。能与班子所有成员谈心交心,坦诚对待所有的副职,谁对就支持谁,上级的精神要及时传达,自己的想法要经常沟通,下面的意见要主动反映,不同的看法要及时反馈。四是作风民主。能集中大家的智慧,自觉坚持民主集中制的原则,遇事要充分协商,要让班子成员能充分发表意见。副职作用的发挥是与正职气度、人品、能力成正比的。

其次是副职的角色定位。副职一般说来是班子的大多数,是正职工作的左右手,是决策的智囊团,是一个方面工作落实的关键,是班子建设的重要角色。一要识位。副职在班子中是配角,是助手,在分管中是主角是主管;讨论时是集体领导的一员,在党内决策时是平等的一票。因此要识大局、想全局,不能当分管部门的代表。二要定位。副职要摆正自己的位置,尽辅助之职,尽分管之责。一方面主动提出建议,谋好全局,服从安排;另一方面要勇于负责,尽职尽责,谋划一域,抓好落实。三是工作到位。副职工作要投入,集体决定后,扎扎实实地组织落实,集体的荣誉、正职的政绩,很大程度上取决于副职的工作落实,取决于副职在工作落实中的指挥、管理、协调和组织能力。同时,副职在工作落实过程中,首先要想到自己是集体领导中的一员,然后才是分管。

二是正职的民主作风问题。坚持和健全民主集中制是领导班子坚强有力的根本保证。凡是内部团结协调,执行上级决定有力,决策指挥出色,干部群众积极性、主动性得到较好发挥的高校,都是正职具有良好的民主作风和带头贯彻民主集中制比较好的结果。反之,领导班子不团结、不协调以至政令不通,各行其是,造成工作决策失误,主要的症结也在于正职没有良好的民主作风和没有很好地贯彻民主集中制。因此,搞好领导班子建设,首先要求正职认真抓好民主集中制的制度建设。党委议事、决策过程中,要让每一个成员充分发表意见,并按民主集中制原则作出决定。重大问题由集体讨论决定,具体组织实施和日常工作要有个人分工,根据分工,切实负起责任,积极主动开展工作。健全和完善民主集中制的一系列制度要体现根本性、全局性、稳定性和长期性。领导班子内部议事决策制度,集体领导和个人分工负责制度,师生参与学校民主管理制度等,执行制度的情况要接受组织和群众的监督。

三是副职的大局意识问题。领导班子成员应自觉地将自己的工作置于集体领导之下,站在全局上来考虑和处理问题,站在党和人民根本利益的立场上考虑和作出决策,做到局部服从整体、个人服从组织,使大局不会因局部工作的滞后而受损。正确处理与一把手的关系,配合工作要到位。在实际工作中,副职要始终自觉地把自己置于集体领导之下,严格按照集体决议开展工作和处理重大问题,做到不越位、不越权、不犯自由主义和无政府主义,凡经领导班子集体研究形成的决议,即使有不同看法,也要严格做到当面讲明观点,背后不发议论,带头贯彻落实,使领导班子的决议能够得到贯彻执行。要尊重一把手,维护班子成员尤其是一把手的尊严和权威地位,为造就一支政治过硬、作风优良、业务熟练的干部队伍奠定坚实的基础。

四是成员之间的协作问题。高校领导班子应该是认识统一、步调一致、配合默契、团结协作的领导集体。在事关方向道路和对中央重大决策的态度上不应该有原则分歧,在办学的总体思路上应该是一致的,在具体的领导方法和领导风格上应该是各展所长、优势互补、配合默契的。作为一个领导者,头脑一定要清醒,了解自己的工作职责和自己所处的位置,尤其是正职和副职要精诚合作。正职要积极支持、帮助副职,工作中既要大胆地给副职交任务压担子,又要真心实意地搞好传帮带。作为副职,要勇挑重担,为正职分忧解难,工作中明确职责,不超越职权,不拆台指责,不争功过,真正当好正职的参谋助手,增进班子成员的信任、理解和团结。只有密切合作、互相帮助,才能取长补短,既提高了自己,也增强了整个班子的战斗力。合作并非不要竞争,竞争是发展的动力,是促进团结、促进工作的手段,应鼓励敢闯敢干、敢于争先,同时,在竞争中又要有合作意识,当班子其他成员在工作中遇到困难、挫折时,应热情主动地予以帮助,以增进友谊和团结。

第三,高校领导班子合力建设的基本路径。

一是落实党委领导下的校长负责制。所谓党委领导就是集体领导,重大问题由集体讨论决定;所谓校长负责,就是个人分工负责,即学校行政工作的重大问题，经党委集体研究决策后，由校长负责主持执行。集体领导和个人分工负责是辩证统一的关系，集体领导是个人分工负责的前提，个人分工负责是集体领导的必要保证，必须把集体领导与个人分工负责很好地结合起来。党委领导主要是政治、思想和组织领导，因此，贯彻执行民主集中制和完善党委领导下的校长负责制是相互联系、相辅相成的。坚持和健全民主集中制，是党委领导下的校长负责制的基础和制度保证，完善党委领导下的校长负责制，又可以促进民主集中制的贯彻执行。

二是"班长"要成为合力建设的表率。班长要有高超的领导艺术和驾驭全局的领导才能。既不能独断专行，把班子其他成员当陪衬，又不能没有权威，没有核心。既要有威严、有魄力，又要有亲和力、吸引力。要了解班子每个成员的性格特点、思想动态甚至家庭生活、兴趣爱好等方面的情况。要有豁达的胸怀，善于团结一班人。研究工作，要"胸中有数"。要有魄力，尊重别人的意见，善于集思广益。做决策要按照一定的规则和程序，防止随意性。作为"班长"，还必须有较高的理论水平、较强的表达能力和组织协调能力。既要善于谋划，又要敢于拍板，要善于从零乱繁琐的事务中跳出来，更多地从战略上、宏观上思考问题，集中精力运筹谋划大政方针。善于听取不同意见，从中寻找共同点，谋求对问题的共同看法。千方百计调动班子成员的积极性，充分发挥班子的整体效能，这是一把手的主要职责所在。

三是强化领导班子共同的价值取向。强化班子全局观念和整体效应意识，最根本的就是要以共同的目标和价值取向来规范自己的言行。这就要求领导班子的每个成员增强事业心和责任感，为党育人，为国育才，树立师生利益无小事的理念，以共同的目标取向约束自己，服从整体的利益与要求，清醒认识自己所在的领导班子及自己在该班子中的地位和作用，充分发挥自己的积极性和聪明才智，时刻注意克服私欲和不健康心理，以维护领导集体的团结，增强领导班子的"合力"。因此，任何一个领导班子都必须紧紧围绕全党工作大局和中心任务，既要研究制定明确的近期目标，还要提出自己的长远奋斗目标，并将共同目标与班子成员个人的责任联系在一起。班子成员工作的具体目标只有服从于总目标，班子形成合力才有了坚实的思想基础，高校所追求的组织文化与价值观才能得以实现。

四是努力提高领导班子成员的政治素质。高校领导班子成员首先是社会主义政治家,领导集体只有保持思想上、政治上的高度一致,才能保证事业上的和谐共振。在配备、建立、调整领导班子时,除考核是否教育家以外,首先必须严格考察干部的政治素质,真正把那些政治立场坚定、事业心强、顾全大局、维护领导集体团结的政治家选进领导班子。要用习近平新时代中国特色社会主义思想武装领导干部的头脑,提高他们观察分析纷繁复杂社会现象的水平,增强他们处理错综复杂社会关系的决断能力。同时还要求班子成员忠于职守,为政清廉,襟怀坦白,公道正派,联系群众,严于律己。因此,为保证领导班子政治上的纯洁性,必须加强教育监督和惩处。

五是建立健全和完善组织运行机制。增强领导班子的"合力",抑制"非合力",不仅要有相对完善的组织调节机制,而且更重要的是要有健全、有效、严密的组织运行机制,必须重视发挥制度纪律的规范、调整、约束作用。首先,用制度规范班子成员的言行,按制度参加集体生活,接受组织监督,执行组织决议;其次,用制度来协调内部关系,按组织原则处理个人与组织、少数与多数、集体领导与分工负责的关系,把矛盾限制在制度范围内,不使其超过应有的"度";再次,用纪律制约班子的内部矛盾,抓好纪律教育,及时敲警钟,事先预防违纪现象发生。当矛盾超过制度允许的范围,某些成员出现严重违反制度行为时,必须坚决执行纪律。这就要求各个领导班子应建立正常的议事、决策制度和监督制约制度,防止人治带来的矛盾冲突。建立合理的分工负责制度,健全科学的决策制度,坚持民主集中制,坚持党员领导干部民主生活会制度等等。只有这样才能使领导班子成为组织力强、战斗力强的领导核心。

综上所述,高校领导班子合力,根本的是要更新理念,始终不渝地贯彻民主集中制,处理好领导班子中的民主与集中的关系即处理好班子成员个人与班子集体的关系。从班子集体来说,应当通过尊重班子成员个人的民主权利,最大限度地调动每个班子成员的积极性、主动性,将他们的力量和智慧凝聚起来,形成合力。从班子成员个人来说,要摆正自己的位置,明确自己的权限,履行自己的职责,既充分发挥自己的能力和作用,又自觉服从集体领导,执行班子集体的决议。做到了这些,领导班子合力建设也就有了保证。

第三章

高校决策过程

高校治理体系和治理能力现代化是国家治理体系和治理能力现代化的重要组成部分。推进高校治理体系和治理能力现代化是服务新时代教育强国战略、推动高等教育现代化、推进"双一流"建设、实现高等教育内涵式发展的重要保证。学校治理指学校内外利益相关者参与学校重大决策的结构和过程,无论是治理结构还是治理过程,都是围绕学校决策来展开的。可见,学校决策十分重要,是强化学校管理的重要形式,关系到学校的人才培养质量、科学研究的发展以及社会服务的水平。决策的重要地位,决定了决策应当作为高等学校管理的一个重要研究课题。

第一节 高校决策及其特点

一、高校决策的含义

决策是人们对未来目标以及实现目标的方法所做的决定。决,即确定干还是不干;策,即明确用什么方法和工具干。在决策过程中,目标是决策的核心,信息是决策的依据,民主是决策的基础,科学是决策的标准。①

决策的本质是对未来事情发展走向的提前预测,预测有正确与否、准确与否之分。人类的行为是为了达成某种目标,目标的确定靠决策。没有正确的决策,目标就会引导人走向偏移的方向,就没有合乎理性的行为。所谓差之毫厘、失之千里,决策失误将造成不可估量的损失,故决策失误是最大的失误。

决策是人类社会生活中需要时刻面临的行为。早在公元前两百多年,《孟子》中就提出:"权变,乘势,决策之道。""运筹于帷幄之中,决胜于千里之外",主张"谋定而后动"。18世纪,卡莱美和伯努里开始对决策进行研究,并引发了一系列的后续研究。众多的研究形成了种种决策理论,如完全理性决策论,连续有限比较决策论,理性、组织决策论,现实渐进决策论,非理性决策论等等。与此同时,人们在理论和实践研究中对决策的基本要素、类型、模型、程序等进行了深入探讨。

决策的基本要素包括:决策者(个体或群体);决策对象(拟解决的问题);决策信息(作出决定的依据及支持系统);决策理论和方法;决策结果。根据决策主体、决策条件、决策影响范围和重要性等的不同,决策可划分为以下主要类型:个体与群体决策;战略性决策与战术性决策;程序性决策与非程序性决策;初始决策与追踪决策等。决策的主要模型包括:英雄顶层决策模型;群众创新决策模型;以数据为基础的决策模型;综合决策模型。科学决策的基本程序是:提出问题,明晰目标;收集信息,制定方案;咨询论证,决断方案;贯彻执行,督促检查;反馈修正,决策评估。

决策是人们对未来目标以及达成目标的方法、途径所做的决定。高校决策是一个"循证""循规""循境"的复杂过程,因而高校决策包括循证决策、循规决策、循境决策。首先,高校决策是循证决策。决策建立在经过严格检验而确定的客观证据之上。证据包括两个方面:"证"是合乎逻辑的推理,"据"是事实。在循证决策中,要以合理的方式收集科学的高质量的证据,并被决策者、决策支持者充分有效地使用。

学术、行政二元结构是高校非常重要的权力特征。学术权力和行政权力具有明显区别:其一,两种权力的性质不同。行政权力具有强制性,由上级管理主体对实践活动进行协调和控制,命令层层下达具有"科层

---

① 刘献君.高等学校决策的特点、问题与改进[J].高等教育研究,2014(6):17.

化",是处于强势地位的法定权力。学术权力以"个人知识"为基础,注重知识的权威性,在权力结构中处于弱势地位。其二,两种权力的运行规则不同。行政权力具有"科层化"特征,强调下级服从上级,讲究效益和效率;学术权力处于松散的学术组织之中,强调学术自由,不太重视效益与效率。其三,两种权力的作用及适用范围不同。行政权力主要进行利益、利害判断,对行政事务进行决断;学术权力主要进行真伪判断,在科学领域展开交流。其四,两种权力的权力主体多元、交叉。行政权力的主体是校长等行政人员,但教师、学生对行政决策有建议权、监督权,对一些重大行政决策有投票权、制约权;学术权力的主体是学术人员,但很多学术问题的决定不仅涉及学术真伪判断,还涉及利益、利害判断,需要行政人员共同参与。

根据高校决策对象、决策主体及权力结构的不同,可以将高校决策划分为行政决策、学术决策和综合决策。

第一,行政决策。对纯行政问题——不需要进行学术真伪判断的问题,主要是学校日常管理事务,由行政系统进行行政决策。当然在决策时要征求师生的意见,如教职工住房保障、行政用房分配、校园环境建设、医疗保障、校友工作、对外交流事务等。

第二,学术决策。对纯学术问题——只需要进行真伪判断的问题,由学术团体开展学术讨论并作出决策。如学校人才培养大纲的制定和调整,科研项目的管理,对外推荐教学、科技成果奖,教师职务晋升的学术评议,学生的学位授予,一流学科申报等,主要由教师及学术科研团体集体决策,相关部门通过调查研究提供信息和数据方面的决策支持。

第三,综合决策。高校中有一部分事项涉及学校的办学方向、人才培养质量、学校的稳定和发展,如学科建设、教师聘任、学术组织机构设置、学校战略规划布局等。这些事项既需要进行学术真伪的判断,又要放在全校范围内进行利益、利害的判断,这就需要在学校党委行政统一领导下,成立由专业人员和行政人员共同组成的专班,发动全校师生围绕共同目标,共同参与创造,由学术组织和行政组织共同参与决策,为决策提供科学、系统的决策支持。

二、高校决策的重要性和必要性

（一）高校决策的重要性

一是高校的自治需要教育决策。随着高等教育体制改革的深化和高校办学自主权的扩大，学校层面的决策权随之扩大，学校层面的战略选择和重大决策将对学校自身发展产生重大影响。随着高等学校办学自主权的扩大，学校的权力加大了，责任与风险也加大了，高校的问题只能靠高校自身来解决，因此更需要学校科学决策，以保证学校决策的正确性。《高等教育法》及其配套法规政策的实施，使高等学校正在成为面向社会依法自主办学、实行民主管理、独立承担民事责任的法人实体，在招生、学科专业的设置与调整、内部机构设置与人员配备、教师职务聘任等方面，学校将享有充分的自主权，决定学校发展的一些基本问题将由书记校长及其领导班子来作出决定。要保证决策的正确，需要转变主要靠领导者个人决策、靠经验管理的办法。学校要有一个参谋班子，善于使用外脑，使学校管理机构由单纯的执行机构变为一个相互制约的综合的管理系统，使管理的各个环节实现有机结合，即决策咨询—决策执行—反馈—决策执行—评估结果，使学校决策真正实现民主化、科学化，使内部管理实现规范化、制度化、精细化。

二是高校的个性化发展需要科学决策。市场经济条件下，每所高校都要走有自己特色的道路，发展个性品牌。高校内部管理改革的主要任务之一，就是各校要变革不合理的管理制度，调整内部组织结构，解决各自存在的问题。因此，很难设想用同一种思路或方法去规定和要求不同高校的内部管理改革。如学校的科学定位和定向问题，即每一所高校在未来发展中的战略地位和发展方向。在原有体制下，各高校的地位和发展方向大体已经确定。但在新的形势下，原有分工格局正在被打破。不同的高校在自身的建设和发展过程中，在外部环境和自身条件的相互作用下，在性质、功能、目标和任务等方面都发生了变化，分化形成不同类型的学校，它们在内部管理方面存在的问题也不尽相同。客观形势对每一所高校提出了进行重新定位和定向的要求，需要高校自身进行科学决策以适应新形势的需要。

三是高校的创新需要创造性决策。不管是从目前我国高校内部管理的状况来看，还是从高校未来的发展着想，创新在高校内部管理改革中的地位和作用都正变得越来越重要。随着高等教育改革的深化，我国高校的内部管理制度和管理机制也正在发生根本的转变。随着招生、就业制度和投资体制改革，学校面临着激烈竞争。在竞争日趋激烈的情况下，每一所高校要想在原有基础上有大的发展，必须创新。在改革现有的校内管理体制和建构面向未来的高校内部管理体制的过程中，我们自然要重视对外部经验的吸收和借鉴。然而，要真正使我国高校在内部管理上实现对自身的超越和对先进水平追赶的目标，更重要的还在于鼓励我国高校在内部管理体制上的探索和创新。只有鼓励各所院校大胆而深入地在内部管理体制与管理模式上进行探索和创新，才能创立具有时代意义的、先进的高校内部管理体制，以及符合不同高校发展需要的内部管理模式。高校要想在内部管理改革方面取得好的效果，必须增强各项有关改革决策的科学性。

（二）高校决策的必要性

党的二十大报告强调决策权、执行权、监督权的相互制约和协调，要求各级领导做到民主决策、科学决策、依法决策。教育部通过强调学校章程建设、颁发《高等学校学术委员会规程》等多种方式推动高校建立健全决策制度，使高校决策实现民主化、科学化。目前，各高校普遍重视决策制度的建设，但仍然存在不少问题。

第一，决策系统较混乱，权力主体交叉。决策是一个系统，相互影响，相互制约，必须理顺各个方面的相互关系，使之相互协调。但直到现在，高校决策系统仍然没有理顺，主要表现在决策权、执行权、监督权集于一身，议行合一，权力高度集中。例如，现在高校的主要决策机构是学校党委常委会、校长办公会，一般而言，由学校党委常委会决定干还是不干，校长办公会则明确用什么方法和工具干，但是，绝大多数高校的党委常委会和校长办公会的主要成员基本相同，校长、副校长进入学校党委常委会，党委书记、副书记是校长办公会的当然成员，两个决策会议只是换一个主持人。目前，有的高校开始尝试改进，如北京大学规定党委书记、副书记不参加校长办公会，北京理工大学规定校学术委员会主任参加校长办公会，但情况没有得到根本性改变。学校党委常委会、校长办公会、学术委员会、教职工代表大会和学生代表大会分别主要行使政治权力、行政权力、学术权力和民主权利,由于权力主体多元、交叉,而学校决策中除学术决策和行政决策外,主要是综合决策,因而这几种权力主体的权责仍然不够清晰。校、院、系的权责也不明晰,权力基本上集中在校一级。近年来,高校内部多次下放权力,但主要是下放了责任,权力下放不多,一个重要原因就是权力下放必须调整学校的组织结构。现在高校的二级单位一般有二三十个,单位太多,难以管理,而二级单位的调整必然涉及学科发展以及干部、教师的切身利益,十分困难。

第二,行政权力与学术权力关系失衡。我国大学行政权力泛化,以行政权力干预学术权力比较普遍。表现为用行政管理的逻辑和方式管理大学;按照行政组织和机构来设计大学的内部组织,进行权力分配,并赋予其相应行政级别,确立管理中的隶属和服从关系。大学中的学术组织有时会泛化为行政组织,行使某种行政职能;学术权力在大学中往往难以发挥实际的作用。学术权力的弱化影响了行政决策的科学性,降低了决策实施的严肃性。学术权力使用不当,学者在学术事务中观点偏颇、意见不一致,或在非学术事务中发挥作用的意志过于强烈,同样会对行政权力产生不利影响。学术权力和行政权力相互越位和干预,不利于高校形成民主、科学、高效的管理运行机制。同时,近年来高校官本位意识日趋严重,一些博士、硕士纷纷改行从政,高教行政管理人员的非专业化倾向突出,使得这支队伍整体上缺乏教育管理专业背景,制约了高等教育决策管理的效率与质量。

第三,程序意识较缺乏,民主化程度低。程序性是科学的最本质的含义,没有程序,就没有科学,也不可能有科学决策。同时,程序也是民主决策的基础和保证。以往的高校决策制度重视内容,忽视程序。更重要的是,决策者缺乏程序意识,即便有程序规定,在执行过程中,也仅仅从管理者本位出发,以"我"是否需要来衡量并决定是否让师生参与决策。更有甚者,为了达到自己的目的,在决策过程中,随意改变程序,变更已经定下的游戏规则。孟德斯鸠指出:"一切有权力的人都容易滥用权力,这是万古不变的一条经验。"权力制约是权力运行的内在要求,制约比监督更重要、更根本。权力制约能保证利益相关者的权利,是现代组织社会治理的需要,也是高校健康发展的需要。

决策科学化首先要求民主化,没有充分的民主,就不能广开言路、集思广益,也就不能最大限度地发挥创造力。不少决策者常常犯"倾向性过于明显"的错误,需要决策的问题刚刚提出,他们似乎就主意已定,把自己的观点早早托出。于是,其他人员只好去做"命题作文",领导人的意见便被披上了"科学"的外衣;另一个常见的错误是决策方案论证不充分。许多时候只有在拍板时匆匆忙忙开个座谈会,事先并没有让与会者有足够的时间对方案做认真地研究,与会者的意见也就只能是意向性的了。此外,个人决策多也是一个问题。在决策过程中由主要领导说了算,其特点是果断迅速,责任清楚。但往往受个人知识、经验、智慧等影响较大,因而有很大的局限性,导致决策效率低下。

第四,内部结构不合理,无决策支持系统。当前,高校决策不太重视决策支持环节,主要依靠决策者的经验,容易导致决策缺乏系统性和全局性,影响了高校决策的科学化水平。决策体系(图3-1)包括决策系统、执行系统、监督系统、智囊系统(参谋系统)及信息系统(决策支持系统)。

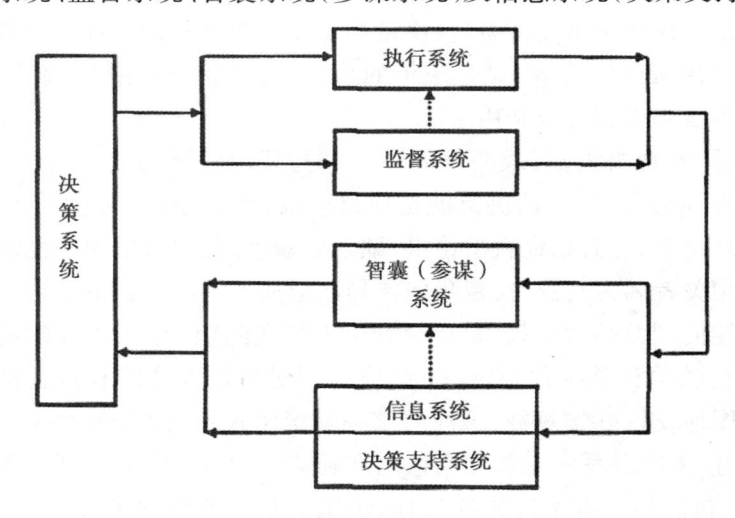

图 3-1 决策体系运行图

科学决策过程一般由智囊系统制订决策方案并提供给决策系统;决策系统利用信息系统提供的信息对智囊系统提供的方案进行决策;决策系统的决策指令在监督系统的监督下由执行系统贯彻执行;执行的情况和结果经过智囊系统和信息系统反馈到决策系统;智囊系统根据新情况提供修补或修改方案给决策系统;决策系统对修改方案进行决策,作出修订指示,再由执行系统执行。决策支持系统是决策体系的重要组成部分。但是,当前决策支持还没有受到应有的重视。政府有关部门对高校决策要求的文件中,很少提到决策支持。如在高校党委常委会会议议事规则(示范文本)中提出的会议议事规则,包括总则、议事决策范围、议事决策原则和程序、议定事项执行与监督、附则等五个部分,没有明确提出决策支持。部分高校领导受经验决策惯性的影响,决策支持的意识不强,在高校有关决策规则中,缺少决策支持环节,决策过程不重视决策支持。从高校决策的实际情况看,无论日常事务管理决策还是重大事项决策,决策支持主要依靠职能部门,职能部门成为决策支持的主体。但职能部门有自身的目标、利益,职能部门工作人员有业绩、升迁、待遇的诉求,会不自觉地追求自身利益最大化,难以从全局考虑问题。

近年来,高校决策者、研究者已经意识到数据的重要性,但由于种种原因,高校没有建立决策支持系统的数据基础,如高校业务数据库分散、处于信息孤岛的状态;数据保密、不公开,难以获取数据;数据不规范,难以进行数据分析;基本没有建立分析数据库等。这使得我国高校基本上没有建立决策支持系统,决策的专业化程度较低。许多高校行政人员既是决策的制定者,又是决策的执行者,不善于利用"外脑",辅助决策机构没有得到有效利用。

第五,微观决策多,战略规划少。一些高校领导仍然习惯于"事务主义",在他们看来,所谓决策就是项目审批、资金分配、人事任免等等,决策视野狭窄,方案论证就事论事,缺乏宏观性、战略性的决策意识。不同利益相关者因为其身份、视角的差异而形成不同的利益关注点。教师主要关注的利益是教学权、科研权和个人待遇问题;学生关注的利益主要集中在教学和学生管理领域;政府部门对高校关注的利益就是希望最大限度地发挥办学效益,关注的核心是聚焦人才培养;校友关注的是情感利益、人际关系利益和社会认同度利益。造成在大学治理决策过程中,不同利益相关者达成共同目标、决策共识的难度显著增大,高校全局利益、长远利益和根本利益的决策共识较难达成。

同时,高校对自身内部管理改革普遍缺乏个别化的深入研究,在校内管理改革上的主要取向是趋同,而不是"求异"。有些决策不切实际,习惯跟着潮流走,如不少省属高校声称要在2035年将学校建成一流大学,听来豪气冲天。理想和宏愿固然重要,但也要考虑可行性。从这些高校现有的水平与一流大学的差距这个角度看,绝少有能在2035年将学校建成一流大学的。这些领导的任期也不可能到2035年,令人们感觉到高校决策者和实践者的形式主义的嫌疑。

三、高校决策的特点

高校决策除了具有一般决策的特点外,还有其自身的特点。

(一)复杂性

高等教育组织是比较复杂的组织,不同于政府机构和企业机构,它是科层组织与政治组织的混合物,既要服从于科层组织原则,又要按照政治组织属性运转。为什么大学是典型的政治性组织?一是因为大学是资源依赖型组织,需要从外部获取资源以满足发展的要求,需要组织与外部的政府、市场、社会协调各种利益关系,满足他们对大学的利益诉求。二是因为大学是利益相关者组织,存在多元利益主体,各主体的利益既有一致性,又存在很大的不同,需要协调与共治。三是因为大学是从事知识生产与传播的学术组织,具有民主、平等、公开等学术价值观,讲求学术争鸣与探讨,使得大学组织天然具有这种属性。四是因为大学发展如人才培养、科学研究的成效具有缓显性、难以测评性和滞后性等,评价较难,使得许多问题难以在一定时期内得出结论,只能依靠协商去逐步决策。五是因为大学各个利益主体的利益表达与诉求不仅依靠正式制度和正式组织规则来实现,还要依靠非正式规则和渠道去表达和争取权益。大学之所以存在多种委员会和各种小组,就是为了从多层面表达和解决利益诉求,这是大学作为政治属性组织的体现与具体化。

教育治理现代化的根本目的是促进人的自由全面发展。自由是学术组织的生命力所在。大学是学术组织,这决定了自由是其生命力所在,学校决策要为自由创造条件。学术创造是一种探索高深学问的活动,学者的活动必须服从真理的标准,不受外界的压力。高校决策要为师生教学、科研创造自由的条件,让教师、学生心情舒畅,全身心地投入学习、研究,勇于创造,在创新中提升与完善,并推动学校可持续发展。因而,在高校决策中应做到相互尊重与信任。其次,要转变思维方式,由控制式思维转变为协调式思维,由单向思维转向合作思维。再次,要给予院(系)一定自主权,让院(系)在教学、科研上根据本院(系)的学科特点、人员结构等进行决策,推动管理重心下移。

（二）偏移性

高校的根本目的和根本任务是立德树人,培养担当民族复兴大任的时代新人。高校的任何决策都不能脱离其根本目的,都必须有利于人才培养。高校的学术决策、行政决策、综合决策都需要紧紧围绕人才培养这一根本目的,做任何决策时都要思考如何决策才有利于学校根本目的的实现。但是,在现实的高校决策中,由于高校特殊的环境、条件、组织结构,追求"成人"的无限目的容易被"适应政治需要和经济生存"的有限目的所取代,高校决策往往容易远离根本目的。究其原因,主要有以下三点。

第一,目的、目标的模糊性。高校的根本任务是培养人才,所培养的人才既要满足学生自身成长发展的需要,又要满足经济社会发展的需要。但是学界对大学生成长发展的特点、规律研究较少,大学生又具有极大的个体差异性,难有普遍适用的规律与标准。同时,社会对人才的需求是多样的、分层次的,也是发展变化的,高校如何对自己准确定位、把握社会对人才的需求是一个难题。因而,现在高校的培养目标往往高、大、空,教师、学生难以把握。这是导致决策脱离人才培养目标的重要原因之一。

第二,人才培养效果的滞后性。教育具有深远性,某项政策决策的利弊可能要若干年后才能看到效果。企业生产的产品如果卖不出去,企业领导会立即进行调查研究,作出调整生产的决策,否则,企业就面临倒闭。高校生产的产品是人才,人才质量的高低不能仅凭考试成绩、在学校的表现来决定,而是要看其在社会上的表现。如一项针对近几年毕业的大学生的跟踪调查发现,在社会上干得好的学生并不一定是在学校表现优秀的学生。这种人才培养效果的滞后性使得高校领导没有企业领导那样的紧迫感。这也是导致高校决策远离人才培养目标的重要原因。

第三,学校组织结构松散。松散联合指组织子系统之间较少出现的、作用微弱的、不重要或反应迟缓的结合。学科是大学的基本元素,以学科为基础形成的组织结构是一种松散的矩阵式结构,有人称之为"有组织无政府"。组织之间缺乏一种紧密联系,形成各自为政的状态,教师、学生们决定教学,校友及社会团体决定是否资助,既无协调也无控制,可能会导致各种决策相互冲突、难以推行,也容易导致决策短视,远离人才培养的根本目标。

（三）包容性

大学除了依靠理性的科层制度保持运转之外，学术权力和利益多元化还使得大学要依靠"讨价还价"的政治组织来运转。在大学，存在教职工与院长的争论、院长与副校长的争论、员工与校长的争论、校长与董事会的争论，诸如此类不分级别的多种争论与利益维护现象，在企业和政府组织中是很难见到的。人们一般认为大学是理性的城堡，因此更多地受制于逻辑、真理以及夸大了的学术的价值，相比较那些过度利己主义的营利性机构，大学治理更为理性科学。然而，大学组织的学术系统、松散联合和利益多元化使得大学治理呈现出利益博弈的政治组织的特性。谁能赢得这些博弈通常就意味着谁掌握着更大的权力，就可以在高等教育组织中具有更大的发言权。公众普遍关注的是大学显而易见的缺乏效率，以及相伴而生的成本上涨，这与高等教育机构作出决策的复杂性密不可分。在高校，每个人利用组织资源寻求自身利益最大化，最终可能会导致每个人的资源不足。特别是大学教师，分散在各个相互隔绝的学科和学系，不要说大学整体目标，他们甚至无法体会到学院作为一个整体的需求。教师往往忙碌于自己的教学与科研工作中，他们通常讨厌各种复杂、繁琐、行政主导的所谓的制度设计和所谓的"改革"。大学是理性科层组织与政治组织的混合物，这是高等教育组织的本色，我们不可能把二者截然分开。科层制保障了大学的理性运转和资源有效配置，是大学行政权力与行政系统效率的体现。而政治组织则是大学作为松散耦合结构的体现，导致了决策的分散化、低效率和次优化。决策的次优化降低了大学组织运行的效率，使得统一的组织使命与目标变成多样化和分散的目标体系，资源也被分散使用，降低了资源配置效益。当然，任何事情有其弊端，也有其益处，那就是符合高校作为学术组织和松散联结组织的特性，保障了不同利益群体和个体的利益和权力，提升了教师的积极性，适当降低了组织决策的风险，保证了学科的利益与平衡发展，保持了高校的稳定运转。

（四）深远性

青年是国家的未来，民族的希望。随着高等教育的普及，今后我们国家不仅各级各类领导、科学研究和技术骨干来自高校，多数劳动力也将来自高校，故现在培养的大学生的数量和质量将影响、决定着国家的未来。大学生属于青年，具有不确定性、不完善性、未完成性。因此，大学生的发展内容和水平是开放的，其发展程度取决于学校教育。但办学校不等于办教育，学校可以兴教育，也可以灭教育；可以培养人才，也可以摧残人才。学校对学生的影响是整体的、潜移默化的，这种影响的好坏取决于学校的决策，包括对培养目标、模式、课程、制度等的决策。

民主是现代政治的核心，是现代政治的生命与灵魂，也是社会主义核心价值观的基本内容。大学生的民主思想、品质、作风直接影响着国家未来的政治民主、社会民主，但大学生的民主思想、品质不可能自发地形成，更不可能仅靠上几堂民主课养成。学校进行民主、科学决策的过程可以让学生从中感受到民主，学生直接参与学校的民主决策，可以让学生领悟民主、学习民主。只有在感受、实践、领悟的过程中，大学生才能形成正确的民主观、权力观。因此，高校的科学、民主决策对国家的未来产生着深远的影响。

第二节　决策过程

现代决策体系由决策系统、智囊系统和信息系统三个部分组成，其中决策系统是核心，智囊系统和信息系统是为决策系统服务的支撑系统。决策系统主要指决策制定，在决策出来后，主要由相关职能部门及院系人员负责政策执行并收集相关信息，最后根据信息对决策效果进行评估。故决策过程通常包括决策制定、决策执行与决策评估三个阶段。

一、决策制定

决策方案提出后,需要有一个最终的选择,决策制定就是指决策者对备选方案进行淘汰,明确选择的方案。很多时候,还需要对粗略方案进一步细化,或将各种方案予以综合。此外,还要尽可能地确定实现决策目标的具体途径、措施和手段,包括政策界限、权限的规定和相关的机构设置、人员配备、经费保障等。

从领导学的角度来看,科学决策的标准如下:一是要有准确的决策目标;二是决策的执行结果能够实现确定的目标;三是实现决策目标的代价较小;四是决策执行后的副作用较小。相应地,科学决策的程序:一是明确问题,确立目标;二是调查研究,集思广益;三是分析论证,拟定方案;四是分析评估,选择方案。程序决定成败,其中调查研究尤为重要。没有调查研究就没有发言权,没有调查研究就没有决策权,没有调查研究就谈不上决策的科学化、民主化。因此必须把决策前的调查研究纳入决策程序,坚持先调研后决策。所有领导都要亲自参加调查研究,摸清情况,掌握第一手资料。同时,建立调研制度,整合力量,共同搞好调查研究。

高校决策者最终做出决策,本质上是一种政治性的决断。从这个意义上说,决策也就是使特定的决策方案合法化的过程。所谓决策合法化,主要是指政治上具有正当性和程序上具有合法性。具有正当性和合法性的决策,才能为师生员工所接受,付诸实施时才会比较顺利。具体来说,决策合法化过程有以下几方面的内容。

(一)决策者及其权力的合法化

这是决策合法化的前提,只有具备合法性的决策主体在其权限范围内的决策,才有合法性的可能。高校党委常委会作为决策主体,可以决策其职责范围内的重大事项,比如,人事任免、党内事务、评选表彰、人才队伍建设,等等。高校校长办公会作为决策主体,履行它的职权范围内的决策事项,比如,教学计划、校务、投资、改造,等等。不具有法定决策权力或超越权限范围的,都不能使决策取得合法性。

（二）决策程序的合法化

程序是对决策行为的普遍规范和制度化，是以形式合理去抑制可能产生的实质不合理，防止随意决策和个人专断，提高了决策的可预测性。公正的程序强化了决策的内在化、社会化效果，人们很难抗拒程序带来的后果。如工程项目是否切实按照相关制度规定的程序向社会公开或按规定进行招投标，对闲置资产的处置是否按规定程序进行清产核资、评估等，对涉及教职员工利益的重大经济决策事项是否按照"公众参与、专家论证、集体决策"的程序执行。

（三）决策内容的合法化

行政决策方案必须与国家的宪法和现行法律保持一致，不能发生抵触。同时，还应注意与行政法规、地方性法规等进行配合调适。所有这些，都要求在决策草案提交决策机关讨论前，应当由负责合法性审查的部门进行合法性审查，不得以征求意见等方式代替合法性审查。合法性审查的内容包括：决策事项是否符合法定权限；决策草案的形成是否履行相关法定程序；决策草案内容是否符合有关法律法规、规章和国家政策的规定，如建设项目、举债融资、土地出让、大宗物资采购、大额资金分配、国有资产处置等重大事项的决策是否符合国家财经法规的规定等。

（四）决策过程的规范性

决策过程的规范性主要是指决策机制是否有效。如"三重一大"事项提交集体决策前，应进行深入细致地研究论证，广泛听取并充分吸收各方面的意见。选拔任免重要干部，应按照有关规定，在党委研究决定前书面征求纪检部门的意见。与师生员工利益密切相关的事项，要通过教职工代表大会或其他形式听取广大师生员工的意见和建议。对专业性、技术性较强的重要事项，应事先进行专家评估论证，进行技术、政策法律咨询，提交论证报告或立项报告等。

（五）决策方式的民主性

对重大决策事项必须遵循民主集中制原则，防止个人违反决策程序擅自决定大额资金运作。"三重一大"事项应以会议的形式集体研究决策。不得以传阅会签或个别征求意见等方式代替会议决定。此外，对涉及面广、与广大教职工利益密切相关的决策事项，要在一定范围内公开，倾听群众呼声或通过举行座谈会、听证会、论证会等形式广泛听取意见。

（六）决策支持的有力性

决策支持需要学校领导重视，全校师生员工广泛参加，这就需要形成相应的组织文化。组织文化是指组织全体成员共同接受的价值观念、行为准则、团队意识、思维方式、工作作风等群体意识的总称。全校师生围绕决策的核心目标，共同创造，参与决策，形成科学的方法，推进学校发展、师生发展。

二、决策执行

正式确定了的决策方案，还需要经过职能部门和院（系）的努力转化为实际效果。著名管理学家西蒙和马奇认为，任何管理实践活动都由决策和执行两部分构成，管理不仅是行为过程，也是决策过程。决策执行，即贯彻实施决策者所作出的决定或选择，是将决策理念付诸实践的重要环节，是实现决策目标的必经之路。高等学校决策执行是指在高等学校内部，决策执行者依据决策的指示、要求，为实现决策目标、取得预期效果而调动人力，利用资源、技术，不断采取积极措施的动态过程。高校决策执行包括：决策执行者、决策执行资源、决策执行程序、决策执行目标群体和决策执行环境等。

（一）决策执行的重要性

从高校决策活动来看，决策执行是整个决策过程中的又一个重要阶段,是高校决策中的重要一环,起着承上启下的作用。

首先,高校决策执行是将决策理性转变为实践现实性的过程;将静态的决策文本、思想理念转变为动态的行为活动的过程。高校决策执行是实现决策目标、解决组织问题的途径,可以实现组织中教育资源的权威性分配。美国政策学家艾利森认为:"在实现政策目标的过程中,方案确定的功能只占10%,而其余的90%取决于有效地执行。"

其次,高校决策执行是检验决策是否科学、合理的标准。"实践是检验真理的唯一标准。"一项决策是否科学、合理,通过决策执行可以得到检验。

第三,高校决策执行为决策制定者提供反馈。在执行过程中,一些决策制定者未曾预料的问题会凸显出来,决策执行者及时把问题反馈给决策制定者。决策制定者根据执行情况进行及时调整、解决问题,确保决策的有效执行。

第四,决策执行是决策评估的重要依据。决策执行的结果为决策评估提供了依据,评估者根据决策目标实现程度、目标群体满意度、执行成本、执行效率等因素进行评估。

(二)高校决策执行偏差

高校决策执行偏差指的是在高校决策执行过程中出现的有意或无意地偏离决策目标的现象。高校决策执行偏差有积极的偏差与消极的偏差两种形式。积极的偏差指决策执行者在执行过程中尽管偏离既定的目标,但是其执行活动对高校的发展起到积极的作用,从某种程度来看,可谓是更好地实现了决策目标;消极的偏差指决策执行者在执行过程中有意或无意地消解着决策目标,使得执行活动变异,不但没有实现决策目标,甚至使得学校发展改革受阻。在高校,决策制定者为制定出科学、合理的决策殚精竭虑,可是一到付诸实施时却不尽如人意,总会出现一些"无法预料的后果"。如,高校出台了一系列教学改革决策,可是到院(系)实施层面却发现存在着"有令不行,有禁不止""上有政策,下有对策"等现象。下面主要探讨的是消极的执行偏差。

高校决策执行中的偏差表现形式多样,有的是"敷衍搪塞",有的是执行的"形式化",有的甚至是公开对抗等,概括总结,大体可以分为以下五种类型。

第一，仪式性执行。仪式性执行指的是高校决策执行者表面上大力宣传决策思想理念，制定了一系列具体的决策执行方案，但是并没有将决策落到实处，造成决策执行的表面化。仪式性执行造成学校资源的浪费，如为了表面上执行政策，执行者往往要花大力气进行宣传，营造"面子工程"，花大力气在文字材料的写作与整理上，往往产生执行过程中比排场、比材料等情况，造成"文牍主义""务虚风气"等不良现象。

第二，选择性执行。选择性执行就是指在执行过程中，执行者根据自身利益或者具体情况，有选择地对决策进行执行。此类执行的特征是自利性，执行者在执行过程中选择对自己有利的决策部分实施，对有损于自身利益却有利于学校整体发展的决策部分不予以执行。如，对部分决策内容进行消解或曲解，从而破坏学校决策执行的整体性，降低决策的整体执行质量。

第三，替代式执行。替代式执行即执行者以自己的"土决策"代替学校决策，制定与学校决策不相符的计划、策略等。通常此类"土决策"表面看与学校主决策无二致，但实际上却被执行者改得面目全非，造成"阳奉阴违"的现象。

第四，机械式执行。机械式执行指执行者在执行过程中不根据实际情况制定相应的计划、策略，完全按照学校的决策来执行。此类执行的特征是机械性，不具有灵活性。学校决策往往难以顾及所有执行者的特征与发展实际，决策内容具有原则性，只是规定执行的方向与目的。这就要求执行者在执行过程中要发挥自由裁量权，制定既符合自身发展，又有利于决策整体实施的具体执行策略。

第五，对抗式执行。对抗式执行指执行者不认同学校制定的决策，认为决策有悖于自身的价值观、行为准则等，或利益受到严重损害，要求机构、群体或个人行为的转变等，执行者不作为，甚至公开地执行与学校决策相违背的决策。此类执行特征明显具有冲突性、矛盾性。执行层与决策层发生消极或激烈的对抗，采取拖延、不作为、对抗等方式来抵制决策的执行。对抗式执行对学校整体决策来说具有重要的负面作用，是学校要竭力避免的。

无论是隐蔽性的执行偏差，还是明显、激烈的冲突性执行偏差，都会对学校的整体决策带来阻滞。执行的偏差导致学校决策目标难以实现、决策资源的浪费、不必要的内耗，并影响学校决策层的权威。

三、决策评估

决策评估是指评估者运用科学的方法和手段,对某一项行政决策的制定、执行及其实施效果进行分析、评判、估价的一种活动过程,以达到检验行政决策的科学性、正确性和有效性,提高行政决策水平,更好地管理好事务的目的。作为决策过程的最后一个阶段,决策评估有两个很重要的任务。首先,确认决策产生了什么影响,并对其进行描述;然后,用一系列科学的方法和衡量标准去评价决策是失败还是成功。

从评估组织的活动形式上看,可将评估分为正式评估与非正式评估;从评估主体上看,可分为内部评估与外部评估。广义的决策评估,分为对决策的事前评估、事中评估和事后评估三种类型;狭义的决策评估则专指事后评估,主要着眼于决策实施效果。本书主要讨论狭义的决策评估。

(一)决策评估的内容

决策评估的内容是由决策的性质、决策的社会影响和评估的目的决定的,其基本内容包括以下几个方面。

1. 决策问题的明确性

明确决策问题是决策评估的逻辑起点。成功的决策需要为正确的问题找到正确的解决办法。决策问题既可能是一个特定的事实,也可能是人们对客观事实的反馈和构想。如高校学科发展水平是一个客观事实,但办学者凭经验和直觉提出一个新的专业构想就是一个主观设想。面对复杂情境,明确决策问题尤其重要。明确决策问题包括这种状况是如何产生的,为什么它是一个问题,解决这个问题的重要性体现在哪里,这是一个正确的问题吗,或者它只是一个更大问题的一种表现等。

2. 决策内容的合法性

决策评估首先要对决策内容的合法性进行评估。即通过评估,了解决策内容是否符合国家有关法律的规定、政策的要求和上级指示的精神。合理的决策首先必须合法,否则,就不能保证决策的可行性、有效性。现实生活中,由于我国的法制还不健全,一旦决策者的法制观念比较淡薄,不依法办事,将容易作出一些不合法的决策并付诸实施,产生许多不良的后果。所以,在进行行政决策评估时,首先就要用有关的法规、政策来对决策问题加以衡量,看其是否具有合法性。

3. 决策目标的明确性

决策目标是决策者凭借决策手段所要解决的问题,是决策的出发点和归属,它影响和制约着决策和决策支持的全过程。在初步明确问题后,决策支持者需要确定决策目标(含相关的评估指标),以便寻找决策备选方案。明辨决策目标非常重要,但在实际工作中却相当困难。如高校在是否建立某个新学院这一决策问题上,可能会出现几个目标:为了应对学科评估,为了应对国家重大需求,为了教师利益等,到底哪一个目标是核心目标?核心目标不同,会产生截然不同的决策备选方案和结果。决策评估要对决策目标的明确性加以评估。即要通过评估,检验决策的目标是否明确、具体、准确。一些地方高校在确定学校发展目标时,笼统地提出:要经过五年奋斗,使本校发展位居省属高校前列,这样的目标就非常含糊。所以,决策评估的一项重要内容就是要考察决策目标是否明确,是否具有易理解及易操作性。

4. 决策方案的科学性

决策方案的科学性是指要通过评估,确定决策方案是否建立在可靠的现实基础上,是否经过充分论证,是否切实可行,是否符合多方案优选原则和创新性原则。目前,高校决策问题越来越复杂,决策方案涉及的内容也越来越多。所以,对那些重大项目的决策方案必须经过多次反复地论证。对那些不确定是否存在问题的决策和风险型问题的决策,必须制订两个以上的决策方案,以便从中选择最优的或最满意的决策方案。与此同时,评估中要注意决策方案是否切实可行,是否具有适应性和创新性。作为一个科学的决策方案,除了要考虑实现决策目标的需要之外,还要考虑各种主、客观条件的约束。尤其是决策方案从制定到付诸实施,直到最终完成,需要相当长的一段时间,其间要面对许多不确定因素,带有一定的风险性,因而决策方案还必须具有一定的灵活性和应变性,能够根据变化了的实际情况所反馈的信息,及时加以调整,采取相应的应变措施。总之,要通过评估,衡量决策目标是否具有科学性、时效性和可行性。

5. 决策程序的合理性

决策程序的合理性是指通过评估,全面检查整个决策过程是否符合科学合理的程序要求。决策程序是根据决策实践的经验和教训总结出来的一种模式。这种决策模式一旦形成,反过来对于人们的决策实践又具有重要的指导意义。当然,行政决策绝非只有一种模式,而是一个不断探索的过程。所以,在决策评估过程中,评估者要认真检查决策问题当初是如何界定的,决策目标是怎样确定的,决策方案又是如何制定的,最后是怎样选择最佳方案并付诸实施的,其间碰到过哪些问题,对这类问题是如何进行分析和思考的,提出过哪些不同意见,最后又是如何综合解决的等。通过这样的评估,就有助于全面了解决策方案的长处和短处,及时采取相应的对策。现实生活中,许多决策失误的一个重要原因就是没有按照科学合理的决策程序进行决策。

6. 决策调整的可控性

决策不是在静态环境中作出的,一个决策产生何种结果,不仅取决于行动,还受内外部环境的影响。特别是在变化迅速的今天,以数据为基础的高校决策支持模式不仅需要分析内部影响因素和外部影响因素,还要关注随着外部环境的变化,尤其是未曾预料的变化,如何修正决策支持方案,以保障决策目标最终能够实现。高校决策往往涉及人,特别是有着高深知识的专家,人是有主观能动性的,因此,任何决策都将引起人的反应。这些反应可能导致积极的决策效果,也可能导致消极的决策效果。同时,以人为基础建立起来的各种组织也会对决策作出反应。人们常说的"上有政策、下有对策"就是中介因素的反应。

7. 决策方案的备选性

决策备选方案是指达成决策目标时可供选择的手段、措施或办法。决策备选方案表现为政策或行动策略。决策支持有助于决策者作出合理有效的决策,而合理有效的决策以寻找到足够的决策备选方案为前提条件。如高校在是否新建某个学院的决策问题上有三种备选方案:立刻建立,延缓建立,不应该建立。备选方案具有多样性,每个方案之间是平行的,各自具有优缺点,不可能同时被采用。每一种备选方案都可能导致一系列结果。有些结果对实现决策目标起积极作用,有些则起消极作用。传统的经验决策支持过程中,决策支持者往往只将学校现状、目标及其影响因素等作为决策依据,忽略了对决策效果的评估。以数据为基础的决策支持模式不仅注重"分析问题""提供解释",还强调进行决策的"风险评估"。

(二)决策评估的方法

通常说来,影响决策效果的因素很多,有人将决策的效果概括为一个由该项决策的质量、执行和控制所组成的j元函数,即:$E=f(Q、I、C)$,其中 E 为决策效果,Q 为决策质量,I 为执行程度,C 为控制程度,这有一定的道理。高等学校肩负着立德树人的重要使命,主要追求的是社会效益。当然,从经济的角度来计,任何决策都必须符合成本-效益原则,也就是说,只有那种实现决策目标所付出的代价最低、所获得的效益最大的行政决策,才是成功的决策。但是高校的价值难以用经济效益进行准确地测定和衡量。

1. 决策评估的基本原则

一是客观评估和主观评估相结合。对决策的全面评估,既需要决策客观上"做出了什么",即对决策实施过程所产生的客观事实进行评价,如某项决策实施后所产生的效益;也需要评估主观感受上"做得怎么样",即目标群体对决策执行效果主观感受的评价,如有关毕业生就业支持举措的满意度、获得感等。

二是当前评价与未来调整相结合。对决策实施效果进行评估的主要目的是考察决策实施中所取得的成效并发现存在的问题,系统综合分析决策的优缺点,并将评估结果作为决策方案下一轮修改完善的重要依据。为此,决策评估不仅要立足于对现实情况的评估,同时也要预留对决策方案调整修订的意见和建议,以便进一步提升决策实施的质量。

三是定量分析和定性分析相结合。哲学上的量变、质变关系,延伸向方法论就是定量和定性两种分析方法。它们不互相排斥,只提供相对独立、客观的比较分析方法。另外,性质和数量是观察和分析、判断事物的两个基本着眼点。一般而言,能进行量化分析的东西,尽量采用量化分析,学会用数据说话,这样可以获得更为直观、精确的结果,得出的评估结论才显得更有说服力。但涉及价值、意识等主观方面的东西，往往难以量化，不能直接进行数量分析。因此，定性分析方法的把握显得非常必要和重要。另外，计算机、计量经济学、运筹学等学科的发展，扩大了经济因素数量化的效果，使得对决策效果评估进行定量分析成为可能。以前，评估者在对决策效益进行评估时，往往只重视定性分析，而忽视定量分析，使得评估结论很不精确，缺乏应有的权威性。现在，则出现了另一种倾向，就是一些评估者过分强调定量分析，而忽视定性分析，就像玩数字游戏一样，这样得出的评估结论也是毫无意义的。所以，对决策效果进行评估必须坚持定性与定量分析相结合的方法，片面强调某一种分析方法，而忽视另一种分析方法，都是不可取的。

2. 专门的分析方法

第一，成本收益分析法。即以货币单位为基础对决策方案的投入与产出进行估算。该评估方法以收益超过成本以及社会净福利最大化作为评估标准，直接体现了开展决策评估的首要目标——提高财政资金的使用效率。作为基础的评价方式，成本收益法将"收益"与"成本"处理成同一量纲，可用于不同类型决策的横向比较，理论上可以确定不同决策成效的优劣次序。

第二，比较法。比较法主要将观测指标与基准或参照系相比较，以评估决策的成效。常用的基准包括：一是可比参照系，如一项旨在提高毕业生考研率的决策实施后，当年的毕业生考研率是否高于往年的水平；二是可接受的阈值，如毕业生考研率不能低于前三年的平均水平；三是历史基准，如毕业生考研率相比决策实施前是否有所提高；四是其他可比较院校的水平，如本校毕业生考研率高于其他同层次兄弟高校。比较法的问题在于，无法解释为什么情况变得更好或更糟了，因此也无法确定决策是否真的有效。

第三，归因法。归因式评估试图在一个反事实（Counter-factual）框架中证实，观测指标的变化是否真正由某项决策施行造成。事实指在某项决策（A）的影响下可观测到的某种状态或结果（B），反事实则是指在其他条件完全一样但不执行决策（A）时，可观测到的状态或结果（B'）。结果 B 与反事实结果（B'）之间的差异，就是决策 A 的确切因果影响。由于历史的不可回溯性，不可能同时观测到事实状态（B）和"反事实"状态（B'），解决方法是尽可能找到与待评估案例呈现强相似度的反事实案例,近似地完成反事实评估。

归因式评估除了要求对指标进行可靠测量外,还需要科学的研究设计和统计分析技术,通常还需要比非归因评估更多的观测数据。国际上,归因式评价主要由高校或第三方智库完成,高校应充分发挥智力优势,利用好归因式评估方法。

此外,要用师生员工的"满意度"来衡量决策的社会效益。高校一项决策的效益如何,最终要由广大师生员工来判断。人民群众赞成不赞成、拥护不拥护、满意不满意、高兴不高兴,是衡量一项决策效益好坏的重要标准。只有那些得民心、顺民意,真正为人民群众办实事的决策,才是有效的决策。相反,那些只是个别领导为了求"政绩"、得升迁,急功近利,打着为群众办实事的招牌而实际上是短期行为的决策,往往都是失败的决策。

(三)政策建议

一是提高决策评估工作的专业性。高校可设立专门的机构或明确相对独立的有关部门为牵头人或组织者,确保评估工作的独立性,避免"自己评估自己"的情况,减少来自被评估主体的影响或干扰。

二是科学应用评估结果。首先,对决策未达标原因进行深入分析,如果属于执行层面的原因,应通知执行单位制定有效的整改方案,并通过后续抽查、检查,确保整改到位,如果属于其他方面的原因,应尽快明确责任主体,按照预定的应急方案,将损失减小到最低。其次,制定合理的奖惩制度,提高相关部门参与评估的积极性,防止出现为规避不合理惩罚而策略性地"报喜不报忧"。

三是增加师生对评估工作的参与度。首先,在设计评估指标体系时应有效整合各利益相关方的观点,尽可能达到公正、公平、有效。其次,对于公共属性强、师生关注度高的决策,如教职工住房政策调整等,应提高目标群体满意度指标的赋权。最后,及时向师生员工公布评估结果。在面向师生的评估报告中,应避免使用过多的专业术语,多使用图表以便于师生解读,让评估行为接受舆论的监督,进一步促进评估的公正性、有效性。

第三节 加强和改进高校决策

高校治理是我国社会治理现代化体系中的重要组成部分。高校肩负着立德树人这一根本任务和培养面向未来的时代新人这一使命,必须加强中国特色社会主义高校制度体系的顶层设计,不断提升高校治理体系和治理能力的现代化水平。治理体系建设的核心是决策系统的完善,决策是治理的核心功能。为此,我们必须坚持科学决策、民主决策、依法决策,着力实现决策程序规定严格落实、决策质量和效率显著提高。

一、更新决策观念

观念指导行动,没有正确的思想指导,决策容易在实践过程中走向歧路。决策过程实质上是创造性思维过程,没有创新就没有真正意义上的决策。决策水平取决于学校领导者的决策素质、决策理念、战略和全局的眼光。科学决策尽管经过严密的论证和可行性分析,但毕竟是一种选择未来、追求最佳目标的活动,因而领导者必须有长远的眼光、广博的科学知识和精深的专业知识、及时决断的魄力,广泛汲取多种知识营养,保持敏锐的分析与观察问题的能力,在目标上由单向目标决策向多向目标决策转变,在同一决策过程中兼顾不同的决策目标,降低决策成本,提高决策效益。决策者应逐步摆脱具体的事务性工作,把主要精力用于制定决策上,通过对这一领域的科学研究来提高自身对教育决策的认识水平和调控能力,最大限度地保证决策能够沿着正确的方向,在最佳时机和特定的范围内以适当的方式进行。为提升决策的科学性与时效性,高校领导在决策中要树立共同治理、共同创造、共同发展等观念。

(一)确定共同治理观念,实现管理重心下移

目前,我国一些高校学校层面与院系层面的决策范围定位模糊,学校层面的决策权仍然相对过宽、过细,院系层面对教学科研等学术活动的决策权较小,这不仅影响了院系参与大学治理的积极性,也不利于形成民主监督、权力制衡的有效机制。为此,高校应该注重决策的不同层次,既要做好顶层设计,又要鼓励基层创新。在学校统一领导的基础上,逐步实现决策重心下移,充分发挥院系的决策主体作用。注重发挥院系主体性,制定《学院管理条例》,理顺校、院二级关系,扩大学院的办学自主权,充分发挥各实体学院办学上的主动性和创造性。努力消除信息流动的壁垒和管理环节的障碍,逐步实现管理层次和管理幅度的优化。通过合理界定不同权力以及权力主体之间的决策范围,逐步由原先直接的行政管理转变为目标管理。明确院系党组织、行政班子以及教授委员会、学术委员会等基层组织的各自职责,尊重和发挥其在不同决策范围的权力使用和利益表达,实现政治决策、学术决策和行政决策的协调统一。

(二)树立共同创造观念,广泛汲取群体智慧

高校是典型的利益相关者组织,共同治理是其决策的基本趋势。"共同治理"是1966年美国教授协会、美国教育委员会、美国大学和学院董事会协会联合发布的《学院与大学治理声明》中提出来的,其定义为"基于教师和行政部门双方特长的权力和决策的责任分工,它代表教师和行政人员共同工作的承诺"。我国在现代大学制度建设中开始探索共同治理(共治),共同治理既是国际高等教育治理的发展趋势,也是我国建立"党委领导、校长负责、教授治学、民主管理、社会参与"这一治理结构的反映和要求。共同治理有利于调动教师、职工、学生等多方的积极性;有利于集思广益,汲取集体智慧,形成正确的决策;有利于发挥学者在决策中的优势作用,形成良好的学术文化;还可以制约不当扩张的行政权力,保障权力的制度化运行。实现共同治理的过程是一个民主化的过程,因为学校领导在对重大事务进行决策时需要充分发扬民主,广泛听取各方面的意见,同时,实现共同治理的过程也是一个科学化的过程,

因为学校领导要科学分析各种组织、各类人员的优势、特长及其在学校治理结构中所处的地位和肩负的任务，从而明确各种组织、各类人员在治理过程中应尽的职责、应发挥的作用，使其在共同治理中各展所长、相互支持、相互补充、相得益彰。

（三）确立共同发展观念，促进师生全面发展

高校的根本任务是培养人和促进人的发展，任何决策都要以有利于师生的自由发展为根本目的。教师是高校办学的主体，其水平的高低直接影响学生的发展，因此，有关教师管理的决策要有利于教师的自由发展，有利于提高教师的思想、业务水平。学校对学生发展的影响是整体的、潜移默化的，管理人员、工勤人员的工作态度、作风也随时会影响学生，因此，有关管理人员、工勤人员的决策也要有利于他们的发展。只有教师、学生、管理人员发展了，学校才能发展；学校发展了，又可以促进师生发展。因此，高校决策中要确立共同发展的观念，发挥教职工代表大会制度、学生代表大会制度的作用，探索建立师生代表参与学校决策的机制，激励师生关心学校改革发展。

二、完善决策机制

民主决策机制用于规范决策行为，是指通过一定的制度、规则和程序，确保决策能广泛汲取各方意见、反映事物发展规律的制度规定和程序安排。高校民主决策的科学化，集中体现在民主决策机制的完善。当前完善高校决策机制，可以从以下几方面着手。

（一）健全决策信息搜集机制

信息是决策的前提，信息系统在决策中的任务是搜集、传输、加工、储存有价值的信息，为决策者发现问题、确定目标、制定方案、选择方案、执行方案、进行后续评估等服务。在每一项重大决策制定之前，决策目标的确立、决策方案的拟定，都离不开广泛深入的调查研究。因此，学校应当根据信息工作的要求，建立专门的信息机构，配备具有专业知识的人员和先进的设备，能够高质量、高效率地处理大量复杂信息。要

拓宽信息搜集的渠道,采取各种方式进行信息的搜集。要有顺畅的建议和利益表达机制,畅通民主渠道。善于向师生学习,做决策、抓落实、找思路、听评价,紧紧依靠师生,凝聚师生智慧,听取师生需求,将师生的意见贯穿始终、作为依据,充分调动师生参与办学治校的积极性。学校可以通过设立校长信箱、意见箱,建立专门的信息反馈网站等来听取广大师生的声音。在进行重大决策前,召开各个层次、各个部门代表参加的座谈会,或对他们进行走访调研,听取他们的意见建议,使信息的来源更全面更广泛。在信息生产和交换过程中,要广泛采用录音、录像、传真、计算机技术、网络技术、控制技术、虚拟技术等现代化手段,以提高信息工作的效率。

(二)健全科学的决策程序机制

科学的程序是产生科学决策的关键步骤。科学的决策程序要求程序必须具有可行性、原则性和严谨性。重大决策全面落实师生参与、专家论证、风险评估、合法性审查和集体讨论决定的程序要求,确保决策制度科学、程序正当、过程公开、责任明确。目前很多高校已经制定了本校党委常委会议事规则或校长办公会议事规则,明确规定了议事程序中的每个环节和步骤。要做到严谨性,一方面仍要完善议事规则中的各个环节,做到环环相扣,不能有操作环节上的空白;另一方面,落实议事规则,在实际操作中做到每一步都符合制度规定至关重要。首先,在党组织内部,必须切实坚持党内成员一律平等,这是集体领导的重要前提。其次,要坚持民主决策的议事规则和程序。在民主决策过程中,要营造民主氛围,使班子成员能够充分参与讨论,发表不同意见甚至是反对意见,调动干部参与决策的积极性。在重大事项上特别是在讨论决定重大问题和任用重要干部时,要严格实行票决制,坚决抵制"家长制"和"一言堂"。对主要问题的意见分歧较大时,应暂缓表决,会后继续修改完善、沟通协商,并待下次会议讨论时表决。最后,在民主决策程序中要建立情况记录备案制度。在讨论决定事项时,要严格记录干部的各种意见、建议,并将民主决策的表决方式和表决结果也准确记录在案,切实保障民主决策的真实性。

（三）健全决策方案咨询机制

加强决策咨询机制,是实现民主决策、科学决策的有力保障。首先,应建立健全专家论证制度。凡涉及重大问题的决策,尤其是文化科技含量高,专业性、技术性较强的问题,都应组织专家学者进行分析论证,作出评估。其次,建立征询意见机制。凡是关系到重大事项决策、重大工程项目和涉及师生切身利益的决策,都应该咨询民主党派、师生代表等,根据他们的意见对决策方案进行修改与完善。最后,实行决策方案的公示制度。确定负责公示的具体部门和督查部门、规定公示具体程序、把握公示的内容、明确公示的方式。决策公开的信息,不仅仅包括决策结果,更重要的是决策的过程,应该做到每一环节的透明化。同时,决策过程及结果的公开,客观上使师生行使监督权成为可能,必然促使决策层形成一种责任机制,要求对师生、对民意负责。通过信息的公开,实际上也为信息的搜集提供了可能。师生通过公开的信息可以了解到决策的事项,可以提出自己的意见建议,这也能够成为民意调查、信息搜集的一种渠道。虽然目前各高校都普遍重视对事务的公开,但在具体实施中,还是具有主观性,上级认为应该公开什么就公开,认为什么不能公开就不进行公开,以及公开的时间、方式等都由上级说了算,信息公开往往成为形式主义。因此,必须建立完善的公开机制,确保信息公开系统性地进行。

（四）健全决策执行和评估机制

完善决策执行机制,决策机关应当在决策中明确执行主体、执行时限、执行反馈等内容。部门的执行力如何,主要表现为工作效率的高低。高效率的执行力是建立在合理、有序、职责清晰的组织结构基础之上的。首先,要建立健全体系完整、结构清晰、精简高效的管理机构。执行者是执行工作的主要载体,是执行力量的重要来源,执行工作中的步骤需要执行者来规划、资源需要执行者来提供。因此,高校要采取各种措施培养储备优秀的执行者,形成合理高效的执行团队。组织结构在纵向设置上,应尽量减少机构层次,否则层级过多可能会导致信息在传递过程中的疏漏和偏差,最终导致执行的错误。其次,各部门的管理权限划分要明确合理,避免因职责交叉或职责不清造成的多头执行、重复执行或无人执行等状况发生。最后,各部门之间的管理运行工作要协调一致,相互配合、相互衔接,避免在运行中产生摩擦或冲突,保证高校运行机制的高效协调。建立健全重大决策跟踪反馈制度,依法推进决策后评估工作,将决策后评估结果作为调整重大决策的重要依据。重大决策一经作出,未经法定程序不得随意变更或者停止执行。实践表明,决策失误是最大的失误。针对当前个别领导干部片面追求政绩,把政绩工程搞成贷款工程等现象,要严格落实重大决策终身责任追究制度和责任倒查机制。

三、提高决策能力

决策能力是决策者把握决策的能力,一般认为,决策能力包括洞察力、统筹力、决策力、执行力、应变力。此外,决策者还应有冷静平和、胸怀宽广、充满自信、敢于决策等良好心态。

(一)提升政策研究能力,提高决策的精准化水平

逐步推进决策与执行的适度分离。高校各级领导应实行权力下放、分级决策;决策制定与决策执行分离,灵活运用"外脑系统"。现代决策日益复杂,政策研究和分析已经逐渐成为一种独立的对象,政策分析理论和技术也逐渐专门化,加强政策研究是决策科学化的必要保证,需要专门机构进行可行性分析与论证,为决断者的最后抉择做准备。因此,高校应建立高等教育政策研究机构,如政策研究室和信息处理中心等,特别是要建立一支相对稳定的专兼职结合、校内外结合、校领导与研究人员结合的研究队伍,不断研究国内外、省内外、校内外的经济社会的发展状况,加强政策研究,增强决策者和教育研究者间的联系,为决策层提供信息搜集、咨询建议、调查研究及方案论证,以辅助决策,使"谋""断"分离,各种形式的智囊团和"思想库"在决策体系中相对独立。

(二)增强数据处理能力,提高决策的现代化水平

习近平指出,善于获取数据、分析数据、运用数据,是领导干部做好

工作的基本功。现代决策要学会让数据说话,借用现代化手段对数据进行分析。数据是记录信息按一定规则排列组合的物理符号,包括数字、文字、图像、计算机代码等。事物的属性都是通过数据来表示的。信息等于数据加处理,而且信息必须通过数据才能传播。对决策者有用的信息成为知识,对知识的思考产生智慧,因而形成了一种新的"数据—信息—知识—智慧"决策模式,在这一决策模式中,数据是基础。大数据时代,数据更多,表现为从样本到总体;数据更杂,表现为非结构数据的形成,如关系数据化、情感数据化;数据更好,表现为数据不仅说明因果关系,还能展示相关关系。因此,现代决策更应重视数据。要善用新技术新手段赋能高校治理,用数据辅助学校决策,通过建设数字校园、智慧校园、打造师生一张表、全校一块屏,提高决策水平。在高校决策中,重视数据,让数据说话,首先要重视数据的采集、分析,用数据去发现问题、分析问题、解决问题。同时,要增强从数据中提取价值的能力。数据虽然非常多而且具有战略重要性,但是我们缺乏从数据中获取价值的能力。因此,在决策中要重视数据,并具有数据分析的视野、思维方式、洞察力和智慧。

(三)完善决策评估能力,提高决策的科学化水平

教育决策效果就是通过对教育决策的实际结果和理想结果之间的比较,对是否实现了预期的目标所进行的分析和判断。对教育决策效果的评价评估是合理配置教育决策资源的基础,是决定教育政策持续、修正或终结的重要依据。获得较大的收益,付出较小的代价,是人们追求的共同目标。精确地计算代价和创价之间的比率是付出较少代价的一项重要工作;当不得不付出代价时,付出多少代价,由谁付出代价,付出代价者如何获得补偿,则是决策时特别需要注意的内容。[1]当前尤其需要有一套独立于政策制定者之外的人员的评估体系,并建立一套民主评议领导干部的反馈体系。教代会常设机构和各专门委员会要通过召开报告会、座谈会、意见箱、接待日等形式,把广大教职工对校务的疑问、质询和要求及时反映出来,正确处理好领导决策与专家决策、个人决策与集体决策的关系,极大地调动广大教职员工参与学校管理的积极性,使决策科学化、高效化。

---

[1] 袁振国,周军.教育代价与教育决策[J].教育发展研究,2000(1):18-21.

第四章

高校行政沟通

沟通是组织实施各项管理行为的基础,沟通的有效性在一定程度上决定了组织整体管理的效率和水平。近年来,随着我国高等教育体制改革的不断发展和深入,高校已经走上大众化、国际化和市场化道路,较之以往,社会责任更大、外部关系更多、内部关系更复杂。高等教育快速发展变化的新局面,给高校的行政管理带来新的机遇,也提出了更高的要求。因此,在高校行政管理中,有效地沟通,即准确地表达思想、流畅地进行信息交流是高校行政管理中不可或缺的重要组成部分。

第一节 行政沟通的概念和要素

沟通是组织管理中的生命线。随着我国行政体制改革的不断深入,行政沟通在行政管理中的地位越来越明显,行政沟通的效率是实现行政组织高效运转的重要保障。行政沟通具有加强行政组织活动的统一性和正确性、改善行政人员的人际关系、克服行政组织中的官僚主义、提高行政效率等作用。

一、行政沟通的概念

什么是沟通？《大英百科全书》从社会学角度对沟通给出了这样的定义：沟通（Communication）即指一个人与另一个人之间以视觉、符号、电话、电报、收音机、电视或其他工具为媒介，彼此交换信息。沟通是人们之间最常见的活动之一，沟通是人们通过语言和非语言方式传递并理解信息、知识的过程，是使人们了解他人思想、情感、见解和价值观的一种双向途径。

沟通是组织实施各项管理行为的基础，沟通的有效性在一定程度上决定了组织整体管理的效率和水平。科学管理之父泰勒在《科学管理原理》这本著作中提出职能工长制，职能工长在其职能范围内可以直接向工人发出命令，这是组织下行沟通的最早体现。从管理学和组织学的视角来看，沟通指的是管理者为了实现既定的管理目的，通过形式多样的渠道和方法与组织成员进行信息（思想和情感）的交流，以获得他人理解认同的策略性行为。可见，沟通不是信息的单向性传递，而是一个完整闭合的过程，其包含了沟通主体、沟通客体、沟通方式、沟通渠道、沟通内容、沟通反馈等要素，并且沟通的过程受到多种内外部环境的影响。

（一）行政沟通的含义

行政沟通即行政信息的沟通，指的是行政体系与外界环境之间，行政体系内部各部门之间、层次之间、人员之间凭借一定的媒介和通道传递思想、观点、情感以及交流情报信息，以期达到相互了解、支持与合作，谋求行政体系和谐有序运转的一种管理行为或过程。目的是使得行政机关及人员能够更好地与内外部其他单位和个人进行协调合作，同时也可提高单位行政决策的透明度和科学性。

（二）高校行政沟通的意义

行政沟通是行政组织正常运行的基础，高校行政管理借助有效沟通，可以提升办学过程中各类信息的传递速度，增强组织间的凝聚力，帮助学校内部管理获得更多的思想、情感支持，进而顺利达成一致协议，因此，有效沟通是高校行政管理中不可或缺的重要组成部分。

行政沟通有利于提升高校运行效能。高校是一个运作复杂、职能众多的有机体，当今，高校的发展日新月异，一般的高校动辄上万人，有的一所高校甚至高达几万人，而且分布在多个校区，甚至多个校区还不在同一个城市。高校行政组织机构数量庞大，从相关高校的官方网站上看出，不少高校党务部门机构、行政部门机构数量达30余个。高校管理人员面对内部众多部门和数量巨大的教师和学生群体，必须做到行政信息的高效沟通，这样才能在各部门间形成良好的协调配合机制，确保政令畅通、高效履职，从而提升高校的整体运行效能。

行政沟通有利于高校实现总目标。作为一个有机体，高校内部各层级、各部门甚至个体，都有着不同的目标和价值取向，而各层级、各部门以及个体的目标未必与高校整体行政目标完全一致。缺乏有效沟通，就会出现组织总体目标淡化甚至被淹没的现象。但是如果在高校内部建立起有效的沟通方式和沟通平台，便可以使不同的角色把高校整体目标内化为自身目标。有效的沟通，可以在高校形成民主管理的良好氛围，在内部形成休戚与共的团体意识，这样就可以使各层级、各部门以及个体的主体性发挥到最大，其目标也可达到最大化的相对一致，由此高校总目标就将更容易得到实现。

行政沟通有利于塑造高校公众形象。随着高等教育日益走向社会中心，高校成为大众的关注焦点。高校行政沟通不仅面对学生、教职员工等内部人员，更要面对如政府部门、新闻媒体、高校同行、校友、普通民众等外部组织和个人。熟练地进行有效沟通，做好对外宣传，做到言之有物、言之有理，并有效传达观点、分享信息，可以对公众的认知直接施加影响，进而影响学校发展的外部环境，从而塑造高校良好的公共形象，并最终形成高校可持续发展的动力。

高校行政沟通过程中，需要遵循以下四项原则。

一是明确性原则。在沟通前高校行政人员要明确沟通目的，明确沟通对象，明确沟通语言和传递方式，这样就可以提升沟通效率，让沟通对象准确接收到沟通信息，就能克服沟通的障碍，容易被作为信息接收者的广大教职员工和学生理解和接受。

二是完整性原则。沟通是一种双向交流，是不断发出信息，又及时得到反馈信息，调整决策后又产生新的信息等循环往复的过程。完整性原则一方面是指应该保持信息的真实意思表示；另一方面是指要设置合理完备的沟通系统，保证信息被完整、快速、准确送达。此外，还需要保持沟通过程的完整，信息在被信息接收者有效接收后，作为行政信息的发出者需要及时接收反馈。

三是时效性原则。在沟通的过程中，高校行政人员需要注意信息传播的时效性，及时有效地传递信息以让广大师生员工及时了解学校的新政策、新制度和新举措，以便于尽快得到师生员工的理解和支持，同时也可以使管理者及时掌握广大师生员工的思想情绪、态度、满意度等，以及时调整管理手段，提高管理水平。

四是策略性原则。这一原则指在高校行政管理中因人、因事、因场合不同而采取不同的沟通方式。在沟通时注重根据信息接收者的特点采用不同的沟通方式，如采用正式渠道和非正式渠道相结合的方式沟通。

二、沟通主体：行政组织和组织化了的个人

沟通的主体是指沟通过程中的信息发出者、信息传递者以及信息接收者与反馈者。行政沟通的主体不同于其他类型的沟通，有其特殊性。这是因为在行政沟通过程中必须有一方或者多方是行政组织机构或者相关工作人员。对于高校而言，行政沟通的主体主要为高校的管理者和职能部门。

（一）行政组织作为传播源的缺陷

作为狭义的行政沟通主体，行政机构有较为明确的职责划分，有清晰的层级界限，存在严格的上下级关系，按照沟通的基本规律，从高层到低层因有自上而下的"压差"，信息传递可以保持完整连续，但是从低层到高层的反馈回路由于存在层级差异，明显会出现动力不足的问题。美国学者尼格罗认为，传统官僚制存在等级制、职位定向和权力主义的特征，因此在现有追求效率的社会环境中缺乏参与气氛。国内学者夏书章也认为在沟通中反馈并非自然而然就会发生的，需要依靠管理才会形成沟通反馈机制并常态化运行。如果体制内信息上行的通道并不健全，那么来自底层的信息就无法有效回馈。

在高校行政沟通中，信息的传递多通过自上而下的沟通方式，将学

校的各类文件、政策、通知传达给各基层部门与师生,但是却忽视了信息反馈,未建立起完善的信息反馈通道,来自基层的声音无法被及时准确地传递给决策机构,万不得已要借用网络媒体平台发声,滋生了底层信息接收者对学校管理者的不信任感,为高校的管理和发展带来障碍。

沟通链冗长阻碍了沟通信息的传递。高校机构庞大、层级繁多、管理多头,从沟通角度讲,即沟通链繁复,因此部门与部门之间、员工与员工之间、教师与学生之间互不了解,甚至各自为政也并不鲜见,这给沟通带来了极大的人为障碍。一所普通的高校,从校级、副校级、到院(系)级,再往下有众多的科室、部门,最后才是一线教职员工。也就是说,一个信息从校级领导传达到教职员工可能要经过七个环节,甚至更多。调查显示,在组织层次中,信息每经过一个层次,信息就会丢失20%左右,这中间必然会造成信息内容的丢失。由于环节众多,上层管理者与下层员工之间形成了距离障碍,使得上层管理者了解不到下层教职员工的思想、情感、要求以及建议等;下层人员也无法直接聆听上层管理者的指令,而经过多个环节传达到的指令又往往会歪曲管理者的真实意图,甚至使下层信息接收方产生误解。久而久之,不但上下级间的关系越来越疏远,而且下层员工会累积起消极的、抵触的情绪,这样势必会影响工作。

此外,高校普遍缺少专门的管理沟通机构。目前,我国公办高校实行的是党委领导下的校长负责制,学校的决策机构是党委常委会(党委会),同时,党委系统和行政系统又有着众多的中层管理机构,高校一般又由多个学院(系)组成,如此复杂的组织机构层级虽然在工作中各负其责,但往往信息传递的层级越多,传递过程中信息缺失越厉害。目前多数高校还未设立专门的管理沟通机构,也未安排专业人员负责相关工作,因此也影响了高校行政沟通的效果。

(二)行政沟通把关人

在行政沟通中,真正的沟通行为者是行政机关的工作人员,他们在沟通过程中负责搜集、整理、选择、处理、加工和传递信息,是行政沟通的把关人。在行政沟通中,把关人有双重角色,他们既是行政信息的传播源,又是行政信息沟通的接收者。把关人除了通过对文字语言进行加工处理从而实现对信息的把关,更重要的是用行动把关。

美国传播学之父施拉姆认为,信息渠道越长,沿渠道就有越多的关键信息点,在这些关键点上,信息把关人有权决定信息是否将被接受和转发,信息转发是原封不动转发还是调整修改之后再转发。对于信息的流通而言,操纵这些信息点的力量或实施操纵的人员至关重要。行政沟通需要被把关,主要是因为以下两个因素。

第一,信息内容需要把关。行政沟通有别于科技和教育沟通,后两者以知识传播为主,有标准的尺度范围和普及要求。而行政沟通涉及行政信息,对信息的控制和把关较为严格,如果不对信息加以筛选、调整,不分轻重事事传递,行政沟通渠道将承载过重的传播压力,行政沟通渠道将无法负荷。高校的行政信息来源众多,种类复杂,数量庞大,作为信息把关人面对范围广泛、类型多样的信息时,要有所侧重,区分出一般信息与重点信息,常规信息与紧急信息。信息把关人要发挥桥梁与导向作用,注意信息传播的层次性、目的性和针对性。

第二,沟通者自身因素影响把关。沟通者的行为都在一定的目的支配下进行,意图不同对信息的理解和筛选就有差异。在传统的行政沟通中,信息沟通与把关人职位的层级性相连,使得把关人在行政信息的传递中出现比较明显的功利倾向,例如"报喜不报忧""上有政策下有对策"就是行政沟通把关人的常见功利表现。高校行政沟通把关人要站在全局角度,围绕高校立德树人根本目标和学校长远发展的核心规划开展工作,在面对海量信息时要准确筛选、鉴别,选出具有一定深度的某一类相关联的信息,然后对信息进行综合,提炼信息的含金量。把关人还需要做好信息反馈与跟踪工作,通过搭建起信息反馈通道,有意识地注意追踪各类信息传播过程中反馈出的新情况、新问题,及时进行收集处理并报送至学校领导层,为后续信息的沟通、解释和调整提供依据。

为了提升行政沟通的效率和效果,高校行政信息把关人需要具备以下三种意识。一是责任意识。信息把关人要本着对师生负责,对学校发展负责的态度做好信息收集、加工、传递工作,坚决杜绝延误、错办、漏办等情况的发生。二是人本意识。要树立"以人为本"的服务理念,强化服务意识。要建立合理的信息考评机制,鼓励信息员多报送信息,在可能的情况下更要主动深入师生群众,了解真实的信息情况。三是创新意识。勇于探索信息工作的新思路、新办法、新途径,使行政信息从收集、筛选、加工到传输、反馈,每个环节更加规范化和科学化。

三、沟通内容：行政信息

行政沟通内容的实质就是行政信息。通常，行政信息涉及的范围包含行政机关管理学校行政事务和机关内部事务的活动。但是在某些特殊情况下，在行政事务之外的师生员工活动因为与行政管理活动相关，在一定程度上会成为行政信息的反馈对象。行政信息包括反映行政管理活动及其对象的状态发展与变化，对行政主体有新意义的消息、信报。

（一）沟通内容与行政活动

行政信息是信息的重要门类，是政务活动中反映政务工作及其相关事务的情报、情况、资料、数据、图表、文字材料和音像材料等的总称。行政信息是整个行政活动的基本元素，对于了解行政事务的过去、分析现状和预测未来有着重要作用。

行政信息是行政机关进行科学决策的重要依据，及时、真实、全面的行政信息关系着行政决策是否准确。行政信息也是确保行政执行顺利推进的重要前提，行政执行过程就是通过反馈不断与决策层保持联系的过程，行政信息内容连续，整个行政执行过程就可以得到有效控制。

高校行政沟通信息从内容上看包含政策文件信息、社会信息、科创信息、教学信息、师生日常管理信息等。从信息传递方式看涵盖文书渠道、会议渠道、调研走访渠道、新媒体渠道、信访渠道。根据信息的来源又可分为纵向信息和横向信息。纵向信息主要指上级的指示、决策、下行文件、领导的讲话和会议纪要，以及各二级单位的报告、计划、总结、统计报表、师生来信来访等等。横向信息指与社会各界例如政府部门、企业、社会团体、其他院校之间往来的信息。高校的行政信息与核心工作密不可分，做好信息沟通是鼓舞士气、增强高校凝聚力的重要手段，是顺利实现行动上协调统一、提高效率的保障，是获取外部环境变化、消除学校发展意见分歧和服务学校中心工作、促使高校平稳长远发展的有力保证，是推动高校高质量发展的关键途径之一。

(二)不同层次的沟通内容对行政过程的影响

行政沟通内容非常复杂,划分方法繁多,按照沟通层次可以分为上层信息、中层信息和基层信息。

上层信息,多是指令性的和指导性的,比如命令、指示、决议、通报、通告等。因此沟通内容清楚、结构规范、用词严谨、目的明确。上层信息的用词风格较为严肃,较少使用非文字的表达。对于高校而言,上层信息涵盖来自上级政府部门的制度法规、政策文件以及自行制定的与学校发展相关的制度规范。

中层信息,指中层领导为贯彻上层指令制定的各种措施和实施办法。这一层级的信息多属执行性质,内容与日常工作息息相关,有着较强的可操作性。高校的中层信息常见于各职能部门,通过制定实操性的实施办法为日常行政工作提供行为规范。

基层信息,包含校园中的各种情况,如随时可能出现的问题、师生的呼声、各种批评和建议等。如果没有基层信息,那么行政沟通将不能顺畅进行,行政过程也会受到影响。高校的行政沟通也需要重视来自基层的信息,如果基层信息反映出了较多的负面情况和问题,作为学校管理者,有必要将基层的反馈作为决策调整的依据,如果忽视了来自师生员工的声音,不仅会影响学校各类决策的质量,还会影响渠道传递信息的可信度。

(三)行政沟通的信息失真

信息失真是指与行政管理相关的信息在收集、处理、储存、传递的过程中由于主客观因素的影响而发生的与原始状态相背离的情况。信息失真主要表现在真实性上的虚假信息、不对称信息,完整性上的信息缺失、信息遗漏,及时性上的信息滞后等等。信息失真主要表现为以下三种形式。

一是自上而下的信息失真。下属接到上级指令后,并不是原封不动、一字不改地转发上级信息,而是结合个人理解进行修改再进行传递,因此,在修改的过程中遗漏核心信息的概率会增加,从而造成信息失真。同时,如果信息的内容与下级存在利益冲突,下级可能会有保护性地选择截取或者修改内容,这样信息在逐层传递以后,信息的衰减和失真问题就越来越严重。

二是自下而上的信息失真。自下而上的失真,一般是下级向上级汇报时选择性地筛选信息,造成沟通失真。在高校行政信息自下而上传递的过程中,信息被不断加工、提炼和总结,一些有用信息就会被丢失,有些信息涉及本部门或者信息传递者的个人利益时,对信息的加工就会因为自利性而出现有倾向性的取舍。当基层信息逐级报送到学校核心领导层时,大量基层信息就变成几个数字或者有倾向性的几段文字,一些关键问题就会被掩盖。

三是平行沟通中的信息失真。高校日常工作中经常需要跨部门沟通、合作,这时要处理的信息沟通问题就是与校内平行部门之间沟通了解工作进展情况、协调人员安排等。这种平行沟通不像自上而下或自下而上沟通那样有行政力量的约束和保障,会出现一些信息延迟、失真、虚假或者封锁与保护等问题。

高校行政沟通要解决信息失真问题,可以从以下方面入手。

第一,优化组织管理结构,减少管理层级。高校行政系统要解决信息失真的问题,需要在传统的科层制模式上,采用多种混合制的组织结构,围绕学校的中心工作不断优化业务流程,通过部门重组、人员整合、内容优化实现多部门程序优化设计。业务流程优化促使高校组织结构扁平化,指挥系统管理层级相对减少,而更多的权力就会被赋予基层工作人员,信息传递的层级减少,信息失真的情况就会减少,信息的传递就会更加精准和及时。

第二,完善行政沟通机制,强化信息反馈。在高校行政沟通中,当组织结构和组织文化在一定程度上制约人们的行为时,应该完善行政沟通机制,明确各级沟通主体的工作职责与内容,保证沟通的效果真实有效,明确行政沟通监督部门和考核机制以及对信息失真采取什么样的处罚措施等内容。此外,还需要建立起信息反馈制度,在传统的沟通模式中,上级领导向下属传递指令多为单向传递,指令发出后没有后续信息反馈通道,只有在工作执行中出现超出下属能力范围内可以解决的问题时才会向领导汇报,但是到这个阶段问题已经变得较为严重,或者已经产生了较为严重的不良后果。因此需要依托信息化手段将信息反馈端口前移,完善智慧校园系统,善于利用新媒体提升信息传递效率,保证工作各环节的信息传递与沟通。

第三,提升行政沟通能力,强化合作意识。高校行政人员的沟通能力和沟通技巧对于保证行政信息的真实有效是极其重要的,采用什么样的方法和策略开展沟通工作,取决于行政人员的知识结构和语言素养。因此,要想减少高校行政信息失真的出现,就需要针对不同岗位的工作人员开展有针对性的沟通能力培训,不断提高他们相关的沟通能力。同时还需要强化基层工作人员的合作意识,因为信息传递涉及多部门,要基于学校整体利益,引导基层工作人员树立沟通合作意识,引导他们站在大局角度反复确认信息的含义和产生的语境,正确理解信息的传递内容。

第二节 沟通的机制和方法

沟通是管理的高境界,高校行政组织中有许多问题都是由于沟通不畅引起的。良好的沟通,可以使人际关系和谐,可以顺利完成工作要求,达成任务目标。沟通不畅会导致高校的目标任务无法有效实现,使得行政管理成本增加。因此,建立起良好的沟通机制可以帮助高校畅通内外沟通渠道,增强团队合作能力,提高学校的行政效率和综合竞争力,同时也可以促进高校行政管理文化的发展和传承。

一、沟通渠道:质量与选择

沟通渠道是沟通过程的基本组成部分,也是行政过程得以实现的物质手段之一。行政沟通渠道对行政过程的影响主要体现在渠道质量上——渠道容量和长度,当质量一定时,渠道形态的选择也十分重要。

(一)行政沟通渠道的容量和长度

沟通渠道的容量指渠道能传递的信息量,或者渠道传递传播源发出信息的能力。根据信息沟通基本原理,所有的渠道容量都有限度,当行政沟通信息接近容量限度时,沟通就会达到最佳状态。如果行政信息超出渠道容量限度，就会产生堵塞或外溢。所以，行政沟通必须重视建立稳定性好、容量适当的沟通渠道，以确保信息传递的顺畅、无干扰。

信息渠道的长度指从传播源到对象间的距离，它是沟通所耗费的时间和速度的乘积，渠道长度对行政效率有直接影响，一般来说渠道越长，原始信息完全通过的就越少，渠道沿线的损失也会因渠道长度增加而增大。此外，信息本来就有时效，如果沟通渠道太长很容易错失良机。

（二）行政过程中的沟通渠道选择

根据传播学原理，不同沟通渠道沟通的节奏与频率、沟通内容与规模都不同，沟通大致涵盖人际沟通、组织沟通和大众传播渠道。人际沟通有一定偶然性，面对社交场合的寒暄、往来接待等环节经常会出现各种变数。而组织沟通是有一定的规律的，比如开会时间、报告的格式等内容都有较为明确的规范。大众传播渠道相较前两项更有规律，因为作为媒体必须严守纪律，定期发送信息。从沟通速度来讲，大众传播渠道的传递速度十分快速，而且传播覆盖范围广。由于行政沟通有些内容需要控制沟通范围，因此，行政沟通以组织沟通渠道为主，组织的结构与性质不仅决定内向沟通的方式和速度，也决定组织如何把握外向沟通方式，官僚制组织结构是金字塔式的，其内向沟通也只有依赖于金字塔式的结构，信息自上而下传递的速度，取决于金字塔的层级。

按照组织群体类型来划分，每个组织内部都会存在两类群体，即正式群体（正式组织）和非正式群体（非正式组织）。高校作为庞大复杂的行政组织也不例外，因此，高校行政沟通还可以分为正式沟通渠道与非正式沟通渠道。

第一，正式沟通渠道。信息传递的官方渠道就是正式沟通渠道。当前高校行政沟通的载体主要是纸文本、电子文本，通过文件、网络和电信等方式传递。根据信息载体的特点，行政管理信息沟通方式大致可以分为以下六类。

静态公布栏：如报亭、宣传栏、通知公告栏等，地点较为固定。这种方式的特点是发布成本较低，但接收的成本较高，要求接受者经常去特定的地点浏览、阅读。

纸文本投递：将需要传递的信息印刷发至接收者。这种方式的特点是可以完整地将原信息传递，便于接受者阅读、研究、保存，保密性好,但发布的成本较高,要求保密、保存的信息宜采用这种方式发布。如校内外的来往文件、学校的规章制度、政策执行文件等常采取这种方式。

网页动态公布:组织的网络主页实质上是一种动态的宣传栏、通知公告栏。这种方式的特点是发布迅速、发布成本低、内容全面。但对环境要求较高,必须通过网络才能接收,同时也要求接收者有经常浏览组织主页的习惯,保密性欠缺,要求保密的信息不宜在网页上发布。

电子邮件:发送电子邮件的特点是发布迅速、发布成本较低、内容全面,接受对象可以是单个人或多人,有一定的保密性,但要求接受者有经常浏览电子邮箱的习惯,如果没有浏览习惯很容易错过关键信息。

短信:短信的特点是发布迅速、及时,但发布成本较高,内容非常简短。

电话:电话的特点是发布直接、迅速、及时,并能及时掌握信息接收情况、理解程度,但是发布成本较高,内容简短。此外,通过打电话和发短信发布信息,虽然及时,但必须对信息内容进行高度浓缩。接收者必须通过其他方式才能获取原信息。因此只能是作为一种发布信息的辅助手段,即信息提示。

在正式沟通渠道中,信息发布者根据信息时效期的长短,一般首选成本较低的方式发布,如公布栏公告或发电子邮件,在信息得不到重视时,采取打电话或发短信的方式进行补救。在实际沟通过程中,同时采用几种方式重复发布信息的现象非常普遍,长此以往,形成了如下的特点。一是信息接收者对电话或短信通知的信息重视,对电子邮件发布的信息有取舍地重视,对公布栏(包括静态和动态公告栏)和纸文本发布的信息基本不予重视。二是发布方要花费相当的精力、人力、财力,采用多种方式重复发布信息,特别是一些时效期短、内容重要的信息,要派出多人同时打电话通知,否则就会有相当多的人没有获取信息,对工作造成影响。三是采用书面文件形式发布信息较为抽象复杂,往往还需要召开会议来进行解读,通过会议方式,将信息通过层层传递之后,不仅容易失真,而且效率较低,造成资源的浪费,而且也容易造成"文山会海"的不良印象。

个人之间的信息传递渠道远多于组织结构图设计的渠道或其他正式沟通渠道。非正式沟通渠道是一种非官方的沟通网络,是正式渠道的补充,非正式沟通渠道的出现是顺应沟通需要的必然结果。非正式沟通渠道的另一个重要途径是解决一些最令人困惑的沟通问题,非正式沟通涵盖了流言、偶遇以及谣言等渠道。

流言是组织内主要的非正式沟通渠道,是指那些盘根错节的可能会歪曲信息真实性的沟通渠道。有时,通过流言传递的消息也是准确的。流言传播消息的速度非同小可,许多通过流言传递消息的传播速度极快。正如一位英国官员曾经说过的那样:"在真理穿上鞋之前,谎言能跑完半个地球。"

另一种重要的非正式沟通渠道是偶遇,偶遇是人们未经安排的非正式接触,它是一种有效且高效的沟通渠道。自发的沟通可能发生在学校的各个场所,只要很短的时间,管理者就可以掌握以前需要花很多时间整理归纳或要通过一系列电话邮件往来才能得到的信息。

谣言是通过流言传播的内容未经官方证实的信息。这些信息可真可假,关于谣言的最严重问题在于它们足以影响工作并降低士气。采取预防措施是控制谣言最有效的策略,高校管理者必须提防容易引发谣言的情形,一方面,及时澄清和报告不确定事件进展;另一方面通过流言传递确凿的信息。这样信息接收者就能通过非正式渠道了解事实,同时也不能忽略正式沟通渠道。

二、沟通对象:受众心理与状态分析

行政沟通存在传播者和受众,从动态沟通过程看,传播者和受众的位置在一定的条件下可以互换;从静态传播原理看,受众是传播行为的接受者,是行政沟通活动产生的动因之一。离开受众对传播的反映,行政沟通只能是单向的、被动的、消极的、缺乏持续性和生命力的。高校是一个行政权力和学术权力并存的特殊组织。学术机构的存在主要因为高校有着追求高深学术这一主要传统职能,而行政机构则是近代以来把现代行政管理学理论移植于教育管理的产物,这两种机构是两种不同的管理机构,并不严格等同。行政权力使得高校具备一定的"科层制"的特征,而学术权力的制约又使得"科层制"中领导的权威不像政府机关那么明显。在高校常见的沟通对象有以下三类。

一是教学科研人员,即学术权力系统内的沟通。真正的学术权力拥有者是具有学术影响力的专家、教授,构成其学术权力的基础主要来源于他的专业和学术能力。高校教师各有学术专长,其沟通往往是基于自身的学科专业背景和学术能力。其中的合理性和合法性,通过专业和学术能力实现,而不是行政组织。因此,个人的学术权力是一种很强大的力量。学术管理中的有效沟通更多依赖于个人的学术水平和能力,学术的性质决定了学术权力只是通过民主形式获得学术共识和共同的理解,没有纵向的隶属关系。因此学术权力管理中的有效沟通更多是基于个人沟通而非组织沟通。

二是行政人员,即行政权力系统内的沟通。从行政结构上看,高校是建立在科层制基础之上的,行政管理以追求效率为目标。我国公办高校实行党委领导下的校长负责制,行政权力的行使者是以校长为首的行政领导,权力客体多是行政管理体系职责范围内的行政性事务和活动。高校的行政权力主要来源于组织所赋予的管理层次和相应的职责,而不是该组织或相应位置中个人能力的高低。因此,行政权力管理内的有效沟通更多是基于组织沟通而非个人沟通。

三是教学科研人员与行政人员共同作用的管理地带的沟通。高校学术权力和行政权力交叉的管理事务中,本应由两者权力间有效沟通,共同发挥作用。从本质上讲,行政权力不应该干涉学术权力的作用,反之亦然。但在高校内部管理中,学术权力是建立在行政权力基础之上的,行政权力和学术权力的错位经常出现,主要表现为学术权力的削弱和行政权力的宽泛和强化。学术事务被行政权力干预,容易导致冲突和矛盾,更因有外行领导内行的状况,使得高校管理的有效沟通难上加难。

(一)信任度与认同感:一般受众心理状态分析

一般受众指高校行政系统内部工作人员之外,与行政管理活动有关的组织和个人。从行政过程的角度考察和分析行政沟通过程的受众,最关键的问题是要减少受众在接受行政信息时的心理障碍,让受众主动积极地参与执行并及时反馈。

高校有其自身的特点,主要表现在:教职员工年龄层次丰富、教育背景多样化、学历层次高低差异化。同时高校内部成员间人际关系较为复杂,存在上下级、干群和师生等人际关系,这就使得沟通工作难度加大,沟通障碍较为突出。影响受众接受高校行政信息的因素很多,如传播者宣传的方式方法、受众自身素质等。但从受众心理来看,主要存在以下四个方面的障碍。

一是信任障碍。有效的信息沟通要以相互信任为前提,这样才能使向上反映的情况得到重视,向下传达的决策被迅速执行。但是在实际工作中,高校管理部门内部或部门之间会存在由于个人关系不良或一些裙带关系的存在而产生的互相防备与不信任的现象,给行政沟通造成阻碍。

二是态度障碍。即对信息的态度不同所造成的障碍,其一,是认识差异,一些行政人员忽视信息的作用,或是漫不经心,或是自高自大,不太愿意倾听上级或下级的意见;其二,是利益观念,不同的成员对信息有不同的看法,所选择的侧重点也不相同。一些职工只关心与他们的物质利益有关的信息,而不关心或忽视组织其他方面的信息,这些都给正常的信息沟通造成了很大的障碍。

三是认同障碍。在高校行政沟通中,部分教师对沟通认识不够,认为行政人员是科研水平较低、难以胜任教学工作的人,相对于教学与科研而言,扮演着无足轻重的角色,因此不愿积极配合行政人员的工作,更难以服从行政人员的管理。此外,有些教师认为高校应该专注于人才培养,重点放在科研和教学活动中,组织沟通只是行政人员的职能任务,与广大的专任教师没有多大的联系。

四是情绪障碍。在管理工作实践中,信息沟通的成败主要取决于上级与下级、同事与同事之间全面有效的合作。但在很多情况下,这些合作往往会因下级的畏惧心理以及沟通双方的个人心理品质而形成障碍。一方面,如果上级过分威严,给人造成难以接近的印象,便容易造成下级的恐惧心理,影响信息沟通的正常进行。另一方面,不良的心理品质也是造成沟通障碍的因素。如家庭生活、职业发展、年龄变化等因素都会对行政人员的情绪产生影响,表现在沟通中不同的情绪感受会使个体对同一信息的解释完全不同。任何极端的情绪体验,都可能阻碍有效地沟通。

要解决受众心理存在的各类障碍,提升沟通对象对行政信息的接受度,可以从以下六个方面着手。

第一,学会换位思考。一位智者曾经说过很有指导作用的四句话,分别是:把自己当成别人,把别人当成自己,把别人当成别人,把自己当成自己。这四句话讲的其实就是人与人之间要相互体谅,在把自己当成别人的同时,也能够把别人当成自己,实际上这就是一种换位思考的思维模式。在高校行政沟通中,沟通对象不同、场合不同、情况不同,作为沟通者应该学会使用换位思考，选择相应的方式进行表述，只有这样才能做到有效沟通。在高校日常工作中，领导者尤其应该注意调整心态，无论是批评下属还是布置工作任务，都需要多进行换位思考，选择对方能够听得懂、愿意接受的沟通方式，远比一味批评指责、高高在上地下达命令的官僚做法，更能推进工作、提高下属的工作效率。

第二，注重沟通反馈。沟通能力可以通过学习和实践来提高。首先要学会因人而异，因事而异地选择沟通方式。其次注意沟通中掌握的一些细节和要领，事前问清楚，事后负责任；接受批评，不犯重复错误；及时汇报，反馈总结；给领导选择题而不是回答题等。这些沟通技巧不仅有利于提高自身的能力和人际关系，还有利于提高整个高校行政管理部门的沟通效率。除此之外，行政人员还需要提升个人魅力。如果沟通者在行政沟通中能注意提升个人沟通魅力，既能展现自己的个性，又能把握住分寸，就比较容易破除行政沟通中的主观障碍。

第三，学会有效倾听。行政沟通是双向的，也就是说每个人在沟通中都有说者和听者的双重身份。倾听是沟通过程中最重要的环节之一，良好的倾听是高效沟通的开始，特别是涉及不熟悉的领域或者内容时，要主动排除理解误区。高校行政部门负责人在接收沟通信息时，不应该轻易打断别人的说话，应当善于通过沟通捕捉信息，应当懂得思索、回味、分析对方的话，从中得到有用的信息。

第四，调整心理状态。在高校行政管理工作中，作为沟通中的双方，当我们被消极情绪所困扰的时候，应当设法克服它，及时调整状态。一是情景转移法。通过改变环境、转移话题、做其他事情转移注意力，使不良情绪慢慢缓解、冷却、平息。二是合理宣泄法。不良情绪不能过多压抑在心中，要适度宣泄。如可以通过运动、看电影、看电视、找朋友倾诉、在适当场合大声喊叫或痛痛快快大哭一场的方式来释放心中的郁闷。三是运用辩证思维方法。在挫折面前，很多人常常沉浸在悲伤、愤懑的情绪中不能自拔，如果适当转换一下思考角度，心中的不快也许会烟消云散。很多表面看上去令人悲伤的事件，如果从另外一个角度去看，常常会发现某些正面的、积极的意义。总之，通过调整心理状态可以有效实现良性沟通，保证工作效率。

第五，强化目标管理。在高校行政沟通中可以采用目标管理的方式，结合学校的发展规划和部门的核心指标制定统一的任务目标，在目标一致的背景下，部门领导和下属围绕目标开展沟通与讨论，有针对性地对工作计划、工作对象、存在的问题与解决方案进行探讨。由于双方都着眼于完成目标,这就有了一个共同的基础,彼此能够更好地了解对方。即便领导不能接受下级的建议,他也能理解其观点,下级对上级的要求也会有进一步的了解,沟通的结果自然得以改善。

第六,运用身体语言。身体语言在沟通过程中非常重要,有50%以上的信息可能是通过身体语言传递的。高校行政管理人员的眼神、表情、手势、坐姿都可能影响行政沟通的效率与效果。领导专注地凝视对方,还是低着头或是左顾右盼显然会造成不同的沟通效果。因此,沟通主体要把握好身体语言的尺度,尽可能地让沟通对象不产生紧张和不舒服的情绪。只有让对方尽可能地放松,才能让他说出真实的感受。

(二)主动性与积极性:双向不对称沟通模式对工作人员的影响

高校行政人员是特殊受众,其特殊性表现在:就行政沟通的传播源来讲,行政人员是一级受众,而作为行政组织的一员,相较于一般的沟通对象,他们又是传播者。作为行政系统的一员,他们与行政组织的利益目标息息相关,他们又是行政组织与外界对象沟通的触角。然而,行政是组织意志的执行,要求行政人员重视组织的集体意志,因此行政信息在自上而下沟通时,传播者和接收者之间存在着说服与被说服的关系,美国学者格鲁尼格将这类劝说型沟通定义为双向不对称沟通。双向不对称沟通与双向对称沟通模式的区别是:双向不对称沟通以说服人们接受信息和执行目标服务为目的,以执行为主的特点也导致沟通是以说服为主的不对称模式。

在高校行政沟通中,受双向不对称沟通模式影响,高校行政机构在沟通过程中产生了部分障碍,主要存在以下五个方面的问题。

一是位差障碍。位差障碍即行政系统中由于地位顺序上的差异而导致沟通出现的信息阻滞问题。首先,在上行沟通中,下级在上报信息时出于对上级的畏惧心理以及对自己政绩及个人利益的保护等,对现实中存在的许多问题隐瞒不报,夸大积极事件,导致信息失真。而且由于上级在职位上的优越,会给下级造成心理压力,也会导致沟通障碍。其次,在平行沟通中,由于各部门人员之间不存在隶属和制约关系,所以在行政沟通中常常存在信息沟通延误或者信息传达有偏差的现象。最后,在下行沟通中,上级常常出于个人利益的考虑有选择性地向下传达信息,同时给予下级的信息滞后、片面,这也会严重影响行政沟通的结果。

二是语言障碍。语言障碍是行政沟通中常见的障碍。首先是语言的固定性与事物的不断发展间的障碍。语言在沟通传递过程中是相对固定的,而事物是不断发展变化的,因此,当沟通发生时,如果事物已经变化了,很容易造成信息失效的现象发生。其次是语言的高度概括性与行政事务的具体性间的障碍。事务都是具体复杂的,而我们通过语言沟通时,对事件都是进行概括的,在概括的过程中可能会遗漏重要信息,无法准确还原事件,造成信息失真。最后是沟通双方因方言而造成的障碍,这种障碍主要是因为沟通双方有一方或双方因在口头沟通中带有方言而造成的沟通不畅或误解。

三是沟通手段障碍。现实生活中有多种多样的沟通手段,如何选择正确的沟通手段对提升沟通的效果至关重要。不同的沟通手段都有其优点与缺陷,在什么时候选择什么沟通手段最为有效往往是行政人员在沟通中面临的难题。常见的沟通手段有口头沟通、书面沟通、会议沟通等。行政沟通手段单一固定,会制约行政信息的快速传递。除此之外,提高沟通技巧也有利于提升行政沟通的效度。在高校,很多行政管理人员在日常工作中缺乏沟通技巧,导致同事之间、跨部门之间产生了信息不对称的情况,从而影响了行政信息的上传下达,致使行政工作效率低下。

四是信息障碍。信息障碍是阻碍行政沟通的主要障碍。首先,信息沟通渠道不够通畅。由于高校行政系统内部往往是等级明确的科层制,信息无论是轻重缓急都要按照规定流程层层进行上报或者下传,这种单一的沟通渠道往往造成信息阻滞,导致信息不能及时上传或下达等问题。其次,信息沟通机制不够健全。目前多数高校缺乏独立的信息管理机构和相关处理系统,信息公开及反馈机制不够完善。在对内的行政沟通中,单向传播的沟通方式造成了校内师生员工缺少信息反馈渠道,而且高校领导层对于反馈信息的处理和解决不够及时,层层上报的信息需要经过筛选过滤往往难以得到高层重视,引起重视的信息和问题又由于时间的滞后而延误最佳的解决时机。

五是组织结构障碍。研究表明,在整个行政组织中,每通过一个层级将造成20%的信息丢失,因此层级越多信息通道越长,信息在传送中被过滤、被遗漏、被歪曲的可能就会越大。目前高校行政组织机构中的沟通周期较长,周期拉长会使信息在传递过程中出现核心信息丢失和出现偏差的情况。同时,由于行政沟通渠道的单向性,导致行政沟通的信息反馈不及时,影响了行政信息传达的及时性和有效性。

要解决双向不对称沟通模式下行政沟通存在的各类障碍,可以从以下几个方面着手。

第一,克服层级障碍。首先,高校上层领导者在工作中应尽可能获取第一手材料,避免信息经过若干层级后被过滤被加工的现象。其次,避免官僚主义。官僚主义会使下级更加敬而远之。除此之外,下级工作人员应该勇于表达,实事求是,不畏上级权威,为上级提供真实有效的信息。最后,评级机构部门之间应该打破部门间的信息壁垒,互通信息,由此破除位差带来的沟通障碍。

第二,正确运用语言文字。首先,在高校跨部门的行政沟通过程中注意选用对方便于理解的、通用无歧义的语言和表达方式,尽量避免使用方言或晦涩难懂的表达方式。其次,在描述事件时要注意实事求是、准确真实、客观表述,尤其是注意抓住事情的关键信息,既要简明扼要,也要充分涵盖事件全貌。

第三,提升沟通能力。高校行政人员可以通过学习和培训来提升沟通能力。人在沟通过程中有三种状态:父母型、理性型、儿童型。父母型是指在沟通中以权威、教诲的家长口吻来与他人交流;理性型是指成人状态,以客观理性态度待人;儿童状态,代表非理性、情绪化和冲动的沟通状态。每个人心理中都有三种状态,只有采取呼应性沟通模式,交流才能继续,否则就会导致矛盾滋生、沟通中断。此外,沟通者还可以通过分析不同人的性格,因人而异地进行沟通。沟通中可以将人的性格分为分析型、和蔼型、表达型和支配型四种类型。与分析型的人交流,要多列举一些具体的数据,多做计划,使用图表;对和蔼型的人要尽量给予对方鼓励和微笑;表达型的人果断、直接、热情、活跃的个性决定了与这类人交流要配合对方一些动作和手势,避免因死板的言语和冷漠的表情而削减了对方的热情;与支配型的人交流一定要直接,注重结果。总之,通过采用不同的沟通策略,可以有效提升行政沟通的效果。

第四,完善信息传送机制。建立良好的信息沟通网络,在高校各部门设立负责信息报送的岗位并明确职责,特别是针对紧急突发事件时要建立应急预案,明确临时授权权限,建立临时的行政沟通和信息报送渠道,提高信息工作人员的紧急应变能力。要明确细化沟通交流的途径,建立健全机关内部信息收集、传递信息制度。通过加强信息交流和行政沟通渠道,营造团结合作、积极融洽的氛围。

第五,设置科学合理的组织结构。根据精简高效原则,在高校行政组织设置中要注意避免层级过多、职责交叉、机构重叠导致信息传递中出现的信息延误和偏差,明确细化沟通交流的途径,建立健全机关信息收集、传递与反馈制度,通过设置科学合理的组织结构以及畅通信息传递通道来缓解行政沟通中存在的摩擦和冲突等情况。

三、沟通效果对行政过程的影响

沟通效果既是沟通质量的体现,也是行政过程是否连续和达到预期目标的必不可少的标准。如果行政沟通效果好,表明行政信息的传递快捷而连续,行政部门与外界环境的交流具有持续性,行政部门内部的工作衔接有连贯性,工作协调有一致性。反之,如果沟通效果不好,说明行政沟通存在障碍,行政沟通的执行、控制与监督将受到影响。

在高校行政信息沟通过程中,信息传播效果最为重要,传播效果关系到高校管理职能能否有效履行,是行政管理目标实现的关键。依据传播学理论,可以将行政信息的沟通效果分为四个层次。

第一层次是具体的行政信息沟通,是指行政信息沟通主体将学校的政策、制度、措施、决策、决定或精神等具体的行政沟通信息,通过通知、演讲、指令等传播媒介和传播形式传达给全校师生员工,并通过信息接收方的请示、报告、申请、书面说明或电话、网络等正式信息渠道得到反馈信息,它是最基础的行政管理信息沟通。

第二层次是行政信息的情感沟通,是指高校行政信息沟通主体保持与沟通对象持续性的感情交流和沟通,消除沟通双方的陌生感和戒备心理,产生深层次的互相信任和安全感,创造良好的行政信息沟通环境。

第三层次是行政信息的深度沟通,就是让高校行政信息的接收方切身感受当前学校各类沟通信息形成的原因和氛围,正确体验和深层次理解行政信息产生和传播的目的和意义,同时向学校领导者积极反馈信息,以影响和修正正在传播的信息,变无知为共识,变偏见为合作,化冷漠、抵制为支持,实现高校行政沟通双方态度的转变。

第四层次是行为沟通,这是高校行政信息沟通效果的最高层次,是行政管理信息沟通的最终目标。

目前,高校行政信息的沟通基本维持在具体信息沟通的层面,行政沟通按照规定的要求和程序进行传播,但是传统"机械式"的低层次沟通很难取得应有的行政管理效果。究其原因,是没有将高校行政信息沟通作深层次的考虑和探究,导致信息沟通在许多方面存在问题。要提升高校行政沟通效果,可以从以下四个方面进行改进。

第一,深入调查研究,制定科学合理的行政信息,保证沟通信息的实效性。为了保证行政信息沟通的有效性,必须深入做好调查研究工作,制定科学合理的行政沟通信息。首先,广泛听取基层意见及需求。通过会议讨论、走访调查、基层访谈等调研方式,召集问题的相关各个层次和各个层面具有代表性的管理者和师生代表,了解实情,收集第一手真实可靠的意见和建议,找到问题的关键点和切入点,群策群力,为制定正确合理的行政信息提供切实可行的依据,保障行政管理沟通信息的科学性和实效性。其次,做好行政沟通信息的可行性论证。聘请相关专家、管理者和沟通主体一起,整理问题的相关信息,理清问题解决的思路,找到问题的解决办法和切实有效的措施,并进行可行性论证,制定完整、系统、科学的沟通信息。最后,要做好行政管理信息沟通的试运行。制定科学合理的沟通信息必须经过小范围的试运行,以检验行政信息沟通过程中的有效性,及时发现问题和解决问题,动态地修正和完善行政沟通信息,为全面推行工作做好铺垫。

第二,加强行政信息沟通主体和对象的情感沟通,为信息的传播和接收创造良好条件。根据传播学的相关理论,信息沟通主体与对象都有被理解、被尊重、被认可的需要,都有实现自我价值的愿望,一般不愿意接收外在强加的特权仗势的沟通信息,乐意接收有感情基础、熟悉、理解的传播信息。为了实现高校行政沟通主体和沟通对象有效的情感沟通,在日常的管理工作中,可以通过多种渠道、多种场合、多种形式与组织中的领导和同事联谊交友,以多种方式交流思想、交换意见、沟通情感,增进彼此了解真实的工作情况、真实的心理和想法。用真心相待、以情感人、乐于付出的心态"真诚交友",与沟通对象建立深厚的友谊,成为工作上共同奋斗的战友,生活上互相理解、互相支持的挚友,为高校行政信息沟通减少或消除心理隔阂、心理障碍和心理戒备,营造良好的情感环境,提升高校行政沟通的效果。

第三,营造良好的行政信息沟通态度氛围,达到沟通主体和对象在态度上的一致。为了有效实现这一目的,我们必须做好沟通前的准备工作,召开校内行政信息沟通的动员会和具有针对性的专题培训会,利用

QQ群、企业微信、慕课平台、公众号、官方网站、电子邮件等各种信息手段和沟通媒介，广泛宣传和动员，让沟通对象充分了解沟通信息产生的背景，认识传播信息的目的与意义，了解沟通信息的制定过程，感受沟通的必要性和紧迫性，激发沟通对象的激情和责任感，达成在心理上理解和共识，变外在需求为自觉行为。同时沟通主体和沟通对象都以积极主动的心态进行互动，相互影响和相互修正，实现沟通双方在态度上的转变，通过营造沟通的良好态度氛围，为行政沟通减少阻碍。

第四，注重行政信息沟通的动态反馈，保证沟通行为的正确性，实现行政信息"行为层次"的有效沟通。行政信息有效沟通不是简单的单向信息流动，而是行政信息通过传播媒介由沟通主体传达给沟通对象后，沟通对象再将行政信息沟通实施的结果反馈给沟通主体，再一次影响行政信息修正和完善的动态双向过程。行政信息的沟通反馈是对行政信息传递过程进行的检验与调整，是及时发现问题、找出问题、寻求解决方法的手段和途径，是提高行政沟通信息质量的可靠保证。首先，要建立面向全校师生员工的信息沟通反馈机制。健全广开言路的激励制度，从机制和制度上畅通行政信息反馈的渠道，保证能及时收集到有益的反馈信息并能及时传达到学校领导者。其次，要充分利用信息反馈的方式和手段。如口头反馈、书面反馈、通信反馈、网络反馈，还有调查研究反馈、行为观察反馈等方式，根据收集到的有效动态反馈，及时调整、修正、补充和完善行政信息，有效提升高校行政沟通的效果。

第三节　做好高校对外宣传

对外宣传是高校彰显特色、展示成就、塑造形象和提升软实力的重要途径，也是社会了解高校的重要窗口。高校应当认清时代特征，把握发展大势，正确认识和对待对外宣传工作，讲好精彩故事、发出响亮声音，为学校事业持续凝聚力量、扩大影响、推动发展。

一、高校对外宣传的重要性和必要性

进入新时代以来,随着我国高等教育制度不断深化改革,高校之间的竞争之势渐成。在这样的大环境之下,如何让高校获得更多的社会关注、扩大高校的社会认知度与提高社会竞争力、实现高校的可持续发展,是高校对外宣传的重要使命。

(一)高校对外宣传的重要意义

首先,高校对外宣传工作传递党的声音,联系师生心理需求。对外宣传工作是高校发展进程的风口浪尖,它的"发声发力"是高等教育发展的最好展示,所以尤为重要。如何才能发出"最好的声音",使出"最好的力气"?那就要紧跟时代的发展脉搏,顺应时代潮流。宣传思想工作的服务对象是群众,做宣传思想工作本质上就是做群众工作。高校外宣工作是一条强有力的纽带,一头连接的是媒体,一头连接的是师生。高校宣传工作的服务对象是师生,对外宣传工作要建立在师生的心理需求上,要坚持扎根基层、深入师生一线,全面深入地反映学校在教学科研、文化建设、服务社会等方面所取得的成就,选树先进典型,把新闻宣传工作的重点落脚在教学科研第一线的教师和学生身上,激发师生的自豪感。

其次,加强高校的对外宣传工作,有利于提高高校的品牌形象。学校的品牌形象是高校的无形资产,是高校在社会竞争当中所能够彰显的软实力。塑造高校的品牌形象是高校对外宣传的最有力的手段,是强化高校软实力、凝聚力和提高高校师生素质与精神面貌的重要手段。从长远看,高校的发展离不开社会的支持,而良好的品牌形象更有利于获得社会的更多支持和认可。加强高校的对外宣传工作,让公众了解高校,将高校的信息及时地传达给公众,不仅能够让高校获取到更多的社会资源,更能够争取到更多的社会支持。

最后,加强高校的对外宣传工作,有利于提高高校的话语权和舆论影响力。要使高校具备更强的话语权和影响力,高校的舆论传播手段是必不可少的,这就必须加强高校的对外宣传工作,使用更为有效的宣传方法和更为先进的手段,从而使高校具有更强的话语权,进而提高高校的影响力。但事实上,高校的软实力与硬实力是并存的,在提高高校软实力的同时,还要不断提高高校的硬实力,从而使高校的软实力与硬实力能够形成合力,使两者能够相辅相成,互为借力,从而使高校能够真正地提高核心竞争力,促进高校高质量发展。

(二)高校对外宣传存在的问题

当前,由于高校在发展理念、学科布局、办学历史、校园文化等方面存在诸多差异,使得外宣工作的传统、观念、格局、效果也存在一定差别。

一是理念落后,缺乏创新。不少高校在对外宣传工作上没有更新意识和理念。一方面,部分高校领导干部对宣传工作的重要性定位较高,而在具体推动时又偏离较远。很多高校在对外宣传工作上仍然只是单纯地把高校的各项工作和业绩机械地传递出去,导致对外宣传工作陷入自说自话、自拉自唱的尴尬境地。另一方面,校园媒体建设日益完善,但主动外宣意识不强。目前,许多高校除了校报、广播、电视等传统媒体外,基本上都建立了新闻网、官方微信和微博,个别高校还建立了手机客户端。但与校内宣传的"热热闹闹""自娱自乐"相比,高校的对外宣传则显得有些"冷清",经常见诸外媒的都是知名高校,呈现"名牌大学小事也能上报,普通高校大事也不上报"的现象,因此造成了很多高校外宣的积极性不高。

二是重视不够,队伍欠缺。当前一些高校在对外宣传上还没有设置一个独立的部门,缺少固定人员,多数挂靠宣传部。高校宣传部是管理岗位,很多外宣人员不是新闻专业出身,也极少拥有新闻业务职称,因此从事对外宣传不专业,特别是新媒体技术人员短缺,工作力不从心。再者,部分师生认为宣传工作对于学校的发展产生不了重要作用,只要学校的实力较强,社会媒体会主动找上学校,而缺少与媒体的联系,便失去了向外界塑造高校良好形象的机会;有的高校新闻发言人制度形同虚设,新闻发言人几乎"不发言",舆论引导力不够,学校出现负面新闻时才被迫出场。

三是方式陈旧,不接地气。一些高校习惯性地将对外宣传的对象误以为是教育对象,对外宣传一味是灌输式的,从而致使其在对外宣传上的针对性不强。在宣传的内容上,套话较多,侧重的是理论学习、学术会议、校园活动等,这些内容属于高校新闻宣传的例行工作,对于公众而言缺乏吸引力。部分高校宣传工作者对新媒体时代的新闻传播规律研究不多、思考不深,能力跟不上,对创新对外宣传工作存在畏难心理,在做宣传时依然保持着老思路、老办法,文风不接地气,没有感召力和号召力,无法满足学校发展的要求和社会公众的需求。

二、加强和改进高校对外宣传

首先,转变观念,树立"大外宣"格局。自从中国特色社会主义进入新时代,社会公众对国家事务、经济社会文化事务和自身事务的关注度空前高涨,对知情权、参与权、表达权、监督权的诉求更加强烈,及时回应公众关切、媒体聚焦、网络追问,是高校必须面对和处理的重大课题。2019年1月,习近平指出"四全媒体"导致传播方式发生深刻变化。"四全媒体"发展,即全程媒体、全息媒体、全员媒体、全效媒体,导致舆论生态、媒体格局、传播方式发生深刻变化,对外宣传工作面临新的形势。要适应全媒体的新形势,高校要更新观念,创新管理机制,不断加大媒体融合,推动新兴媒体与传统媒体相互促进、优势互补,构建"大外宣"工作格局,动员学校各个单位一起来做。

其次,注重培训,加强对外宣传队伍建设。做好对外宣传工作的根本保障是要拥有一支高素质的工作队伍,而且不断涌现的新媒体手段也对从业者提出了考验,这就要求高校新闻宣传工作者必须时刻站在传播变革和舆论工作的最前沿,提高业务本领,"充实脑瓜子,练就笔杆子,善用嘴巴子",做新闻宣传上的"全面手"和意识形态上的"领路人"。适应大数据、5G、人工智能、云计算等技术进步,加强移动媒体建设,不断增强外宣工作的影响力。通过开展多元化的新闻舆论工作,努力成为全媒型、专家型新闻人才,讲高校好故事,传播高校好声音。此外,高校应加强对宣传工作人员的能力培养,通过定期举办培训班或者邀请社会资深人士到院校进行讲学来强化宣传队伍的实力。

第三,主动策划,把握新闻"时度效"。要想在现有资源配置和校园文化背景下实现宣传效果的最大化,前期策划到位很关键。对于学校重大主题活动或重大成就,要主动策划,创新宣传报道方式,拓展对外宣传渠道,讲好新时代"高校故事"。具体来说,就是把握时、度、效。"时"就是指体现时代性、掌握时机、把握时效。高校的毕业季、开学季、招生季、校庆纪念日等都是外宣的重要时点。"度"就是指新闻宣传既要拿准"尺度",又要体现"温度"、把握"准度"。高校是高科技成果孵化园、高端人才聚集地,宣传报道既要真实、准确,同时也需要考虑公众的认知度,要将"硬数字"写成"软文章",讲好"科学故事"。"效"就是指讲求效率、达到效果、追求效益。高校宣传工作者要积极挖掘校内新闻素材,及时对外宣传报道,充分发挥新闻宣传思想引领、舆论推动、精神激励的作用。

第四,加强外联,善用社会媒体资源。宣传开道,舆论先行,社会媒体可以帮助高校建构、制造和引导公共舆论,因此要有效利用新闻媒体资源,运用快速畅通的媒体渠道适时发出声音。一是及时沟通中央媒体,上报学校工作亮点。高校应积极推动同社会媒体的合作与交流,借筒传声、借台唱戏,尤其要利用国家级媒体的品牌优势和话语权,放大高校的声音、塑造高校的形象。二是合作地方媒体,建立长期伙伴关系。和地方媒体建立长期的、友善的伙伴关系,互帮互助,及时提供新闻线索,联合一起策划宣传,借助他们的渠道,向更高层次媒体拓展。此外,高校要加强有效沟通,提升把握局面的控制力。遇见突发事件或敏感个案时,要理性研判形势,尽可能第一时间主动与媒体沟通,发布权威信息,取得话语先导权,使小道消息、不良消息失去发酵时间和市场,面对媒体的监督和批评,要多从主观上找原因并勇于承担责任,努力寻求妥善解决问题的办法和措施。

第五,增加投入,完善高校对外宣传工作的保障机制。对外宣传工作是高校建设工作重要的组成部分,是用来塑造学校形象的一项重要工作。高校领导不但要在思想上加强对外宣传工作的重视,更要在人力、物力、财力上为对外宣传工作提供有力的保障。在进行对外宣传工作中,学校要为宣传工作提供一定的设备,还要提供宣传人员的培训费用以及联系外界媒体的费用等。对外宣传工作在增加高校软实力中起到了重要作用,在现代这个市场经济快速发展、社会竞争力不断加大的形势下,高校要想在激烈的竞争中站稳脚跟并得到较好的发展,必须加强对外宣传工作。

三、新媒体背景下的对外宣传

新媒体是依托新的技术支撑体系出现的媒体形态。新媒体是利用数字技术，通过计算机网络、无线通信网、卫星等渠道以及电脑、手机、数字电视机等终端，向用户提供信息和服务的传播形态。从空间上来看，"新媒体"特指当下与"传统媒体"相对应的，以数字压缩和无线网络技术为支撑，利用其大容量、实时性和交互性，可以跨越地理界线最终得以实现全球化的媒体。随着通信技术的发展和互联网的兴盛，信息交换速度加快，新媒体逐渐取代传统媒体成为舆论主阵地，而这一取代现象在青年群体中更为普遍。新媒体运用具有成本低、覆盖广、易创新等特点，在高校对外宣传工作中具有举足轻重的地位。

习近平总书记在全国宣传思想工作会议上指出："很多人特别是年轻人基本不看主流媒体，大部分信息都从网上获取。必须正视这个事实，加大力量投入，尽快掌握这个舆论战场上的主动权，不能被边缘化了。"近年来，随着移动媒体的发展，微信成了大家必不可少的交流工具和分享平台，继高校官方微信、微博成为大学校园中重要的媒体传播形式后，"抖音"等短视频又成为大学生的"新宠"，高校官方"抖音"逐渐入驻，开启"两微一抖"新时代。此外，全景地图、无人机航拍、直播平台等新技术手段也成为各高校对外宣传的新载体。新媒体以其及时性、实时性、海量性、虚拟化、社群化、碎片化、交互式、监管难度大、舆情突发性高、舆情应对复杂等特点，对舆论引导和对外宣传工作提出了新的要求。

第一，注重新闻报道策划，掌握大众关注点。所谓新闻报道策划，就是指围绕某个主题或话题，对新闻采编活动进行有创意的谋划与设计，通过制定并实施方案，来强化传播效果，以形成和引导舆论的前瞻性行为。新闻报道策划不等于策划新闻，不等于无中生有的编造、不顾事实的炒作。对高校对外宣传来说，新闻报道策划必不可少。

毕业典礼变"演唱会"。从2019年的一曲《起风了》火遍全网，青岛大学仿佛掌握了毕业典礼的流量密码，从《下山》《好想大声说爱你》《星辰大海》到《你曾是少年》《雪龙吟》《漫天星辰不及你》《海阔天空》，一首首"神仙翻唱"频上热搜。2023年的青岛大学毕业典礼再次惊艳全网，火热出圈。

青岛大学毕业典礼频频出圈的秘诀究竟是什么？据青岛大学宣传部负责人透露，为了能给毕业生献上最难忘的毕业典礼，形式上学校坚持演唱者与参加授予仪式的毕业生互动，而且演唱者选取的歌曲，需要能引起现场师生共情、共鸣。学校每年的毕业典礼会打造一个"关键

高校行政管理：
理念与路径

词",2023年的关键词是"责任和担当"。学校的师生团队在歌曲选择、形象宣传、师生精神风貌等方面着力呈现,为毕业生离开大学校门前留下专属青岛大学的祝福。这一案例一方面反映出随着"全民娱乐"时代到来,大众的口味已经转变——他们对美的、新鲜的、有趣的、有创意的人事物更感兴趣;另一方面也反映出高校对外宣传正朝着更贴近大众,更易被接受的方向转型。新媒体时代,高校进行对外宣传时应充分了解大众的阅读口味、阅读习惯以及关注点,做到顺应"短视频时代";文风力求轻松有趣、多讲故事;内容组织精当、突出亮点;适宜在微信、微博、抖音等新媒体上进行阅读、传播。

第二,直击时事焦点,瞄准媒体兴奋点。高校对外宣传必须紧扣社会时事热点、焦点,加强与社会主流媒体合作,提升校园媒体的生命力和影响力。"搭车宣传"因为能切实抓住社会媒体的兴奋点,往往能取得较好的宣传效果。除了针对大型活动和热点新闻事件,高校更应当紧跟主旋律、弘扬正能量,报道主流舆论所急需和呼唤的新闻。

"高校创新创业故事"就是一例。2015年两会上,时任国务院总理的李克强提出要把"大众创业、万众创新"打造成推动中国经济继续前行的"双引擎"之一。在这样的背景下,大力宣传在创新创业方面的典型事迹和人物是所有媒体的工作重点。高校作为人才培养的重镇,有天然优势。很多高校都围绕着"创新创业"这一主题开展新闻报道策划,从发掘典型人物、报道相关活动、宣讲优惠政策等方面进行了多层次、全方位的报道。其间挖掘出的各类素材,特别是人物故事,也正是社会媒体所急需的报道材料。可见思媒体所思,才能实现"双赢"。

此外,社会媒体近年来也开始策划、开展各类活动。若有主题合适的活动,可积极引到校园里来。这既能丰富校园文化生活,同时也能起到对外宣传的作用。总之,要想开展好高校外宣工作就必须加强与社会媒体的联系合作,时刻在校园中寻找相应的新闻素材,力争实现双赢。

第三,关注大事小事,发掘校园新闻亮点。公众和媒体对不同类型的高校关注度向来较为悬殊。对多数高校来说,学校少有"轰动性"新闻事件,这在一定程度上制约了对外宣传工作。对此,高校宣传工作者更应该转变思维:不仅要时刻关注"大事",也要关注日常"小事"。"高校毕业论文致谢刷屏全网"是一个典型案例。2022年,来自大凉山的中南财经政法大学的毕业生苏正民,用6000多字的论文致谢诉说了自己从山里娃成长为一名大学生一路的"坎坷崎岖",并点名致谢了65位曾经帮助过他、让他的人生"充满了光亮和希望"的人。几天后,南京大学陈时鑫在论文致谢中,回忆着多年艰辛的求学路,其中的真情实感令人动容,不少人将之称为"现实版《送东阳马生序》",被央视、人民日报等多家媒体报道,引发网友广泛关注。2023年,兰州大学生命科学学院博士研究生朱占武在毕业论文中用900字致谢母亲,被顶上热搜!

这些论文致谢为什么如此令人动容?不是学生在人生经历中的苦难和坎坷本身,也不是因为毕业时的学有所成,而是展现了青年大学生面对挫折时的乐观与坚韧、受人帮助时真挚感恩,以及在成长道路上永不言弃的执着。校园新闻想有创新,高校宣传工作者一定要保持敏锐的新闻嗅觉,多到师生中去,从细处着眼,善于发现日常中的新闻点,打开"脑洞"推出有趣味又接地气的新闻报道。高校要善于调动师生的积极性,让师生一起为学校外宣做贡献,形成人人参与宣传的局面。

第四,创新报道形式,紧跟数媒发展。对外宣传,除了要创新内容以外,还必须创新报道形式,紧跟数字媒体发展的脚步。从报纸到门户网站、从微博到微信再到App客户端,短短十年,数字媒体平台几经变革。智能手机的普及让微博、微信、抖音火透了天,无线网络的普及引领"读图时代""短视频时代"到来,数字媒体平台崛起极为迅猛,日新月异的技术革新使平台间的更替换代越来越快。大众总是轻易地"抛弃"上一个平台,转身投向下一个"新宠"。要适应不同媒体平台、针对不同平台的特性提供最"对味"的内容,对所有新闻人来说都是挑战。从目前态势看,抖音、B站、小红书等本身具有的短小精悍、信息量大、现场感强、表现方式多元的特性,也和大学生群体追求刺激、快速、有趣的偏好一致。高校必须高水平推进新媒体建设,组建创作团队,创新宣传内容,形成品牌优势,使高校对外宣传活起来。

同时我们也应当清醒认识到,不论时代、平台如何改变,传媒行业的核心竞争仍然是人才的竞争。如何跟上时代潮流和受众口味,如何预判、适应、运用"下一代新媒体",如何进行更好的创意和策划,这一切仍需要宣传工作者保持敏锐嗅觉,不断修炼自身,成为集策划、组织、采访、写作、拍摄、编辑、排版、美工等多项能力于一身的"多面手"。如此,高校对外宣传工作才能始终走在时代前列。

第五,研究受众心理需求,做好舆论引导。新媒体相对于传统媒体而言,有方便、快捷、海量存储、实时交流、传播范围广等优势。基于网络媒体的这些特点,高校宣传人员在进行信息传播的时候,要研究不同

高校行政管理：理念与路径

受众的心理需求，进行有针对性地传播。每年的招生无疑是各高校的头等大事，学校会开展多种形式的宣传活动，传播的对象主要是学生及其家长，宣传的内容无非是学校的环境、师资力量、历年分数线、就业情况等。在分析传播对象和受众的需求后，进行有针对性地传播。传播的渠道要照顾到家长获取信息的方式及高考生习惯通过网络媒体搜索信息的习惯。不能拘泥于传统的招生展会、报纸宣传、招生宣传单的发放等，要根据受众的阅读习惯，在官方微博、微信公众号、抖音等平台上进行宣传，充分利用新媒体的优势，安排招生工作人员为学生家长答疑，介绍学校的具体情况，再根据学生的实际情况给出科学的建议。

新媒体在给高校带来传播优势的同时，也提出了挑战。因为网络媒体的开放性和及时性等特点，使人人都有机会成为信息员、传播者，在突发事件面前，新媒体发挥的作用不可小觑。2023年6月1日，江西工业职业技术学院一名同学在自媒体网络上发布了一条名为"江西一高校饭菜中疑吃出老鼠头"的视频，引起网民热议。6月17日，经江西省教育厅、公安厅、国资委、市场监督管理局组成的联合调查组多方查证，判定学生在食堂吃出疑似为"鼠头"的异物，就是老鼠类啮齿动物的头部。相关责任单位、涉事企业和责任人正接受依法依规严肃处理。在一波又一波的质疑声中，学校的声誉和政府部门的公信力无疑受到极大的伤害，带来的警示值得细细思索。一者，不能正视问题只会惹出更大问题。有问题不可怕，可怕的永远是不敢正视问题、不愿解决问题的傲慢之心、专横之权。二者，瞒天过海欺骗舆论，无异于自我毁灭。越是隐瞒真相，越会引发更大的信任危机。只有真相才是对网络的尊重，也只有尊重才能赢得更多的尊重。三者，没有真相可以去挖掘真相，情况不明可以去摸清情况，问题暴露可以去反思问题，关键是公平公正公道不能丢，公心公义公德不能松。因此，在新媒体环境下，高校如何处理好突发事件，做好舆论的监督和引导，是必须思考的问题。

综上所述，要取得新媒体环境下高校对外宣传工作新突破，就必须主动转变思维，紧跟时代步伐，结合新媒体特点开展新闻报道策划，掌握大众关注点，发掘校园新闻创新点，直击社会媒体兴奋点，不断创新报道内容和形式，实现新媒体语境下高校对内对外宣传的良性互动与同步有效推进。

第五章

高校战略管理

不谋全局者不足以谋一域,不谋长远者不足以谋一时。当前,我国正从高等教育大国向高等教育强国迈进,高等教育的迫切任务是着力优化调整结构,推动高校分类管理、分层发展,由同质走向多样,办出特色。在经济全球化、市场竞争日益激烈的环境下,大学的管理者必须思考"建设一个什么样的大学"和"怎样建设这样的大学",战略管理受到越来越多高校的关注与重视。高等学校实施战略管理,既是高等教育外部环境变化的结果,也是高等学校内部管理模式变革的需要,是高等学校管理对时代发展的一种必然回应。

第一节 高校战略管理概述

近年来,随着我国高校"双一流"建设深入推进,整个高等教育界呈现出"你追我赶"的局面,竞争更加激烈,资源流向更加多元化,正在改变现有资源分配格局,这对高校未来怎样占有资源、获得资源、运用资源和发挥出有限资源的最大效益提出了新的要求,实施战略管理已成为高校高质量发展的内在需求与现实需要。高等学校进行战略管理以寻求变革和发展,已成为世界各国的共识。

一、战略管理的概念

（一）战略、战略规划与战略管理的关系

战略，在《辞海》中的解释是泛指对全局性、高层次的重大问题的筹划与指导，如大战略、国家战略、国防战略、经济发展战略等。战略一词最早源于军事领域概念，后被广泛应用到政治、经济、社会、科技、管理等领域，并得到了充分运用。

战略规划和战略管理密不可分，没有战略规划也就无所谓战略管理，一个组织的战略管理是这一组织的战略规划完成和实施的保证。但是，两者又是有区别的：战略规划是关于一个组织与环境相联系的未来行动的总体设想，它指明组织未来行动的目标、方向及主要行动步骤。战略管理则是制定、实施和评估跨部门互动决策的过程，这些决策能够让组织去确定和实现它的使命，并最终创造出价值。

战略思想起源于公司战略管理，战略管理通常又被称为企业政策管理，是决策层次最高的一种管理。伴随着战略管理在高校、基金会、科研等组织的广泛运用，人们对战略管理也逐渐形成了比较一致性的认识。目前，一般认为，战略管理是指组织为了长期地生存和发展，在充分分析组织外部环境和内部条件的基础上，确定和选择组织战略目标，并针对目标的落实和实现进行谋划，进而依靠组织内部能力将这种谋划和决策付诸实施，以及在实施过程中进行评估与控制的一个动态管理过程。它既是一种现代管理理念，又是一种新的管理方式，更是一个动态管理过程。

（二）高校战略管理的内涵

战略管理被引入高校管理始于20世纪80年代的美国，它切合了高校管理的实际需要，成为高校应对内外挑战、直面激烈竞争、促进学术创新的重要手段。在高等教育领域和高等学校中同样经历了一个从战略到战略规划再到战略管理的过程。随着我国高校办学自主权的扩大，许多高校重视编制战略规划工作，一些高校也通过实施战略管理产生了

积极的效果。

高校战略管理是高校管理者为谋求高校的可持续发展,在对学校内部条件和外部环境进行系统分析的基础上,由管理者与被管理者共同制定学校战略管理目标,拟定、优选战略管理方案,并组织实施和控制的动态管理过程。运用战略对整个高校进行管理是广义的战略管理,对战略管理的制定、实施、控制和修正进行的管理则称为狭义的战略管理。狭义的战略管理在高校中运用得较为广泛,其含义如下:一是战略管理是决定高校长期发展问题的一系列重大管理决策和行动,包括学校战略的制定、实施、评价和控制;二是战略管理是高校制定长期战略和贯彻这种战略的活动;三是战略管理是高校处理自身与各种环境关系过程中实现其愿景的管理过程。

我国高校战略规划的发展过程可以分为思想萌芽、初步探索和全面铺开三个阶段[1]。如果包括学科建设、队伍建设以及校园规划,那么我国高校规划的萌芽阶段早在20世纪初就开始了,但真正意义上的战略规划的思想萌芽是20世纪80年代的事情。每隔五年编制发展规划实际上是从"十一五"才开始,主要是在《"211工程"总体建设规划》指引下,高校开始编制综合发展战略规划。全面铺开阶段是从"十五"末开始,主要是指为了建设世界一流大学或世界知名高水平大学,在教育部的指导和督促下,教育部直属高校在"十五"末期开展的战略规划工作。这三个阶段的战略规划的明显特征之一是聚焦领域和发展目标在不断变化。这一点与美国高校战略规划的发展路径是相似的。这也符合高等教育本身的发展过程和特征,即基础设施建设、人才建设、学科建设以及更加长远的战略发展愿景建设。

二、高校战略管理的特点

高等教育是一个以知识活动为主要特征的社会系统,在高等教育系统内部知识被发现、保存、完善、传递和应用,围绕知识运行是高等教育系统的主要特征。因而知识领域是构建高等教育组织的"砖块",课程和项目之间彼此相互独立,大学组织结构具有"松散关联"的特点;决

---

[1] 陈廷柱. 我国高校推进战略规划的历程回顾[J]. 高等教育研究,2007(01):59-63.

策权高度分散,形成学术权力和行政权力的二元权力结构;由于任务的片段性、权力的分散性,高等教育机构的变革主要是递增性的,很少出现巨大的、突发的、包罗万象的变革等。高校战略管理具有以下三个基本特征。

（一）全局性

与企业、商业管理追求经济效益相比,高校战略管理目标更为全面。首先,战略管理具有外向性,要关注环境的变化。企业、商业所面临的环境一般而言是局部的。而高等学校面临的环境具有全局性,它要关注国家现代化的历史进程、经济全球化的历史进程、世界高等教育发展的历史进程、地区社会经济发展的状况等。可以说方方面面都与高等学校发生着千丝万缕的联系。其次,高等学校作为非营利组织,是典型的利益相关者组织,任何个人都不能拥有大学也不可能对学校的发展负全部责任,但战略规划要兼顾所有利益相关者。政府是高校的举办者,社会接受高校的毕业生和科技成果转化,学校内部有教师、管理人员、学生,高校战略管理要在诸多利益相关者之间取得共识,实现利益平衡。再次,高校肩负着人才培养、科学研究、社会服务、文化传承创新和国际交流合作的重要职能,每一个职能里面又有不同的要素和要求,高校的战略管理必须涵盖这些领域。

（二）包容性

高校战略管理十分强调包容性。首先,高校战略管理关注两个基本点:环境和组织。环境和组织都处于不断的变动之中。决策者要及时关注环境和组织的变化,通过战略评估,审视战略目标,决定是否持续、调整、重组或终止战略。其次,高校的很多决策只能由学术专家制定,特别是针对教学和科研工作中那些有强烈知识取向的学术活动。在所有这些专业领域,关于办什么专业、如何办这些专业,没有人比学术专家更了解,因此在战略规划和实施中要充分尊重和吸收学术专家的意见,此外,高校战略规划的制定和管理应有包容性,应给二级院系和专业学科发展留下较大的空间。在战略实施中要善于授权,把权力交给院系负责人和学科带头人,充分发挥他们的主观能动性和创造性。

(三)差异性

由于每一所大学的历史传统不同、学科结构和人员结构不同、所处地域不同、面临的环境不同,所以每所学校的改革、发展都是一个创造的过程,不可能照搬别人的模式、经验。也因此每所学校的战略规划、战略实施都具有很大的差异性。以制定战略规划为例,学校在制定规划的过程中要领导、专门班子和广大师生相结合,从分析学校发展的宏观背景、考察自身发展的优势和劣势入手,进而确立自己的定位、指导思想和目标,最后要探索实现自己目标的超常规战略措施等。因此每一个战略规划都是独特的,战略管理具有差异性的特征。我国高校发展中最大的问题是千篇一律、相互模仿、缺乏个性。因此,高校应分析自己的优势、劣势,确立自己的办学定位、战略发展目标和发展空间,同中求异,与其他高校实施错位竞争发展,在各自的层次上,办出特色、形成差异、争创一流。[①]

三、高校开展战略管理的重要性和必要性

进入 21 世纪以来,伴随着信息化和全球化时代的到来,战略管理日益成为各国教育事业发展的自觉行为和战略选择,建立科学合理的高校战略管理体系对于高校的发展具有十分重要的意义。

(一)高校开展战略管理的重要性

高校战略管理有助于推进高校管理现代化。科学化、民主化与法治化是高校战略管理中相辅相成的三个方面。科学化是高校战略管理的主导,民主化是高校战略管理的基础,而法治化则是高校战略管理的保障。实现高校战略管理的科学化、民主化与法治化,有助于推进高校管理现代化的进程。首先,科学化要求我们重视研究高校战略管理过程的科学性和合理性,把握事物发展的规律,尊重客观事实,一切从实际出发,并按客观规律办事。其次,民主化要求我们重视高校战略管理过程

---

① 刘献君.论高校战略管理[J].高等教育研究,2006(02):1-7.

高校行政管理：理念与路径

中的内部沟通与协调。高校战略管理体系的建立离不开师生员工对学校真实情况的反映以及对一些重大决策的宝贵建议，这就需要内部组织成员之间能够建立有效的沟通机制，充分表达出自己的意愿，进一步推进学校的民主化建设。最后，法治化要求我们在对重大问题进行决策时要严格遵守法律程序。高校战略管理体系的建立本身就是一个制度化的过程，而不是某个领导的主观臆断。战略规划是管长远、管基础、管全局的，若能把规划以法定的形式固定下来，从体制和机制上保证规划的严肃性和有效性，高校的发展就不会因为领导自身的局限而出现"摸着石头过河"的状况。

高校战略管理有助于明确高校发展方向。通过建立高校战略管理体系，各高校可以对自身的优势和劣势有系统性地认识，从而认清自己所处的位置，充分挖掘自己的潜能，使学校发展更加科学和合理，彰显出自己的个性和特色。首先，实施战略管理，是高校积极谋大局，助力中国式现代化建设的基础工作。我国正处于"两个一百年"奋斗目标的历史交汇期，对高等教育的需求比以往任何时候都更加迫切。高校应牢记使命，通过战略管理，推动学校在中华民族伟大复兴历史进程中发挥更为坚强的支撑作用。其次，实施战略管理，是高校主动适应变局，引领时代步伐的重大机遇。在过去，很多高校并不清楚自身的特点，没有明确自身的定位和发展方向，而是邯郸学步，一味复制名校的模板。通过实施战略管理，可以帮助高校认清自我，找准自身方位，不再去盲目设定"高大上"的目标，而是将自身与实际环境相联系，服务地方经济社会发展。最后，实施战略管理，是高校努力开新局、引导高等教育强国建设的重要依托。我国正由高等教育大国向高等教育强国迈进，要求高校在国际上发挥更大的影响力、感召力、塑造力。高校应顺应历史需求，通过实施战略管理，推动学校在实现教育现代化的快车道上发挥先导作用。

高校战略管理有助于提升高校组织成员的凝聚力。高校战略管理体系的建立不仅仅是高校未来发展的蓝图，还是高校内部组织成员参与管理的一个过程。它既需要各级领导的引领与协调，更需要全体师生员工的广泛参与。高校战略管理树立的是一种全局观，涉及学校的各个部门，涵盖了学校的各个方面，能够形成共同的价值取向，因此要统一思想、凝聚人心、提振精神，调动全员主动参与。通过制定战略规划可以使学校每个师生员工明确学校、部门和个人的使命与任务，促进高校内部各组织为了共同的目标团结协作。实施战略管理，使师生自身发展和学校发展紧密相连,将学校中长期发展战略、发展目标任务和重点工作以项目制的形式推进,转化为具体的可操作、可监控、可考核的管理指标,使各部门、各单位明确任务、各司其职、各尽其责,可以有效解决"上热下冷、上活下死、上急下怠、中层梗阻、基层板结、力度递减、效能低下"的通病,改进领导方式,做到责任到岗、任务到人、奖惩到位,以此提高治理能力,进而推进战略管理的有效实施。

（二）高校开展战略管理的必要性

随着高等教育的快速发展,越来越多的高校注重校内管理的改革和创新,同时将战略管理应用到实际运行中来,但从实际操作过程来看,仍然存在一些问题、困惑与挑战,高校战略管理有待完善。

一是缺乏编制和实施战略规划的体制性内源力。当前,高等教育体制和机制创新的惰性和滞后性客观存在,高校实施战略管理的内源动力和压力仍然不足。体制性的内源制约主要体现在高校干部任命制度、高等教育资源配置模式以及决策机制三个方面。首先,高校校级领导的产生主要由上级部门决定,学校领导首先思考的是对上负责,思维和行动习惯于依照上级的文件精神办学;其他相关利益者对高校的制约作用不充分。其次,从高等教育财政投入体制上看,高校的财政拨款仍然是以规模为基础的行政计划模式,而不是以绩效为基础的战略规划模式。最后,高校内部管理体制中存在的决策机制不健全等问题已成为顽症。部分领导似乎已习惯于不规范的决策方式,实施战略管理意味着要按一定的程序规范决策和执行,一些领导还认为削弱了自己的权威。因此,战略规划有用吗？不少高校领导和职工常有这样的疑问。即便按上级要求制定规划,也不发动基层学术单位和社会的参与,战略规划自然难以逃脱"墙上挂"的命运。

二是不了解战略管理的内涵。随着高等教育领域"放管服"改革的推进,高校的办学自主权进一步扩大,高校必须考虑学校的长期发展规划。越来越多的高校将战略管理作为一种管理方法,但对其内涵、运行程序等仍缺乏深刻的理解,对相关的分析模型、决策机制和应用还不熟练,这就导致了战略管理成为一个摆设而未真正发挥其作为管理手段的实际作用。目前,我国高校对战略管理的理论与实践缺乏深入的研究,从整体上看,处于"摸着石头过河"的阶段,对规划的价值、方法与程序、规划的实施等缺乏系统研究；对高校战略规划的信任程度还不容乐观，对战略规划与不可预见的环境的关系把握不准。因为大学制定规划的外部环境在迅速变化，且大学中的各相关利益群体的期望也在改变和发展。同时我们对发达国家高校战略管理也研究、借鉴不多。因此，从总体上看，目前我们编制高校战略规划程序简单化，参与咨询不够广泛，只体现了少数人的想法，难以体现学校战略，执行过程中难以得到相关人员的理解和支持。除了理念的因素外，形式雷同也是一个问题，规划的理论与技术的薄弱也是导致规划中出现形式主义的原因。

三是缺乏战略管理基础，实施战略管理的能力不足。我国目前对高校战略管理缺乏必要的组织支持。从国家层面而言，我国高等教育行政部门还没有一个对高校战略规划进行协调与组织的机构，教育行政部门关于高校要开展规划编制工作作为行政命令下达后，后续工作可能会出现虎头蛇尾、群龙无首的局面。目前国家层面没有高等学校战略规划编制指南，没有对各高校战略规划的规范格式与内容要求，是否与拨款挂钩、高校战略规划的法律地位如何认定、编制完成后有什么样的批准程序、由谁进行监督与评估等问题提出相应的要求。在高校层面，缺乏顶层设计，现有的组织机构建设还远远滞后，普遍存在领导不到位，规划人员精力、能力投入不足等问题。首先表现为机构设立的随意性。部分高校的规划机构是跟风组建的，目标和职能定位都不明确。其次是人员配置上的问题。由于战略规划编制是软工作，很多规划机构的设置与安排干部联系起来，工作人员缺乏专业性和权威性，甚至有的学校规划工作人员全是兼职。再次，投入不足。一些高校对制定战略规划进行必要的投入很少，规划的许多基础性工作，如调查研究也没有深入开展。最后，实施战略管理的能力不足。不少高校没有专门的机构负责战略实施、监督和考核，战略制定后就顺其自然发展，未将长期规划与短期目标及年度计划有机结合，从而造成只重当前目标而忽视已花较大精力制定的长期战略的情况，使得战略规划无用武之地。随着政策、领导意愿等因素的变化，无疾而终。此外，高等教育领导管理体制也带来不少弊端，如高校领导三天两头更替，中层干部每隔几年全部"卧倒"，重新竞聘上岗。在这种情况下，要想高校工作能遵循战略规划开展是绝对不可能的。①

---

① 别敦荣.高校发展战略规划的理论与实践[J].现代教育管理,2015（05）:1-9.

第二节　战略管理过程

战略管理是组织为了长期的生存和发展,在充分分析组织外部环境和内部条件的基础上,确定和选择战略目标,并针对目标的落实和实现进行谋划,并将这种谋划和决策付诸实施以及在实施过程中进行控制与评价的动态管理过程。战略管理将战略的制定、实施、评价和控制看成一个完整的过程来加以管理,以提高这一过程的有效性和效率。战略管理的实质是使组织能够适应、利用环境的变化提高组织整体的优化程度,注重组织长期、稳定地发展。

高校战略管理过程主要包括战略规划、战略实施和战略评估三个阶段。战略规划是一种带有全局性的总体发展规划,一般应包括现状分析、预测分析、战略愿景、战略思想、战略目标、战略重点、战略措施和战略阶段等,其中现状分析包括问题、优势、原因与背景分析;预测分析包括未来困难、挑战、发展目标与变化分析等方面的内容。战略实施是将战略规划转化为现实绩效的过程。战略实施是整个战略管理的主体。战略评估是监控战略实施并对战略实施的绩效进行系统性评估的过程,包括检查战略基础、衡量战略绩效、修正和调整战略等。战略评估的结果可以作为调整、修正甚至终止战略的合理依据。高校要站在战略管理的高度将战略规划、战略实施、战略评估有机地结合起来,使其切实起到推动学校高质量发展的作用。

刘献君教授认为战略实施是战略管理的主体,提高教育质量是学校的核心战略,经费的筹措应该处于战略管理的突出地位。战略规划应该是多样化的,学校战略规划要体现校长的信仰、理念,但不是校长个人的愿景。[①] 建设高水平大学的战略选择要明确三个关键点:一是战略愿景,即对学校生命周期成熟状态的描述;二是战略目标,即阶段明确的一套递进式"目标链""路线图";三是战略行动,以重大项目、任务为牵

---

① 刘献君.论高校战略管理[J].高等教育研究,2006(2):1-7.

引，实现高质量发展。

一、战略规划

所谓高等学校战略规划，是指这样一种管理过程：即学校的管理层，通过规划学校的基本任务、目标和学科（专业）组合，使学校的资源和能力与不断变化的社会需求之间保持和加强适应性的过程。换言之，也就是高校为了使自身的资源和能力与市场需要相适应，以加强自身的应变能力和竞争能力而制定的长期性、全局性、方向性的规划。这种规划不是固定不变的，而是随着学校内外部环境的变化而不断修正的一种管理过程。

高校战略规划的制定和实施，主要是解决"建设一个什么样的高校"和"怎样建设这样的高校"的问题。战略规划的内容一般包括历史回顾，愿景与使命，战略背景（机遇、挑战、优势、不足），战略定位，战略目标，战略选择，战略举措等。高校制定的战略规划按内容性质划分，分为总体战略规划和专业战略规划；按管辖范围划分，分为总体战略发展规划和部门战略发展规划；按时间划分，分为远景战略规划、中期战略规划和近期战略规划。战略规划对一所高等学校的生存和发展，具有十分重要的指导作用。

（一）战略分析

战略分析是指对战略制定中保证组织在现在和未来始终保持良好态势的那些关键性影响因素进行分析。战略分析的目的是通过一定的手段和方法，从复杂的信息与线索中清理出影响战略形成的重点因素，以便于下一步的战略选择和制定。高等学校战略分析主要是指对特定战略时期（一般指3~5年或更长一段时间）高等学校的内外部环境进行综合调查、分析，确定这些环境因素对高校战略过程的影响，确定高校的优势和劣势，并发现高校发展的机遇和威胁，从而为战略管理过程提供指导的一系列活动。

目前最常用的对策研究模式是SWOT分析技术与策略，即对研究对象进行内部优势S（Strengths）和弱点W（Weaknesses）、外部机遇O（Opportunities）和挑战T（Threats）的分析。分析者根据一定的价值观确定自己对上述四个因素的判断,可以形成关于学校的外部环境及内部资源与战略能力的 SWOT 分析表,使学校的优势、劣势、机遇、威胁一目了然,便于发现学校存在的主要问题,进而制定战略计划,采取战略行动对策。其次还有 Bench-marking 分析技术,中文称之为"定标比超"技术。主要针对高校存在的问题和预期发展目标,选择竞争对手有目的地进行比较研究,发现他人的长处,寻找自己的不足,提出赶超的目标和措施。其基本程序是:确定比超内容—选择比超对象—调查研究、收集资料—比较研究、分析差距—综合研究、形成赶超对策。

第一,高校外部环境分析。高校外部环境是指存在于高校周围,影响高校战略管理活动和学校发展的客观因素和力量的总和,是高校战略管理的重要依据和条件。高校外部环境分析就是运用系统的思维方式和科学的分析方法,对影响高校战略活动和学校发展的各种外在客观因素和力量进行扫描、评价,为高校战略管理提供依据。

高校外部环境的分析包括宏观环境分析和行业环境分析两部分。宏观环境分析要素包括:高校的制度环境、政策环境、经济环境、科技环境、社会环境和人文环境;行业环境分析要素包括:高校的文化特征、高校的认可度、高校变革的驱动因素、高校整体竞争结构、同类竞争高校的分析,高校竞争中存在的机会与风险。其中,随着高校国际化进程的加速和信息技术的发展,高校外部环境的分析将变得更加重要而复杂,分析的范围已经开始跨越国家的界限,将分析视野拓展到全球化的竞争范围内。

第二,高校内部环境分析。对高校内部环境的分析,既要注意对有形资源的分析,如资产设备的评估、师资队伍的水平,又要注意对无形资源的分析,如对管理水平、教育质量、大学文化、学校名望的评价;既要注意对内部资源的现状进行分析,又要对内部资源的利用和开发潜力进行分析;既要注意对内部资源的重新配置潜力进行分析,又要注意对内部资源与外部的联合潜力进行分析。内部资源分析要素包括:目前资源配置的效果如何;高校的强势资源和弱势资源分别是什么。对内部资源进行分析时,不仅要关注高校的现状,还要总结和反思高校发展历史进程中的经验与教训等,更要对未来资源获取能力有一个合理的预期。尤其要关注大学文化,如果高校的战略能够得到诸如价值观、信念、礼仪、仪式、典礼以及象征等文化因素的支持,高校便能顺畅地实施变革。只有对高校内部资源进行科学与客观地分析,才能真正发现高校的优势和不足。因此,一所高校内部资源分析能力的强弱,已经成为高校能否有效地配置有限的资源,实现高校高质量发展的关键能力指标。

第三,优势特色确定。办学特色是高校持续竞争的优势,是在一定的办学思想指导下,经过长期的办学实践逐步形成的比较持久稳定的发展方式和被社会公认的、独特的、优良的办学特征,是一所大学区别于其他大学的标志。高校办学走特色发展之路,就是在高等教育的大市场中不断细分目标市场,寻求自己最擅长的部分,然后集中优势力量在这部分做精做强。特色是高校的立校之本,是高校在激烈的竞争中获得竞争优势的基础。办学特色的确定不是学校领导或少数几个人就能够完成的,而是经过广大师生员工的广泛参与、讨论和分析,通过反复沟通、磨合和协调,最终达成趋于一致的共识。这方面的沟通协调具有两个明显的功效:一是统一各方认识,避免从院系或各自学科专业的单一角度分析,而是从高校发展的整体角度进行分析,确定哪些是高校当前已经形成或潜在的、需要今后强化的特色;二是为今后集中学校各种资源、统一各院系发展目标奠定思想和认识基础。

(二)战略制定

如果说战略分析阶段明确了高校的"目前状况",那么战略制定阶段所要回答的问题就是高校将"走向何处"。战略制定涉及对高校战略行为过程的模拟、评价和选择,主要是根据战略分析的结果,考虑经济社会发展的要求,确定高校使命和长远目标,设计和选择战略方案。

第一,确定使命与愿景。高校战略规划的核心内容是确定学校的使命与目标,也就是回答"建设一个什么样的大学?"或"我们的任务是什么?"的问题。战略管理视野中的高校使命是高校在党的教育方针和国家教育法规指引下学校宗旨和办学理念的宣言,在学校发展战略中居于先导地位,它与愿景展望、长远规划、具体目标、近期任务共同构成学校的目标网络。高水平大学的发展定位应该与国家高等教育发展的水平和程度相吻合,与经济社会发展的水平和需求相适应。

大学的使命是高校运行的哲学定位,承载着学校存在、存续、发展的根本意义和运行的基本指导思想原则。大学使命回答的是"大学的责任与任务是什么？"，回答这一问题是战略制定者的首要责任，制定使命是组织迈向有效管理的重要一步。愿景是高校成立与存续期间稳定的立场和理想，是师生对发展意愿达成的共同默契，是高校自觉承担使命趋向的未来图景和战略实现的最终成果，体现了组织的社会价值。大学的使命和愿景是大学战略定位的陈述，大学使命是大学战略的纲领性指南，大学愿景以大学使命为基础。愿景、使命、存在价值等在规划中起到目标和精神引领作用。

第二，确定高校定位。高校定位是指高校办学者希望把学校办成什么样的，是一种教育理念，包括方向选择、角色定位、特色所在等办学理想和价值追求。高校定位通常基于其服务面向，涉及与用人单位的沟通协调。在沟通协调过程中，不断地自我反问：我们试图实现的目标是什么？用人单位的需求我们能否达到？是完全有能力达到还是可以通过努力达到？或是已经超越了学校现有能力，需要我们适当调整？学校定位是一个将高校自身条件与培养目标不断打磨契合的过程，涉及两个重要选择：科类结构和人才培养目标。

在整体层次上认识和界定学校的定位，要增强"三个思维"，要把握好"三个关系"。一是增强战略思维，在战略谋划上搞清楚"学校之位"和"学校之为"的关系。"学校之位"的"位"，包括三个方面的含义：一是党和国家赋予学校的办学定位。上级主管部门对学校的发展和未来都会有一定的规划和要求。二是学校在国内外高校中所处的现实地位。三是学校目前在学校发展史上所处的历史方位。只有真正清楚了这三个方面的"学校之位"，才能从战略、全局、长远角度思考和谋划"学校之为"的方向、重点、路径。二是增强辩证思维，把握好解放思想和实事求是的关系。既要关注社会需求和环境的发展变化，也要考虑学校的资源条件。资源条件的约束决定了一所学校能够进入哪些学科领域，不能开设哪些学科专业。界定学校定位必须结合自身的核心能力，使之能够扬长避短或扬长补短，倾注全力发展优势，这样才有可能做得出色。三是增强历史思维，处理好守正和创新的关系。每所学校，除非其刚刚组建，否则都会有自己的历史，即自己的过去，过去的办学特色、成就和在社会上的公众形象，以及作为这种历史沉淀的校园文化。高校要珍惜这些优良传统和办学经验，做好历史传承和创新发展。

第三，制定战略目标。制定战略目标是战略规划的一个重要环节。高校的战略目标，是指向高校未来发展所预期达到的理想业绩目标体系。它是规划文本的实质性内容,也是战略规划要解决的核心问题。它的确定为大学在战略期内的发展指明了方向,提出了总的任务。高校目标体系的建立是基于准确定位的条件下,将高校愿景规划为教学、科研、社会服务等高校具体的业绩目标。高校战略目标的制定,既能推动高校目前的生存和发展,同时还要为明天的竞争做好准备,能为高校发展获取竞争优势。目标的制定,不但可以确定高校的发展重点,整体协调工作的统一性,而且可以激发师生员工的工作热情,进而提高工作绩效。一所高校制定战略目标的能力,主要表现为以高校校长为代表的高层管理队伍的战略眼光与集体智慧,更取决于动员高校所有成员积极参与战略规划的能力、协调高层战略管理与低层战术管理关系的能力、正确处理高校整体长远目标与局部近期目标关系的能力。

（三）战略选择

在进行了战略分析,确定了学校的战略目标后,接下来的工作就是战略选择。所谓战略选择,就是决策者通过对提出的几种战略方案进行评价、论证、比较,从中选择或者整合出相对优化的战略方案的过程。高校选择战略方案的能力,是高校领导专业知识、工作能力、管理理念、领导艺术的一种集成性素质表现。

战略选择主要包括以下两个部分。

第一,形成选项。在形成选项方面,至少要考虑三个问题：一是要突出一般战略,即相对而言有普遍意义的涉及学校各个方面的战略。如确定高校的各个学科群战略,即理、工、管、经、文、法各学科群在教学、科研和社会服务方面具体的竞争战略；确定高校在人力资源、财务、信息、后勤等职能部门的支持性战略。二是高等学校借以发展的机动方向,也就是当既定战略难以实现时,可以替代的战略。三是高等学校的战略得以实现的各种方法。

第二,评价选项。评价选项是组织校内外管理专家和相关人员,对各种选项进行分析、比较、论证并确定其价值与必要性的过程。通常要坚持四个标准：适应性、可行性、可接受性和协调性。具体来说,战略选择,就是要确定学校应采取的战略类型,一般地,学校的战略类型主要有以下几种。

（1）创名牌战略。这一战略的重点是学校管理层努力扩大学校的知名度和美誉度。为此，学校应注意形象的宣传和塑造，同时应引育一批名教师，努力打造自己的名专业，从而增强学校的竞争优势。

（2）创特色战略。这一战略就是使学校在人才培养、科学研究、服务社会等方面别具一格，具有独特性。专业设置上别具一格，学生所具有的专业素质独具特色，教学模式或课程设置独具特色等。

（3）专一化战略。这类策略是主攻某个特殊的细分市场。如某所行业特色高校在专业设置上专一化，通过将资源集中在某一方面或某一点上，从而以更高的效率、更好的效果为某一特定的战略对象服务。如武汉纺织大学坚持纺织特色发展，拥有国家重点实验室；2021年，徐卫林教授当选为中国工程院院士，学校成为湖北第一所拥有自主培养院士的省属高校；2023年，纺织科学与工程专业被湖北省确定为一流学科建设重点学科。

（4）效益领先策略。办学也是应该讲求效益的，不但要讲社会效益，也要讲经济效益。要注意降低办学成本，开源节流，充分利用学校各项现有资源，提高办学效益。尽管在此战略下教学质量不容忽视，但贯穿整个战略之中的是每年的培养成本要低于竞争对手。

二、战略实施

彼德·德鲁克指出："再好的计划也只是计划，只是良好的愿望。离开责任与实施，便只有许诺和希望而没有计划。"战略实施是战略管理的关键环节，是将战略规划转化为现实绩效的过程，是整个战略管理的主体，是动员整合人力资源并协调高校内外一切可以利用的资源，沿着高校战略的方向和路径，自觉而努力地贯彻战略，从而达成高校战略目标的过程。高校的战略实施能力是整个高校战略管理中复杂而关键的能力。战略实施能力包括：重构与战略相适应的组织结构的能力；合理的预算与资源配置能力；强有力的战略执行能力；应对不可控因素的战略调整能力；制定奖惩政策与激励制度的能力；信息、知识、技能交流沟通的能力；创新经验与项目推广的能力等。

对规划实施和监督是将战略规划转化为现实绩效的过程。战略转化成具体行动有三个相互联系的重要环节：一是战略操作化，也就是利用年度目标、部门策略与沟通等手段使战略最大限度地变成可以操作的具体事务。二是战略制度化，即通过学校的组织机构、资源分配等使战略的要求变成具体制度,落实到日常教育与教学活动中。三是战略控制化,主要措施是建立控制系统,并通过它监控战略实施情况,同时监督其本身的运行情况。

(一)战略发动

战略实施是一项复杂的系统工程,战略的最终实现很大程度上取决于学校中层及以下干部以及教职员工的理解、支持和全心全意地投入。因此,高校要做好宣传激励工作,向学校全体成员明晰学校内外环境变化给学校带来的机遇与挑战,使其认识到战略实施的必要性和迫切性;将战略目标与学校具体工作相联系,使大家意识到自身在战略中所担负的重大使命,激发大家的责任感;对学校的教职员工进行培训,使大家了解战略的内容、掌握战略实施所必需的理论知识、方法和技术。

(二)目标分解

战略总目标是组织长期的、总体的目标,因此,必须将其转化为更明确和更具时间性的分阶段目标。高校要制定学科建设、人才培养、科学研究、师资队伍建设等方面的分规划;要将战略的目标、任务分解到年度、学期,制订年度目标和工作计划;还要绘制战略地图,明确战略实施的行动解析图示和宏观创新点。

细化和分解责任。资源配置是实现规划目标最重要的保障,战略规划使资源能够按照规划确定的发展重点和目标进行配置。用于实现预期目标的资源主要包括:财力、物力、人才和技术资源。预算应该遵循规划,而不是规划遵循预算,预算政策应以战略规划为导向,把资金投向规划确定的重点发展领域,确保规划目标的实现。预算应根据规划执行情况,激励、支持和奖励在实现战略规划目标方面取得进展的单位。从战略制定到战略实施的转变需要校级领导到二级院部责任的转移。在完成规划制定工作后,要落实每一个目标的责任人,指明落实规划目标达成的关键和要达到的目标,制定并执行具体的行动计划。

绩效考核是监控规划目标实现状况最有效的工具。需要根据规划的重点和目标,督促二级单位根据目标实现情况编写规划实施进展报告,报告应主要以图、表的形式直观地表现目标实现程度以及与设定目标值的差距。

（三）制度保障

制度是思想转变为行为的中介，相应的制度是好的思想、规划实现的媒介。战略管理是高校发展的灵魂，制度建设是高校战略管理的具体载体。因此，实施战略管理要与各项具体管理制度紧密结合，将战略管理的目标和要求渗透到具体的制度规定中，将战略管理的目标制度化、具体化，确保战略目标得以实现。

（四）资源管理

资源管理包括资源获取、资源配置和资源转化，有效的资源管理是高校优化发展的一个重要保证。在市场经济条件下，高校要靠自己去积极争取资源。在进行资源配置时，要按照学校发展的战略目标，整合优化现有资源，将经费、房屋、设备、招生、晋升以及奖励等各种资源指标，按照一定的原则、方式、程序分配给各部门、各院系。在战略管理中，高校要注重资源的转化，主要从战略资源、政策资源、社会资源、各类基金资源、校友资源出发，实现外部资源转化，使大学、政府、企业、社会通过资源转化进行有机联系，实现各自的利益诉求。

三、战略评估

战略评估是高校战略管理的一个重要步骤。战略评估意味着对战略实施绩效的价值判断，让不同领域、职能部门的专家和参与主体聚集在一起，通过不同层面的评估活动，及时了解战略规划的执行情况，判断其是否达到了高校的目标，这样做还能够发现战略实施及效应扩散过程中存在的问题与不足，形成更为准确、切合实际的评判结论，为战略变革、战略改进和新战略制定提供依据，从而增强战略规划的真实性、可靠性和价值性，提高战略实施的效益、效率和效果。

在战略已经确定并加以实施时，往往会遇到既定战略与变化着的环境之间产生的矛盾，其结果会导致战略实施的结果偏离原定的战略目标。因此，在战略实施过程中有必要不断地进行控制与评价。

战略评估更加明确了战略内容的完整性、战略制定方法的科学性、战略定位的准确性以及战略目标的合理性，甚至会衡量出战略规划、战略实施与高校竞争优势保持、提高之间的一致性，以及高校教育资源与战略实施之间的匹配程度，这就给高校内部结构的调整优化指明了方向，进一步增强了学校内部结构要素之间及其与战略实施之间的协同效应，有利于高校结合现实环境的变化改变实现学校愿景与使命的策略，进而优化管理过程。战略执行过程中产生的实际结果与预定目标有明显差距时，要将信息反馈到战略分析、制定、实施等过程中去。

高校战略实施的控制与评价主要包括以下内容。

（一）设定控制标准

根据学校战略目标，结合学校的各种资源条件，对学校应该达到的绩效设定控制标准。如可以将科研项目数量、学术论文篇数及发表级别等作为控制与评价的参照系。学校的财务控制、教学过程控制、教学质量控制、成本效益控制等都应按设定的控制标准进行控制与评价。

（二）绩效监控与偏差评估

战略评估的基本目的是提供有关战略实施绩效的信息。这些信息所能达到的主要目的大致可分为"判断导向"和"发展导向"两大类。判断导向的评估强调的重点是过去的绩效，为判断哪些方面应该纠正和如何有效地衡量已实施的战略计划提供基础；而发展导向的评估更加关注的是如何改进未来的绩效，确保绩效预期清晰明确，识别通过相关战略评估的基本方法，修正和调整战略，改进高校战略，实施未来的绩效。通过一定的方式、方法和手段，了解学校各方面工作绩效，并将实际绩效与控制标准对比，进行偏差的分析评估。

（三）确定并采取纠偏措施

根据高校内外部环境不可预见的变化，学校要对战略规划作出相应的调整，使战略的实施符合客观环境或其他条件的变化，保证学校战略的实施能达到原定的战略目标。高校不应该在环境条件发生变化时机械地坚持原来的规划,需要经常进行总结以便及时进行调整。不可预见的变化并不意味着战略规划就没有用了,战略规划仍然有用,因为它迫使高校对其组织结构和环境条件进行系统分析,并通过设置发展方向和奋斗目标而产生凝聚力。

(四)关注外部环境因素的变化

外部环境因素的变化往往意味着学校战略赖以确立的基础发生改变,因此,必须对这些因素的变化予以关注。特别是其中一些关键因素的变化可能会给学校带来机遇或者挑战,所以更要密切关注,经常进行分析。

第三节 创新战略管理

近年来,许多高校都已经开始着力实施战略管理,这是十分可喜的。但与此同时,战略规划和战略实施脱节、战略规划难以实施的尴尬情况仍普遍存在于各高校之中,原因之一就是我国许多高校仍然停留在战略规划阶段,还未把战略规划、战略实施、战略评估这些战略管理的关键环节真正有机地结合起来。因此,要积极探索高校推进战略管理的途径和方法,学习借鉴西方发达国家高校战略管理的经验,使战略管理在高校高质量发展中发挥越来越重要的作用。

一、美国高校战略管理过程及启示

高校战略管理虽因其发展的背景和高校自身的条件而有差异和不同,但作为一种社会实践活动却有着共同的规律,其他国家的高校在战略管理的实践中探索出的先进经验和理论有其反映管理领域共性和先进性的方面。但是,战略管理作为特殊的社会实践活动,不仅有自身发展的历史逻辑,也有在特定历史阶段形成的各具本国特色的经验和理论。因此要深入研究我国高等教育发展的理论与实践,充分研究和借鉴发达国家的成功经验,总结我们在战略规划编制与实施中取得的经验,走出一条自己的路子。

(一)美国大学战略管理的发展

美国高校之所以能取得如今的卓越成就,与其持续不断地编制、更新及有序有效地实施战略规划是分不开的。美国高校管理十分重视有效的战略规划,并且在战略规划与管理过程中有着良好的合作与参与,从战略规划的组织机构、人员程序、内容等方面都形成了比较规范的体系。学者们普遍认为,美国高校战略规划萌芽于20世纪七八十年代,随着公共财政的紧张,西方国家普遍调整了高等教育财政资助政策,政府不断削减高等教育的公共开支,并加强了对高等教育质量和绩效的监控,通过各种形式的评估和认证,确保公共教育经费使用的效率。此外,入学人数的浮动、学生背景的多样化也为高等教育管理带来了新的挑战。面对外界变革对高校发展和内部运行的冲击与挑战,高校必须作出明确的计划以应对评估审查以及日益复杂的社会需求。因此,战略规划与管理的技术作为一种解决方案在高等教育领域应运而生。到20世纪70年代,美国大学管理者已经"没有任何一位否认战略规划的重要性和价值,而且人们一致认为规划应该是全面的",并且认为"用管理来提高质量、资金、市场、竞争与学术信念同等重要"。[1]美国的大学和学院在不断尝试中成功地摸索出了一套适用于大学管理的战略管理体系,使美国一批大学脱颖而出,它的战略管理思想为世界各国大学所效仿。[2]截至2020年,加州大学伯克利分校已开展30多次长短期规划,大约每5年规划一次。这些规划涉及校园空间设计、大学发展初具规模后的总体发展战略规划等内容,聚焦于学术发展的战略规划以及人才建设战略规划等领域。可以说,战略规划与管理的运用是美国高等院校适应外部环境急剧变化、积极应对激烈竞争局势的必然要求。[3]

---

[1] 乔治·凯勒.大学战略与规划:美国高等教育管理革命[M].别敦荣,译.青岛:中国海洋大学出版社,2005:133.
[2] 陈超.美国研究型大学的战略规划及其秉持的理念[J].外国教育研究,2013(8):118.
[3] 王轶玮.美国大学如何进行战略规划与管理[J].现代教育管理,2018(1):103-108.

(二)美国大学战略管理的特征

第一,设立专门的战略规划与管理机构。美国大学设立专门的战略规划与管理机构——大学战略规划委员会(University Strategic Planning Council, USPC)。USPC 通常隶属于教务长办公室或校长办公室,由学校内部各方人员代表构成,包括校长、副校长、院长、教授评议会主席、研究生院主席以及实施规划和学术事务方面的专业人员,还有教师代表和学生代表以及学校外部利益相关者(如大学校友、企业和社区组织代表等)。USPC 的职责包括对大学当前的使命愿景、价值观和规划进行审议,并提出修订建议;根据需要不断审查和更新战略计划,提出关于更新愿景、使命、价值观和计划的建议;在主要学科设置、长期学术规划、学校发展和预算政策等方面制定战略性优先事项和举措;征求大学利益相关方的意见等等。此外,USPC 还在促进大学利益相关者间关于战略活动的沟通、向学院院长和其他常设委员会提出建议、支持战略规划的实现、评估战略规划的实施效果等方面发挥着咨询、指导、协调和沟通的重要作用。

第二,重视规划过程的组织沟通与参与。美国大学战略规划和管理并不是少数领导或个人的意志和决定,而是学校利益相关者全员参与制定和实施的过程,并确保所有利益相关者都有渠道表达意见。大学通常会成立由教师、行政人员以及学生代表组成的规划委员会。有的大学也会邀请校友、规划编制专家作为顾问参加。委员会主席通常由教师或行政领导担任,或二者共同担任。卡内基梅隆大学从一所名不见经传的大学向世界著名大学的转变归功于其卓越的战略规划。第六任校长西尔特(1972—1990 年)大力推行战略规划与管理策略,1974 年学校成立了一个长期规划委员会,由 6 名院长、2 名教务长和 1 名事务副校长组成,西尔特任主席。在卡内基梅隆大学内,教职员工、学生、校友和校领导共同参与战略规划会议,经过一次次细致而激烈的谈话和辩论,产生了为学校卓越发展而制定的战略规划。该委员会的工作给学校带来了根本的变化。大学的研究预算从 70 年代初每年的 1200 万美元增至 80 年代末的 11000 万美元。机器人、软件工程等新领域的研究为学校在创新和问题解决方面赢得了声誉,更为重要的是,战略规划进一步转化为学校的主流文化,成为学校的管理常规。①

第三,战略规划与管理过程公示公开。战略规划过程和实施的公开有助于大学组织成员了解战略规划的步骤和进程,促进信息共享,帮助成员作出一致的战略选择,体现出决策的开放与公平,形成组织内部关注未来、关注发展的舆论氛围,更加利于战略的贯彻与实施。美国大学战略规划过程公开的主要手段有网页、广播、会议、宣讲等,其中专门的网页建设在公开规划文本、公布规划实施的进度中起到了主要作用。战略规划网站对战略规划文本有详细的公开,文本包括愿景使命、环境扫描、优先发展战略目标以及战略规划实施评价指标体系等部分。此外,网站对于战略规划的进程有详细记录。在战略实施和评价阶段,网络的公开也起到督促和监督作用。

第四,注重院系层面的战略规划与管理。美国大学战略规划与管理不仅仅在学校层面展开,在院系一级同样有战略规划管理活动,各部门和单位将根据战略规划委员会制定的战略目标和战略举措,制定其自身的年度目标和规划活动。为了鼓励持续的战略思考和问责文化,USPC会要求院长向校长或教务长汇报本单位修订的战略计划,然后对其进行批准审核。某些院系还设专门的战略规划与管理委员会,以指导学院的战略活动。战略规划委员会通常由院长担任主席,为院系层面的战略规划与管理活动提供了组织机构保障。

第五,外部组织保障:成立专业的战略规划与管理指导机构。美国大学战略规划与管理不仅有完备的内部组织建设和沟通手段,大学系统外部还有专业的战略规划与管理指导机构。于1965年成立的美国高校规划协会(Society for College and University Planning, SCUP),隶属于美国高等教育管理协会(the Council of Higher Education Management Associations, CHEMA),SCUP致力于在高等教育领域内促进校园规划,SCUP的成立为高校规划提供了专业的指导和交流的平台。协会由董事会、理事会、委员会和会员构成,协会的职责包括为从事高等教育的专业人员提供大学规划知识、提高高等教育管理者的规划技能、在实践的环境中为高校规划提供坚实的基础、分享高校规划的学术资源、促进专业人员沟通交流等。协会通过定期召开年会、地区会议、国际会议开

---

① 魏海苓.战略规划与大学发展——以卡内基梅隆大学(CMU)为例[J].比较教育研究,2007,28(9):57-61.

展学术交流,还成立高校规划研究院对大学战略规划进行专门的学术研究,发行期刊公开学术成果。此外 SCUP 提供资助和奖励计划,为创新型的高校战略规划提供资金支持,同时协会还表彰卓越的高校规划工作,激励高校和个人取得更大的成就。

第六,美国高校的战略规划内容既具有共性,又具有类型化差异。美国高校的战略规划通常由三部分组成,即大学使命和价值观陈述、战略发展目标及其实施计划。这三个重要组成元素构成了战略规划编制的线性进展路径,大学使命和价值观是指导战略规划编制的纲领,战略发展目标是战略规划的核心组成部分,在实施过程中需要进行适度调整。战略规划的第三部分通常是发展目标的实施步骤、措施和过程,部分高校的战略规划会非常详细地阐述这部分内容,但也有高校会通过自上而下的方式把实施过程分解到各相关领域和部门,然后通过自下而上的方式对规划实施结果进行综合监测。战略规划的第二部分,即战略发展目标所聚焦的领域,是目前美国高校战略发展规划突出解决的重点问题。

美国高校的战略发展规划聚焦的重点内容既具有共性,又具有类型化差异。战略规划的内容包括校园规划、投资规划、空间规划、战略性规划、政策和治理、设施规划、社区规划、学生服务规划、项目设计规划、院校研究规划、财政规划、学术规划、信息技术规划、教师规划和招生管理等。所有高校共同聚焦的规划重点主要体现在四个方面:一是丰富学生的就读经历,构建多元化和包容性的校园校风,加强实践学习等领域的长远规划,以此来改进本科教育质量;二是制定支持教师职业发展的策略,提升教师的归属感,增加教师的凝聚力和保留率;三是强化高校管理、教学、服务的数字技术现代化建设的规划,提升大学治理效能;四是围绕优质教学设定战略发展目标。这种普遍性的战略聚焦与美国高校倡导和践行的"以学生为中心"的办学理念是完全一致的。

第七,重视战略管理过程中的文化认同。美国大学战略规划与管理在组织机构、程序内容、支持手段等方面都形成了规范的制度化体系,并得到大学成员的价值认同,逐渐沉淀出战略规划与管理的文化,成为美国大学文化的重要组成部分。大学战略规划不是一项指令性计划,而是一种广泛共识基础上的战略。这就决定了大学战略规划的制定需要大学内外关心学校发展的多群体的广泛参与。[①]美国大学战略规划与管理文化涉及大学内部师生、管理人员对于战略规划与管理的理解，对战略规划与管理工作的支持与认同，对战略实施结果积极反馈并使用结果改进工作，支持战略规划与管理的组织机构等方面，实际上是一种谋略型、问题解决型文化，是大学使用战略规划与管理技术积极适应变革，思考自身未来发展的规范体系、行为方式和价值观念。美国大学战略规划与管理的过程鼓励平等交流和双向沟通，大学成员多元利益诉求都能得到尊重和考虑。同时，通过战略规划与管理的过程也可以显示出美国大学中作为科学管理文化的战略规划与学术文化良好地融合，专业的管理人员提供有效的技术支持，行政管理部门能够尊重学术、服务学术，高效的专业管理文化为大学质量和竞争力的提高提供了保障。

（三）对我国高校战略管理的启示

美国大学战略管理体系从形成到实施所呈现出的特点，值得我国高校借鉴。

第一，明确大学承担的使命。美国几乎所有高校的战略规划都阐述了学校的使命，许多高校在阐述使命时特别强调办学特色或国内外定位。例如，密歇根大学的使命陈述非常简略，"大学的使命就是学习，为州、国家和世界服务"，其进一步的目标陈述是："应该通过其学术计划的质量和管理，通过其学生、教师以及员工的成就，而把自己摆在21世纪领导者的位置上。"加州理工学院提出"真理使人自由"，其使命是通过拓展人类的知识，在自由、卓越、跨学科的氛围里教育学生成为杰出的、具有创造性的社会成员。[②]这些愿景与使命表达出了高校自身所要追求的目标，有利于其进行战略规划，为学校未来的发展指明方向。反观我国高校战略规划的制定，普遍缺少对大学的使命与愿景等问题的表述，极少部分大学能够提出明确的使命与愿景，绝大部分大学的使命与愿景仅仅是笼统的概述，并没有陈述出其特点。我国高校通常对政府出台的政策等外部环境变化的反应比较灵敏，而对外部社会环境变化的反应相对迟钝。因此，我国高校在设定办学目标时几乎很少能够真正关注

---

① 唐汉琦.论大学战略规划与共同治理[J].现代教育管理,2016(7):14.
② 李雄鹰.美国大学战略管理发展及启示：读《大学战略与规划：美国高等教育管理革命》[J].高等理科教育,2011(5):74.

相关者的利益,缺乏统一的理念和价值观。明确的使命和愿景的匮乏,使得高校战略目标愈加模糊不清,就像"失去了航向的轮船",而且极易被内外部复杂的环境所影响。

第二,建立专业的机构,负责和指导战略规划与管理工作。我国大学战略规划并不是高校管理的常规工作,有相当一部分高校没有战略规划,或者说用工作计划和长官意志代替了战略规划,规划过程中的组织和文化建设也十分薄弱。美国大学战略规划与管理的经验表明,我们需用一种深思熟虑的、系统的、专业的方式去审视大学的发展,并建立专业的机构来负责和指导战略规划与管理工作,增加与利益相关者的协商和对话,扩大组织参与,保证战略规划与管理过程的民主性与科学性。此外,在战略规划与管理的实践中,我们不仅要积极培育战略规划与管理文化,创造解放思想、不畏变革、积极应对的组织氛围,为大学的卓越发展提供支持性环境,还应在战略规划与管理中提升大学文化的内涵,打造战略规划与管理的精神内核,丰富大学的精神思想,创造出更有活力、灵活自信和富有创造力的中国大学。

第三,发挥大学校长的作用。战略规划能否有效地发挥作用,在相当大的程度上有赖于校长的态度与智慧。[①]我国高校实行党委领导下的校长负责制,校长是学校的法人代表和行政主要负责人,主持学校行政工作,全面负责教学、科研、行政管理工作,校长在高校战略管理中的作用是毋庸置疑的,扮演着多方面的角色。首先,大学校长应该是对大学的历史传统、优势与特色、大学的使命和大学的未来发展有深刻认识的战略谋划家。大学校长对于规划大学的美好蓝图要有战略性的思考。其次,大学校长应该是一名战略决策者。在信息化和思想多元化的今天,大学校长应该积极应对外界各种各样的变化,及时处理好内部组织人员的关系,并果断地调整决策。最后,大学校长应该是积极的战略促进者。大学校长在高校战略管理过程中要扮演好激励者和监督者的角色,不仅需要充分发挥管理才能,还需要不断激励和感召内部组织成员献身学校事业,促进高校战略的实现。

第四,规划目标多样化。不同类型的美国大学除了具备上述共同聚焦点外,又由于承担的高等教育办学使命、外部治理模式、经费来源等的不同,也显示出不同的规划关注点:研究型大学,特别是世界一流高

---

① 周巧玲.大学战略管理研究[M].北京:科学出版社,2009:79-147.

校作为美国高等教育全球实力的象征,非常重视国际形象的塑造、科研合作的国际化发展、人才引进和创新研究;公立高校作为所在州社会、经济、教育发展的动力源,格外重视与社区建立合作共同体,为地方发展提供教育、医疗健康、人文发展等众多领域的高品质服务;教学型大学以及文理学院作为以本科教学为主要办学任务的高校,更加关注改进决策绩效、优化课程教学、多渠道筹措经费,确保高校的持续性发展;社区学院肩负地方职业人才培养的重任,尤其重视培养学生的职业技能和社区发展参与能力。

二、推动我国高等学校战略管理的建议

近年来,科学制定战略规划在我国高校已经蔚然成风,但我们应该清醒地认识到,规划制定之后,必须有效执行才具有现实意义。因此,我们要积极探索高校推进战略管理的途径和方法,把战略规划、战略实施、战略评估真正有机地结合起来,使战略管理在高校现代管理中发挥越来越重要的作用,助力高校高质量发展。

(一)高度重视战略管理,全员树立战略管理意识

对战略管理进行深入认识是我们树立战略管理意识的前提条件。高校要推进战略管理,必须在高校全体人员中树立战略管理意识。高水平的学校领导是有效实施发展战略管理的核心。几乎所有好的大学都是因为有了有力的战略领导才获得成功的。"高水平的学校领导是学校最宝贵的资源。""高水平的战略领导必须有战略眼光、战略思维和战略勇气。"[1] 伯顿·克拉克在《大学的功用》中概括到,多元化巨型大学校长应是"领导者、教育家、创新者、教导者、掌权人、信息灵通人士",由此可以看出,传统意义上的大学校长角色已由单一性变为多样性。从上述分析也可发现,战略管理中的大学领导者的职能确已十分复杂,其使命可以分为战略家、实践家、思想家三种,而在整个过程中其角色都体现为领导者、组织者和推进者三个方面,总体上就是大学中的战略管理者。上层领导是学校战略的决策者,掌管着学校的战略目标方向;中层

---

[1] 刘献君.论高校战略管理[J].高等教育研究,2006(02):1-7.

领导既是战略目标的参谋者、制定者,又是战略目标实施的贯彻者,发挥着承上启下的作用。战略领导主要体现在以下几个方面:一是确立战略方向。战略方向包括两个部分:核心理念和学校前景展望。在对学校外部环境和学校发展历史及现状深刻把握的基础上提出自己的核心理念,并对学校发展前景作出展望,以此来统筹规划发展,汇聚力量、凝聚人心。二是确定战略重点。在战略方向的指引下确定自己的战略重点,如优先、重点发展的学科,学生培养中突出强调的重点方面等。围绕重点要着重提出几条超常规的措施,一段时间突出抓一两件大事,起到牵一发而动全身的作用,形成鼓舞人心的效果。三是建设学术和管理队伍。重视高层管理团队的建设,同时大力加强高水平学术骨干队伍的建设。四是培育学校文化。要围绕战略方向从硬件、软件两方面努力培育学校文化。学校校园、建筑、实验设施要与学校的发展方向相一致。领导者要善于将群众中好的思想、行为加以提炼、升华、宣传,使之成为学校的精神财富。

高校战略管理是全局性的工作,涉及学校的方方面面,需要学校所有师生员工参与到其中,理解、认同和支持学校的规划,使规划的实施具有坚实的群众基础。此外,科学民主、进取型的决策机制是战略管理的基础。高校应该注重集中社会、学校、研究机构诸方面的力量和智慧研究发展战略问题,通过教代会、职代会定期通报发展战略情报、战略态势,研讨发展战略问题,不断倡导拓荒精神,增强危机意识,优化内部综合决策环境,引导激励民意,夯实决策基础。防止学校的战略管理出现因思想、行动上"关门办学"的误判、漏判,导致战略决策损失。

(二)加快建设高等学校战略管理的相关组织

战略管理本身是思想性活动、整体性活动,战略的制定者和执行者都不可能独自承担,因此,应组建专门的战略研究机构。对研究机构要有明确的职能定位和专职的研究队伍,并且对研究人员的学术经历、学科背景和个性品格有一定要求,尽量从教授中寻找规划部门的负责人。规划工作人员要来自不同学科,从而实现多学科交叉,同时这些工作人员还要具有敢于发表不同意见、敢于说真话的品质。我国高校制定战略规划的程序应该是:顶层设计,内外结合,自下而上,自上而下,上下互动。在制定规划的前期,学校领导和规划人员要做好顶层设计,提出规划建议书。同时要跳出学校看学校,争取引进"外脑"为学校的战略规划服务。在规划制定过程中,学校上下互动,充分听取师生意见。战略规划编制完成后,要编制院系规划,把战略规划目标细化,将学校总目标分解为院系可考核的具体目标。要落实举措,将规划提出的原则性意见具体化为可操作政策。立足本校进行发展战略选择、战略方案设计、战略推进、战术配套系统完善、决策咨询、战略评价等具体工作。

建立完善的高校信息情报系统,实施战略分析。如果说组建学校战略研究机构是练好内功,那么,掌握和研究国内外赶超对象和竞争对手的信息则是练好外功的必备条件。竞争情报就是针对竞争对手、竞争环境和竞争策略等有关信息进行研究的产物。只有掌握整个行业的发展趋势,才能制定出有效、科学的战略发展规划。因此,高校应建立信息情报系统,该系统应该包括三个子系统,即外部宏观信息子系统、高校横向比较子系统、内部运行状况子系统。通过该系统既要掌握、研究政府的方针政策,广泛收集和研究国内外高校的信息资源,更要研究社会对高等教育的市场需求趋势与变化。系统的情报数据会让我们对战略执行情况有一个真实动态的把握,有利于掌握进度,发现问题。

建立高校战略管理专家咨询委员会。高等学校"自主办学"的前提是"面向社会",社会需求是高校发展的基本动力,因此,高校的发展一定要以社会需求作为基本导向。社会专家才是真正了解社会发展的群体,闭门造车、凭臆想作出的判断难免限于主观,因此制定战略发展的小组应通过各种渠道与政府工作人员、企业家等社会各个阶层人士广泛交流与沟通,听取他们对高校发展的意见和建议,从而形成社会专家咨询群体。高校还应特别注意发挥校友会的作用,请校友为学校的发展与建设出谋划策。

(三)科学制定战略规划,强化战略管理的基础和前提

高校要推进战略管理,必须从基础、源头抓起,即必须科学制定战略规划。首先,高校要形成明确的发展定位。这种对高校发展方向所达成的共识,能够形成一种强有力的精神纽带将所有人紧密地联系起来,共同为学校的发展出力。其次,要确立纵向一致和横向协调的战略目标。

战略目标的确立实际上就是对高校发展定位的一种回应。高校战略管理的目的是要实现高校整体绩效的最优化，因此战略目标的确立要保持纵向的一致性。但同时，由于高校整体利益的实现是通过大学内部各个部门的合作而实现的，因此还要保持横向的协调性。只有这样确立的战略目标才能成为高校所有人的共同追求。第三，要保持规划过程中的沟通性。学校相关职能部门要就各自领域的工作对学院进行规划的指导，在各个部门内部及部门之间都需要大量的、反复的上下沟通交流，以确保规划的连贯一致性，避免规划之间的冲突和不一致。

高校战略规划应根据高校各自的特色，清晰定位。不同类型的高校应有不同的发展理念和发展目标。形成与众不同、别人难以替代的特色，是一所大学贯彻自己的教育思想和大学理念，在激烈的竞争中赢得生存空间、占据一席之地的重要手段。我国许多学校的战略规划基本上是"相互模仿、相互复制"，大多是徒有其表的空壳，缺乏可操作性。高校自身独有的特性决定了高校战略规划不可能是"千校一面"的，而应该根据每所高校不同的文化传统和历史积淀，以及不同的地域和学科、人员构成，制定出多样化的战略规划。因此，每所高校的战略规划应该"因校制宜"，提出符合自身发展的战略目标，进而促进学校的高质量发展。

构建能够服务于学校战略目标的资源配置体系。在我国高校的资源配置中，"有所为，有所不为"是绝大多数高校的指导思想或战略选择，但是越来越多的高校领导体会到"有所不为"比"有所为"要困难得多。由于高校的资源配置缺乏必要的游戏规则，校领导很难应对"会哭的孩子"，结果是他们经常"有奶吃"。战略规划促进制度创新的主要任务，就是要构建能够服务于学校战略目标的资源配置体系。制定财政与资源专项规划，将财政和资源因素与战略规划相结合，可以保证资金使用的高效性和灵活性。资源配置机制的建立要借鉴世界高校的通行规则，逐步做到按学校建设目标和发展规划配置资源，建立战略规划、事业计划、财务预算的联动机制和协调关系，以利于形成校、院二级资源配置体系，加强学校的调控能力。

（四）着力推进战略实施，确保高校战略管理灵敏有效

战略实施是将战略规划转化为现实绩效的过程。战略规划是"自

上而下,自下而上",集中民智、反映民意的产物,因此规划的实施应该成为全校各单位和全体师生员工的自觉行动。要将规划中提出的目标任务进行分解,制定详细的时间表、路线图、任务书、责任状,并根据需要制定人才培养、科学研究、考核评价等分领域的改革方案,以及院系、学科建设、校园建设等配套的规划。要在规划编制过程中同步谋划规划落实工作,统筹规划的年度监测、中期检查和终期考核等工作,形成规划编制、实施、考核的管理闭环,着力改变重编制、轻实施的现象。但是,在以往规划实施的过程中,由于缺乏对院系实施规划过程的有力和动态监控,学校对于规划在运行过程中出现的问题、院系对于实施规划的意见和建议等信息,往往要等到一个规划期结束后才能调整,直接导致规划的制定和实施脱节。为有效避免这一情况的出现,确保战略管理的灵敏度,高校可以从组织结构上进行建设和调整,一方面建立高效的执行机构,既集体领导又分工负责,及时解决战略实施过程中的问题,推进战略实施;另一方面根据战略规划和实施的需要,及时调整院系设置和职能部门,以求实现学科交叉和加强为学校获取资源部门的力量。

注重长、中、短期规划的衔接和各类配套计划的制定,使战略规划真正落到实处。高校规划是学校各项工作的指南和纲领,是一个复杂的系统,在学校战略目标确定后,就应该围绕确定的战略目标理清思路、突出重点、统筹兼顾、科学合理地加以落实。长期规划主要侧重战略的构想,指明学校的发展方向;中期规划主要将发展战略加以细化,从教学、科研、社会服务等方面确定学校的发展重点;年度计划则与年度预算紧密结合,根据学校发展目标和重点来调剂、分配资源,使目标落到实处。这些中长期目标和计划,以及评估委员会对学校的评价结果、财务报表等,学校有义务向社会公开,在学校网站主页都能查阅,便于各界监督。

(五)建立战略评估机制,提高战略管理的效率和水平

高校加强战略管理的最终目的是提高办学水平和绩效,而规划实施绩效考核的结论是进行资源配置的主要依据。为此,只有建立起与资源配置真正挂钩的规划实施绩效评估机制,才能确保规划目标及各项指标落实到位。这种评估机制的形成包括规定绩效评估时间、确立绩效评估内容、选择绩效评估方法、规范绩效评估的程序以及检验绩效评估的效力。

首先,要建立健全战略评估制度。制度是思想转变为行为的中介,没有相应的制度,再好的思想、规划都是空的。需要建立的制度很多,如决策制度、教学科研管理制度、人事和财务管理制度等等,但以往比较容易忽视的是评估制度。评估制度主要包括:一是检查战略基础。通过检查了解构成现行战略的机会与威胁、优势与弱势等是否发生了变化,发生了何种变化,因何而发生变化。二是衡量战略绩效。对预期目标与实际结果进行比较,研究在实施战略目标过程中取得的结果。三是战略的修正与调整。在战略检查与绩效衡量的基础上作出持续战略、调整战略、重组战略或终止战略的决定。

其次,要完善自我评估机制。在大学内部成立发展评估委员会,对大学战略规划、实际结果与预期结果等进行评价并提出纠正措施,以保证战略规划与战略行动的一致性和可行性。[1]引进第三方机构参与评估,对校内各单位的资源利用效率作出评价。考察投入与产出的对比关系,进行成本分析,通过对其资源占用、消耗与工作业绩的综合分析,对校内各单位的资源利用效率作出评价。通过评估制度的建立和实施推动各级领导集中精力思考学校发展的大事,增强执行力,促进学校发展。

最后,要持续加强创新型文化建设。高校的战略管理不同于企业或者政府的战略管理,并不是一个纯理性的分析过程,需要更多地考虑高校内部文化的影响,强调组织成员的协调。创新性组织文化是高校战略管理的文化基础,组织文化影响和决定战略的制定,是战略实施的关键、战略控制的黏结剂和维持战略优势的条件。但组织文化与战略并非总是一致的,战略具有周期性,组织文化具有相对稳定性。组织文化既可以成为实施战略的动力,也可能成为阻力。组织文化的更替和协调是战略实施获得成功的保证,这就要求高校时刻警惕自身文化成为战略实施的阻力,持续加强自身创新型文化建设。

从重视发展战略到制定战略规划再到战略管理,是一个循序渐进的发展过程。办好高水平的大学需要制定相应的战略规划,一个以大学理念为基础、以大学使命为宗旨的战略规划对高校的发展可起到导向和精神的引领作用,而战略管理则是高校战略完成和实施的保证,要及时把

---

[1] 刘向兵,李立国.高等学校实施战略管理的理论探讨[J].中国人民大学学报,2004(5):140-146.

战略规划推向战略管理,组建相应的组织机构实施战略管理,使战略规划、战略实施、战略评估有机结合起来。我们相信,随着高校战略规划的制定和战略管理水平的不断提高,未来若干年,一批高水平的高校一定会源源不断地涌现出来。

第六章

高校人力资源管理

随着高校管理体制改革的深入,高校人事管理取得了很大的成就,但人事管理存在的问题也越来越凸显,过去高校人事管理是计划经济体制下形成的,人事管理形式化、缺乏灵活性,远不能适应现代人力资源管理的要求,制约了高校科学发展。因此,必须打破传统高校人事管理模式,研究新形势下高校人事管理的对策,建立适应新时代需求的人事管理模式,迎接新时代我国高等教育发展对人事管理提出的新挑战。

第一节 高校人事管理和人力资源管理

一、高校人事管理的概念

人事管理是指组织运用一定的手段和方法,合理有效地把人的因素与物的因素组织在一起,从而发挥各自的作用,实现组织管理目标。它既指一种管理实践活动,即如何让人做事和事得其人,所谓人事两宜或适人适事;又指一门科学,即研究人事管理的科学。

管理人和事的活动古已有之,原始社会的部落管理,奴隶社会的军事组织和生产组织等,从某种意义上说,都属于人事管理。但在人类社会相当长的历史时期中,人事管理并没有形成科学的管理理论。在人事管理作为一门科学诞生之前,这种活动叫劳动管理。人事管理作为

高校行政管理：理念与路径

一门科学,起源于美国。20世纪初叶,一些受商业、工厂和政府部门聘用的管理人员、科学家和工程师,从提高经济效益和工作效率的角度出发,总结和运用了历史上的人事管理经验,解决了劳动和劳动管理中的问题,从而使人事管理上升到了科学管理的阶段。当时的人事管理,指的是私人企业中员工的选拔和任用,初称为劳动管理,继而称为雇佣管理,后称为工业关系,20世纪20年代后称为人事管理。

在中国,凡是关系到工作人员本人、工作人员相互之间、工作人员与组织之间的事务,都是人事管理的内容。具体包括工作人员的吸收录用、招聘、调配、使用、培训、交流、岗位责任制(职位分类)、考核、奖惩、任免、升降、工资、福利、统计、辞退、退职、退休、抚恤和人事研究等一系列管理工作。随着人事管理内容的不断发展,出现了专门从事人事管理的部门。

人事管理是社会管理的核心,它在人们的社会生活中具有特殊地位和重要作用。高校人事制度改革在高校的改革发展中具有重要的地位和作用。

第一,深化高校人事制度改革是高校内涵式发展的迫切需要。高校的每一项工作都要靠人去完成,教学、科研、管理、后勤服务等各项工作的相互协调与发展,取决于从事这些工作的人的整体素质,取决于人和事是否相宜,取决于人事关系的协调程度。所以,高校的教学、科研、后勤管理以及其他各项管理,都建立在人事管理的基础之上,只有有了良好的人事管理,才会有良好的教学、科研、后勤等各项管理。可以说,高校人事管理是高校管理工作的核心。

第二,深化高校人事制度改革是推进协同创新的首要前提。高校通过人事管理使各方面的工作形成一个有机整体。高校中的每个职工各有其工作岗位,通过人事管理把从事各项工作的人员分类,使他们相互联系、相互依赖,形成分工协作、良性互动的关系。良好的管理服务和后勤服务能促进教学与科研的发展,教学与科研的进一步发展又对管理与后勤服务工作提出了更高要求,促进这些管理、服务工作再上台阶。人与人之间,不同岗位、不同部门之间都需要通过科学的人事管理,才能形成协调、互动、相互促进的关系。

第三,各项人事管理措施,直接关系到能否充分调动人的积极性、创造性。"人"始终是最核心的要素,也是改革发展的主体和依靠力量。科学、配套的人事管理措施,严格、周密的考核、用人制度,是充分调动人的积极性、创造性,合理利用人力资源,提高新时期高校的办学质量与办学效益的关键。

第四,高校内部的各项深层次改革,无一不涉及人事制度改革。学校的发展方向、办学模式、学科建设等重大决策,都需要在用人制度、分配制度、考评制度等各项人事管理制度中强化引导,才能得到全面落实。人事管理制度改革既是高校改革攻坚的重点,又是高校动员广大教职工的一切积极因素开拓创新谋发展、全面提高学校办学效益与整体水平的重要保证。当前,高校人才竞争更加激烈,在这样的背景下,高校如何调整好人与人、人与事之间的关系,发现人才、培养人才,充分开发人才资源,实现人尽其才、才尽其用,是关系到我国高校高质量发展的大事。

二、人力资源管理的内涵

人事管理随着时间的推移而不断变化和发展,从过去的劳动管理,到现代的人事管理,再到当代的人力资源管理,是这一变化的总体轨迹。

人力资源管理是指对人力资源进行有效开发、合理配置、充分利用和科学管理等活动的总和。人力资源管理的基本内涵在于,通过人才招聘、甄选、培训、岗位晋升、员工日常管理等增强人才资源实力,满足组织当前及未来发展的需要,保证组织目标的实现,并获得人力资源的最大效益。人力资源管理与人事管理两个概念并没有截然分开的界线,在实践中两者之间常常替换使用,在管理体制、功能、原理和方法等方面,两者都有许多共同之处,很多人也把两者当作一回事,我们也没有必要强求使用某一个名称而不准使用另外一个名称,但如果从学科的高度去理解,两者之间却存在着很多不同之处。从发展趋势来看,人事管理必将过渡到人力资源管理,后者是人事管理发展的新阶段。

人事管理与人力资源管理之间有以下区别。

第一,工作性质和地位不同。传统的人事管理部门往往只是上级的执行部门,是"成本中心",很少参与决策,属于静态管理,也就是说,当一名员工进入一个单位,经过人事部门必要的培训后,安排到一个岗位,完全由员工被动性的工作、自然发展。现代人力资源管理部门则处于决策层,是"利润中心"。直接参与单位的规划与决策,为单位的最重要的高层决策部门之一,属于动态管理,强调整体开发。也就是说,对员工不仅安排工作,还要根据组织目标和个人状况,为其做好职业生涯设计,不断培训,不断进行横向及纵向的岗位或职位调整,充分发挥个人才能,量才使用,人尽其才。

第二,内容不同。传统人事管理主要存在于雇佣关系从发生到结束的运动过程。人力资源管理不仅涵盖了传统人事管理的基本内容,而且向纵深发展,大大拓宽了原有人事管理的内容,形成全方位的管理。

第三,任务不同。传统人事管理以物为中心,重使用、轻培育,使用人,关注业绩,不关注人的成长,把人力视为成本。而人力资源管理则以人为中心,把人看作是一种资源,并且是最重要的资源,把开发这种资源的潜力当作首要任务。

第四,责任分担不同。传统人事管理的主要职责由人事部门承担,造成管人与管事之间的脱节。而人力资源管理强调其放射性和渗透性,将管人与管事统一。

第五,管理方式和手段不同。传统人事管理强调标准化的管理,管理手段较为刚性,主要运用行政命令的办法。而人力资源管理强调管理的人性化,理解员工的需要,采取人性化、柔性的参与式的民主管理,注重人文关怀。

三、高校人力资源管理的内容

高校人力资源管理主要是指高校采取管理措施,对人力资源的发掘、培训、激励和保持等进行计划、组织、协调和领导等一系列活动,以最大化发挥高校人力资源的作用、保障高校的持续稳定发展、满足经济发展对高等教育人才的需求,最终实现高校发展目标的一种管理行为。

高校人力资源管理的职能主要包括以下六个方面。

第一,人力资源规划。当前,不少高校仍停留在人事管理阶段,还未达到从战略角度考虑人力资源整体规划的程度。因此,如何从战略角度考虑人力资源的整体规划是高校领导者应该慎重思考的问题。

第二,招聘与配置人才。高校要发展就必须招聘优秀的人才,让整个人力资源流程呈现出良性循环发展。招聘录用工作人员时必须对其进行德、智、体全面了解,一般采取考试的办法,择优录用。工作人员被录用以后,要有一定的试用期。试用期间,对被试用人员的师德师风、专业技术水平、工作能力和身体状况等进行全面认真地考察。试用期满后,根据考察结果,对符合条件的人员予以正式聘用。正式聘用后其工资福利待遇按学校现行有关规定办理,其权利和义务得到法律保护。此外,人力资源管理中的一项经常性的工作是做好岗位聘任。根据工作的需要,本着学以致用、适材适所、发挥特长的原则,对员工工作岗位进行调整,调整好"人与人""人与事"的关系,推动人人尽展其才。

第三,培训与开发。即帮助员工不断提高个人工作能力,进行任职前培训和在职培训。培训分为外训和内训,方式和方法有很大不同,做内部培训最难的就是没有规划。因此,人事部门应该针对各级员工达到什么样的目的、用什么方式去评估培训效果、课程之间的关系究竟是什么等问题进行规划。

第四,考核评价。考核是人力资源管理中的一个基本要素,是"用人行政"的基础。通过考核,全面了解员工的优劣短长,可以为识别、使用、培训、调动、奖惩员工,以及实行按劳分配原则提供可靠的依据,也是激励先进、鞭策后进、巩固岗位责任制的重要措施。考核要以岗位职责和所承担的工作任务为基本依据,全面考核德、能、勤、绩、廉,突出对德和绩的考核。

第五,薪酬福利管理。即根据按劳分配、兼顾公平的原则,做好员工的工资定级、升级和各种保险福利工作。俗话说,钱虽然不是万能的,但没有钱是万万不能的。在中国,人才跳槽的原因最多的就是不满薪资福利待遇。

第六,劳动关系管理。主要包括员工的入职、异动、调岗、离职以及离职之后各种劳资关系的处理等。

综上所述,人力资源管理制度是高校管理的核心制度,高校在发展过程中一定要结合学校发展要求和员工实际制定出科学且完善的人力资源管理制度,这样才能最大限度地发挥人力资源管理的作用以及职能,从而有效提升高校教学科研水平,为高校高质量发展提供良好保障。

第二节 我国高校人事制度

事业单位是依法设立的从事教育、科技、文化、卫生等公益服务,不以营利为目的的社会组织。事业单位的人事管理始于20世纪50年代,但在相当长的一段时期内,并不存在单独的和严格意义上的事业单位人事制度概念,长期以来,我国事业单位工作人员管理一直沿用党政机关的管理模式。1992年,中国共产党第十四次全国代表大会明确提出,要按照机关、企业和事业单位的不同特点,逐步建立健全分类管理的人事制度,从此拉开了我国事业单位人事制度改革的序幕。此后,我国事业单位改革步伐不断加快,确立了以推行聘用制度和岗位管理制度为重点、逐步建立适应不同类型事业单位特点的人事管理制度的总体思路,并在公开招聘、岗位设置、收入分配、分类管理等方面取得了一定成果。

一、我国事业单位人事制度的建立和发展

我国事业单位人事制度改革实际上是从打破"铁饭碗"开始的,在某种程度上,这是源于对"大锅饭"低效率的一种反思和反省。经历了政府简政放权、人事制度深化改革、自主创新人事制度改革等三个发展阶段。从高校人事制度改革发展的过程看,其与国家其他方面的改革基本上是同步实施的,根本上是落实党中央的大政方针,实行与社会主义市场经济制度相适应的选人用人制度。

第一阶段:独立的事业单位人事制度初建阶段(1992—1999年)。1992年,党的十四大提出,按照机关、企业和事业单位的不同特点,逐步建立健全分类管理的人事制度,事业单位改革进入实质性阶段。1993年10月1日,《国家公务员暂行条例》和机关、事业单位工资制度改革同时实施,机关、事业单位的同一工资制度被打破,事业单位人事制度逐步成为具有相对独立性的人事制度体系,独立的事业单位人事制度初步形成。1996年,中共中央办公厅、国务院办公厅印发了《中央机构编制委员会关于事业单位机构改革若干问题的意见》。这是党和国家就事业单位改革下发的第一个专门文件。文件提出了事业单位改革的指导思想和目标,以及事业单位改革的具体措施。这一时期,改革重点是政府简政放权,高校自主管理,在健全学校内部管理制度、打破铁饭碗、体现按劳分配原则的精神指导下,开始落实高校人事分配自主权。

第二阶段:事业单位人事制度深化改革阶段(2000—2010年)。2000年,中共中央办公厅印发《深化干部人事制度改革纲要》,制定了2001—2010年深化干部人事制度纲要。《纲要》提出,事业单位人事制度改革要"以推行聘用制和岗位管理制度为重点,逐步建立适应不同类型事业单位特点的人事管理制度"。2001—2010年的十年间,原人事部相继出台了聘用制、公开招聘、收入分配、岗位设置等一系列规章制度,确定了符合事业单位特点、体现岗位绩效和分级分类管理要求的岗位绩效收入分配制度,全面推行公开招聘、竞争上岗,以聘用制和岗位管理为重点的事业单位人事制度基本形成,为由固定用人向合同用人转变、由身份管理向岗位管理转变,实现职务能上能下、人员能进能出、待遇能高能低奠定了初步基础。这一时期改革重点是高校用人机制改革,逐步实现从身份管理向岗位管理的转变。

第三阶段:事业单位人事制度改革攻坚阶段(2011年至今)。2009年,中共中央办公厅印发《2010—2020年深化干部人事制度改革规划纲要》,对事业单位人事制度改革作出明确部署。2010年中共中央、国务院下发《国家中长期人才发展规划纲要(2010—2020年)》,在体制机制创新中对事业单位人事制度改革工作提出明确要求。2011年,《中共中央、国务院关于分类推进事业单位改革的指导意见》和相关配套改革文件印发,事业单位改革第一次有了自己的顶层设计和系统谋划。2014年,国务院颁布我国第一部系统规范事业单位人事管理的行政法规——《事业单位人事管理条例》,对事业单位的岗位设置、公开招聘和竞聘上岗、聘用合同、工资福利和社会保险等方面作出具体规定,事业单位人事制度改革走向法制化轨道。随着改革力度不断加大,事业单位人事制度的改革逐渐走向深水区,事业单位改革进入不破不立的攻坚阶段。这一时期,高校人事制度改革强调完善机制制度,要求进一步实行岗位分类管理,全面推行公开招聘和实行聘用制,加强合同管理,探索多种分配激励方式,调动教职工的积极性。

二、我国高校人事制度基本脉络

在宏观教育管理体制变革的背景下,我国高校人事制度经历了制度初建阶段、制度重建时期、制度改革时期、深化改革时期、全面改革时期五个发展阶段。

(一)制度初建阶段(1949—1977年)

中华人民共和国成立初期,各项事业百废待兴,与20世纪下半叶计划经济时代特征相契合,这一时期的高等教育管理体制体现出浓厚的集权式与计划式管理色彩。高校的人事管理权限收归中央教育管理部门,高校以高度计划管理模式为主。1950年8月,政务院通过《关于高等学校领导关系的决定》规定:涉及包括教师配备调整在内的日常管理,由中央或各大区人民政府有关部门直接领导。此后,国家还相继推出了《关于教师升等及干部管理问题》(1954年)、《高等学校教师学衔条例》(1956年)、《关于高等学校师资的补充、培养和调配问题的规定》(1959年)。[①] 教师拥有干部身份并采用与国家干部相类似的管理模式。高校的教师编制数量、聘任数量以及队伍结构等均由教育管理部门以行政指令的方式加以规定。1960年3月,国务院颁布《关于高等学校教师职务名称及其确定与提升办法的暂行规定》,确定高等学校的职务包括教授、副教授、讲师、助教,高等学校教师职称的确定主要以思想政治条件、学术水平和业务工作能力为主要依据,思想政治水平为教师考核的首要因素。

(二)制度重建时期(1978—1984年)

改革开放后,高等学校整体处于逐步恢复教学科研秩序、探索建设教师队伍的状态,我国高校逐步走向正轨。在人事制度方面,重点关注规范教师职责、明确考核标准、建立教师管理的基本规范,教学工作量

---

① 赵俊芳.新中国成立以来我国高校人事制度回溯及评价[J].中国高教研究,2019(8):25-31.

是教师考评的主要内容。1979年,教育部颁布《关于高等学校教师职责及考核的暂行规定》(简称《暂行规定》)等文件,从教师职责、考核依据、考核内容、考核方法等方面,对高校教师管理进行了细致规定。[①]1981年,教育部下发《关于试行高等学校教师工作量制度的通知》(简称《教学工作量通知》),要求在教师评价中需将《暂行规定》与《教学工作量通知》结合使用,教学工作量要存入教师业务档案,作为教师培训、提职、升级的依据。1978年,教育部《关于高等学校恢复和提升教师职务问题的请示报告》得到国务院批复,执行1960年国务院颁发的《关于高等学校教师职务名称及其确定与提升办法的暂行规定》,"原来已经提升为教授、副教授、讲师、助教者,一律有效,恢复职称不需重新办理报批手续。"

(三)制度改革时期(1985—1992年)

1985年5月,中共中央、国务院召开了改革开放以来的第一次全国教育工作会议,《中共中央关于教育体制改革的决定》(简称《决定》)正式发布。《决定》明确提出"扩大学校的办学自主权"及"调整教育结构,相应地改革劳动人事制度"。我国教育体制改革全面启动,随后高校人事制度改革也围绕着教师聘任制展开。高等教育管理体制由集权式向分权式转型,高校获得了更为广泛的人事管理自主权。尽管教育主管部门对高校人员编制数量、人事预算以及职称结构等依旧进行宏观层面的把握与调整,但各高校已经基本实现了教师聘任、教师管理、职称评定、薪酬分配等领域的自主性。

这一时期,高校人事制度改革聚焦于教师职称职务评聘领域。1986年3月,中央职称改革工作领导小组发布的《高等学校教师职务试行条例》中规定:高等学校教师职务设助教、讲师、副教授、教授,各级职务实行聘任制或任命制。随后国家教委又出台了一系列教师职务评聘细则,高校教师聘任制改革全面启动。与此同时,国家教委首批将教授评审权和副教授评审权分别下放给32所高校和9所高校,开启了职称职务评聘的授权工作。1994年,国家教委、人事部下发《关于进一步做好授予高等学校教授、副教授任职资格评审权工作的通知》,明确了高校申

---

① 邢浩.政策工具视角下的高校人事制度改革[J].复旦教育论坛,2014(6):63.

请授权的必备条件、审批办法和监督机制。截至2012年12月,教育部已将教授评审权和副教授评审权分别下放给175所高校和123所高校,并于2012年底将高校副教授评审权的审批工作下放到省级教育行政部门。职称职务评审权的下放,在一定程度上有效激活了高校人事制度改革。

(四)深化改革时期(1993—2012年)

这一时期,高校人事制度改革进入制度设计与深入探索阶段。这一阶段的人事制度改革综合了岗位设置、聘用制、职员制、收入分配制度改革等,高等教育及高校综合改革整体推进、全面深化。国家于1993年、1995年、1998年先后出台《教师法》《教育法》《高等教育法》,高等教育法律法规体系逐步形成。1993年2月,中共中央、国务院发布《中国教育改革和发展纲要》(以下简称《纲要》),开启了新一轮的高校综合改革。《纲要》明确提出"积极推进以人事制度和分配制度改革为重点的学校内部管理体制改革",进一步强调实行教职工聘任制,运用激励手段,打破平均主义,调动教职工的积极性。《纲要》出台后,一批指导高校改革的政策文件相继出台,形成了高校综合改革的政策支撑体系。这一阶段的高校人事制度改革聚焦于工资制度改革。国务院于1993年11月下发《事业单位工作人员工资制度改革方案》,高等学校等事业单位的工资制度实现了与机关工资制度脱钩,随后国家教委又出台高校工资制度改革的实施意见。1999年,教育部下发《关于当前深化高等学校人事分配制度改革的若干意见》,针对机构编制、用人制度、分配制度等提出了明确的改革要求,再次强调教师聘任制,提出落实高校内部管理自主权,并建立人才流动保障和服务体系。这一系列政策安排为下一阶段推进高校人事制度改革打下了基础。2000年6月,中共中央组织部、人事部、教育部联合发布《关于加快推进事业单位人事制度改革的意见》《关于深化高等学校人事制度改革的实施意见》,再次明确指出"全面推行聘用制",并提出"建立符合高等学校办学规律、充满生机与活力的用人制度",重点强调"健全高等学校的分配激励机制",提出高校教师职务聘任制应由"身份管理"向"岗位管理"转变。以此为契机,高校人事制度改革进入崭新的阶段。各个高校在实施国家政策的同时,也制定了相关配套政策,将改革工作引向深入。此外,各高校开始实施弹性工资制度,职称晋升的标准由任教资历逐渐向科研产出倾斜。清华大学、北京大学等高校在这一时期先后探索建立了"非升即走"的聘用制度,在一定程度上增强了教师队伍的流动性,增强了人事制度改革的实际效果。

(五)全面改革时期(2013年至今)

2013年,教育部《关于深化教育领域综合改革的意见》颁布实施,要求推进高等教育领域的体制转型,建立完善的中国特色现代大学制度和治理体系,并于2014年7月,启动以北京大学、清华大学、上海市为试点的"两校一市"综合改革。"两校一市"试点改革方案以教师人事制度改革为重点,旨在激励教师队伍的科学研究效率,强化人才培养质量,标志着国内高校人事制度改革进入质量提升与管理优化的新时期。新时期,高校教师职称制度改革持续深化。2017年,中共中央办公厅、国务院办公厅颁布了《关于深化职称制度改革的意见》,提出"以用为本、科学评价、问题导向、分类推进"的指导性原则。同年,人社部、教育部联合发布了《高校教师职称评审监管暂行办法》,提出将高校教师职称评审权直接下放至高校,高校教师职称评审工作由教育行政部门、人力资源社会保障部门实施监管。2018年,中共中央办公厅、国务院办公厅印发《关于深化项目评审、人才评价、机构评估改革的意见》,提出要"科学设立人才评价指标。突出品德、能力、业绩导向,克服唯论文、唯职称、唯学历、唯奖项倾向"。国家宏观政策的指引,为今后高校教师职称制度改革指明了具体方向。这一时期的高校教师人事制度改革集中体现为三大发展特征。

第一,在宏观政策的引导下,师风师德建设是当下高校教师人事制度改革中的核心议题。2018年,中共中央、国务院在《关于全面深化新时代教师队伍建设改革的意见》中明确提出,高校需要建设素质优良的思想政治工作队伍,强化高校教师师德师风领域的制度建设。整体而言,高校教师的师德师风建设具有三个层面的意涵,其一是强化教师群体在思想政治层面的坚定性,其二是保障与提升教师队伍的道德水准,其三是巩固高校教师的学术规范和学术伦理意识。各高校设置党委教师工作部等专职机构,开展教师思想政治学习活动,强化对教师队伍道德水准的监督与考核,建立师德师风长效保障机制。

第二，推动教师聘任制的实施与完善是改革的重要发展趋势。为突破传统管理模式下高校教师激励匮乏与流动性不足的弊端，部分研究型大学与新聘教师签订一定期限的准聘合同，明确科研产出质量要求，只有教师通过高校学术委员会评审才能获得长聘资格。聘任制的实施成为各高校改善教师团队效能，提升整体学术生产力的重要举措。但值得反思的是，聘任制也可能使得高校教师（尤其是青年教师群体）承担过高的职业压力，对学术产出速度的强调可能有悖于学术积累的基本规律，从而有损于高质量学术成果的产出。

第三，建立多元化的教师评价机制是教师人事制度改革的主要着力点。长期以来，在政府学科评估的推动下，各高校均将科研产出数量作为教师评价的核心指标，这在激励高校教师科研产出、提升我国学术生产力方面产生了积极作用。但与此同时，高校教师"重研轻教"、科研产出数量膨胀而质量薄弱等一系列的负面影响也随之出现。

三、我国高校人事制度的特点

第一，坚持党的领导。党管干部、党管人才是我国人事管理的基本原则。习近平总书记指出："加强党对高校的领导，加强和改进高校党的建设，是办好中国特色社会主义大学的根本保证。"[1] 党对高校的领导是我国政治制度在大学制度中的必然反映，是我国现代大学制度与其他大学制度的本质区别，具体体现为"党委领导下的校长负责制"在我国高校管理体制中的根本性、决定性和指导性地位。所以，要求高校工作人员必须始终与党中央保持一致，坚决捍卫和执行党的路线、方针、政策。高校教职员工要把政治能力作为看家本领，深刻领悟"两个确立"的决定性意义，增强"四个意识"、坚定"四个自信"、做到"两个维护"，自觉在思想上政治上行动上同以习近平同志为核心的党中央保持高度一致，以过硬的政治能力推动党建，引领教育事业高质量发展。

第二，国家对高校工作人员实行分级分类管理。中央部委人事综合管理部门负责所属中央部委院校的人事综合管理工作。省级事业单位人事综合管理部门负责本辖区省属高校的人事综合管理工作。

目前，我国各类高校有三千所左右，面对这么庞大的高校群，我国是

---

[1] 马越. 习近平关于高校党建工作重要论述研究[D]. 中共辽宁省委党校，2003：17.

如何管理的呢？整体来说，我国高校从隶属关系上讲，分为两大类：中央部委直属高校和地方所属高校。

中央部委直属高校是指国务院组成部门及其直属机构在全国范围内直属管理的高等院校。目前，我国中央部委直属高校共118所。其中，教育部直属高校有76所，工业和信息化部有7所，国家民族事务委员会有6所，公安部5所，民用航空总局4所，其他大多部委都是1~2所高校。这些高校的共同特点就是实力较强、学科特色鲜明，是"211"高校，其中36所是"985"高校。比如北京大学、清华大学、天津大学、四川大学、复旦大学、武汉大学等老牌重点大学都属于教育部直属高校。有些是"985"高校，如北京理工大学属于工业和信息化部，中国科技大学属于中国科学院；有些是"211"高校，如大连海事大学属于交通部；有些属于一般院校，如北京电子科技学院属于中央办公厅，中南民族大学属于国家民族事务委员会，上海海关学院属于海关总署。这些中央部委直属高校工作人员由主管部委垂直管理。

地方所属高校（省属高校）是指隶属各省、自治区、直辖市、港澳特区，大多数靠地方财政供养，由地方行政部门划拨经费的普通高等学校（2500多所）。作为我国高等教育体系的主体部分，以服务区域经济社会发展为目标，着力为地方培养高素质人才。省级人事综合管理部门负责本辖区省属高校的人事综合管理工作。

第三，办人民满意的高等教育。习近平总书记指出，"群众满意是我们党做好一切工作的价值取向和根本标准，群众意见是一把最好的尺子"。[①] 做人民公仆，为人民办事，对人民负责，受人民监督，这是中国高校工作人员最根本的行为准则。在大学教育教学中应遵循以人民为中心的发展思想，应树立以学生为中心的理念，尊重高等教育规律和学生成长成才规律，满足学生正当的个性化需求，以是否有利于学生的自由全面发展作为教育工作的标尺。

四、高校人力资源管理的优化策略

人力资源管理是高校管理不可缺少的一部分，加强人力资源管理的

[①] 舒刚，徐为结．习近平关于高校党建重要论述的价值意蕴与践行进路[J]．国家教育行政学院学报，2023（10）：23-30．

高校行政管理：理念与路径

目的在于努力创造有利于优秀人才脱颖而出和充分发挥其才干的环境，激发教职员工干事创业的积极性。为此，必须立足现实、把握未来、突出重点，按照更高的要求制定相应对策，搞好以建设高素质教师队伍和管理队伍等为重点的高校人力资源管理。这样既有利于高校对人才的打造，也有利于高校的高质量发展。

第一，树立以人为本的工作新理念。传统模式下的人事管理工作在实施的时候，其强调的是以"事"为中心进行管理，即按照工作来选人用人，现代人力资源管理工作在开展的时候，则认为"人"是最为宝贵的资源，提倡在管理与工作过程中以"人"为中心进行管理，并且将人作为一种资源进行开发与利用，真正将人力资源提升到了一种前所未有的战略高度，同时也越发注重人的心理诉求、思想状况以及行为特征，在管理过程中注重人、事、职的有机统一，这样才能真正让高校人事管理工作效益得以提升，同时充分体现出以人为本的内在诉求。因此，高校在发展过程中一定要注重人力资源管理，在管理过程中树立起以人为本的管理新理念，坚持以教职工发展为核心开展人事管理，这样才能充分发挥高校教职工的价值与潜能，从而有效提升高校人事管理质量。

第二，构建新型的人才引进制度。高校之间的竞争关键在于人才的竞争，随着高校之间人才争夺的白热化，财力较强的高校，尤其是办学经费充足的东部省市以及"双一流"高校，动辄开出百万元年薪、三五百万元安家费等条件吸引人才，造成"马太效应"。相比之下，地方高校的人才政策、福利待遇、科研平台等吸引力稍显不足。因此，首先，高校应该针对自身人才实际需求，打破常规，创新引进人才举措，构建新型的人才引进制度。在这一过程中，高校除了具有传统的刚性人才制度之外，还需要构建不求所有、但求所用的柔性人才引进制度。例如，可以在编制有限的情况下实施专兼职结合的管理制度，具体而言就是从国外高水平大学、科研院所聘请专业技术人才，这样能借助人才所有权与使用权有效分离的方式，有效解决人才使用权及编制等问题。其次，对于一些较为紧缺的优秀人才，高校也可以在发展过程中采用低职高聘、破格提拔、委以重任等方式来进一步加大引进力度，抑或采用结对帮扶等措施来进一步优化高校师资队伍。

第三，完善教职工培训制度。高校在人力资源管理制度创新与优化的时候，需要从全局出发来全面且系统化地设计出人才培养制度体系，通过人才培养制度体系的完善来进一步提升人力资源管理质量和效率。

首先，完善员工培训体系。按照统筹兼顾、分类指导等原则开展教师培训与教育，同时还需要强化对干部队伍的培训和教育，这样才能有效提升员工培养质量。其次，完善教师培养制度。一是可以继续鼓励专任教师报读博士研究生，通过这一方式来有效提高教师学历层次以及科研水平；二是选派骨干教师到国内外高校科研机构研修，以掌握更多先进的教学理念及方法；三是安排相关教师到企业挂职，借此增强教师专业实践能力，从而提升人力资源管理效率和质量。

第四，创新人才评价机制。实施分类考核机制，不再用同一把尺子衡量所有的教职工。高校可以依据不同岗位的工作要求，设置分类考核指标，如行政管理人员从"德、能、勤、绩、廉"五个层面进行考核，教学科研人员重点从工作量和教学科研业绩等方面来进行考核，改变以往用同一套指标体系考核所有教职工的方式，将激励策略与考核结果挂钩，从而在学校内部形成良性竞争的意识，达到激励的目标。在这一过程中，关键是将评价考核的结果真正作为岗位聘用制的依据，严格按照"择优聘用、能上能下、能进能出"的原则进行岗位调整。对一些因为历史原因等各方面因素不再适应现岗位的职工，则需要结合其实际情况进行妥善地安排，如此形成较为合理的优胜劣汰机制。

第五，建设高素质专业化职员队伍。深化职员制度改革，是建设高素质职员队伍的题中应有之义。相对于教师职务聘任制度，教育职员制度明显滞后。当前，从外部关系看，高校职员制度与管理人员行政化管理存在异体排斥现象，职员队伍与教师等专业技术系列的关系还没有完全理顺。从内部关系看，职员职业发展通道和空间还不够畅通，任职和考核评价标准还不够规范。职员制的晋升条件、岗位职数设置等相关政策还不配套，而且职员制还没有在高校全面推行。深化职员制度改革，要进一步研究职员成长规律，科学设计高校管理人员职业化、专业化道路，规划职员队伍职业发展路径，实行职务职级相统一，弱化职员职级与行政级别的——对应关系，区分决策辅助、行政执行、一般事务等不同职责，实行分类管理。在优化管理流程的基础上核编定岗，确定岗位任务和任职条件，完善职员岗位设置、任职标准和考核办法，拓宽管理岗位人员的职业发展通道。

第六，构建新型的物质激励与精神激励机制。高校教职工不仅注重物质的满足，同时希望能够通过工作获得成就感和认同感，从而实现更高层次的价值。高校教师流动主要有薪酬待遇、事业发展机会和家庭因素三大原因。因此,高校应做到物质激励与精神激励双管齐下,构建两者相结合的机制,提高激励成效。首先,加大人员经费投入,提高教职工福利待遇。在高端学术成果奖励取消的背景下,高校需要严格按照上级文件构建新型的薪酬分配激励机制,使高校教师收入接近其所从事技术研发达到的薪资水平,保证教师队伍的稳定性。其次,重视精神需求,拓宽教职工自我实现的路径。要通过为教职工提供良好的工作平台,营造和谐的人际环境、拼搏进取的工作氛围和提供与时俱进的组织文化来满足他们的情感需求。再次,应充分尊重教职工在学校发展决策中的话语权,提供教职工和管理者之间双向沟通的渠道。如教职工可以通过校长信箱、教职工代表大会等途径来表达意见,职能部门应积极倾听教职工的声音,积极解决实际问题。最后,学校应该关注教职工的职业发展,建立通畅的职业晋升通道。在学校内部形成努力工作、不懈奋斗的良好风气,给高校发展带来勃勃生机。

第三节　高校人事制度改革的探索

我国高校人事制度改革的基本趋势是借鉴市场化方法和当代人力资源管理的原理和技术,进入新世纪后这种趋势更加明显。各高校围绕教师人事制度开展了一系列改革与探索(见图6-1),其中师德师风建设、教师分类管理和绩效薪酬是目前推行范围较广的改革举措。在政府宏观政策的引导下,教师队伍的思想政治素养与道德品质受到普遍重视。另外,为提升高校内部管理的科学性,多数高校建立了教学序列、科研序列等多元化的教师分类管理制度,并引入了绩效薪酬制度以提升教师队伍的产出活力。[①]

[①] 鲍威,戴长亮,金红昊,等.我国高校教师人事制度改革:现状、问题与挑战[J].中国高教研究[J].2020(12):21-27.

一、预聘—长聘制

改革开放以来,我国高等教育快速发展,短时间内从精英教育阶段,跨过大众化教育阶段,发展到今天的高等教育普及阶段。在这一发展过程中,建设一流的师资队伍成为我国高水平大学建设的重要内容和关键支撑,越来越多的高校引入了 Tenure-track 这种源于美国高校并已经在各国高等教育实践中证明有效的聘任制度,希望借此打破长期以来干好干坏一个样的"铁饭碗",建立起基于绩效考评基础上"能进能出"的用人机制,以激发教师队伍的潜力和活力,提升师资队伍整体水平。

英文 Tenure-track 在国内有不同的译法,有人将其直译为终身教职制,也有人将其直接等同于我们现在耳熟能详的"非升即走"(Up-or-out),本书将其译为预聘—长聘制,简称预—长聘制。预—长聘制借鉴了当时英国、德国等国家的聘任评价模式,是由美国大学教授协会(AAUP)倡导发起的旨在保障教师工作权的一项制度安排,由前期的"非升即走"为主要特点的预聘制和符合条件后终身聘用的长聘制两个部分组成,并被越来越多的国家吸收采用。[①]

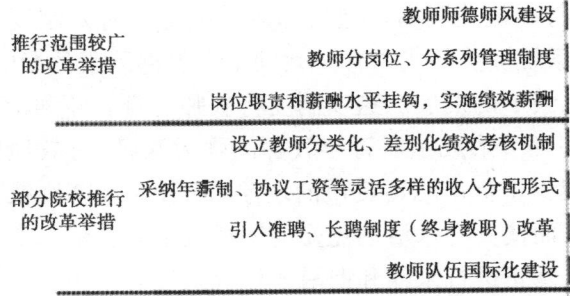

推行范围较广的改革举措	教师师德师风建设
	教师分岗位、分系列管理制度
	岗位职责和薪酬水平挂钩,实施绩效薪酬
部分院校推行的改革举措	设立教师分类化、差别化绩效考核机制
	采纳年薪制、协议工资等灵活多样的收入分配形式
	引入准聘、长聘制度(终身教职)改革
	教师队伍国际化建设
少数院校推行的改革举措	健全同行专家评议制度
	逐步取消事业单位编制,实行全员合同聘任制
	推进交叉学科建设,实行教师校内"双聘"制

图 6-1 高校教师人事制度改革的现行举措

在前置的预聘环节,由高校与助理教授之间签订合同,规定助理教授在试用期限内,学校给予的支持条件和任务要求,经过严格的考核,

[①] 李志民. 引进预—长聘制 "Tenure-track" 的是与非 [J]. 中国计算机学会通讯, 2021 (8): 56-60.

符合相应的条件才能晋升为副教授,同时获得终身教职;如果没有通过考核则不再续聘,应聘者只能离开这所高校,另寻出路。对于试用期时间的规定,大部分美国大学都接受了美国大学教授协会提出的七年试用期,并成为一种约定俗成的期限。

在晋升考核条件方面,美国高校教师的晋升主要从科研、教学和社会服务三个方面来衡量。科研主要看发表的论文、出版的著作以及承担的科研项目;教学取决于学生和同院教师对其教学质量的评估;社会服务指教师为学校所在社区提供服务的情况。在晋升程序方面,美国高校教师晋升程序包括晋升条件审议、本人申请、同行专家意见、系级评审、院级评审、校级评审等,其中起主要作用的是同行专家意见。

后置长聘环节的初衷源自美国对于学术自由的重视和保障,也就是我们经常说的终身教职。20世纪初,美国大学教授协会和美国学院协会在联合发布的声明中,曾对长聘制作过这样的界定:在聘期内,除非学校财政困难,或教师所授课程停开、专业停办,抑或教师出现重大违法违纪行为,否则教师可以一直工作直至退休。这句话一直被认为是美国高校教师聘任制度的基石,也是大学理念得以实现,优秀人才得以集聚的重要保障。

预—长聘制是美国高校选拔和激励教师的有效制度,从根本上说,是保障经过系统训练的优秀青年教师不受外部因素的影响,集中精力探索未知,解惑当下的发展。这项制度将教师自身利益和学校发展捆绑在一起,在预聘环节形成了对青年教师的强大激励,有效地鉴别了学术能力的差异,减少了劣币驱逐良币的现象;而长聘环节则赋予了教师职业安全保障,从而使其学术活动免受财团或政治宗教势力等其他权力体系的侵犯,可以真正进行未知和前沿的研究。该制度主要靠以下三个环节保障:一是筛选鉴别。预聘环节通过较长的学术历练和观察期进行"优胜劣汰",有助于将真正具备学术能力的研究人员吸收进学术共同体。二是培育成长。美国的青年教师进入预聘环节后,学校不但会给予充沛的实验室资源、稳定的薪资和社会保障,最重要的是教师可以选择自己感兴趣的独立研究方向,而不必要依附于其他教授。经过一段时间的精心培育,高校筛选出货真价实的学术人才,然后再给予这部分人不受干扰、不被解聘的职业特权,创新思想也就水到渠成了。三是学术保障。科学家也是人,也需要有尊严地生活,那么保障有学术能力的人在没有后顾之忧的情况下去探索新的领域也就是应有之义。它在一定学者基数下所爆发出来的科研产出和成就是相当惊人的,美国科技的领先及其高校的创新活力很大程度上是得益于这种制度安排。

在我国,清华大学于1993年率先引入该制度,开一时风气之先,而北京大学出台的人事改革方案最为有名。为实现"世界一流"大学的目标,北京大学于2003年仿照美国哈佛大学的教员分级淘汰机制,将教师职称作为聘任合同类型的依据:教授给予长期教职,副教授、讲师为固定期教职,在规定期限内未能晋升职称者,校方不限期续聘,从而构建了我国高等教育领域"非升即走"制度的雏形。随后复旦大学、中山大学等"985""211"工程大学相继跟进,推出了类似的改革措施。我国的"预—长聘制"借鉴了美国的终身教授制度,破解了事业编制"铁饭碗"的弊端,促进了人才在合作竞争机制下挖掘潜能、积极工作,实现了聘期合同与固定合同的有机平衡。各校具体办法虽有所不同,但强化考核,对固定聘期内未能晋升者不予聘用是其共同特点。

"预—长聘制"的教师在入职之时并未入编,而需要在首聘期内完成额定任务或晋升专业技术职务后,方可入编并转为长聘教师,未完成相关任务或未达到有关条件的予以淘汰。应该看到,在人才招聘、引进过程中,对人才师德表现、团队精神、教研实力、发展潜力往往难以量化评价,这就使得高校人才招聘、引进存在盲区或死角。在此情况下,通过"预聘—长聘制"的"缓冲期""适应期",为人才引育、考评腾出时间与空间,能够更加全面、深入地考评人才,真正做到优选人才、激活人才、培育人才,从而达到"人职匹配""人岗匹配"的目标,最大限度实现人力资源的优化配置。

我国高校也根据实际情况进行了变通和改进,比如一般是六年的试用期、"老人老办法、新人新办法",有的学校采用三年加三年的两次考核(特别优秀者三年就可获得长聘),也有学校更强调"非升即走"而模糊长聘性质等。其间,国家也加强了政策引导,教育部在2014年底发布的《深化教育领域综合改革实施方案(2014—2018年)》,要求将全面实施"预聘—长聘"制度作为先期综合改革试点高校的重要改革内容;在2018年的《关于全面深化新时代教师队伍建设改革的意见》中,更是直接提出了"准聘与长聘相结合"的重要政策导向。从体系角度来看,预—长聘制恰恰找到了终身制与任期制(合同制)之间符合学术人才发展与改革的着力点。预—长聘制除了激活人才创新活力之外,还因为与海外名校人事制度、体系接轨和衔接,创造了众多优秀留学人才归国发展的基本条件。

当然，预—长聘制不是没有问题，尤其是在我们几乎照搬的情况下，来自中美两国文化、认知、政策和法律配套等各方面的巨大差异都会造成该制度在接地气时的阵痛。比如在认知方面，美国预—长聘制是基于高校自治的传统，由教师群体发起，行业呼应，在学术共同体内部自下而上形成的制度。而我国预—长聘制是由政府支持，高校发起，行政主导，教师配合的自上而下实行的，在缺乏教师广泛讨论形成共识基础以及在尊师重教的情况下，非常容易产生利益纠葛和博弈。再比如从目的上看，美国高校"非升即走"的重点在多数"升"，即通过培育扶持，选育结合，重点是培养，优上增优，"升"的是多数。而且由于美国学术人力市场的开放，市场选人的心态普遍认可，即便淘汰的教师依然相对较容易获得另一份工作；而在中国少数高校，预—长聘制的重点变成了多数"走"，在中国一些高校的眼中，预—长聘制完全理解成为末位淘汰，异化了这项制度的初衷。

从制度本身来看，预—长聘制其实并不复杂，完全可以看成一个企业人事制度中试用期—正式聘用的高校变形版本而已。但预—长聘制之所以能够成功，得益于选人选得对，留人留得准，而这一切都要建立在实行真正的同行评议这项制度之上，说同行评议是预—长聘制度的根基毫不为过。同行评议主要是依靠专家群体对同一学科领域，采用同一种评价标准，共同对本学科领域的某一研究成果进行各自独立的价值评议过程。

需要注意的是，"预—长聘制"要以充足备选人员为基础，只有优秀人才充裕方有筛选的可能性与现实性。因此"预—长聘制"往往适用于"双一流"建设高校或传统优势学科，对于应用型本科高校、高职院校而言暂时缺乏可选性。

二、考核评价制度改革

2020年以来，中共中央、国务院、教育部、科技部相继出台一系列文件，对新时代教育评价改革、人才评价破"五唯"工作提出指导性意见，为新一轮人事制度改革提供了新契机，提出了新要求。换言之，人事制度改革作为新时代教育评价改革的重要组成部分，在人才招聘、引进、培育、使用、评价过程中，承担着破除"唯文凭""唯论文""唯帽子"等重任。因此，高校通过人事制度改革，能够有力推进"双一流"建设、应用型转型等学校事业发展。

加快建立一套科学合理有效的以岗位为基础的绩效考评体系已成为高校人事制度改革的紧迫任务。绩效考评机制关系着高校岗位聘任制度的实施、高校人员退出机制的完善和高校工资激励机制的制定等诸多环节。不少高校纷纷建立以岗位职责为基础，以品德、能力和业绩为导向的符合自身特点的绩效考评机制。绩效考评机制以高校战略发展目标为出发点，坚持公开透明原则，使考核得到教职工的认可；坚持定量考评与定性分析相结合原则，使考核更具全面性；强化考评结果的反馈和运用，使考评工作真正发挥作用，不流于形式。

教育评价事关教育发展方向，有什么样的评价指挥棒，就有什么样的办学导向。分类化、精细化管理作为人力资源管理的重要内容，已成为高校人事制度改革的必然趋势。分类别、分学科构建教师考核评价体系，有利于调整教研失衡状态、优化人力资源配置，帮助优秀人才多渠道成才、优质化发展。应该看到，不同学科的性质、实力、规则、周期以及成果数量、成果形式、成果效率存在显著差异。因此，高校要贯彻中央有关破"五唯"的文件精神，坚持人才培养导向，完善立德树人体制机制，健全引导教师履行教育教学职责、潜心教书育人的评价制度，进一步突出教育教学实绩和立德树人成效。总体而言，坚持奖惩性评价与发展性评价相结合，按照岗位、学科进行分类管理，每类岗位、学科的考核期限、内容、指标各不相同，不断细化考核评价体系，促进人才成长，激发人才潜能，力促"人职匹配""人岗相适"。当然，还要根据人才需求、潜能等实际情况，采取"一人一议""一事一议"的方式，确定人才考核评价的时间、周期、形式，切忌采取"一刀切""形式化"的考核评价模式。

以此为导向，一些高校在实施师德师风、教学质量"一票否决制"的基础上，根据不同学科、不同岗位、不同职级，分门别类设置考核内容、体系、方式，体现差异化评价、科学化引导、长效化发展，力争破除考核评价失真、以评促建不够、同质评价严重等制约要素。比如，有的高校设定人文类、社科类、理工类、医学类等评价体系，有的设定教学为主型、科研为主型、教研并重型、社会服务型等评价标准，并坚持同行评价为主，适度引入市场评价、社会评价，实现分类化、多元化考核评价。再如，教学为主型教师评价，采取个人述职、面试答辩、领导评价、同事评价、同行评价、学生评价、教学竞赛、实践操作、业绩展示等方式，考评学科建设、课程建设、教学质量、教改研究，由此增强评价的针对性、精准性、实效性、育人性。如围绕职称评聘、职级晋升，北京大学设置了理工医学类和人文社科类细则，中国人民大学设定了人文类（艺术类、非艺术类）、社科类、理工类细则，上海交通大学设定了理工类、人文社科类细则，进一步引导教师分类考评、优势发展。

构建科学的考核评价制度。一些高校针对不同岗位制定不同考核标准。教师的考核评价体系能较全面反映教学、学术研究与科研、学科专业建设、社会服务等基本内容，通过制定合理的考核评价程序、方法，以定性与定量相结合的方式来实现。制定教师学术研究与科研工作的考核评价标准时，注意区分不同岗位级别，对二、三级专业技术岗位人员，突出高水平"质"的要求；对其他级别岗位，反映"质"和"量"的综合性要求。学校对各级各类人员的考核评价，充分发挥学校二级单位、校内外同行专家在考核评价中的作用，构建科学的考核评价工作机制，并接受广大教职工监督，充分保证考核评价工作的客观、公平、公正。

三、薪酬激励制度改革

党的十八大以来，党和国家高度重视科研人员薪酬制度改革，出台了一系列政策举措，科研人员薪酬分配制度不断完善，创新人才成长得到持续激励。2023年7月11日，习近平在中央全面深化改革委员会第二次会议上的讲话指出：要把推动高校教师、科研人员薪酬分配制度改革作为统筹推进教育、科技、人才事业发展的重要抓手，逐步建立激发创新活力、知识价值导向、管理规范有效、保障激励兼顾的薪酬制度，进一步激发高等学校、科研院所创新创造活力。不少高校针对绩效激励的制约要素，根据人才的突出业绩、特殊贡献、巨大潜力，实行协议工资制、项目工资制、岗位奖金制、年薪制等多元化薪酬体系，并允许不同系列、不同岗位之间存在薪酬差异，打破"唯论文""唯帽子"的人才评价弊端，进一步优化业绩评价与激励机制，鼓励教师潜心教书育人、多出标志性成果，将论文写在祖国大地上。

（一）年薪制

当前，人才强校被许多高校确认为事业发展战略之一，高层次人才对促进高校学科发展、提升学校核心竞争力和美誉度等发挥着关键作用。高水平年薪已成为高校吸引优秀高层次人才的有力手段。

年薪制这一薪酬模式起源于西方现代企业,是伴随着职业经理人队伍的出现而产生的一种薪酬分配制度。它以年度为周期确定经营管理者的工资方案,一般由基本年薪和风险收入两部分组成,前者与经营管理者的权力和承担的责任相关,为相对固定的保障性收入,后者则与经营管理者的付出以及企业经营好坏的结果挂钩,具有较大的风险和不确定性。年薪制的发放形式,使经理管理者的目标与企业所有者的目标一致,形成对经理人的有效激励和约束。总体来说,年薪制具有对象的特定性、考核的长期性、薪酬的风险性等特点。高校教师的工作也有这种性质,他们的贡献无法用产品的件数来计算,因而是最适合于年薪制的人群。事实上,西方国家的大学都是实行年薪制的,通常政府只是承担高校经费的一部分,员工薪水由校方支付。

高校的年薪制是针对高校教师在学校建设发展中的贡献大小来确定的,由学校发放每年薪酬的制度。年薪制包括效益年薪、基本年薪、奖励绩效三个部分,是具有市场竞争力的薪酬待遇模式。在这一模式中,效益年薪主要以考核部门所评定的年度任务指标完成情况为依据,基本年薪特指按月发放的岗位基本工资,奖励绩效主要是为超额完成预定任务指标或作出突出贡献的人员发放。在此制度下,教师从学校获得的薪酬是一个固定的数字,其大小取决于教师的作为、学校的支付能力和价格变动因素。教师的薪酬在下一年度是否变化,要看是否晋级、是否有突出业绩。如有,则在次年的年薪中增加这两个额度。除此之外,教师不再从学校领取任何形式的额外薪酬。当然,教师的总收入中,从学校以外再获得一些,只要是合法的,学校也不会干预(如股票投资、稿费等收入)。

高校实行高层次人才年薪制将大大提高教师的工作积极性,使经费投入发挥更大的效益。一是充分发挥薪酬本身的激励作用。高校薪酬管理制度虽然经过多次改革,但仍存在竞争性、公平性、激励性不足的问题。年薪制改变了原有的薪酬形成机制,不一定意味着高薪,但对其中的顶尖人才往往能提供明显高于普通教师岗位的待遇水平,有利于吸引和留住优秀人才。同时,年薪水平应与人才的最大生产力相适应,体现出对知识和人才的尊重,也能最大限度地激发高层次人才的潜力。二是做到收益与贡献对称、收入和约束相伴。年薪标准一般根据人才的受教育水平、工作经历、学术能力等因素综合确定,针对不同层次人才实施不同水平年薪。同时,年薪制一般也会明确与岗位责任、工作业绩相适应的绩效考核机制和浮动标准,薪酬水平兼顾效率和公平,发挥了年薪制本身的激励和约束作用。三是有利于减少学术功利化的短期行为。年薪作为一种有期限的协议工资,为高层次人才开展工作提供了相对充足的时间,配以科学合理的绩效考核标准,具有稳定性和保障性强的特点,既适应科研工作规律又能激发人才的创造性。高层次人才不用围绕着每年的考核指标挣工分,可以有充分的自由空间专注于最擅长、最有热情的学术领域,合理规划研究工作,这样有利于减少功利性,促进高质量学术成果的产生。

(二)协议工资制

2017年4月,教育部等五个部门出台的《关于深化高等教育领域简政放权放管结合优化服务改革的若干意见》明确提出:在核定的绩效工资总量内可采取年薪制、协议工资、项目工资等灵活多样的分配形式和分配办法。一些高校根据师资团队建设要求,积极探索引入协议工资制、年薪制、项目工资制,进一步完善内部薪酬奖励结构,将人文关怀融入教职工的日常管理中。

协议工资制响应人力资源和社会保障部组织实施人才服务专项行动,推进高校薪酬制度改革,包括绩效奖、岗位工资、津贴补贴三个部分,需要依据人员岗位、贡献、工作能力等情况,以双方平等协商的方式,确定劳动报酬。一般需要按同一类别教职工档案工资水平进行测定,每年协商一次,低职高聘或高职低聘,一个岗位一种薪资待遇,薪资待遇随岗位变化而变化。在这一考核评估模式下,基层教职工的工作积极性、主观能动性可以得到大幅度提高。

(三)项目工资制

项目工资制是教育部《关于加快直属高校高层次人才发展的指导意见》的重要内容,主要是针对承担重大科研项目中阶段性任务较重的学校临时聘用、柔性引入创新人才。在项目周期内,经学校与人才协商确定项目薪酬总额,定期从项目经费中列支并根据工作任务完成情况进行发放。这一模式可以进一步激发人才创新、创造活力。

四、职员制改革

高校管理人员数量较多、学历层次和素质也较高,管理人员对高校的重要性不言而喻。调动这部分管理人员的工作积极性,开辟晋升职级的通道,拓展职业发展空间,一直广受关注。高校职员制的提出,正是按照国家确立的事业单位人事制度改革的总体方向,结合教育系统的实际情况和特点,以制度创新为先导的一种新型人力资源管理思路。

高校职员制在很多学校都已经开始实施,但是制度本身还是处于探索改革阶段,并没有形成完善、成熟、有效的通用体制模式。各高校都是根据自身特点,互相借鉴模仿、逐步摸索创新,同时还要兼顾体制改革带来的众多问题和影响。所以,目前已经实施或正在实施的高校职员制,仍然需要改进。事业单位改革的趋势不可逆转,改革的目的也已经非常明确,这些都为高校职员制的规范化和有效化,为实现真正意义上的职员制度提供了有力的保障。

我国高校职员制的发展可以分为以下三个阶段。

(一)萌芽阶段(1993—2000年)

1993年,国务院颁布《关于机关和事业单位工作人员工资制度改革问题的通知》,提出实施职员职务等级工资制。1995年,人事部颁布了《事业单位工作人员考核暂行规定》,该规定中明确提出要对专业技术人员、职员和工人进行考核,这是第一次正式将事业单位管理人员称为职员。《中华人民共和国教育法》第三十六条规定:学校及其他教育机构中的管理人员,实行教育职员制度。《中华人民共和国高等教育法》第四十九条规定:高等学校的管理人员,实行教育职员制度。

(二)初步探索阶段(2000—2010年)

2000年,中组部、人事部颁布《关于加快推进事业单位人事制度改革的意见》颁布;2002年,国务院办发布《关于在事业单位试行人员聘

高校行政管理：
理念与路径

用制度的意见》；2003年，人事部印发《事业单位试行人员聘用制度有关问题的解释》；2006年，国人部颁布《事业单位岗位设置管理试行办法》，明确提出管理岗位划分为一级至十级职员岗位。一系列文件规定的出台，明确了事业单位人员实行聘用制，要求实现管理人员由身份管理向岗位管理转变、由行政任用关系向平等协商的聘用关系转变。高校建立职员制，符合事业单位人事制度改革的方向，但如何建立高校职员制却是一项前所未有、亟待探索的制度创新工作。教育部于1999年发布了《高等学校职员制度暂行规定（征求意见稿）》，2000年6月中组部、人事部、教育部发布的《关于深化高等学校人事制度改革的实施意见》中指出"先在部分高等学校进行试点，在取得经验、完善办法后逐步推开"的工作要求。同年，教育部选取了五所高校组织开展高校职员制的试点工作，这五所高校分别是：武汉大学、华中科技大学、华中师范大学、厦门大学、东北师范大学。2003年中国农业大学加入试点行列。2004年人事部和教育部决定在首批试点基础上共同推进新一轮试点。

山东农业大学在2000年开展了职员制度改革试点，把职员界定为：学校党政管理机构中专职党政管理人员，其中学校管理部门中的专业技术人员被纳入了职员聘任范围；院（系）专职党政管理人员，其中对专职学生政治辅导员及教师兼任院部领导职务的，按教师序列管理，不纳入职员聘任范围；教学科研辅助单位的专职管理人员。职员一般不兼任专业技术职务。原已受聘专业技术职务的人员，受聘职员岗位后，应按照本规定聘任为相应职级职员，原有专业技术职务不再保留，其任职经历记入个人档案，作为今后应聘专业技术职务的参考依据。职员职级分为三个职等和十个职级。其中，一、二、三、四、五级为高级职员，六、七、八级为中级职员，九、十级为初级职员。职员总量控制在高校事业编制数的15%以内。高级职员（五级以上）占职员总数的35%（其中，四级以上职员占高级职员的35%）。中级职员（六、七、八级）占职员总数的55%。初级职员（九、十级）占职员总数的10%。职员职级的基本条件是：二级职员，正校级；三级职员，副校级；四级职员，校长助理、正处且任职4年以上、正处且正高专业职务；五级职员，正处职、副处且任职4年以上、副处且副高以上专业职务；六级职员，副处职、副高及以上专业职务、正科且任职3年以上、中级专业职务4年以上；七级职员，正科职、副科级任职3年以上、中级专业职务、获得硕士学位工作3年以上；八级职员，副科职、大学本科毕业工作3年以上、获得硕士学位；九级职员,科员、大学本科毕业见习期满;十级职员,办事员、大学专科毕业见习期满。以上可以看出,四级以下职员职级与所任职务不是完全对应,体现了职务职级的并行理念。①

(三)试点和探索阶段(2010年至今)

2010年《国家中长期人才发展规划纲要(2010—2020年)》公布,纲要明确指出"对事业单位管理人员要全面推行职员制度"。2011年,中共中央、国务院颁布了《关于分类推进事业单位改革的指导意见》,要求"加快推进职称制度改革。对不同类型事业单位实行分类人事管理,依据编制管理办法分类设岗,实行公开招聘、竞聘上岗、按岗聘用、合同管理"。2011年7月,在人力资源和社会保障部新闻发布会上,新闻发言人表示,人力资源和社会保障部已经在研究起草事业单位职员制度试点工作方案,下一步将启动事业单位职员制度试点。但截至目前,还没有全面推行。

高校职员制,是完全独立于政府机构人员体制的新模式,区别于政府、企业和其他事业单位的管理人员制度,概念新颖、目标清晰,是进入事业单位改革深化推进阶段的人员管理模式。高校职员制完全脱离了原有的政府行政体制,包括职员职级设计、岗位设置、岗位聘任、考核与培训、薪酬待遇等多项内容。为高校管理人员建立了一条独立顺畅的职业发展道路,根据组织特性强化规范管理,最终达到"去行政化"。以聘任制和岗位管理制度为基础,搭建晋升通道,打破无领导职务人员的职业上升瓶颈,指明个人清晰的发展前途,从而推动和提高高校管理队伍的专业化水平。

高校职员制的建设目标是不断强化管理人员的职业身份和专业化程度,提高个人管理水平;建设一支稳定的、有必备素质的职员队伍,实现管理人员队伍的职业化,同时服务于高校改革的总体目标。最终是为了更好地服务于建设国际一流大学和一流学科,为建设教育强国,实现中国式现代化添砖加瓦。

---

① 嵇景涛.高校职员制度改革的实践与探索[J].中国农业教育,2021(4):10-14.

第七章

高校学生事务管理

高校学生事务管理是高校教育管理的重要组成部分,直接关系到学生的成长和发展,也影响到高校的整体教育质量和社会声誉。随着我国高等教育由规模扩张转向提高质量、建设高等教育强国的内涵发展阶段,学生事务管理质量与教育教学质量共同影响着人才培养质量,因而必须进一步强化学生事务管理的重要性和作用,积极探索有效的管理策略和方法,不断提升管理水平和效果,使其成为提高我国高等教育质量的重要力量。

第一节 高校学生事务管理概述

教学、科研和社会服务是高校的三大基本职能,而高校学生事务管理与三大职能紧密相连、不可分割。专业化的学生事务管理既可以高度调动学生在校园事务中的积极性和能动性,也可以充分发挥学生这一校园主力军的开拓性和创造性;高校学生事务管理工作便捷高效、顺畅运行,既有利于教师教学和师生科研,也有利于为人才培养和社会服务提供平台。

第七章
高校学生事务管理

一、高校学生事务管理的概念

"学生事务管理"是一个源自西方的概念,它的基本工作内容与我国的"学生工作"内容大体相同。但是二者又有区别,虽然在工作内容上会有一定的交叉,但是各自又有不同的侧重点。从功能角度来看,二者都涉及了教育、管理和服务工作,但是我国的"学生工作"在实际落实过程中会融合一些政治性功能,而"学生事务管理"则更加倾向于服务性功能。

我国高校学生事务管理最早可以追溯到建党初期的政治学校和军事学校,由于当时特定的历史环境,学生事务管理主要为政治和军事服务、为政治思想教育工作。

新中国成立后,我国高校学生事务管理经历了"社会本位"为主导的学生思想政治工作模式,"社会本位"与"个人本位"相结合的工作模式和以学生为本,立足学生全面发展的工作模式。相比国外"学生事务""学术事务""学生服务""学生发展"等认识而言,我国在高校学生事务管理内涵的认识上,经历了从思想政治教育到学生工作的观念变迁。我国高校学生事务管理的发展经历了"萌芽期""探索期""初步建立期"和"全面发展期"四个阶段。[①]

我国高校的学生事务管理工作起源于"思想政治教育",其最初出现是为了维护学校正常的教育教学秩序,所以我国的大学生事务管理理论根植于马克思列宁主义、毛泽东思想、邓小平理论、"三个代表"重要思想、科学发展观、习近平新时代中国特色社会主义思想。

新中国成立之初,我国高校学生事务管理内容以政治工作和思想工作为主,学生事务管理的核心是让学生树立正确的政治意识。学生事务管理工作完全围绕思想政治教育开展,主要内容包括时事政治教育、党团组织活动、思想政治教育、榜样模范学习等。这一时期学生事务管理被称为学生工作。

改革开放以后,随着市场经济的确立,高校本身也经历了剧烈的变化。20世纪90年代随着高校扩招和高等教育大众化发展,学生事务性

---
① 储祖旺.高校学生事务管理教程[M].北京:北京科学技术出版社,2008:94-99,286.

工作不断增多,学生事务管理逐渐独立出来,不少高校成立了学生工作处。随着国际交流的日益增多和我国高校国际化建设的进行,越来越多的高校管理者意识到国外先进学生事务管理理论的重要性,随之不断引进、吸收并运用在自身学生事务管理中,学生事务管理这个概念也随之出现,主要工作内容为学生教育和学生事务管理。

到了90年代后期,学生事务管理工作开始重点关注学生的全面发展,侧重于育人。21世纪初,教育部颁发《关于进一步深化本科教学改革全面提高教学质量的若干意见》,我国高校学生事务管理进入全面发展阶段,学生的主体地位不断凸显,其个性化发展需求和全面发展需要进一步受到重视,学生事务管理的育人功能和服务功能地位不断提升。

"学生事务"是20世纪早期在高等教育中出现的,相对于"学术事务"而言的新领域。"学生事务"是指学生课外活动和非学术性事务,通常涉及学生"学习""课程""课堂教学"和"认知发展"等,而"学生事务"则与"课外活动""学生集体生活""人际交往""情感和个性发展"等有关。学生事务管理是指高校对学生事务的计划、组织和领导,主要目的在于规范、指导和服务学生,促进学生成长和成才。中西方高校均通过学生事务管理对学生实施教育影响,以规范、指导和服务学生,丰富学生校园生活,达到促进学生成才的目的。不同的是,在我国高校,学生事务管理主要是学生的思想政治教育与日常管理。在西方发达国家,学生事务领域的管理范围要更加宽泛,内容涵盖课程教学以外的与学生有关的所有事务。例如,我国高校中隶属于教务系统的学籍管理、注册,后勤系统的食宿经营,还有学生医疗卫生服务等在西方均属于学生事务。

二、高校学生事务管理的意义

我国高校学生事务管理长期以来为学校的改革发展做出了重要贡献,是学校安全稳定运行、学生身心健康发展、优良校风学风建设的重要保证,是坚持内涵发展、提高人才培养质量、实现学校发展目标的重要基础。党的十八大以来,中国特色社会主义进入新时代,我国高校学生事务管理进入了创新发展阶段,特别是2016年12月全国高校思想政治工作会议召开以来,对高校学生事务的管理无论在理论研究上,还是在实践探索上都形成了富有时代特征、高校特色的成果。在认识上达成了高校学生事务管理是高校实现立德树人根本任务的重要途径,是高校人才培养的重要组成部分,是维护高校和谐稳定的有力抓手,是促进学生全面发展的重要途径的思想共识、政治共识和行动共识。

(一)高校学生事务管理是高校实现立德树人根本任务的重要途径

习近平强调,高校立身之本在于立德树人。高校学生事务管理就是将立德树人贯穿于工作的全过程。首先,培养优良品德是高校学生事务管理的首要内容。高校学生事务管理者始终站在社会发展与历史前进的高度,牢牢把握"培养什么人""怎样培养人""为谁培养人"这些根本问题,把品德作为大学生培养的核心内容,造就可以担当民族复兴大任的时代新人,培养"有理想、有本领、有担当"的新时代大学生。坚持不懈地把中国特色社会主义理论和社会主义核心价值体系融入大学教育的全过程,坚定正确的政治方向,积极带动大学生认识新的使命、学习新的思想、把握新的形势、进行新的奋斗,在学生事务管理中引导大学生树立共产主义远大理想和中国特色社会主义共同理想,培养大学生社会主义建设者和接班人的使命担当,指导大学生练就大学生投身中华民族伟大复兴的扎实本领。其次,广大学生事务管理者的道德品质在高校育人工作中发挥着重要的作用,他们在各项活动中为学生传播正确的价值观,发挥正向的道德示范引领作用,承担起学生健康成长指导者和引路人的职责。

(二)高校学生事务管理是高校人才培养的重要组成部分

高校学生事务管理是高校人才培养工作的重要组成部分,是提升高校人才培养质量的重要抓手。人才培养是高校的主要职责和根本任务,高校人才培养主要通过教学工作(学术事务)和学生事务管理工作(学生事务)这两个途径得以实现,两者共同支持和服务于高校人才培养。我国的高校学生事务管理部门要宏观指导学生事务的组织、管理、协调和服务工作,完成事务管理的目标和任务,提高人才培养质量。高校学生事务管理者在促进学生学习方面的作用和专业教师同等重要,他们不仅要配合专业教师对学生进行学业指导,还要在学生的学习条件保障、学习氛围营造、学习课程选择、学习目标制定、学习方法选择、学习效果检验等方面发挥作用。同时,高校学生事务管理者还要在招生选拔、学籍管理、激励惩罚等方面做好保障工作；要按照国家政策、学校具体规定对学生进行各种形式的招生选拔，确保招生程序公平公正；要熟练掌握学生学籍管理中的各种规范和流程，帮助学生解决学籍管理中遇到的各种复杂问题，提升管理和服务的质量。此外，学生日常行为规范的激励奖惩也是高校学生事务管理的一项重要内容，即通过激励奖惩引导、约束和矫正学生的行为习惯，促使他们将他律和自律相结合。这些基础性的高校学生事务管理工作都为提高人才培养质量奠定了重要基础。此外，为了提升人才培养质量，高校学生事务管理者还要努力把握学生成长发展的规律，认真剖析他们的现实需求，在服务满足其共性需求的基础上强化对他们的个性服务和指导。

（三）高校学生事务管理是维护高校和谐稳定的有力抓手

高校的安全稳定是国家和社会稳定的重要基石，维护高校的安全稳定不仅是经济社会发展的需要，也是保持高等教育持续、健康、协调、快速发展的重要保证。当前我国面临的国际环境复杂多变，国内改革步入攻坚阶段，影响高校安全稳定的因素呈现多样化、复杂化的趋势。各高校学生事务管理要结合学校实际，采取积极有效措施，维护校园的政治安全和学生的生命财产安全。第一，加强校园文化阵地管理，严格校园活动审批，管好一段渠、种好责任田。第二，加强对大学生的安全教育。辅导员采取召开主题班会、专题讲座、媒体宣传等形式，深入开展安全教育、心理健康教育，内容覆盖消防、水电、交通、房屋、治安、心理健康、网络安全等多个方面。第三，及时排查安全隐患。一些高校建立了"校—院—班—宿舍—学生"五级学生危机预警网络体系，实行危机月报制度，每月汇总、分析和研判院系上报的危机个案，建立台账，做好安全稳定个案数据的整理和危机事件追踪处理工作。定期开展全校性的安全隐患排查，在重要节日、重大庆典、重要会议召开等特殊时期，通过座谈会、网络调查、电话访谈等多种形式开展思想动态调研，及时了解学生舆情和思想状况，维护校园安全稳定。第四，妥善应对处理突发事件。在紧急情况下，辅导员能够以最快的速度集结，做好突发事件的应对工作。实践证明，辅导员工作对学校的安全稳定发挥了良好的作用。

（四）高校学生事务管理是促进学生全面发展的重要途径

高校学生事务管理能够促进学生的全面发展。大学的青年志愿者活动、社会实践活动、支教活动、博士服务团等可以培养大学生的动手能力，有效提升大学生的社会责任感。如高校学生工作管理部门每年组织大学生支教团和博士服务团为急需科技和知识帮扶的地区提供帮助。通过这些公益活动，可以帮助大学生了解社情民意。很多大学生利用课余时间及节假日，根据社会的需求和群众的生活需要，充分利用所学的专业知识和技能开展形式多样、内容丰富的实践活动。社会实践是大学生深入社会、了解社会、服务社会的重要途径，可以提高个人能力，触发创作灵感，完成课题研究，促进大学生能力的提升。高校学生事务管理者重视大学生的社会实践活动，可以帮助大学生在社会实践中学习正确处理个人与集体、个人与国家、个人与社会之间的关系，引导大学生在社会实践中磨炼意志、锤炼品格、提升能力，充分利用社会资源不断完善自我，将社会实践转变为提升个人综合素养的重要途径。

三、高校学生事务管理的内涵和基本特征

（一）高校学生事务管理的内涵

习近平总书记在全国高校思想政治工作会议上指出："思想政治工作从根本上说是做人的工作，必须围绕学生、关照学生、服务学生，不断提高学生思想水平、政治觉悟、道德品质、文化素养，让学生成为德才兼备、全面发展的人才。"[1] 高校学生事务管理工作是高等教育发展必不可少的一环，其不仅关系到学生的生活还包括学生的学习，涉及学生在高校学习期间方方面面的内容。高校学生事务管理至少应包含三方面的内容，即以学生思想政治教育为核心的政治引领、道德教育和人格塑造等；以学生发展支持为主导的学业指导、就业指导、入学辅导、心理咨询等；以事务管理为主的奖惩管理、资助管理、宿舍管理、学生组织管理等。

---

[1] 习近平．习近平谈治国理政（第二卷）[M]．北京：外文出版社，2017：377．

高校行政管理：理念与路径
GAOXIAO XINGZHENG GUANLI

2017年9月21日公布的《普通高等学校辅导员队伍建设规定》（教育部令第43号）（以下简称《规定》）指出：辅导员是开展大学生思想政治教育的骨干力量，是高等学校学生日常思想政治教育和管理工作的组织者、实施者、指导者。《规定》丰富和发展了高校辅导员的工作职责，进一步明确了高校辅导员队伍的工作职责，形成了包括思想理论教育和价值引领、党团和班级建设、学风建设、学生日常事务管理、心理健康教育与咨询工作、网络思想政治教育、校园危机事件应对、职业规划与就业创业指导、理论和实践研究等九个方面的工作内容体系，特别强调高校辅导员要在思想理论教育和价值引领方面发挥重要作用，除第九项理论和实践研究，是关于辅导员自身建设外，其他八项都是学生事务管理的内涵。

（1）思想理论教育和价值引领。引导学生深入学习习近平总书记重要讲话精神和治国理政新理念新思想新战略，深入开展中国特色社会主义、中国梦宣传教育和社会主义核心价值观教育，帮助学生不断坚定中国特色社会主义道路自信、理论自信、制度自信、文化自信，牢固树立正确的世界观、人生观、价值观。掌握学生思想行为特点及思想政治状况，有针对性地帮助学生处理好思想认识、价值取向、学习生活、择业交友等方面的具体问题。

（2）党团和班级建设。开展学生骨干的遴选、培养、激励工作，开展学生入党积极分子培养教育工作，开展学生党员发展和教育管理服务工作，指导学生党支部和班团组织建设。

（3）学风建设。熟悉了解学生所学专业的基本情况，激发学生学习兴趣，引导学生养成良好的学习习惯、掌握正确的学习方法。指导学生开展课外科技学术实践活动，营造浓厚学习氛围。

（4）学生日常事务管理。开展入学教育、毕业生教育及相关管理和服务工作。组织开展学生军事训练。组织评选各类奖学金、助学金。指导学生办理助学贷款。组织学生开展勤工俭学活动，做好学生困难帮扶。为学生提供生活指导，促进学生和谐相处、互帮互助。

（5）心理健康教育与咨询工作。协助学校心理健康教育机构开展心理健康教育，对学生心理问题进行初步排查和疏导，组织开展心理健康知识普及宣传活动，培育学生理性平和、乐观向上的健康心态。

（6）网络思想政治教育。运用新媒体新技术，推动思想政治工作与信息技术高度融合。构建网络思想政治教育重要阵地，积极传播先进文化。加强学生网络素养教育,积极培养校园好网民,引导学生创作优秀的网络文化作品、弘扬主旋律,传播正能量。创新工作路径,加强与学生的网上互动交流,运用网络新媒体对学生开展思想引领、学习指导、生活辅导、心理咨询等。

（7）校园危机事件应对。组织开展基本安全教育,参与学校、院(系)危机事件工作预案制定和执行。对校园危机事件进行初步处理,稳定局面控制事态发展,及时掌握危机事件信息并按程序上报。参与危机事件后期应对及总结研究分析。

（8）职业规划与就业创业指导。为学生提供科学的职业生涯规划和就业创业指导以及相关服务,帮助学生树立正确的就业观念,引导学生到基层、到西部、到祖国最需要的地方建功立业。

（二）高校学生事务管理现状

当前,我国高校学生事务管理体制大多采用校院两级管理体制。这种体制下,学校设立学生事务管理部门学生工作处,主要负责制定政策、规章制度,以及管理方案的实施和监督;学院则设立学生工作办公室,负责本学院学生的日常管理和服务工作。这种体制在一定程度上提高了管理效率,但同时也存在一些问题,如学校与学院之间的职责不够明确,管理权限存在重叠等。

高校学生事务管理队伍主要包括辅导员、班主任、学生事务管理人员等。这支队伍的素质和能力直接关系到学生事务管理的质量和效果。然而,部分人员缺乏专业知识和实践经验,无法满足日益增长的学生事务管理工作需求。另外,高校学生事务管理方法和手段相对单一,缺乏多样性和灵活性,主要以规章制度管理、行政命令式管理为主,缺乏与学生之间的互动和沟通。这种管理方法和手段不仅难以达到预期的管理效果,还可能引起学生的反感和不满。

（三）高校学生事务管理的特征

相比国外高校而言,作为中国特色社会主义的高校,我国高校学生事务管理必然带有鲜明的中国特色,准确把握新时代高校学生事务管理的中国特色,对于把准高校学生事务管理的正确方向,服务好"为谁培养人""培养什么样",以及"怎样培养人"这个根本问题具有重要的意义。①

1. 政治性

政治性关乎高校学生事务管理立场、方向这个根本问题,鲜明的政治性也是我国高校学生事务管理的底色和鲜明特色。习近平总书记强调,"我们的高校是党领导下的高校,是中国特色社会主义高校。"② 相比西方国家对高校学生事务管理而言,我国在新时代高校学生事务管理方面具有鲜明的政治性,具体体现在:坚持党对学生事务管理的全面领导。习近平总书记在全国高校思想政治工作会议上强调,"办好我国高等教育,必须坚持党的领导,牢牢掌握党对高校工作的领导权,使高校成为坚持党的领导的坚强阵地。"党的二十大报告明确指出,"党的领导是全面的、系统的、整体的,必须全面、系统、整体加以落实。"③ 高校学生事务管理工作作为高校思想政治工作的重要内容,必须接受党的领导,在学生事务管理领域全面贯彻落实党的教育方针。当前,我国高校学生事务管理已经建立起了党委领导、党政齐抓共管、各部门各负其责的领导管理体制,实现了党对高校学生事务的全面领导,这是我国高校区别于国外其他高校学生事务管理最本质的特征。

2. 广泛性

广泛性是指学生事务管理覆盖的范围广度,高校学生事务管理几乎囊括了除正常课堂教学以外的所有课外教育活动,对口职能部门涉及组织、宣传、学工、团委、教务、后勤、保卫、信息化管理等各部门,贯穿学生校园生活的始终。既承担着管理人和事的重要职责,更肩负着在开展学生事务管理过程中培育人、塑造人、激励人、成就人的重要使命,具有育人的综合性价值导向。新时代我国高校学生事务管理,着眼于学生的思想引领、品德培育、素质拓展、能力提升、行为养成、职业发展等方面的内容,突出事务管理的广泛性要求,以此促进学生全面进步。此外,高校

---

① 陈远临,钟起万.论新时代高校学生事务管理的中国特色[J].赣南师范大学学报,2023(2):136-140.
② 习近平.把思想政治工作贯穿教育教学全过程开创我国高等教育事业发展新局面[N].人民日报,2016-12-09(01).
③ 习近平.高举中国特色社会主义伟大旗帜为全面建设社会主义现代化国家而团结奋斗——在中国共产党第二十次全国代表大会上的报告[M].北京:人民出版社,2022:64.

学生事务管理的形态、方式多种多样,既有少量的课堂理论教学,又有大量的课外实践活动,其广泛性不言而喻。

3. 全面性

全面性是指学生事务管理整体上的完整性,为培育时代新人、确保中国特色社会主义事业薪火相传,以习近平同志为核心的党中央提出坚持全员全过程全方位育人。对高校而言,实现全员育人、全过程育人、全方位育人,就是要让育人在学校无时不有、无处不在,成为全体干部教师无止境、不停歇的追求,成为衡量一切工作成效的根本标准,全力以赴把育人的事业做到极致,从而真正将立德树人的根本任务落到实处。具体到学生事务管理工作者,就是要做好"全过程"育人和"全方位"育人。"全过程"育人是指将立德树人的要求融入学校教育教学、学生成长成才的全过程,实现大学生从入学到毕业、就业的全过程育人环节,甚至是推进大中小学一体化发展,建立长时段、可持续、贯穿式的育人链条。"全方位"育人指的是打通校内校外、课内课外、线上线下等通道,充分利用各种教育资源和载体,将思想政治教育渗透到课堂教学、科学研究、学生管理和社会实践等各方面,实现育人工作的协同联动。

第二节 高校学生事务管理的未来发展方向

一、我国高校学生事务管理的现状

我国高校学生工作一般认为是从新中国成立初期开始的,其任务是:负责学生在校期间的政治思想教育工作,组织党、团活动,监督学习纪律,评定并发放人民助学金及国家补贴等。学生工作者被称为"学生政治思想工作者",把政治教育放在突出的地位。1961年中共中央颁布了《高教六十条》,之后建立了"政治辅导员制度":在高校党委和系党总支设有分管学生工作的副书记,副书记下设辅导员,我国高校的学生事务工作模式从这时开始形成。随着改革开放和经济建设的发展,学生工作不再强调"政治挂帅"而是逐渐转变为"学生思想政治工作",学校教育开始强调"德育首位"。

在具体工作当中,"教育和管理"是其主要职能,学生工作者和学生是教育者与被管理者的关系。对学生的培养也往往以"社会本位"为价值取向,辅导学生掌握科学的世界观和方法论,引导学生学习了解党的路线方针政策,培养社会主义事业的建设者和接班人。不足是往往忽视了学生个人的主体性和能动性的发展。

目前,我国也开始积极向发达国家学习学生事务管理经验,提高促进学生发展的"服务"功能。相比西方国家学生事务管理而言,新时代我国高校学生事务管理具有独特的优势。

（一）立德树人的工作目标

习近平强调,高校立身之本在于立德树人。"立德树人"由"立德"和"树人"两个词构成,立德是树人的前提,树人是立德的目的。"立德树人"丰富的思想内涵为高校解决系列问题指明了方向。高校学生事务管理者始终将"立德树人"贯穿高校学生事务管理全过程。首先,立教师之德促其育人。立德先立师,树人先正己。首先明确自己教师的身份和学生领路人的角色,既要成为"经师",又要成为"人师",要明道还要信道。其次,把立德树人作为中心环节,围绕"培养什么人""怎样培养人""为谁培养人"这一根本问题,运用习近平新时代中国特色社会主义思想铸魂育人,积极探索"立德树人"新的载体和形式,形成长效机制,切实担负起培养社会主义建设者和接班人这一核心使命；以学生发展理论为指导,充分考虑学生的发展诉求,围绕学生、关照学生、服务学生,因材施教,以促进学生的全面发展为根本目的,提高工作的有效性、针对性。

（二）高效运转的领导机制

新时代我国高校学生事务管理建立了高效运转的领导机制,能够对各项学生事务活动快速反应、有效应对、积极引导。从整体来看,很多高校为了加强对学生事务管理的统筹协调,成立了校级层面的学生工作委员会或者学生工作领导小组,由学校党委书记或者分管学生工作的校领导任组长,定期开展工作的协调、部署、分析研判,加强对全校学生事务管理部门的统筹与协调（图7-1）。

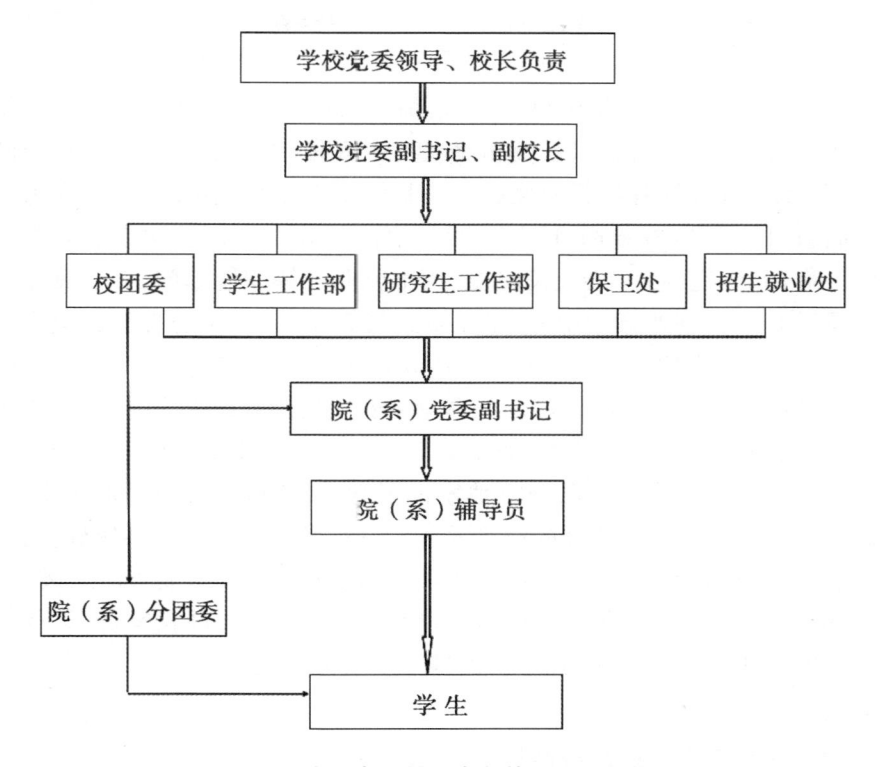

```
学校党委领导、校长负责
          ↓
学校党委副书记、副校长
          ↓
校团委  学生工作部  研究生工作部  保卫处  招生就业处
          ↓
     院（系）党委副书记
          ↓
     院（系）辅导员
          ↓
院（系）分团委  →  学 生
```

图7-1　我国高校学生事务管理组织结构图

从局部来看，多数高校根据学生事务的需要和工作性质，组建了模块学生事务工作小组，加强对学生具体事务的处置与协调，如学生资助工作领导小组、学生安全稳定工作领导小组、学生申诉处理委员会等，负责对学生具体事务的研究与解决，以提高学生事务管理的专业化水平。从运行机制上来看，形成了纵向到底、横向到边的工作机制。从纵向上看，形成了"学校工作领导机构牵头—学校职能部门协作—院系管理—班级自治"的工作运行机制；从横向上看，校级和院系都有负责相应学生事务管理模块的机构和人员，确保了学生各项事务得到及时有效地处理和回应。

（三）健全完善的组织系统

新时代我国高校学生事务管理部门是高校党委工作部门的重要组成部分，健全完善的组织系统相比欧美国家相对独立、以事务为中心的部门组织而言，具有显著的优势。一是学生工作组织系统完善，在大多数高校针对学生事务都有相应的组织部门，如在校级层面设有党委学生工作部、研究生工作部、校团委、招生就业处等职能部门，针对具体事务还设有学生创业指导中心、学生资助管理中心、学生心理健康教育中心、学生宿舍管理中心等；与此相应在高校院系也有对接部门和人员，负责具体事务的执行和落实。二是学生党团组织系统健全完善，对学生入党、入团等事务规范管理，如党支部、党小组、团支部等，实现对党员、团员的教育、培养与管理，更好地发挥了党员、团员的先锋模范作用，更好地形成了学生事务管理的群雁效应。三是学生自治组织系统健全，成立了校院两级学生会、学生自律委员会等，在班级组织成立了班委、团支部等，实现了学生自我教育、自我管理、自我服务、自我监督，培养了大学生的独立生存发展的能力，促进学生全面发展。

（四）素质优良的专门队伍

新时代我国高校对学生事务管理队伍建设高度重视，不断健全和完善队伍建设、培训、管理、考核、退出机制，着力提升队伍建设的职业化、专业化水平。特别是形成了专门的管理队伍、专职辅导员队伍和专兼职的班主任队伍，其中管理队伍主要负责对学生事务管理的规划、部署、协调、监督与考核，专兼职辅导员队伍、专兼职班主任队伍具体抓好学生事务管理的落实工作，确保各项学生事务工作能够落实落细。同时，随着"三全育人"工作机制的逐步落实，全员育人的氛围将更加浓厚，高校学生事务管理将不断汇聚人力、凝聚人心，形成人人关心、人人支持、人人有责、人人负责的学生事务管理工作格局，为实现新时代高校学生事务管理高质高效提供更加专业、更为敬业、更加乐业的队伍保障。

（五）健全的法律和规章制度

法律法规是开展高校学生事务管理的强有力依据,是学生事务管理中具有强制力、约束性、导向性的规范体系。在我国高校学生事务管理中,法律保障的集中表现就是有专门的法律法规,如《中华人民共和国教育法》《中华人民共和国高等教育法》《中华人民共和国学位条例》《中华人民共和国学位条例暂行实施办法》等,还有部分法律附带学生事务管理的条款约束。这些法律规范对加强高校学生事务管理作出了明确的限定,有效规避了学生事务管理的法律风险,提高了高校学生事务管理活动的法治化水平。此外,完善的制度规范对高校开展学生管理活动、促进学生服务健康发展、规范学生事务管理行为、指导具体学生事务有序开展提供了可操作性的规范约束,具有很强的针对性、指导性和可操作性。主要体现在三个层次的制度规范,第一层次是国家有关部门出台的行政规章,如《关于加强和改进新形势下高校思想政治工作的意见》《普通高等学校学生管理规定》《国家教育考试违规处理办法》《学生伤害事故处理办法》等与学生教育管理相关的规章制度,是高校学生事务管理的重要依据;第二层次是地方性行政法规,部分省级行政部门针对高校学生事务管理出台的适合本地区的行政法规,如《湖北省学校安全条例》等,为地方高校处理学生事务提供了有效的依据;第三层次是高校根据国家有关法律法规,结合自身的办学实际,针对学生活动、学生教育、学生管理、学生服务等内容制定的校级规章制度,进一步细化了有关要求,形成学生事务管理的制度体系。

二、美国高校学生事务管理的特色

在高等教育国际化背景下,高校的内部环境和外部环境都发生了深刻的变化,高校学生事务管理也相应地面临国际化的挑战。国外一些高校较早地建立了健全完善的学生事务管理机构,形成了科学规范的学生管理系统,制定了清晰的学生管理目标和完善的法规制度,构建了完整的学科体系和健全的岗位专业标准,实现了事务管理者的专业化、职业化发展。他们在学生事务管理的过程中强调以学生为本,注重让学生参与事务管理。我国高校学生事务管理工作者要以积极、开放、进取的态度学习借鉴国外高校学生事务管理的成功经验,在国际化的大视野下紧跟时代发展的步伐,实现学生事务管理的创新发展。

美国是世界上高等教育最发达的国家,高校学生事务在高等教育领域受到高度重视,高校学生事务工作在实践层面和理论层面都已达到很高的水准。

美国高校学生事务管理,大致经历了替代父母(In Loco Parentis)、学生人事工作(Student Personnel Work)、学生服务(Student Services)、发展学生(Student Development)等四个阶段。其中,前三个阶段分别是学生事务管理工作的"萌芽""形成"和"重要转变"阶段。"发展学生"阶段则表明学生事务管理工作的深化。其奉行的"发展学生"理念是旨在发展学生的理性和心智、全面培养人的教育理念,主张教育大学生关注人的价值与意义,尊重生命,弘扬个性。

如图7-2,美国高校学生事务工作集成度高,各部门各司其职,统一归到分管学生事务的副校长来管理。学生事务工作只在学校层面设置了各类职能部门,在二级学院(系)不设专门学生事务工作人员。

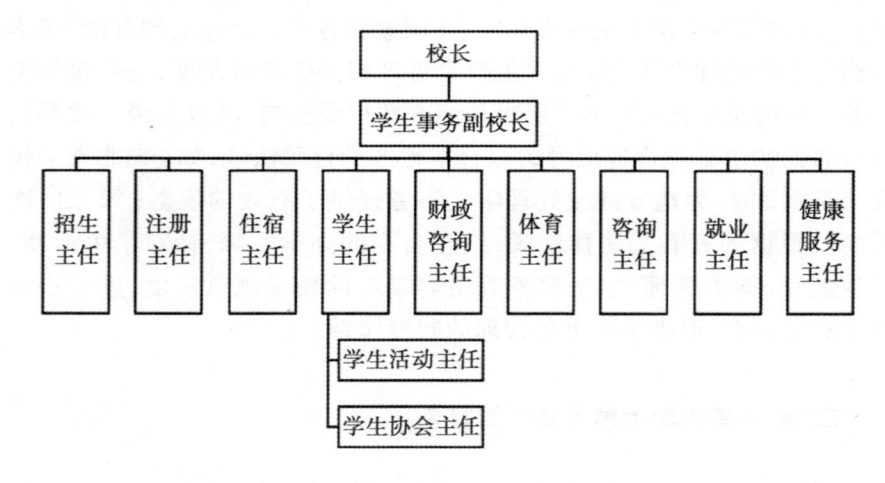

图7-2 美国高校学生事务管理组织结构示意图

美国学生事务工作直接面对学生,从学生中获得第一手资料,并有针对性地为学生提供各类咨询、指导和服务,服务水准和专业性较强。从学生事务工作人员的来源看,美国大学生事务工作人员一般都有专业背景,且大多数有着教育学等博士学位。良好的专业背景有助于给学生提供专业的指导和服务,也有助于学生事务工作人员自身的职业发展。

美国大学生事务工作分工明确。

在管理内容方面,美国高校学生事务管理涵盖面非常广泛,提供的服务复杂又细致,具体可分为以下几类:一是入学服务类,包括招生录取、对学生进行入学指导和教育、注册和档案管理等;二是学生生活服务类,包括学生食宿、健康教育、经济资助、心理咨询、疾病预防与治疗、学生社团活动、行为规范和纪律教育等;三是学业服务类,包括就业指导、职业规划、补习服务等。各高校针对上述的服务种类设置了对应的服务机构,目的在于满足学生多样化的需求,同时规范和指导学生的各项事务,最终促进学生的全面发展。

美国高校学生事务管理以满足学生需要为工作导向,以为学生服务作为工作宗旨,坚持以学生为本的核心理念。强调高校学生事务管理队伍的职业化、专业化。注重思想道德教育的协调性和一致性,很有国家特色。[①]

(一)以学生为本的核心理念

"发展学生"是美国高校学生事务管理的根本追求。1994年美国大学人事协会发表的《学生的学习是当务之急:学生事务的含义》报告中提出,学生事务管理的根本目标是提高学生学习和个体的全面发展。报告指出,传统高等教育把它的活动划分成学术事务(学习课堂教育认知发展)和学生事务(课外学生活动、居住生活、感情或个人问题)两种,不利于学生大学以后的生活。原因在于,一个成年人的许多能力例如领导能力、创造力、公民权、道德行为、自知自学和自我锻炼等,并不能截然分为情感和理智两个方面。因此,美国高校强调应在教育管理中致力于学生多方面素质的培养,应面向每一个学生、针对每一阶段学生、考虑到不同需要的学生(包括特殊群体)来设计教育方案、开展教育活动,使学生在个性和学习上得到并驾齐驱的完美发展,以此作为学生事务管理的根本追求。

---

① 付文红.美国高校学生事务管理的特色与启示[J].思想教育研究,2007(09):49-51.

（二）拥有专业化的学生事务队伍

美国高校学生事务管理在 20 世纪末实现了专业化。美国学生人事管理者协会明确了学生事务工作者的职业定位：一是提高学生的学习；二是帮助学生进行学术和职业的决定，辅导学生，帮助发展领导能力；三是满足学生需要，提供一系列住房、餐饮、保健服务、娱乐设施。针对这样的职业定位，美国学生人事管理者协会提出了多达 18 条的美国高校学生事务管理专业化的细化标准：（1）专业服务；（2）与学校的发展任务和目标一致；（3）有效管理学校资源；（4）保持良好人际关系；（5）协调好利益冲突；（6）拥有合法合理的自治权；（7）平等对待其他师生员工；（8）引导好学生行为；（9）健全信息调查机制；（10）充满职业自信；（11）加大学生情况的调研力度；（12）体现出专业水准；（13）有选择地促进专业实践；（14）发挥指导参谋功效；（15）清晰界定工作权限；（16）营造良好的大学氛围；（17）促进自身的专业发展；（18）及时评估工作绩效。这些专业标准均基于"发展学生"理念而提出。为此，美国高校学生事务人员一般至少持有学生人事服务、教育管理、高等教育、心理咨询、学生事务等专业的硕士学位。这些管理人员有了一定的实践经验后，若要取得中级层次的管理职位，还要拥有相关领域的博士学位。对于高级管理人员，丰富的学生事务管理经验和实践经验也是不可缺少的。与之相对应，美国每个州都至少有一所大学开办高等教育学生行政专业，并设有硕士、博士学位，为高校学生工作培养专门人才。在美国高等教育博士的培养计划中，也有专门针对学生事务的培养方向。美国高校学生事务管理队伍已经呈现出专业化、职业化趋势，正因为如此，高校学生事务管理队伍逐步扩大，并成为美国令人羡慕的职业之一。

（三）学生活动实施项目化管理

美国学生事务管理工作服务的类型众多，范围宽泛。学习方面涉及入学与招生、注册、学术咨询与支持等，生活方面涉及住宿、饮食、体育活动、健康服务、财政资助等，此外还提供职业生涯发展服务、司法服务、社区服务和领导能力发展服务，以及针对某一特定群体学生的国际学生服务、残疾学生服务、儿童关爱服务、学生宗教课程、妇女和少数民族学生服务、走读学生服务等。在履行职责、发展学生的服务中，一个显著特点是通过项目来实现目标，将所有服务内容设计成工作项目，供需要的学生自由选择，充分满足学生个性发展的需求。例如，针对大一新生所设置的新生教育项目，其目标就是帮助新生在学术上取得成功、顺利参与校园事务（课堂外的学习、能力锻炼）及社区活动。再如规模较大的院校设置了学术咨询办公室，帮助学生选择学习课程。除了给学生提供学习建议外，还将需求大的共性问题设计成学习项目，以帮助那些在某一方面需要特别强化的学生。

（四）学校家庭社会协同的育人体系

美国是一个非常注重思想道德教育的国家，尤其注重思想道德教育的协调性和一致性。许多学校都非常重视和家长的联系，通过各种方式交流学生的情况和教育计划。美国政府、学校、家庭和各种社会机构已日益结成了一个互相协调、自觉配合的思想道德教育网络，形成对广大的社会成员进行思想道德教育的合力，体现了系统性和整体性特点。在美国思想道德教育中还呈现出高度的一致性，务求课堂学习与环境教育的目标一致，校园环境与社会环境一致，校内的价值观念、伦理准则与社会上要求的道德标准一致。如此一以贯之，学生在学校获得的经验才能有助于他们更好地适应社会，实现思想道德教育的实效性和长效性。美国高校的各科任课教师也都把我们提倡的"教书育人"作为己任。以学生学术诚信教育为例：明尼苏达大学每年都派专人到学生的教室进行专门的讲解，而且每一位教授也都会在自己所讲授的课程中专门注明学校学术道德规章制度。美国高校大部分学生不住在校内，而是在学校周围的社区内租房生活。对于这些学生的管理，学校和社区就联合起来，成立了学生社区事务管理办公室，共同开展学生的教育和管理工作。美国的大学校园比较整洁，各有特色，重视在校风、学风、学校历史、校园建筑、校园活动等方面体现学校的核心精神和教育理念，渗透美国所提倡的价值观念，给学生以润物无声的熏陶。在美国，任何一个角落都可能成为思想道德教育的生动教材。大到政府大厦，小至各种产品包装，随处可见美国国旗。各级政府建有各种各样的博物馆、纪念馆、历史遗迹、名人故居和公园等，仅在华盛顿特区就建有美国历史博物馆、华盛顿纪念碑、林肯纪念堂等。这些场馆是对公民进行爱国主义教育和公民道德教育的有效场所。

三、我国高校学生事务管理的未来发展方向

开展以"学生事务管理"为主的学生事务工作,就是要改变目前高校中的管理弊端,转变思维和管理方式。将管理主体转变成以学生为主,做好对学生的学习、生活和实践活动的关注和帮助,提供更加真实有效地关怀,帮助学生更好地发展。要进一步提升学生事务管理质量,应在充分把握学生事务管理基本维度与核心要素的基础上,从以下四个方面加以改进。

(一)坚持以生为本,牢固树立"发展学生"的工作理念

在新的历史时期,高等教育必须树立全面发展、人人成才、多元选择、终身学习、系统培养的教育理念。相应地,高校学生事务管理必须将"发展学生"作为重要理念予以确立和坚持。要坚持将"发展学生"作为统筹学生工作的出发点,根据新时代发展要求和学生发展需求来思考、谋划学生工作,围绕"发展学生"的学业和职业发展、社交技能、兴趣动机、情绪意志、创新能力、道德修养、身心素质和个性特长等多个方面来设计和展开;要坚持将"发展学生"作为整合资源的结合点,主动与课堂教学等环节相衔接,与社会相对接,有机整合校内一切教育资源,整合学校、社会和家庭的有效教育资源,使其服务于学生全面发展;要坚持将"发展学生"作为评判学生工作的检测点,以学生发展是否全面、是否完善、是否适应社会需求为标准,检验学生工作队伍的教育能力,衡量学生工作的实际效能,以此推进学生工作的整体水平。

强化"以服务为核心"的管理内容,从事务型转向服务型。这是从管理工作向服务育人工作的一个转变,这种转变更加凸显了"以学生为本"的理念,也更加符合现代高校发展的需求。以往的管理工作,所有的管理人员(包括学生)都以事务作为重点,忽略了学生的需求。转向服务型的管理则是对事务型工作发展的纠正,要将以学生为主体的管理工作凸显出来。学生不仅仅是受教对象,也应当是被服务的对象。所以在开展学生事务管理工作时应当将学生的实际需求作为工作重心。高

校学生事务管理要切实为学生服务,应从管理内容上狠下功夫,可以借鉴美国高校学生事务管理的丰富构成。例如:其一,构建学习、生活、娱乐于一体的宿舍生活服务;其二,提供专业、科学、系统的学生就业创业指导服务;其三,构筑公平、公正、操作性强的"奖""助""贷"资助服务;其四,给予学生适用性高、针对性强的心理咨询服务等,通过管理内容的拓展,真正实现多方位、全面化、一体式地为学生服务,促进学生成长与发展。

(二)坚持改革创新,大力推进"一站式"学生社区建设工作

我国高校学生事务管理多实行校院两级管理,这比较符合我国高校实际,但是,近年来,在高校实施"学分制""大类培养"等改革的背景下,"同班不同学""同学不同班"成为常态,传统的班级建制管理方式受到越来越多的挑战,为提高服务学生的效率,我国高校也需要打通学校各部门的条块分割,跳出单纯的学工模式,从全校工作和人才培养协同的视角来审视学生事务管理,探索建立我国高校学生事务管理的一站式服务模式。学生社区日渐成为学生交流互动最经常最稳定的场所,成为课堂之外的重要教育阵地和新的育人场域。在此背景下,2019年,教育部推进"一站式"学生社区综合管理模式建设工作,成为中国特色社会主义大学治理体系下学生管理模式改革的重要抓手和实现途径。在"一站式"学生社区综合管理模式建设过程中,教育部指导各地各高校不断强化"以学生为中心"的办学治校理念,进一步提升围绕学生、关照学生、服务学生的工作质量,在学生社区逐步探索形成一站式集成、网格化管理、精细化服务、信息化支撑的综合管理模式,构筑学生党建前沿阵地、建设"三全育人"实践园地、打造智慧服务创新基地、争创平安校园样板高地,将高校育人力量和资源整体下沉到学生社区,用最温暖的关爱陪伴学生健康成长。目前,我国部分高校"一站式"服务仍存在明显不足:一是现阶段的"一站式"服务开设党团思政、就业服务、后勤保障等窗口,它们以"底层服务端"的形式集结在一起,欠缺部门之间的合作;二是服务内容较为单一,几乎不涉及促进学生学习和发展的复杂项目。因此,在推进学生事务扁平化改革中,要敢于打破"学生事务"和"学术事务"的藩篱,主动推动二者的结合,加强二者在上层组织中的职责交叉。科学分析学生事务管理所需要的经费开支与场地设施,做好预

算,保障学生事务管理的经费支持与场地设施的投入力度。为学生事务管理以及学生成长需要规划相应的场地,提供完备的基础设施。各部门的设立要明确工作职能和业务范围,力争使各部门工作的条理化、具体化和清晰化。在组织体系的建设中,避免各部门单打独斗,应加强部门之间的联系,加强校内和校外对口机构的联系,加强管理人员之间的联系,进一步强化学生事务管理人员自身素质和业务能力发展,提高工作人员跨部门处理学生事务的能力。大力构建各种育人平台,将评价体系所要求的项目变成若干个教育单元,以丰富的教育形式,供给学生菜单式的发展内容以让学生自由选择。将辅导员、专任教师、优秀校友、学生骨干,甚至相关行业社会退休人员按特长和专业背景选拔到各事务管理部门做兼职管理人员,鼓励师生共同参与管理,构建开放型的学生事务管理格局。

(三)完善信息化管理,持续优化个性化教育管理能力

伴随当下经济社会发展,尤其是受网络化、信息化、虚拟化、社群化等趋势的影响,作为现阶段高校学生主体的"00后"群体获取资源渠道更加便捷,认识世界的视野更加开阔,对教育管理的期待也更高,对教育服务表现出前所未有的个体化或圈群化期待。在这种情况下,如何把握学生成长规律,解析他们的现实需求,在服务共性需求基础上提升个性化教育管理能力是高校学生事务管理者重要的努力方向。[1]

信息化管理可以大大提高管理的效率和精度,同时也可以减少管理成本。高校应建立完善的学生事务管理信息系统,实现学生信息的实时更新和维护,加快信息传递和处理速度,提高信息的准确性和高效性。在学生事务管理工作中,大数据能有效纠正教育管理者习以为常的认知偏差,并能通过对资源的有效整合,绘制学生"行为轨迹",形成学生"数据画像",进而精准把握学生需求和个性特征。利用大数据,可以使决策者基于自身经验来改善其决策的质量。基于学生事务管理的工作重点,教育数据挖掘主要涵盖三个方面:一是全面挖掘描绘大学生画像的各种教育数据。不同于以前,今天无论是学生生活还是学生管理都进

---

[1] 宋传盛,谢守成.新时代高校学生事务管理的逻辑定位[J].学校党建与思想教育,2020(6):63-65.

入了信息化时代,学生的就餐信息、成绩状况、图书馆入馆数据与书籍借阅情况、课堂出勤等都已经数据化,用数据记录学生的生活痕迹成为可能。如何尽快挖掘这些"沉睡"的学生数据,是实现精准管理的前提条件。二是锤炼科学有效的数据分析方法。学生的生活轨迹信息广阔、零散,对其进行整理分析,才能发挥数据价值,包括如何依托数据算法对大学生教育数据进行数据清洗与数据加工,全方位、全周期整合分析学生相关信息;如何在学生的诸多行为轨迹中建立数据联系,多维度追踪、分析,反馈学生准确的学习生活状态;如何捕捉学生日常生活数据,精准开展学业预警、心理疏导、资助帮扶。如在课堂签到方面,可以通过人脸识别技术来有效杜绝传统签到方式中出现的"代签"情况,能够有效提高学生的课堂出勤率,约束学生的学习行为。在学生日常事务管理工作中信息技术也能够得到充分应用,如学生在图书馆借阅图书的过程中也可以通过人脸识别技术来有效提高学生借阅的便利性。三是重视数据隐私保护。数据挖掘的最终目的不是为了用数据培养人,而是借助数据实现对人更好的教育,助力学生成长成才。在学生事务管理中推进教育数据挖掘,面对的是成长中的大学生,是具体的、生动的"人",因此必须充分考虑学生的心理体验,在数据应用和使用过程中,做好隐私保护,切勿违背相应伦理规范。通过大数据技术将学生在高校的各类活动进行有效地边连接,能够全面提高高校学生日常学习生活的便利性。

(四)坚持统筹谋划,打造专业化职业化学生事务管理队伍

当前,我国高校学生事务管理的职能不断扩展,从传统的思想管理和简单的事务管理转变为心理咨询、职业规划、学业指导、就业创业教育等多层次的内容。在这一背景下,亟须一批专业化的管理队伍来保障学生事务管理的功能发挥,满足学生的需求。在学生工作队伍建设方面,美国的专业化和职业化最值得我们学习。在我国,学生工作队伍很不稳定,许多人只是将做学生工作作为一种经历,而不是一种职业。因此加强我国的学生工作及其队伍的专业化、职业化建设是当务之急。学生工作队伍的职业化是指必须使从事学生工作的教师具有与本职工作相应的职业技能和职业资格。而学生工作的专业化包含两层含义:一方面要求学生工作的部门和机构实现专业化的分工;另一方面是指学

生工作人员需要有胜任工作的专业知识和理论素养。高校学生工作是集教育、管理、服务、研究四位一体的复杂劳动，它要求学生工作人员要学有专长，充分掌握学生工作的基本规律和现代教育理论，即要求学生工作队伍必须专业化。

首先，强调职业准入标准，增强队伍"发展学生"的引领能力。通过一系列可量化的考试、考核机制，优中选优地选拔出政治合格、素质过硬、立场坚定的大学毕业生担任辅导员。学生工作者应系统学习高等教育的相关理论、掌握高校学生工作规律和学生成长成才规律。国家通过设立学生工作的博士、硕士专业或专业方向，培养专门人才，使其在学业发展、人格发展和职业发展等方面给予学生前瞻性和方向性指导。其次，强调专业执行标准，增强队伍"发展学生"的指导能力。知识经济时代，学生工作（尤其是学生工作的理论化建设）要先于学生思想动向，辅导员对新知识、新形势的把握更要先于（至少要同步于）学生的成长。因此辅导员在学生工作中表现得好与坏，主要将集中于"掌握知识的程度"和"运用知识的能力"两项内容上，辅导员要想在学生工作中保持旺盛的战斗力，就必须解决学习问题。高校之间应对学生工作设立行业通用的专业目标和执行标准，经常性地开展研讨和交流活动，适时地根据时代要求修订标准，以确保队伍在指导学生发展上与社会和学生的需求相切合。再次，强调行业考评标准，增强队伍"发展学生"的评估能力。建立起一套科学、完整、可量化的辅导员考评制度。应通过职业化推动管理者队伍专业化建设，逐步探索和建立学生事务管理者的职业考核体系和职称评定方式，在岗位设置、人员考核等方面形成相对独立的体系。在对不同辅导员所从事的不同学生工作采取不同的考核方式的同时，采用同一量化折算标准，使学生工作的成绩具有可比性，以期减少或规避辅导员在某些工作中的"不作为"或失职现象，落实"干与不干不一样，干多干少不一样，干好干差不一样""能上能下"的组织原则，同时也为人才选拔提供重要的客观依据。建立行业内的学生素质发展的考评办法和标准，既便于评估和比较各高校"发展学生"工作的成效，也利于各高校内形成内部工作成效的评估体系，以系统、科学、有效地推进学生工作发展。

高校学生事务管理不仅关乎高校的长远发展，而且潜移默化地贯穿学生最宝贵的大学时光，以其直接和间接的方式深远持久地影响着学生的当下和未来。重视高校学生事务管理的巨大作用,虚心汲取美国等国家的成功经验,提升学生学校生活的幸福度,并激发他们在高校学生事务管理中的积极性、主动性,同时为其未来求职、人生发展奠定基础。只有通过不断地实践探索和完善,才能不断提高学生事务管理工作的质量和水平,为学生提供更加优质的教育服务。

第八章

高校办公室管理

办公室管理是行政流程的综合性管理,有较强的协调性、中枢性和业务性。随着高等教育改革的不断深化,高校面临着诸如在办学中适度引入市场机制、多渠道筹措办学经费、加大学校内部管理体制的改革力度以适应时代发展的需要等一系列新情况和新问题。面对这些纷繁复杂的新情况和新问题,高等学校办公室作为高校管理的综合协调办事机构,如何紧紧围绕着学校的改革和发展,拓展管理职能,提高工作效率,推动学校各项任务的顺利完成,已成为当前亟待深入探讨解决的课题。

第一节 办公室工作的性质与职能

新时代高校办公室是高校党委和行政直接领导下的综合办事机构。我国高校实行党委领导下的校长负责制,在传统上,党委工作系统中的党委办公室和行政工作系统中的校长办公室,都是发挥其沟通内外、协调左右、联系上下的作用。进入新时代,绝大多数高校把党委办公室和校长办公室进行了合并或合署办公,合并后有的高校叫党政办公室,有的高校叫学校办公室,本节主要研究新时代高校办公室工作职能及延伸,其中研究对象高校办公室即为党委办公室、校长办公室、党政办公室和学校办公室等的合称。

第八章
高校办公室管理

高校办公室作为高校的综合管理机构,是完成高校日常基础性工作,保障高校决策实施,促进教学、科研、管理各项工作协调运行的重要部门,它在学校中处于中枢地位,是为领导决策和实施决策服务的综合办事机构。学校办公室是领导的参谋和助手,同时也是承上启下、联系左右、沟通内外的桥梁和枢纽,是学校对内、对外的窗口部门。办公室作为综合办事机构,具体的工作概括起来就是通常所说的:"三服务",即"为领导服务、为基层服务、为群众服务"。全面深入地认识办公室的性质、职能是对办公室工作人员的基本要求,也是做好办公室工作的基础和前提。

一、高校办公室工作的性质

高校办公室除与其他部门一样有管理、辅助、执行等特征外,还有鲜明的独有性质。

第一,政治性。办公室首先是政治机关,这是办公室区别于其他职能部门的一个基本属性。办公室的工作是体现、执行、贯彻领导意图的工作,这些工作都具有很强的政治性和政策性,直接影响各项政策的贯彻执行。党政领导班子是一个单位的决策团体,办公室在党政领导班子直接领导下开展工作,在执行领导的决定,落实领导部署的过程中,特别是在为领导的决策开展调查研究、提供信息、反馈情况、出谋划策时,一定要从讲政治的高度看待问题和分析问题。同时,办公室作为领导的参谋助手,在为领导服务,发挥参谋助手作用时,还必须具备高度的政策观念,知法懂法,在开展督促检查、信访接待等各项工作和处理突发事件时,都要体现政策性,避免随意化。可以说,讲政治、讲政策是办公室开展工作不犯错误或少犯错误的基本条件。具备良好的政治素质和敏锐的政治觉悟,是做好办公室工作的基本标准和基本条件。办公室工作人员要心怀"国之大者",自觉同党中央对高等教育的要求与期待对标对表,切实把坚持和捍卫"两个确立"、增强"四个意识"、坚定"四个自信"、做到"两个维护"落实到实际行动上,切实提升政治判断力、政治领悟力、政治执行力,始终在思想上政治上行动上同以习近平同志为核心的党中央保持高度一致,在服务中国特色世界一流大学建设、推动高等教育高质量发展过程中发挥好中坚力量的作用。

第二,综合性。高校办公室作为综合性组织协调管理部门,从所处的地位看，高校办公室是整个学校工作的枢纽部，在校内，它紧紧围绕着学校的教学、科研及行政管理而做好协调服务工作，与各级领导、各职能部门和全院师生员工有着直接的联系。在校外，广泛联系兄弟单位的上下左右方方面面；从具体工作看，它担负着沟通情况，协调关系，组织会务，信息反馈，草拟文稿，接待来访，机要文印，档案等项业务，要求它能总揽全局，协调有序，信息灵通，保证学校各项工作的正常运作；从机构性能看，它既是提供信息，参与领导层的议事、决策活动的参谋部，承上启下，协调步伐的联络部，又是处理各类事务的具体办事机构，这就决定了高校办公室的综合性工作特点。当前，伴随着我国经济社会的迅速发展，为了满足社会对高层次人才的需求，我国高校的办学规模不断扩大，学校内部的管理模式也随之发生了变化。在此背景下，高校办公室的工作职能、工作权限随之扩大，工作任务渐趋繁重和复杂，工作范围越来越广，综合性更为突出。它工作的内涵和外延都很广，不同于主管某一方面业务的职能部门，诸如调查研究、公文撰写、文件收发、会务工作、信访工作、统计管理、资料收集等大量政务性和事务性的基础工作。高校办公室应该加强学习型组织建设，对办公室人员开展文秘、管理、经济、法律、档案和公关等知识的培训，拓宽他们的知识体系，提升他们的综合业务素质。同时，办公室人员应善于利用所学知识对本职业务深钻细研，并需要深入基层开展调研，能够对高校发展过程中所遇到的问题进行理性分析，进而不断丰富自身工作经验，提高自身的管理水平和办事效率，实现办公室工作的高效运转。

第三，服务性。办公室是服务机关，办公室的工作要始终遵循为领导服务、为机关服务、为基层服务的基本指导思想。办公室工作人员的工作性质是服务性的，树立牢固服务意识是做好办公室工作的前提。办公室的工作，上对领导及学校机关各职能部门服务，要贯彻好领导的决策和意图，传达落实好其他各部门的工作安排。首先要传阅好各级机关下发的文件，使领导及时掌握党的方针政策，以利于在工作中贯彻落实；其次，要组织安排好学校领导参加的各类会议，参与学校领导的决策活动；再者，做好调查研究，提供信息，结合实际，及时准确地提出建议性的意见和方案，为领导决策提供可靠的依据。在实际工作中，要始终把为基层、为师生服务作为办公室工作的头等大事，努力为基层、为师生多办实事、多做好事。特别是当前，不少高校处于转型时期，办公室全体成员更要树立"尽我所能，解您所难"的服务理念，并以此作为办公室工作的职业信念、行为准则、价值追求和精神动力，强化服务意识，优化服务态度，转变服务方式，面向基层，了解民情，掌握民意，体察民心，集中民智，真正做到上为领导分忧，下为师生解难，把为领导服务、为院系部处服务、为师生服务更好地体现到办公室各项工作中。

第四，被动性。办公室工作最大的规律就是"没有规律"，办公室工作是根据领导工作的需要来开展的，很多事先并不能预料，工作临时性、突发性特点比较突出。办公室的辅助地位决定了它的工作被动性，办公室必须随时按照领导的批示和意见办事，不能自行其是；办公室还要经常完成突击性工作，如发生突发事件、完成上级的工作安排等，既要组织力量完成临时任务，又不可完成突击工作而影响日常工作。因此，办公室人员要切实树立"责任重于泰山"的意识，做到工作认真、态度端正、处事果断，在任何人面前、在处理任何事上，都要从严要求、从优服务，高标准、高质量，确保工作万无一失。要知道"该我干什么和我该干什么"，不让领导布置的工作在自己手里延误，不让需要办理的事情在自己手中积压，不让各种差错在自己身上发生，不让来办公室办事的同志在自己这里受到冷落。

第五，协调性。这是办公室区别于其他职能部门的另一个基本属性。其他职能部门职责相对比较专业化，而办公室作为综合管理部门，作为沟通上下、联系左右、协调内外的枢纽，协调和安排各项工作，处理好各种关系，是其工作的一项重要职能。高等学校规模大、层次多，专业各异，为使学校工作有序，办公室的协调作用非常重要，对上协调要严格按照程序，按领导分工职责逐级请示汇报，尽可能避免领导之间误会和"返工"；对左右协调要谦虚周全，争取支持；对下协调要把握分寸，做到督查、服务相结合。在协调好各项日常工作的同时，对一些大事和难度较大的工作也要敢于协调、善于协调，代表领导理直气壮地安排工作、下达任务，当好总调度、总调节，妥善处理各方面的关系，做到不让领导布置的事情在办公室这里拖延，不让正在处理的文件在这里积压，不让各种差错在这里发生，不让单位的形象在这里受到影响，尽最大努力满足和适应领导工作的需求，为领导腾出时间、精力抓大事、谋大事。办公室工作的重要，主要体现在它通过各种方式和途径，协助领导者管理全局，保证全局工作的正常运转，而不在于它具体分管的工作和业务。

二、高校办公室工作的内容和基本职能

办公室工作千头万绪,任务十分繁杂,既有事务性的工作,还有众多的政务工作。从传统意义上来讲,高校办公室主要承担着"交办式"工作,简单地表述为"办文、办会、办事",随着现代高校开放办学程度的不断加深,国家"双一流"建设的深入推进,高校办公室必须进一步丰富和拓展办公室功能,强化办公室办事能力,提高办公室的工作效率,提升办公室的办事水平,才能很好地服务于学校的高质量发展。

(一)高校办公室日常性工作

高校办公室一般设秘书科、行政科、督办科、机要科、信息科、党务科、法务科等部门。办文、办会、办事是办公室日常性工作,也称程序化服务工作,是办公室人员做好工作的根本手段,最基本的要求就是确保日常服务的规范性,这主要有八大项工作内容。

第一,公文处理。公文处理包括对外公文、内部公文的撰写和外来公文的处理工作,是指公文拟制、办理、管理等一系列相互关联、衔接有序的工作。主要有发文处理(包括拟稿、核稿、签发、缮印、校对、盖印、注发、封装、送发等环节)和收文处理(包括签收、登记、拟办、分发、批办、承办、催办、注办、立卷等环节)。

第二,会议工作。会议工作是指有目的、有组织、有领导地商议事情的集会,是实施领导和管理的重要手段。会议工作包括协助领导者确定会议议题和日程,起草、处理和归档会议文书,安排会议设备与布置会场,发送会议通知,安排和管理会务。组织好会议,提高会议质量和效率,是办公室工作的一项重要内容。

第三,信息处理。办公室的信息处理,主要包括信息收集、信息传递和反馈、信息网络、信息加工(含信息的筛选、整理、编写等)和信息存储等。从具体工作来说,主要包括调查研究、情况收集与反映、简报编写、资料统计、新闻发布、信息网络与设备的管理等。办公室信息处理工作的重点,主要应放在辅助领导者科学决策和管理上,要及时吃透"上情",了解"下情",掌握"外情",总结"内情",确保重要信息在第一时间报送,为学校领导科学决策和精准施策提供重要依据和有力支撑。

第四，机关事务管理。机关事务管理包括物资、财务、车辆、服务和接待工作等。机关事务管理工作是办公室和其他各工作部门的基本条件和重要保证，这方面工作做好了，能使干部职工有良好的工作条件和环境，从而调动他们工作的积极性。

第五，印章管理。印章是单位权威的象征和职能的标志，印章的使用和管理是办公室的职责之一。印章管理包括印章的刻制、颁发、保管、使用和销毁等。严格印章的制发、启用、废止。高校内部机构的印章，由办公室核准后送交指定承制点刻制，并注册登记，留存印章式样，发文启用。印章要指定政治上可靠的专人保管。建立印章专用登记、审批制度。对于不符合加印条件的申请，不能假公济私，应该退回。尤其是在空白纸上盖章现象，印章管理人员应该严格规范自己的工作行为，拒绝这种违规的要求。

第六，文书档案工作。具体包括文书档案的管理与利用等。文书档案是本单位在行政管理事务活动中产生的，由通用文书转化而来的那一部分档案的习惯称谓。包括公文、信函、简报、会议记录、计划和总结等。文书档案记载了本机关、本单位活动的事实和实践经验，是本机关、本单位工作的历史记录，具有重要的查证、参考作用。档案工作的主要任务是收集、整理、鉴别和使用，收集的内容主要有各种文件、函电、电话记录、出版物原稿、视频资料等。目前，文书立卷归档的步骤分组卷、编写案卷标题、卷内文件的排列与编号、填写卷内目录与备考表、填写案卷封皮、装订与编制案卷目录等几个阶段或环节。

第七，信访工作。包括来信、来访的受理、处理、查办等。信访工作是党的群众工作的重要组成部分，是党和政府了解民情、集中民智、维护民利、凝聚民心的一项重要工作，是各级机关、单位及其领导干部、工作人员接受群众监督、改进工作作风的重要途径。因此，办公室要把信访工作作为经常性的工作来对待，首先要建立责任清晰的分级转办机制；其次要建立涉法和涉诉类信访的分类处理机制；再次要严格执行信访工作的督查督办机制；最后要建立信访工作人员的培训机制。应当畅通信访渠道，认真处理信访事项，倾听师生员工建议、意见和要求，接受师生监督，为师生服务。

第八，机要保密工作。包括各种密级文件、资料的管理。保密范围一般包括文电、会议、印信、各类情况、高层领导活动保密等内容。办公室是直接为领导服务的重要职能部门，随时都会产生和接触大量的国家秘密、工作秘密。做好办公室保密工作，是办公室工作的一项重要内容。根据办公室的职能和工作性质，一是建立和健全保密制度，加强对机密文件、图纸、资料、照片、档案、信函和视频资料的管理工作，以确保机密的安全。二是坚持原则，保证知密不失密。处理文件时，要严格履行登记、签收手续，绝密文件须有专人负责保管。

（二）高校办公室工作的基本职能

正确认识高校办公室在高校管理中的职能，是加强高校办公室建设与管理的重要前提。职能是办公室工作权限的具体规定，不同机构的办公室具有各自特定的职能。高校办公室工作具备一般办公室的职能，但又不同于党政机关、企事业单位的办公室工作，具有其自身的特殊性。高校办公室工作既要遵循一般管理活动的规律，也要结合高校自身运行机制来开展工作。高校办公室工作的范围广、任务杂，概括而言，具有以下五大职能。

1. 统筹协调职能

统筹协调职能是高校办公室的首要职能，是由办公室在学校的地位和作用决定的。学校办公室不仅是学校领导的综合办事机构、信息参谋部门，而且是沟通、联系和协调领导与部门之间、部门与部门之间、机关与基层之间的桥梁和纽带。通过办公室这个运转枢纽，能够切实做好校领导统揽全局的协调作用，促使全校上下围绕中心，共同协力推进学校各项事业的健康发展。首先，高校办公室可在校领导的授权下，按领导指示进行综合协调。其次，高校办公室是学校运转的中心枢纽，是各种信息的交汇和反馈的汇集地。再次，高校办公室也是一个兜底的办公室，学校各部门都不能解决的复杂问题，部门之间的工作盲点反映到办公室，办公室要有兜底意识，力争解决复杂问题。此外，高校办公室的统筹协调职能和学校的发展紧密相关，高校办公室还要代表学校来对外协调，行使学校权力，维护学校利益。

办公室的协调工作，包括对内协调和对外协调。对内协调是指系统内部领导、管理工作的协调；对外协调指面对社会有关方面和公众的协调，即公共关系。首先，办公室要充分发挥其"总布置"和"桥梁纽带"的作用，强化"一盘棋"意识和全局整体观念，加强与校内各方的沟通协作,构建工作大格局。在办公室实际工作中,除了要做好公文处理协调、会议协调、事务协调、日常工作协调等工作之外,上下之间、单位(部门)之间出现的不协调和意见不一致的现象,也需要办公室通过精心、细致的工作来协调,包括学校重点、难点工作的协调,信息工作的协调,学校总的工作计划与规划发展的协调等。办公室需要及时沟通信息,做好解释工作,消除分歧和误解,发挥好"润滑剂"作用,才能真正构建和谐工作环境,充分调动各方面的积极性,使各个环节协调互补,和谐、有序、高效运转。其次,积极拓展高校办公室对外协调职能。现代高校不再是传统意义上的"象牙塔",高校必须积极主动参与到市场竞争中,为区域经济发展提供更加积极主动的社会服务。学校不与外部环境沟通,单纯地依靠政府或教育主管部门的行政命令在当今高校发展中肯定是行不通的,高校必须改变以往封闭的管理理念,向开放性管理理念转变。办公室必须拓展对外公关能力,密切与上级主管部门、科研院所、社会服务部门、企事业单位和行业单位的联系,由被动接待转变为主动对外联络,充分发挥好办公室"窗口示范"作用,通过细致、周到、得体的对外活动,不断改进学校与外界联系,为学校发展创造良好的外部环境,扩展学校对外形象与社会影响力。还要主动加强与国内外高校、省内外兄弟院校之间的交流与合作,扩展交流内容,创新合作模式,稳步推进开放办学,构建国际合作交流新格局。

2. 参谋助手职能

高校办公室既是学校的办事机构,也是学校领导决策的参谋部,办公室的重要职能之一就是要为领导提供参谋决策,成为领导的智囊团和思想库。高校办公室作为辅助领导决策的主要部门,参谋助手职能主要体现在五个方面,一是为领导及时准确全面地提供信息;二是围绕学校中心工作组织调查研究;三是就重大事件的处理提出对策性建议;四是根据领导意图做好重要文稿的起草工作;五是协助领导实施管理,处理日常事务。

这就要求办公室人员拥有以下几种能力。首先,要加强信息收集与处理。客观、科学的信息是领导能够"耳聪目明"决策的重要依据。办公室人员要做好"调研员""信息员""分析员",发挥好"信息库"的作用,做好辅助决策角色。一方面要千方百计通过各种渠道扩大信息源,准确掌握,全方位地了解各项工作进展情况,并及时收集整理编报,提高信息的针对性和时效性，向领导反馈最重要的时效信息。另一方面，又要加强对信息的筛选、分类和综合工作，从中找出带有普遍性和倾向性的情况、经验和问题，提高信息的使用价值。以"领导需要知道的"和"需要领导知道的"为重点，力求在最短的时间内把信息提供给领导，充分发挥信息服务领导决策的作用。其次，提供决策方案。办公室是决策人接触最多和最直接的部门，应当提供不同意见，以便决策人能更好地了解情况，开阔思路，全面考虑，从而制定正确的决策方案，即"身在兵位、胸为帅谋"。办公室在掌握情况、收集信息后，应围绕中心工作、重要性问题深入开展调研分析，提出具有针对性和可操作性的对策与建议，供领导决策时参考、选择，做到参之有道、谋之有方，言之及时。领导者在决策时，要求办公室或其工作人员提供多种方案，也是为了从中进行比较，使决策更加符合客观情况，切实可靠。三是承担决策事务。参谋是办公室工作人员辅佐领导者决策及实施的运筹谋划活动。在日常工作实际中，办公室人员在做好办文办会办事工作的同时，要着力突破自身所处的角度和思维方式等局限，增强参谋意识、参谋能力、参谋质量，更好地彰显办公室工作在服务领导、辅助决策中的价值。在领导机关或领导者的决策确定后，办公室应履行自己的职责，迅速将领导的指示或决定记录整理，并通过发布文件或召开会议等方式公布决策。

3. 督察督办职能

督察督办工作是高校办公室的一项重要的管理工作，主要是督促检查落实行政决策，综合协调、规范日常行政事务，保障政令畅通；检查、督促上级指示、会议纪要、领导重要批示（决定）和重要工作的执行情况。这种职能主要体现在以下三个方面，一是以上级的重要文件、指示和学校重大决策部署的贯彻落实情况为重点组织督促检查；二是对领导批示和交办事项进行专项查办；三是抓住师生员工反映强烈的问题主动查办。高校督办工作概括起来可以分为拟办、立项、交办、催办、办结、反馈和归档七个环节。高校办公室的督办工作应该有其工作重点，学校的中心工作、领导的关注点、工作中急需解决的难题等都是督办工作的重点，要紧紧围绕重点开展督办工作，把重点放在发现和解决问题及决策落实的过程中，要反馈决策落实中的各种情况，并提出对策性建议供领导参考。

随着新时代高等教育事业的快速发展和教育改革的不断深入，学校的行政事务日益增多，业务范围不断扩展，如何保障学校的各项决策高效贯彻、落实到位，如何将各部门在工作中出现的问题及时反映给决策层，这些都需要高校办公室建立一套完整的督办工作体系，落实督办工作，保障学校各项工作的顺利开展，高校办公室督查督办职能更显重要。对高校而言，"一分部署、九分落实"，再科学民主的决策如果不抓紧落实，就等于"镜中花、水中月"。首先，做好督查督办工作能确保学校决策执行有始有终，做到事事落实，件件办好。其次，做好督查督办工作能让领导及时掌握学校各项决策的推进情况，及时对推进过程中的困难给予协调解决。再次，办公室的督查督办工作要对重大决策执行情况开展调研，掌握第一手决策执行情况的信息，定期呈报领导。最后，办公室的督查督办工作"督"两方面内容，即决策落实进度和决策落实程度，办公室做好督查督办工作能确保学校工作的高效运转，不断推进学校各项事业向前推进。

做好督察督办工作既是学校管理水平的体现，也是推动学校各项事业顺利开展的重要保障。一是做好督促检查。督促检查是推动决策落实的重要手段，也是办公室工作的一项重要职能。办公室的督促检查作用，主要体现在协助各部门确保项目决策的贯彻执行。二要创新督查方式方法。可走访院系、教学基地等实地督查，对于教学任务繁重的院系，可采取查阅资料的方式进行督查。三要加强对督查结果的运用，建立奖惩机制，与二级单位绩效收入挂钩，促进形成主动作为、务实有为的良好局面。

4. 安全保密职能

做好办公室保密工作，是高校办公室工作的一项重要内容。高校办公室是直接为领导服务的重要职能部门，是一个各类信息集中的高地，由于其地位特殊，各类情报信息第一时间会集中到办公室，随时都会产生和接触大量的国家秘密、工作秘密。办公室工作人员一定要有高度保密意识，谨言慎行，该说能说的说，不该讲的坚决不讲。根据办公室的职能和工作性质，应重点加强办文、办会、办事三方面的保密工作规范，确保国家秘密、工作秘密的安全。

党的十八大以来，我国高等教育取得举世瞩目的发展，"双一流"大学建设正稳步推进，因此在新时代如何既要扩大教育对外交流，又要加强安全保密是高校办公室的一项新职能。高校办公室人员，首先，应当认真学习国家有关保密和国家安全等有关法律法规,学习学校保密有关规定,切实增强安全保密意识。其次,要把好学校保密关口,建立健全保密档案资料。由于学校内部涉及需要保密的工作较多,应当根据不同的业务处室分别做好保密与非密的事件与材料的划分,涉密事件和材料密级的确定,分类管理要求等。随着计算机技术的普及,应高度重视现代高新技术手段对保密工作带来的复杂性,防止涉密材料外泄。第三,加强科技保密和国家安全教育。高校作为一个开放的、活跃的教育机构与学术机构,校园环境相对开放,各类人员活动繁杂。科研人员因学术交流、出国深造、人才引进、工作调动导致流动性很大;部分研究生也会参与涉密科研活动,其升学、出国、就业的流动也很频繁。此外,由于科研活动的动态特点使得科研人员进出涉密岗位频繁,不利于科研保密管理。高校必须努力探索,建立适合国防科研的保密综合防护体系,建立业务归口管理机制,不断完善定密管理、涉密人员管理、网络保密管理、涉密项目管理、信息设备管理等工作机制,加强技术防护,形成有效的安全保密策略,确保国家秘密安全。

5. 服务保障职能

行政工作的基本特征就是服务,高校办公室工作也不例外。高校办公室是高校服务的窗口,高校办公室对内是服务全校师生和各部门的窗口,对外是联系各级部门和社会各界的窗口,服务的内涵包括为学校中心工作服务,为领导、本校师生员工、校外单位服务等,服务态度的好坏直接影响到高校的形象,因此高校办公室人员要把提供优质服务作为办公室工作的基本出发点和落脚点。这就要求办公室人员树立以人为本、以服务为宗旨的观念。在日常工作中待人热情,公平公正,严谨周到,提高服务的规范化水平。在服务的范围、内容、方式、方法等方面不断提高认识,将被动应付为主动服务,将阶段性服务为全程式服务,探索在新形势下高校办公室做好服务工作的新方法,在服务中提高办事效率,在服务中树立和维护自身形象。

新时代高校办公室的服务职能需要进一步提高。首先,办公室人员要深刻认识到服务职能的重要性。当前,大学管理服务机制正在转变,更加突出人本管理的主体性地位,提倡以服务师生为主体。这就要求办公室把握窗口服务职能的内涵,强化服务意识,不断强化对师生员工的服务意识,为广大师生服务,为教学一线、科研和社会服务,提升服务质量,维护好学校整体形象。其次,办公室人员的精神面貌和服务态度要提高。良好的精神面貌和服务态度,直接影响到学校形象促进各项工作的顺利开展;要按照中央八项规定精神,树立正确的工作态度,爱岗敬业,甘于奉献,勤恳敬业,真正培养全心全意为师生服务意识和服务精神。第三,办公室人员的办事效率和工作作风也要提高。办事效率和工作作风也影响到窗口形象。要秉持对待工作严谨细致,精益求精,高效快捷的工作作风,尽力杜绝不必要和繁琐的工作环节,特别在公文的处理,文件起草、签发、传阅、督办,以及大型活动和会务的筹备、执行等工作中,为师生和各单位提供及时、高效、细致的服务。第四,积极利用现代网络技术和先进的科学技术,切实打通师生服务管理"最后一公里"。随着现代科学技术的发展和管理工作的科学化、规范化,计算机及办公自动化技术在不断地运用到办公室工作中来,要打造通畅的信息渠道,完善服务功能网络,打造服务绿色通道,在服务范围、服务内容、服务方式等方面不断拓展,提高办公室工作的现代化、科技化、信息化水平,让数据多跑路,师生少跑路,更好地给广大师生提供"优质服务、超前服务、全程服务"。

此外,要做好后勤保障工作。办公室是机关事务的"大总管",又是为各级部门做好保障工作的"服务员"。通常情况下,办公室的工作比较繁杂,任务比较繁重,大大小小的事情,方方面面的工作,找不到主管部门难办的事要管,别人不愿做的棘手问题要管,落实不到具体部门的繁琐任务也要管。办公室要把服务保障工作作为日常重要任务,增强工作的主动性和前瞻性。要紧紧围绕领导的要求、基层的需求,认真做好服务工作,精心做好保障工作,把对领导服务和其他部门的服务有机统一起来;确保重点,兼顾全面,把常规服务与应急服务结合起来,真正做到大事办成、小事办实、急事办妥、难事办好,全力协助学校党委行政扎实推进学校高质量发展。

第二节　高校办公室管理的科学化和现代化

高校办公室属于高校综合性办事机构，在整个高校管理体系中起到承上启下、沟通左右、连接内外的中心枢纽作用。高校办公室管理工作科学化与现代化，直接影响着高校改革发展的水平，是评价高校工作效率高低的关键指标。高校办公室管理的科学化和现代化已经成为今天高校办公室切实遵从的规范，成为现实的课题。

一、高校办公室管理的科学化

随着高等教育的不断发展，高校办公室作为综合办事机构，具有工作内容多、事件繁琐的特点，在管理系统中担任着学校内部各单位以及学校与社会的连接枢纽作用，办公室的管理方式会直接影响学校各项工作的开展和对外形象，只有实现科学化的高校办公室管理，才能够满足高校高质量发展的需求。这主要包括办公室管理的规范化和制度化。

（一）规范化

规范，在办公室管理中是指人们对工作所制定的原则和标准。办公室管理的规范化，就是要求办公室工作必须按确定的原则、标准和流程进行。办公室管理的规范化要做好下面五项工作。

1. 公文撰写规范化

公文是机关和单位在行政管理过程中形成的具有法定效力和规范体式的公务文书，是传达贯彻党和国家的方针政策，发布行政法规和规章，施行行政措施，请示和答复问题，指导、布置和商洽工作，报告情况，交流经验的重要工具。草拟公文，从公文种类、格式到审稿、签发，要严格遵守中共中央办公厅、国务院办公厅发布的《党政机关公文处理工作条例》，以提高公文质量。

公文撰写规范化首先体现在格式上的规范化。公文格式规范化是由公文的本质决定的。为了确保信息在传递过程中不失真、不出错、不被误解，就要求信息在格式上做到准确、清晰、严谨，便于读者了解和掌握。公文的撰写必须用规范的语言来体现组织处理公务时所必须持有的严正立场和严肃态度。公文的语言要求庄重严肃，必须使用现代汉语的规范化的书面语言。

2. 公文处理规范化

公文处理工作是指公文的签收、登记、拟批、阅批、催办、督办到立卷、归档、销毁等一系列相互关联、衔接有序的工作。公文处理是党政机关、人民团体、企事业单位在管理中一项经常性的重要工作，也称文书处理、文件处理。

公文处理看起来是收收发发、传传递递，但如果做得不好，传递不及时，就会出现差错，影响工作效率，甚至贻误大事。因此，必须制定公文处理的规范，规范是保证公文处理质量的前提。要切实把准确规范的要求贯穿于公文处理的各个环节，按程序、按规矩办理公文，坚持标准、从严要求，把好关口，确保公文的严肃性和权威性。

3. 会议安排规范化

要做到精简会议，提高会议效率，把领导者和广大行政人员从"会海"中解放出来，会议安排的规范化是前提。会议安排的规范化是对会议时间、议题、出席者及审批手续做出明确规定并严格执行。未经学校党委、行政批准，不得召开全校性大会和工作会议。会议组织单位应提前做好会议的申报、审批、筹备、组织等工作，会议相关部门密切配合，分工协作，共同做好会议服务。尽量减少安排临时性会议，使会议组织有序、管理科学。

4. 接待工作规范化

接待是为加强与来访者的及时联络、充分交流而对其到来给予热情迎送、精心安排的工作过程。从一定角度讲，接待工作是单位形象的缩影、工作作风的体现，关系到组织形象，关系到事业发展。做好接待工作是办公室人员的重要任务,规范接待工作极其必要,要严格遵守中共中央办公厅、国务院办公厅印发的《党政机关国内公务接待管理规定》,结合学校实际,制定本单位公务接待制度文件,对公务接待的服务对象、审批程序、工作流程、开支标准、经费管理、纪律监督等所有环节,都进行界定,明确量化要求,具有可操作性和约束力。

5. 办事程序规范化

办事程序是机关办事的根本法则。无论任何性质的单位,办事讲究程序是工作的基本要求。程序是指办事的先后次序。办公室管理的程序化,就是将常规工作按事情进行的先后次序划分成递进步骤,并按规定的步骤办理。制定工作程序目的在于把各种规章制度具体化、步骤化。制定工作程序时不仅要注意工作的先后顺序,而且要把每一个步骤的做法、要求都规定得清清楚楚。同时,还要注意前后步骤的衔接。

办事程序规范有助于分清事情的主次、先后、轻重和缓急,做到办事有序化、规范化和科学化。办事程序规范体现在如下几个方面:一是时序性,是指对办事活动的时间顺序做出的安排,对需要经过哪些步骤加以明文规定。二是标准性,是指对重复性问题的处理有一个统一的例行标准。三是公开性,是指强调办事的透明度,便于人们的监督和检查。四是约束性,俗话说"没有规矩,不成方圆"。有了办事规矩,就有了从决策方案、开始执行到行动结束所必需的工作步骤和例行标准,即人人必须执行,既可以节约大量的时间和精力,又能减少推诿扯皮和工作失误。

(二)制度化

办公室承担着繁杂的工作任务,如果没有完善的工作制度和工作秩序,很难保证各项工作的有效开展。因此,高校办公室工作的优化与创新,应坚持以制度建设为重点,强调制度的规范与导向作用,将办公室的办事流程、行为准则等以条文的形式确定下来,健全按制度办事的机制,使各项服务工作实施主体明确化、任务职责具体化、工作程序规范化,各司其职、各尽其责,合心、合力地推进各项工作。有关办公室工作的主要规章制度有以下四项。

第一,岗位责任制。这是办公室内部明确职责、分工,进行目标管理和考核的一项重要制度。责任到人,是落实工作的重要前提。由于办公室工作具有特殊性,更加强调建立岗位责任制,将工作进行分解、强调责任到人、到科室,对每个工作人员的职责和任务都必须做出明确而具体的规定,每项工作都要有具体的目标、要求,规定完成的时限,这是确保工作全面开展的关键所在。并且,建立完善的考评机制,依托科学考评,确保责任到位、工作到位,提高办公室的工作效率。坚持闭环思维,从任务的发起到结束,做到不折不扣执行、适时主动反馈、保质保量完成、不断改进提高,确保凡事有交代、事事有落实、件件有反馈。

第二,公文处理办法。制定公文处理办法是提高办公质量、加速公文运转、提高办公室工作人员和领导者工作效率的一项重要措施。公文种类繁多,运转环节复杂,有些重要公文须经数位领导审批,多个部门联合办理,如无一定章法,差错难以避免。因此,办公室要根据中共中央办公厅、国务院办公厅印发的《党政机关公文处理工作条例》,结合本校实际,制定适合本校的公文处理办法,对公文种类、写作格式、呈报和审批手续、编号等有明确规定。使公文处理有章可循,公文运转快速而不出差错。

第三,会议制度。会议是领导者集思广益,充分发挥集体智慧进行民主决策的重要形式,是领导工作中不可缺少的。但是,如果没有一定的会议制度,无论大小事情都由领导开会研究,会议将会泛滥成灾。要精简会议,提高会议质量和效率,就必须建立完善的会议制度。会议制度的内容主要包括:严格控制会议数量和规格,精简会议活动;严格会议审批制度,不开泛泛之谈的会议;大力精简会议文件、简报,切实改进文风,没有实质内容,可发可不发的文件、简报一律不发;革除繁文缛节,讲求实效,端正会风,提倡开短会、讲短话,理解空话、套话;严格财务制度,节约会议经费。

第四,接待制度。接待工作已经成为高校一项经常性的工作,具有十分重要的地位和作用。接待工作涉及接待规格、费用开支、食宿交通安排,若无一定的标准,不仅会使接待人员无所适从,也会违反有关政策和纪律。因此,必须建立接待工作制度,结合学校自身实际情况,制定公务接待工作的具体实施细则,对接待礼仪、规格、费用标准等做出明文规定,严格执行中央八项规定精神,减少灰色操作空间,让领导干部和行政人员有章可循,规范应对实际公务接待过程中遇到的不规范问题,做到有礼有节,守住纪律底线。

二、高校办公室自动化

20世纪80年代末期,办公自动化概念开始引入我国高校。随着计算机技术突飞猛进的发展,自动化技术从初期的复印机、打字机、传真机等办公设备发展到今天的网络系统程序办公化。办公自动化(Office Automation,简称OA),是将计算机、通信等现代化技术运用到传统办公方式,进而形成的一种新型办公方式。办公自动化利用现代化设备和信息化技术,代替办公人员传统的部分手动或重复性业务活动,优质而高效地处理办公事务和业务信息,实现对信息资源的高效利用,进而达到提高工作效率、辅助决策的目的,最大限度地提高工作质量、改善工作环境。办公自动化没有统一的定义,凡是在传统的办公室工作中采用各种新技术、新机器、新设备从事办公业务,都属于办公自动化的领域。通过实现办公自动化,或者说实现数字化办公,可以优化现有的管理组织结构、调整管理体制,在提高效率的基础上,增加协同办公能力,强化决策的一致性。

(一)办公自动化系统

(1)构成。办公自动化系统的构成主要包括三个不同的层次。

事务型OA系统是第一个层次。只限于单机或小型局域网上的文字处理、电子表格处理、文件收发登录、电子文档管理、办公日程管理、人事管理、财务统计、报表处理、个人数据库等辅助工具的应用。这些常用的办公事务处理的应用可作为应用软件包,包内的不同应用程序之间可以互相调用或共享数据,以便提高办公事务处理的效率。其功能在于办公室工作的自动化,直接面对的是工作人员,以提高办公效率,改进工作质量。

信息管理型OA系统是第二个层次。这是把事务型(或业务型)办公系统和综合信息(数据库)紧密结合的一种一体化的办公信息处理系统。综合数据库存放该有关单位的日常工作所必需的信息。包括由大型电子计算机和光缆组成的局部信息网、综合办公系统、办公室服务站、文字处理中心、大中小型电视会议系统、图像传真会议室、电传、内线电话号码检索、电子归档与检查,以及大楼管理等系统。

决策支持型 OA 系统是第三个层次。它建立在信息管理型 OA 系统的基础上。它使用由综合数据库系统所提供的信息,针对所需要做出决策的课题,构造或选用决策数字模型,结合有关内部和外部的条件,由计算机执行决策程序,作出相应的决策。

随着三大核心支柱技术:网络通信技术、计算机技术和数据库技术的成熟,世界上的 OA 已进入到新的层次,在新的层次中系统有四个新的特点:一是集成化。软硬件及网络产品的集成,人与系统的集成,单一办公系统同社会公众信息系统的集成,组成了"无缝集成"的开放式系统。二是智能化。面向日常事务处理,辅助人们完成智能性劳动,如汉字识别,对公文内容的理解和深层处理,辅助决策及处理意外等。三是多媒体化。包括对数字、文字、图像、声音和动画的综合处理。四是运用电子数据交换(EDI)。通过数据通信网,在计算机间进行交换和自动化处理。随着各种技术的不断进步,办公自动化的未来发展趋势将体现以下特点:办公信息数字化、多媒体化;办公环境网络化和国际化;办公操作无纸化、无人化和简单化;办公业务的集成化。

(2)功能。办公自动化系统有功能齐全的特点,其基本功能有以下七个方面:文字(文件)处理、图形(图像)处理、声音处理、信息查询、网络通信、决策支持和行政管理功能。从办公自动化系统的功能来看,它与管理信息系统、决策支持系统既各自基本独立、又相互交叉耦合,其相互耦合的深度取决于三大系统相互作用的方式,又取决于具体环境与背景。三大系统的耦合使办公自动化系统的功能更趋完善,其作用亦得以极大增强。

(二)高校办公自动化对办公室管理的要求

我国高校尚处于办公自动化的初期,各高校在实现办公自动化过程中,因财力、物力和技术力量的不同,导致相互间有较大差异。办公室管理必须适应办公自动化的要求。办公自动化的实施,对高校办公室管理的要求主要有三个方面。

第一,人员素质。办公自动化的核心是人机关系,仅在设备或硬件上更新、改进,而忽视人员素质的提高、改造,根本不能实现办公自动化。因此,要克服这样的错误认识,只看到先进设备对人的解放,无视先进设备对人的要求。事实上,办公室人员能否借助先进设备达到自动化,关键是人的能力,而非设备的可借助性能。掌握使用先进设备的能力,必须成为办公室工作人员的基本素质。

第二,管理手段。在办公自动化条件下,技术性手段成为管理的基本手段,许多管理问题以信息化形态出现,问题的解决和处理有赖于管理者对技术性手段的应用。所谓技术性手段,主要指对计算机技术和通信技术的方法、措施的采用。若缺少技术性手段,办公室管理难以起到对行政机关、二级院部的协调、保障和支持的作用。

第三,管理媒体。办公自动化极大提高了工作效率,也改变和增加了管理媒体。采用自动化办公手段,大量不同性能的现代化电子设备成为办公室管理新媒体,其工作节奏为传统媒体的数十倍甚至数百倍,而且能在管理者非办公时间起自动工作的作用,如常见的电子信箱等。管理媒体的变化,要求管理者必须"理解"媒体作用,要做好无人状态下非工作时间的办公室管理工作。如不少高校越来越重视校长信箱的管理。校长信箱具有全校师生在该平台发表建议与意见、咨询、投诉、在线留言、督办、回复、办理满意度调查等功能,是学校服务师生的综合平台,学校与师生沟通交流的有效渠道,同时,也是现代化办公手段和办公形式的延伸。要定期对校长信箱师生来信进行统计、分析,梳理出师生反映的热点、焦点或专项问题,围绕学校工作大局,组织开展有针对性的调查研究,形成调研报告为学校决策提供参考。同时,要注重信息收集和舆情分析,进一步了解师生思想动态,关注师生所需所盼。

第三节　高校办公室工作的创新

习近平总书记在中共中央政治局第五次集体学习时强调,"建设教育强国,是全面建成社会主义现代化强国的战略先导,是实现高水平科技自立自强的重要支撑,是促进全体人民共同富裕的有效途径,是以中国式现代化全面推进中华民族伟大复兴的基础工程。"[①]建设现代化教育强国,龙头是高等教育,高等教育在教育强国建设中发挥着重要支撑引领作用,这对高校各项工作包括办公室工作都提出了新要求。高校办公室作为学校的综合办事机构,只有不断创新高校办公室工作,才能有效提升高校办公室的工作效率和管理水平,助力教育强国建设。

一、新时代对高校办公室工作的新要求

十八大以来,中华民族伟大复兴战略全局和世界百年未有之大变局深度展开,新时代的强国战略和目标都需要高等教育的支持。习近平总书记指出:"我们对高等教育的需要比以往任何时候都更加迫切,对科学知识和卓越人才的渴求比以往任何时候都更加强烈。"[②]这意味着,高等教育今后肩负的使命神圣、任务艰巨、责任重大。在此背景下,高校办公室也被赋予全新内涵,工作内容更广更复杂、要求也更高更严苛。

(一)高等教育强国建设,对高校办公室人员素质能力提出了新要求

党的十八大以来,在以习近平同志为核心的党中央坚强领导下,我国高等教育与时代同行,建成世界规模最大的高等教育体系,培育了一大批高素质专业人才,高等教育事业取得了历史性成就,发生了格局性变化。高等教育的规模扩张在一定程度上既满足了人民群众"有大学上"的要求,又能服务于我国社会生产力发展对高素质劳动者的需要。然而,我国高等教育大而不够强,在普及化进程中仍面临诸多问题,阻碍了中国高等教育现代化目标的达成。如高等教育人才供给与社会需求的契合度不高;科教融汇、产教融合的体制机制不够健全;"千校一面"的办学同质化倾向未得到根本扭转;科技创新的潜力和活力有待进一步激发和释放等。这些都对新时代高校工作提出了更多要求,也对高校办公室人员素质能力提出了新的挑战:一是创新能力。随着形势

---

① 新华社.习近平主持中央政治局第五次集体学习并发表重要讲话.中华人民共和国中央人民政府官网[EB/OL](2023-05-29).www.gov.cn/govweb/yaowen/liebiao/202305/cotent_6883632.htm

② 新华网:习近平在全国高校思想政治工作会议上发表重要讲话[EB/OL]http://news.xinhuanet.com/politics/2016-12/08/c_129396382.htm

的发展变化,办公室工作的内容越来越广泛,任务越来越艰巨,综合性越来越强,办公室工作如何在日常工作中出新,需要充分发挥办公室人员的创新能力。二是谋划能力。办公室人员是各单位、各部门工作的左右手,要善于从纷繁复杂的事务工作中解放出来,为单位和领导建言献策,不断提升谋划能力。三是复合能力。高校办公室普遍存在人少事多、一人多岗、一岗多责的情况,要想把事办好,这就需要办公室人员尽可能多地熟悉全流程业务,不仅成为某一方面工作的"专才",还要成为能够应付多种工作的"通才",成为工作的"万金油"。

(二)治理体系和治理能力现代化,对高校办公室工作规范化提出了新要求

高等教育治理是国家治理的重要组成部分,与国家治理具有同构性,在推进中国式现代化建设中具有重要地位。积极推进高等教育治理体系和治理能力现代化,是新时代赋予高校的历史使命和中国特色现代大学制度建设的内在要求,也是实现"双一流"目标的重要保障,对加快建设教育强国具有重要意义。随着高等教育治理体系和治理能力现代化加速推进,高校办公室作为高校"服务中枢"的部门,在工作规范上也有了新的要求。一是构建科学完善的治理体系。完善科学规范的治理体系,提升管理水平,提高治理能力,不仅是深化综合改革的内在要求,更是推进一流大学建设的必由之路。二是推进规章制度建设。合理设计业务流程,规范事务办理权责、事务办理过程,做到依规办事、有源可溯、有案可查、简明高效。三是规范做好"外联接待"。高校办公室不仅是行政中心,还是工作交流、学术活动的服务中心,要坚持高标准、严要求,提前制定相关接待方案、推动多部门协同等全局性接待工作机制。

(三)高等教育日益走向社会中心,对高校办公室工作职能提出了新要求

社会服务是高校的五大职能之一,也是高等教育不懈追求的目标。进入新时代,高校与社会的联系越来越多,合作的空间也越来越大,从校内来看,学校教师和学生数量持续增加,高校对外交流、接待、会议、讲座等都越来越频繁;从校外来看,政校企合作日益增多,高校参与社

会活动更加频繁,社会需要高校提供人才资源和技术支撑。随着高等教育日益走向社会中心,高校办公室承担的日常任务变多,对高校办公室工作职能也提出了新要求。一是更加注重管理服务职能。在日常工作中为师生提供更高效的服务,为领导提供决策参考,收集全面的信息。二是更加优化资源整合职能。积极协调与统筹高校内外诸多资源,推动学校整体发展。三是更加注重多元化职能。要积极走出去,从封闭型心态向开放型心态转变,主动加强对外联系,为高校办学争取更多有利的资源和条件。

（四）信息技术飞速发展,对高校办公室工作手段提出了新要求

近年来,信息化服务体系加快发展,各高校都将智慧校园建设作为高校信息化建设的终极目标,这也要求高校办公室工作手段要与时俱进,高校应学会利用信息化技术和先进办公设备,再造管理服务流程,缩减空间、时间对办公事务处理时效性的影响,提高工作效率。一是提升信息化服务水平。通过信息化手段在行政事务上为老师"减负",让老师可以将更多精力和时间投入到教学科研中,力争做到"能在网上办理的不在现场办理""跑一次能办好的绝不跑两次"。二是提供高质量有效的信息和数据服务。大数据时代为信息和数据的获取提供了便利,有效的信息和数据是科学决策的重要依据,这也需要办公室工作人员从数据海洋中提炼出有效信息以供参考。三是建立适应学校发展所需要的信息系统和事项办理系统。更方便发文管理、印章申请、合同管理、会议议题申请、会务申请、信访管理等流程,提升办事效率。

二、高校办公室工作的创新

党的十八大以来,习近平总书记对办公室工作发表了一系列重要讲话,提出了许多新思想、新观点、新要求,为新时代高校办公室工作创新发展指明了方向、提供了方法。高校办公室作为学校的"中枢"机构,地位特殊,是落实学校党委行政决策的"第一关",必须深入学习贯彻习近平总书记关于办公室工作的重要讲话精神,紧紧围绕学校整体部署和中心工作需要,从思想观念、体制机制、工作方法、队伍建设等四个方面全面创新高校办公室工作,切实提高办公室的管理服务水平,推动学校事

业高质量发展。

(一)创新思想观念,夯实思想根基

思想是行动的总开关,工作要有所创新,首先必须解放思想。办公室工作职能繁杂,环节众多,并且大多工作都有其基本规范和套路,但工作时间长了,容易造成"旧式经验"和习惯行为的沉积,使工作重复化、模式化、固定化。所以高校办公室工作要大胆跳出经验主义的框框,克服封闭型、守旧型、习惯型、从众型心理,把自己的思维从唯上、唯书的模式中解放出来,积极创新思想观念。

一是强化群众意识。高校办公室是学校党委行政联系师生的重要纽带,我们不仅要为领导提供服务,更要牢记师生群众的利益优先理念,树立师生利益高于一切的意识,以"师生的拥护、满意度、支持度"为准则,全力以赴地为师生服务,努力让他们受益。"门难进、脸难看、话难听、事难办"的不良行为必须得到有效地遏制,要始终以真诚的态度关注师生,全力以赴地解决他们面临的困难,下大力气帮助师生解决好想解决而解决不了的事情。

二是强化大局意识。"大局"是做好一切工作的总纲,牢固树立大局意识,是党员干部必须具备的政治素质。坚持高度自觉的大局意识,才能真正同党中央保持高度一致,才能把学校的工作与高等教育事业联系起来,把自己所承担的岗位责任与学校事业发展联系起来,才能在繁忙的工作任务中把握好事情的轻重缓急。办公室人员必须自觉增强大局意识,保持高度的自觉性,要正确认识大局、自觉服从大局、坚决维护大局,自觉地把一切工作放在全校工作大局中来谋划、来部署、来落实。具体来说,高校办公室人员要围绕大局反映情况、报送信息,把各方面的新情况新问题新建议新热点等及时收集上来,归纳综合,分析研判,为校领导科学决策提供重要依据;要围绕大局出谋划策、贡献智慧,主动对学校重点推进的项目进行深入研究,为学校事业发展建言献策;要围绕大局加强督办、促进落实,推动学校党委行政决策部署落到实处。

三是强化团结意识。要牢固树立集体观念。办公室工作要分工协作,但分工不分家,自己承担的工作一定要自觉主动完成,坚决不把工作留给其他人;主动补位,工作已经完成的要看到其他同志的辛苦,推己及人,搭把手、帮个忙;要有所为有所不为,苦事难事面前争着干、荣誉名利面前抢着让,始终拧成一股绳,心往一处想、劲往一处使。要摒弃小团体意识,不搞小团体、做小动作、制造小矛盾。要取长补短,对自己更多地要看到短处,对他人要更多地看到长处,闲谈莫论是非,要多一点坦诚、少一点虚伪,多一点洒脱、少一点世俗,多一点帮助、少一点指责。

(二)完善体制机制,提高管理效能

高校办公室是督导执行和服务的工作部门,为了确保学校更好地监管各项政策执行情况,保障各项日常工作的有序开展,需要建立健全机关管理制度,形成用制度管人,按制度办事的有效机制,提高办公室人员的自觉性和自律性,实现办公室日常工作规范化,各项管理程序化,进一步提升工作效能。

一是建立完善的制度体系。系统完备、科学规范、运行有效的制度体系是实现治理现代化的前提条件。高水平大学建设,需要高校办公室在繁重的工作中找到规律、形成制度,进行规范化运作,进而保证办文、办会、办事的正常运作和参谋、协调、综合作用的顺利实施。因而,建章立制、完善制度体系是不断提高高校办公室水平的一项行之有效的重要措施。坚持从严、从细、从实原则,建立健全一套完善有序的规章制度,明确规范办文、办事、办会程序,务使高校办公室的各项工作有章可循、有据可依,务使各项事务规范、有序、高效运转。再者,完善的制度体系重在创新,高校办公室要大胆探索符合实际、适应高水平大学建设的制度措施和执行方式,加快形成以章程为统领,规范统一、分类科学、层次清晰、运行高效的规章制度体系。

二是建立良好的实施机制。良好的实施机制是高校办公室创新体制机制的重要方式。良好的实施机制包括对执行效率和质量的要求、对制度办事的严格规定、对实施过程的严格把控。高校办公室在执行过程中应加强执行效率和质量的要求,从任务执行伊始,就确立明确的执行目标,强化结果导向。一套良好的实施机制还应该建立健全实施把控体系,按照"战略分析—任务分解—督办检查—反馈落实"的程序,完善目标管理,细化任务,形成有效的实施机制。要根据高校办公室的人员情况,把办公室整体工作进行科学分类、定量分解、量化指标,使各项工作都有明确的时、空、质、量的要求,并分解到每个科室,落实到每个人,做到事事有人管、人人有事干,保证办公室各项工作目标明确、责任到位、落到实处、取得实效。

三是建立有效的督查机制。有效的督查机制是高校办公室创新体制机制的辅助手段。要建立完善严谨的督查制度,明确所有的工作流程,保证督查办公的流畅性以及权威性,避免临时安排、现抓现用等手段;要规范所有督办事项的规范性,通过立项登记、拟办批示、转办、催办、结案、反馈、归档等具体流程来规范督查督办工作;立项启动要有督办单位明确承办的部门、主要责任人、时间节点、督办事项等一系列关键事务,学会把复杂综合性的事务进行分解处理。专项督办主要针对上级领导以及学校常委会会议、校长办公会议等明确的要求进行专事专办;联合督查督办主要针对长时间、规模大、影响广的综合性事务开展,会临时组建、临时联合督查小组对整个事务的全过程进行督查督办。

(三)创新工作方法,增强工作实效

方法创新就是深入研究新形势,探索新规律,构建新方法,充分利用最新的科技成果,加快办公室工作的信息化、数字化、现代化,提升服务水平和创新能力。高校办公室人员应当仔细审视现有的工作流程,进行深度思考,发掘更多的创新点和方法,以期达到更好的工作成效。高校办公室人员要对现有工作和环节认真分析,进行再思考和再设计,挖掘新途径、创新点和新方法,不断增强工作实效。

一是实行网络化管理。高校办公室实行网络化管理,将摆脱长期以来基于纸质的传统办公方式,逐步实现向依托计算机网络和电子数据的无纸化办公的根本性转变,真正体现办公室工作的方便、快捷、高效。如会议安排、通知、校内各部门的信息资料等都可以通过网络迅速而准确地传送到各个办公室和学校领导的手中,这样既方便、快捷、高效,同时又为学校节约了人力、财力和物力,提高了办公室工作的质量和效率。要努力掌握现代化的办公手段,提高自身素质。不但要掌握上网浏览、文字打印等简单电脑操作方法,还要掌握电子邮件的收发、电子报表的制作、电子档案的管理等技能,不断提高办公室管理水平,提高工作效率。

二是注重科学化管理。简单来说就是改文风变会风转事风。办文方面要探索文稿服务新模式,在"短实新"上下更大功夫,综合文稿集中攻坚、协同作战,常规文稿注重积累、把握规律、高效速成,更好地发挥以文辅政的功能。办会方面要创新会议组织方式,加大各类会议的统筹力度,相对固化会议时间和频次,周密组织各类公务活动,提高会议质量和效率,为科学决策提供会议保障。办事方面要发挥综合协调、督办落实、日常管理、后勤保障等整体优势,强化过程控制,建立反应迅速、运转灵敏、保障有力的运行机制,提高办事效率和工作质量。将处理各方面工作或问题的方法、技巧和路径都熟练掌握,同时提高思考的敏锐性和迅捷性,使得自身能够快速精准地应对各方面的问题和挑战,始终保持清醒的头脑。

三是注重精细化管理。精细化管理事关办公室工作任务能否顺利、高效完成。要分类管理,按性质和轻重缓急可分为重点工作、日常工作和临时交办工作三类。对重点工作要提出明确的时间要求,限时完成;对日常工作确定总的原则和程序,确保不出差错;对临时交办工作要明确到人与科室,按要求及时完成。要未雨绸缪,超前一步规划,提前一步介入,增强工作的主动性。对偶然性工作任务,明确总体处理原则和思路,因时因地因事灵活处理,从而实现由被动服务向主动服务的转变。要对重点工作实行严格的方案管理,对于会务安排、工作视察、专项检查、专题调查等重点工作,制定详细的切实可行的实施方案,尽可能考虑到各个环节和每个细节,明确责任人,增强工作的预见性和操作性,推进工作的各个环节和目标要求的落实。

(四)加强自身建设,凝聚发展合力

人是办公室工作的核心,办公室人员意识思想上的创新是办公室工作创新的前提。新时代高校办公室在学校事业发展中居于特殊重要地位,肩负重要使命,要着力建设一支忠诚、干净、担当的高素质专业化干部队伍,把牢职责定位,创造优异的工作实绩。

一是着力提高政治站位。习近平总书记对新时代党委办公厅工作作出重要指示指出,要提高政治站位,强化政治担当,提升政治能力,落实政治责任[①]。作为高校办公室干部,要具有良好的政治意识,尤其是要将政治意识贯穿于日常的"三服务"工作当中。要对党忠诚,增强"四个意识"、坚定"四个自信"、做到"两个维护",严格按照党中央的指示开

---

① 全国党委和政府秘书长会议召开[J].秘书工作,2023(09):2.

展工作，充分维护党中央的权威。要及时学习党和国家、省和学校出台的相关政策文件，深刻领会相关文件和会议精神，并与高校特点和发展方向紧密联系与结合，落实到自身的工作中去。在起草学校制度文件、撰写领导讲话时要紧跟国家方针政策，围绕最新指示，把握正确的政治方向，避免理论方向的偏差。应将提升政治判断力、政治领悟力、政治执行力作为一门永远的"必修课"，贯穿于办公室工作的职业生涯。

二是着力提升自身素养。随着当今工作难度的增大和工作要求的不断提高，对高校办公室人员的综合素养提出了更高的要求。为此，高校办公室人员必须不断地提升自身素质，以便于更好地为领导及师生服务。要提升理论素养，不断加强理论学习和理论实践，对新政策、新精神领会快，对新事物、新做法消化快，对新方法、新经验运用快。要提升业务素养，在工作中常总结，注重多岗位锻炼，全面提高综合分析能力、文字处理能力、组织协调能力、公关协作能力等，努力做到"张嘴能说，提笔能写，有事能办，无事常思"。

三是着力锤炼优良作风。办公室人员要认识岗位之重要，珍惜岗位之不易，要有一种为了党和人民的事业以奋斗为本，以奉献为荣，以建功为乐的思想境界，多比吃苦奉献，少比阔气享乐；多比工作绩效，少比生活待遇；多比服务质量高低，少比个人升迁快慢；在奉献中体现价值，在忙碌中享受生活，在艰辛中体验快乐。要切实树立"责任重于泰山"的意识，做到工作认真、态度端正、处事果断，在任何人面前、在处理任何事上，都要从严要求、从优服务，高标准、高质量，确保工作万无一失。要始终牢记"该我干什么和我该干什么"的基本要求，努力把握好每项任务的界限，避免出现越位、缺位、错位等，不让各种差错在自己身上发生，不让来办公室办事的人员在自己这里受到冷落。要积极开展关于"自重、自省、自警、自励"的教育，在思想上筑起拒腐防变的坚固防线。

进入新时代，踏上新征程，高校办公室作为学校教育管理中最重要的"中枢"机构，应有新担当新作为新气象，要准确识变、科学应变、主动求变，积极适应新形势新特点新要求，不断创新思想观念，夯实思想根基；完善体制机制，提高管理效能；创新工作方法，增强工作实效；加强队伍建设，凝聚发展合力，全面提升"三服务"工作能力和水平，进一步推动高校高质量发展，为教育强国建设贡献力量。

第九章

高校危机管理

高校危机管理是整个社会公共危机管理的重要组成部分。近年来,随着社会变迁的不断加剧和自身改革的不断深化,我国高校的内外部生态环境发生了巨大变化,高校各类突发事件时有发生,并有逐步增加的趋势。如果我们没有充分的心理准备和科学的应对策略,负面影响一旦加速扩散,极易演变成一场危机和灾难。这种情况不但对学校打击沉重,也与新时代党中央创建平安校园的指示精神背道而驰。如何正确认识、有效预防、科学处理校园危机已成为摆在高校管理者面前的一项重要任务。

第一节 高校危机管理概述

危机无处不在、无时不有,危机其实就在我们身边,危机管理已成为现代组织的一门必修课。高等学校如同社会上其他组织一样不可避免地会出现危机事件,危机管理也是现代高校的必修课,无论是理论研究还是实践探索都还有待深入开展。因此,研究高校危机类型、特点及其管理策略,以及如何将危机下的高校有序地管理起来,建立完备的危机管理体系,有效地预防、处理、消弭危机,化危机为转机,确保高校健康和谐地发展,无疑成为高校管理活动中的一项重要内容。

高校行政管理：理念与路径

一、高校危机管理的基本概念

（一）危机

对危机的定义，学术界众说纷纭。美国学者罗森塔尔认为，危机是指"对一个社会系统的基本价值和行为准则架构产生严重威胁，并且在时间压力和不确定性极高的情况下必须对其作出关键决策的事件"。[1]这就是说，危机具有明显的突发性、偶然性以及强大的危险性与破坏性。危机兼有自然灾害和人为破坏的双重因素，它的产生和形成有很多种原因，比如：客观气候环境的恶劣变化；转型期社会各种矛盾积聚、利益冲突不断；危机前的预防不力；危机中的管理和处置不当、舆论导向失控等。危机的爆发不但会使社会和公众遭受极大损失，还会破坏组织形象、降低组织声望。

目前我国学术界主要有两种释义。一种认为，"危机"是指危险的根由或严重困难的关头。[2]另一种认为，"危机"是由"危"(危险)和"机"(机遇)合并而成，其中既包藏着危险，又蕴含着机遇，危机是"一件事的转机与恶化的分水岭"[3]。两种释义分别强调了危机的危害性和两面性，并从不同角度强调了加强危机管理的重要性和必要性。

危机无处不在，"危机像死亡和税收一样不可避免"[4]。任何时期，任何国家、组织和个人都无法避免危机之困扰。危机通常不可预见地突然爆发，有些危机虽然可以预测，但发生的时间、地点、程度等则难以把握。突如其来的危机，需要立即投入人力、物力加以解决，不允许有丝毫延误，否则后果不堪设想。如对危机处理失当，不仅会造成严重的损失，还会产生连锁反应，引发更大的危机；如处理得当，即可转危为安，挽回声誉，提升组织形象，甚至可以化危机为契机，带来整个体制上的革新。

---

[1] Rosenthal Uriel, Charles Michael T. ,ed. Coping with Crises: The Management of Disasters, Riots and Terrorism[M]. Springfield: Charles C. Thomas, 1989.
[2] 中国社会科学院语言研究所词典编辑室编. 现代汉语词典 2002 年增补本[Z]. 北京：商务印书馆，1997.
[3] 李伸平. 浅谈危机处理[EB/OL].http://www.carpcman.org.tw/172.htm
[4] 居延安. 公共关系学[M].上海：复旦大学出版社，2001.

（二）高校危机与突发事件

从高校管理的角度理解高校危机，国内外的学者大体有着相似的认识。普遍的定义为，"凡是发生在高校校园内或与高校成员有关的，在事先未预警的情况下突然爆发的，可能严重威胁到高校的正常教育秩序，并可能带来其他不良后果的事件，包括对高校成员造成不安与伤害、对高校的教学设施造成破坏以及形象声誉带来损害等，而以高校现有的人力与资源难以立即有效解决的，均称之为高校危机"[①]。简言之，高校危机是指危及高校及其利益相关者生存与发展的突发性、灾难性的事故或事件。

高等学校作为推动社会发展的重要机构，在中国式现代化建设中发挥着越来越重要的作用，始终备受政府和社会各界的高度重视与广泛关注。大学生群体不仅是家庭的骄傲，更是社会发展之中坚，祖国未来之栋梁，一旦危机发生，极易引起强烈的社会反响，产生危机的"放大"或"辐射"效应。

（三）高校危机管理

对于高校危机管理的界定，国内外学者也众说纷纭。Lichtenstein. R认为，"突然、未曾预料的事件，学校总体上或重大部分可能受到严重的、消极的影响，通常是指严重伤害或死亡。"[②] 有的学者认为，高校危机管理指的是高校主要领导（通常是校长）组织相关人员组建危机管理小组、制订危机管理计划，对高校可能的和现实的危机进行预防、处理和评价的系统化的、策略性应对过程。也有的学者认为，"高校危机管理可界定为一种有组织有计划的持续性的管理过程，是教育部门针对危机事件产生、发展、消亡等各个阶段的特点，在危机观念和危机意识的指

[①] 白涛，许中华. 高校危机管理对策初探[J]. 华南理工大学学报：社会科学版，2005（2）：67-71.
[②] 朱晓斌. 美国学校危机管理的模式与政策[J]. 比较教育研究，2004（12）：45-50.

导下。对可能发生的危机进行预防、监测、控制、评价的过程"[1]。

据此,基于高校作为学生受教育的高级阶段,高校不仅具有一般学校的共性,还具有其自身的特点。诸如,大学生正处于身心发育与形成阶段,也是人生观、世界观、价值观的形成期;社会的转型以及学习、生活、情感、就业面临的问题会对他们的心理及思想产生变化;扩招后高校发展中碰到的困难等,高校成为危机管理不可忽视的领域。因此,我们认为,高校危机管理是指为避免或减轻危机事件给个人或高校所带来的严重后果,通过危机识别、预防、控制、转化、处理、恢复、评价,使危机的不利影响最小化,并赢得新的发展机会的过程。

二、高校危机的类型、特征与分期

(一)高校危机的类型

对发生在高校的危机事件进行合理的界定和分类,是树立危机管理理念、增强危机管理意识和加强危机管理的基础环节。对可能发生的高校危机事件,由于分类标准不一,其有着不同的分类方式。从危机事件的性质和特点看,有人为危机和非人为危机的差别;从影响面和处理方式角度来看危机事件有个人层面的危机、学校方面的危机、社会层面的危机等三类;按照危机涉及范围的大小,又可以将危机分为内部危机和外部危机两大类。内部危机一般指组织内的领导、部门和师生员工之间,因决策、人际关系、利益分配、环境条件等方面的不良因素引发的危机。外部危机是指本组织由外部因素发生某种摩擦、纠纷或矛盾而引发的危机。从危机产生的来源与造成的损害后果来看,可以将高校危机事件分为如下五类:[2]

(1)灾变性危机。指由自然灾害和社会灾害所造成的学校危机。包括地震、洪水、台风、雷电、火灾、房屋倒塌、食物中毒、传染病流行等事件。这种灾变性危机主要危害到学校人员的身体健康和生命安全,扰

---

[1] 许中华,雷育胜.高校危机的类型、特点及管理策略[J].中山大学学报论丛,2005(4):445-447.
[2] 潘东良.学校危机的类型、特点及管理策略[J].教育科学研究,2004(8):26-28.

乱正常的教学秩序,给学校财产造成一定的损失。其中,由食物中毒、房屋倒塌等事件带来的危机会对学校声誉产生较大的负面影响。

（2）政治类危机。此类突发事件具有强烈的政治色彩,其特点是学生参与人数多、事件蔓延迅速、社会影响大,各种矛盾交织在一起。

（3）管理类危机。指由于学校管理者决策失误或管理不当造成的危机。如因学校管理者在异地兴建新校区发生重大决策失误而导致生源剧减并由此带来的连锁影响,从而产生危机。此类危机多是由于长期隐藏着管理决策上的失误,经过一段潜伏期后爆发的,如不及时做出应对策略,会带来严重后果。

（4）形象类危机。一般多指学校因内部发生丑闻而使学校形象受到严重损害的危机。例如,学校领导因在学校基建过程中贪污受贿而被他人指控,教师因严师德师风问题而导致被侵害学生的身体或精神遭受伤害等事件而使学校形象遭受严重破坏从而产生形象危机。学校形象危机是本质危机,若不采取针对性强的措施,学校很难度过此类危机。

（5）心理类危机。指由于学校师生员工的解聘、辞职或死亡等原因而危及学校的正常教学秩序。目前,高校突发事件最显著的触发诱因就是大学生自身的心理问题。许多大学生都存在着心理方面的困扰,但由于没有及时进行疏导,最终演变成心理疾病,导致自杀或伤害他人,造成难以挽回的结果。

（二）高校危机的特点

高校危机除了具有一般社会危机的共性特征之外,还具有自身的独特性,从高校危机发生、发展的过程和产生的影响来看,主要呈现以下一些特点。

一是突发性。危机事件虽然存在发生征兆和预警的可能,但由于实际发生的时间、地点具有一定的不可预见性,而且也超出了正常的高校运行秩序和师生员工习惯性的心理承受能力,并可能在较短时间里威胁到师生的人身、财产安全或公共安全,威胁到高校师生员工的基本价值和目标,具有较强的突发性、危险性、紧迫性。如果事前没有相应的预案,往往是防不胜防,使管理者措手不及。正是这种突发性导致了危机的不可预见性。

二是危害性。尽管危机持续的时间不会太长,但如果处理不当,其危害是多层次的，对校园内师生的安全、地区的稳定，乃至社会的稳定，经济的发展都会产生巨大威胁。而且往往伴随着不易评估的隐性影响，其后果往往是难以估量的。其中一些特别严重的危机所产生的经济损失可能在当时有一个大概的估测，但从长远计难以估量。另外，从产生的精神损失来看，显性和隐性共存，且影响时间久远。这也导致了危机事件在处理时间上的紧迫性。需要高校在短时间内迅速做出正确的回应。

三是群体性。高校是人员密集场所，随着现代大学规模的不断扩张，很多大学在校学生和教职工高达几万人，有的甚至达十余万，有的地区还修建大学城，使一定地域的大学生数量更加密集。当代大学生的思维活跃、思想与行为存在跳脱性，部分学生思想缺乏判断力容易随波逐流，所以高校一旦发生突发危机事件，就会具有一定的群体性。高校一旦发生群体性突发危机事件往往会影响正常的教学秩序和校园的安全稳定，对学校师生员工的思想会产生不良的影响，甚至会波及其他学校和社会层面，从而引起社会广泛的关注。

四是敏感性。高校既是国家人才的培养基地又是科学研究重地，随着新时代国家科教兴国战略的实施，高校的社会地位不断提高，学校的一举一动越来越受到政府机构、新闻媒体、社会大众等各界的密切关注。高校的这种社会公共属性，决定了其一旦出现负面影响极易博取大众眼球。危机事件，在其爆发时，会立即引起媒介、公众和相关组织及个人的关注，有关危机信息的传播速度甚至比危机事件本身的发展还要快，成为社会热点，进一步影响事件的发展，这也加大了危机事件的敏感性，使事件变得更加难以处理。

五是扩散性。高校危机事件区别于社会其他危机事件的显著特征是高校聚集了知识层次较高、思想较为活跃的教师群体和大学生群体。高校教师群体知识丰富，思想先进，关注社会发展；大学生群体富有激情，思想活跃、敢想敢为，容易受到同伴的鼓动。高校这两类群体的特性决定了他们对学校的各种异常征兆都会很敏感，如果我们能正确引导他们，对危机能起到正面牵引作用，反之会起负面的推波助澜作用。另一方面，高校成员的文化知识水平较高，能熟练运用现代信息技术手段，在新媒体时代下，互联网传播消息的速度加快，无形中会让高校危机扩散呈现加速状态，在短时间内扩大危机事件的影响范围。

(三)高校危机的分期

1986年,史蒂文·芬克首次提出了危机的生命周期理论。危机生命周期理论认为,危机犹如人的生命周期一样,会经历从诞生、成长、成熟到死亡等不同的阶段,具有不同的生命特征。[1]1998年罗伯特·希斯提出了4R理论,他认为危机生命周期由缩减(Reduction)、预备(Readiness)、反应(Response)、恢复(Recovery)四个阶段组成[2]。综合这两个理论,我们提出了高校危机事件生命周期理论,认为高校突发事件由潜伏期、爆发期、持续期、恢复期四个阶段组成,如图9-1所示。

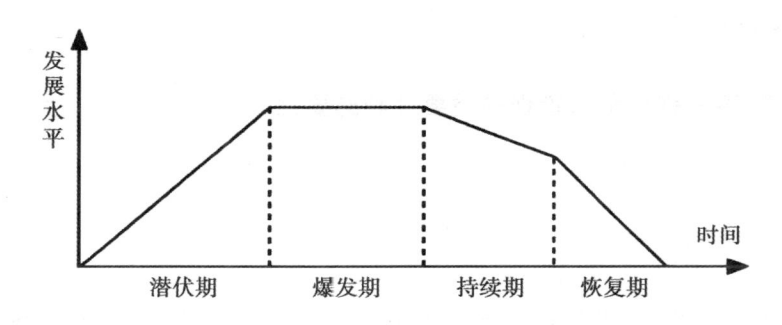

图9-1 高校突发事件生命周期

潜伏期。高校危机事件的突发必定有其潜在的原因,通常是由于内外部矛盾或安全隐患长时间的量变积累,最后从量变到质变,成为危机突发事件。由于危机具有较强的潜伏性,一般很难提前发现,但是一旦提前发现危机并且积极应对,就较容易将突发事件扼杀在萌芽阶段,减少突发事件的发生。有时候,危机的前兆非常明显;但有的时候,前兆并不十分明显,让人难以做出判断。作为管理者应该重视观察并认识到危机的前兆阶段,建立和完善危机信息系统和预警报告机制,加强对危机的事先预防。

爆发期。危机经过长时间的量变达到质变,爆发成为危机事件,并且迅速蔓延,影响正常的教学科研和生活秩序,给学校带来损失。这一

---

[1] Steve Fink.Crisis Management: Planning for the Invisible [M].New York: American Management Association,1986.
[2] Robert Health.Dealing with the Complete Crisis-the Crisis Management Shell Structure[J].Safety science,1998(30): 139-150.

阶段要注意及时出台对应措施,并尽力减少因为信息真空而带来的校园恐慌,保证校园秩序的稳定,这也有利于危机的最终解决。如果不能及时应对,就会导致事态的扩大,从而产生更大的影响,甚至危害社会的稳定。

持续期。危机事件现场处置结束,事态基本得到控制,但事件有可能受其他因素影响还有新发展,舆论仍然关注,突发事件产生的影响仍然存在。如果不能正确地引导舆论,有可能加剧事件的影响和导致新一轮的舆论事件,对学校的声誉产生负面影响。

恢复期。危机事件已经得到解决,其产生的负面影响也已逐渐消除。此时需要进行善后处理,对事件进行分析和总结,对相关人员进行奖惩,防止类似的事件再次发生。

三、高校强化危机管理的重要性和必要性

（一）高校危机管理的重要性

高校危机,对师生员工而言,轻则会影响正常工作和学习,重则会危及人身安全。对高校而言,危机不仅影响和破坏学校正常的教学和生活秩序,严重时还会损害学校形象,危及组织的生存与发展。对社会而言,高校危机不仅会在社会上产生反响和波动,严重时还会威胁到社会的安定。据美国学者的调查,每有一名通过1∶3口头或书面直接向公司提出投诉的顾客,就会引起1+（26×10）+（10×33%×20）,即327人的不满意[1]。据此公式,如在危机事件中遭遇不幸的有5个家庭,假设这5个家庭均对学校表示不满且仅将5个家庭作为5个整体计算,对该大学的不满意人数即为5×327=1635人；若将家庭成员分解为个体且每户按3人计算,不满意人数即为15×327=4905人；若将由此引发的对学校管理不满者列入其中,则对该大学不满意人数将难以计数。高校危机不仅使大学生及其家庭饱受无法治愈的巨大伤痛,还使人们对大学教育究竟做了些什么产生怀疑,对学校的声誉将产生长远的负面影响。因此,加强高校危机管理势在必行。

---

[1] 纪宝成.从"非典"防控看高校的危机管理[J].中国高教研究,2003(B):3-6.

一是顺应外界形势变化的需要。高校事业的发展随着开放程度的增加,受外部环境变化的影响日益明显。目前我国处于经济转轨、社会转型、社会矛盾多发的特殊历史时期,这些新情况、新问题极易在高校引发新的危机。但从总体上来说,本阶段的社会矛盾仍是发展中的矛盾,是可调和的、可解决的,关键是找到化解矛盾的办法。这就必然要求高校强化危机管理,进一步加强和完善维护师生权益的各项机制,形成科学有效的利益协调机制、诉求表达机制、矛盾调处机制、权益保障机制,化解内部矛盾和风险,切实维护师生合法权益,坚决维护校园稳定发展局面。

二是加强社会危机管理的需要。高校危机管理作为社会危机管理的有机组成部分,是政府危机管理的有效延伸。高校如果缺乏危机意识,往往不会意识到危机管理的重要性,也不会把危机管理纳入高校的日常工作体系当中。一旦危机爆发、蔓延后,容易产生麻痹心理,不会从国家和社会安全稳定的高度关注危机管理,不能有效地处理危机,极易酿成严重后果。高校强化危机管理,能夯实社会危机管理基础,营造和谐的经济社会发展氛围。

三是促进和谐校园构建的需要。高校的改革不断深化、发展不断加速、规模不断扩大,与社会各界的联系更为广泛和深入,但伴随而来的是矛盾和问题的增加。受校内外各类因素的影响,高校的自身发展存在引发危机的可能,还容易受到其他领域、其他组织机构危机事件的影响,这将直接影响到高校的和谐与稳定。高校强化危机管理,不断提高抵御、控制、解决各种危机和风险的能力,就能保持高校正常的教学生活秩序,保障高校师生的生命财产安全,对创建和谐平安校园具有重要作用。

(二)加强高校危机管理的必要性

高校危机管理是指对校园危机的预防、处理、消弭、评估的一系列管理行为。高校所处的复杂环境、扩招引发的一系列问题,师生面临的多重压力使得高校危机四伏,因此,加强高校危机管理迫在眉睫。

一是社会环境复杂致使高校危机时有发生。如今的大学已不再是往日的象牙塔,而是与社会有着千丝万缕的联系。尽管高校在努力地营造一种积极向善的校园文化环境,引导学生树立正确的世界观和人生观,但不可否认,社会上的一些消极影响已经波及高校。大学生中出现了价值取向的扭曲、信仰的缺失、心理的失衡、诚信的缺乏、行为的失范等令人痛心的现象。大学校园已不再是一方净土,社会上的流弊、陋习甚至丑恶现象也在大学校园里找到了滋生的土壤。凡此种种,都已经或即将成为高校的危机隐患,应引起高度重视。

二是高校办学规模扩张导致高校危机。二战之后,一些西方国家就开始关注高等教育规模扩张之后带来的各种新问题,关于"危机"的说法越来越多。1998年,联合国教科文组织在巴黎召开的首届世界高等教育大会上发布《世界高等教育宣言》,提出了"三大危机",即财政危机、道德危机和质量危机。我国高校规模扩张之后,也蕴藏着诸多隐患,主要表现为:(1)财政危机。伴随着高校扩招之风,校园圈地运动风起云涌。一些高校校区建设不从实际出发,大搞形象工程,债务负担沉重。对于将学费作为还贷主要来源的地方高校风险甚大,一旦生源短缺,财政危机即会浮出水面,造成恶性的连锁反应。(2)品牌危机。扩招以来,很多高校师生比不断攀升,师资严重匮乏,教学质量难以保证。质量下降必定危及高校声誉,引发品牌危机,影响高校的可持续发展。(3)管理危机。招生规模扩大,学生成分复杂,带来校内各种资源的紧张,特别是学生管理问题,使得高校现有的管理措施和管理水平难以应对。管理疏漏、管理真空现象难以完全避免,各种突发事件、危机事件时有发生。(4)就业危机。随着高校毕业生的逐年增加以及往届待业学生的积淀,近年来就业压力明显增大,不仅使毕业生心理失衡,也对在校学生乃至潜在的生源产生强烈的心理冲击。

三是压力剧增致使部分师生行为失范。当今的高校师生面临着史无前例的压力。扩招、晋级、考核所带来的教学、科研等工作的重负,使教师承受着身体和精神的双重压力。有些教师为了"功成名就",师德师风失范,搞学术腐败,对所在高校造成了极坏的影响。同教师的压力相比,大学生承载着更为沉重的精神和物质压力。有些新生由于对大学生活不适应,面对大学开设的众多课程显得手足无措,最终导致多门课不及格,濒临退学的边缘,精神负担加重;持续的扩招使大学生"贬值"现象日渐严重,预期的美好理想难以实现,学生感到失望与无助,对前途失去了信心。大学教育为非义务教育,大学生成本分担使得困难家庭的经济负担明显加重,学生心理上留下了阴影。在这样一个充满竞争的年代,学生压力之多,难以穷尽,压力之大,难以描述,部分心理脆弱或心理承受力低的学生产生了严重的心理疾患,有的选择以过激的行为发泄不满、报复社会,成为高校必须时刻关注的重大问题。以上种种现象,犹如一枚枚"定时炸弹",一旦点燃导火索,极有可能引发高校危机。

(三)我国高校危机管理有待完善

高校危机管理就是指高校教育管理者在高校或高校师生面临潜在危机或显示危机威胁的情境下,为了达到有效预防、及时处理和消弭危机、化危机为转机的目的,通过组建危机管理机构、制定危机管理预案、危机预警识别、危机处理、危机事后恢复等采取的一系列有组织、有计划、有步骤地应对行为的动态管理过程。目前,我国高校危机管理中存在以下问题。

首先,我国高校危机管理体制不够健全。主要表现在:一是内部综合协调不够。缺乏危机管理统一协调、指挥的组织或工作委员会,难以通过特定平台快速、准确与全体师生或危机事件当事人进行直接沟通、反馈和联动。目前我国高校的组织结构中缺乏专门的常设危机管理机构,部分高校仅仅有"安全防范领导小组",小组的主要成员大多也是挂名而已,负责具体执行工作的保卫处和各个二级院部也只能应付处理一些小事。学校的危机管理主要体现为一种应急管理,惯用的做法是当危机出现后,成立一个临时的应对危机的工作组或指挥部,带有很强的临时色彩。这种单一行政科层制的"安全防范领导小组",在面对危机时往往束手无策;临时成立的工作组由于没有延续性,不能形成经验积累;由于没有事先计划,协调耗费较多时间等,这些不利因素都会降低危机处理的质量。二是主体参与力量不够。缺乏与外部的联系、合作,尚未形成与地方政府、教育行政部门、新闻媒体、所在社区、学生家长等相关方的联动机制。

其次,我国高校危机管理机制有待进一步完善。主要表现在:一是缺少应对危机的预警机制。无法预测危机和制定科学、有效的危机管理预警方案,影响危机的预防、应对和处置。二是缺少应对过往危机的总结。高校很少对已经发生的危机事件进行科学研究和客观总结,也没有采取积极措施重拾师生的信心。三是缺少应对危机的长效机制。不能及时、高效处理危机事件并阻止其蔓延与扩张,影响自身声誉甚至健康发展。高校为了有效预防和积极应对各种危机,就必须有一套完整的危

高校行政管理：理念与路径

机管理体系，完整的管理体系应包含三个环节，潜伏期的预防机制，爆发期应对机制和恢复期的重建机制。大多数高校在危机管理体系的三个环节建设上处于空白状态，这种情况下，危机不爆发则矣，一旦爆发校方会手忙脚乱、顾此失彼，造成的负面影响极难消除。

再次，我国高校师生危机意识不强。我国很多高校管理者没有居安思危的风险意识。还是习惯于"亡羊补牢"的工作方式，缺乏相应的预防与预警机制，而是把工作重点放在了事件发生以后的善后处理上，以至于在突发事件发生后处于被动位置。高校领导层和师生的危机意识比较淡薄，对危机管理的理解、认识不到位，缺乏危机管理主题的系统培训，只能从自身的实践中获得一些零散的管理经验来应对可能出现的危机。主要表现一是认识浅显化。一些高校管理者只重视日常教学，忽视危机管理，甚至存在侥幸心理，认为加强危机教育管理的人力、物力、财力投入是浪费资源，从而没有做相应的准备措施。二是认识片面化。认为加强危机管理是政府的事情，与高校没有必然联系。三是认识表层化。只重视简单、显性的学生安全稳定工作，而忽视复杂、潜在的各类危机。没有从公共管理理论角度寻求这类危机的解决方案。近些年我国高校办学规模不断扩大，大部分高校都有多个校区，学生人数急剧增多，教师队伍也在同步壮大。部分学生学习生活作风散漫，集体荣誉感较差，缺乏进取心，遇到困难容易走极端。教师队伍的壮大，让学校的各种有限资源争夺会更加激烈。加上各高校平时也很少对师生进行危机管理方面的教育培训，出现危机时他们往往无所适从，只能茫然面对。即使有部分高校为应对上级检查制定了处理突发事件的相关制度和预案，但是大多规定性强于操控性，更谈不上根据时势的变化发展进行修订更新。由于高校师生危机意识不强，面临突发事件时自救意识差，互助精神不足，既不能及时化解危机，也无法成为帮助高校解决突发事件的帮手。

最后，我国高校危机管理的法律制度不健全。我国是法治国家，行政管理部门的任何行为都必须在法律的保障下才具有合法性，也才能更好地行使管理和服务的职能。用完善的法律来管理危机在欧美和日本等发达国家已形成共识，高校危机管理走上法治化的轨道势在必行。但目前我国还没有专门的高校危机管理方面的法律，校园危机管理更是无法可依。教育管理者在处理校园危机时只能靠惯有的一些规章制度（如《学生伤害事故处理办法》），管理者只能依靠个人的社会经验作出决策。由于国家尚无专门针对校园危机管理的立法,《中华人民共和国刑法》《治安管理处罚法》《教育法》等只是粗略界定和处理校园犯罪与治安问题,对于校园危机事件,没有具体、系统地规定学校或学生应否承担责任或承担何种责任,赔偿认定也不明确。学校一旦发生危机事件,学校、个人及责任人应该各自承担什么样的责任,学校和教师分别承担哪些行政、刑事等法律责任,如涉及伤亡事故的补偿问题,依据什么认定赔偿责任和处理标准等,在法律上都还没有明确规定。高校危机管理无法可依的现象无形中增加了危机预防、应对和恢复的难度。

第二节 高校危机管理的体制

有效的高校危机管理离不开系统、完善的危机管理体制建设。体制指体系构架,是一个相互作用、相互制约的互动关系模式。在当前环境下,由于高校危机具备突发性、不确定性、危害性等特征,要求高校危机管理体制呈现不同于一般管理体制的特点。

高校危机管理体制建设所要解决的核心问题是:第一,明确指挥关系。按照统一指挥,分工协作、协同行动的要求,建立一个规格高、有权威的管理危机指挥机构,合理划分各相关机构的职责,明确指挥机构和危机管理各相关机构之间的纵向关系,以及各机构之间的横向关系。第二,明确管理流程。合理设定一整套危机管理响应的程序,形成运转高效、反应快速、规范有序的危机行动管理。第三,明确管理责任。通过组织整合、资源整合、信息整合、业务整合和行动整合,形成高校危机管理的统一责任体系。

一、高校危机管理的领导体制

高校危机管理的领导体制可分统一指挥体系、部门职责划分、责任机制与监督机制几个方面。

（一）高校危机管理的统一指挥体制

高校危机事件发生之后，迫切需要迅速作出决策，同时调配相应的人力、物力来应对。而这些资源通常分属于不同部门、单位，因此，要求有一个统一高效的指挥体制来快速反应与调动资源，形成统一决策、统一指挥、统一领导、整体联动的治理格局。

集中统一的指挥体制，要求高校发生的所有危机事件都应由学校层面统一管理，在统一的高校危机指挥体制中实行首长负责制。建立专门危机管理机构是高校危机管理有效进行的组织保证，这不仅是处理危机时必不可少的组织环节，而且在日常危机管理中也非常重要。各高校可以根据自己的实际情况，采取两种组建方式，既可设立独立的专职机构作为常设机构，在日常管理中设立专门的危机管理办公室，关注学校的所有领域，定期开展危机管理培训和讨论危机管理计划；也可以设立一个跨部门的危机管理机构——危机管理委员会。

（二）高校危机管理的责任制度

为使统一指挥的高校危机管理体制能高效运转，要建立切实有效的责任制。建立责任制的关键在于明确每一项危机应对工作中的学校职责，并将责任明确到每一个工作机构和相应人员，同时根据实践进一步明确、调整各项责任。责任清晰、奖惩分明的责任制，对高校危机管理有着直接而积极的意义。

如高校保卫部门应当构建统筹联动机制，在发生校园突发事件时，快速启动相关程序，快速、准确地将校内突发事件向属地相关部门通报，积极争取属地相关部门在处理突发事件中的支持。高校保卫部门应当联合属地相关部门积极消除校园周边影响校内安全的隐患，严厉打击校园周边赌博、偷盗等违法犯罪行为，积极改善学校周边交通环境，对校园周边网吧、娱乐场所进行检查和整顿，及时消除安全隐患。

（三）高校危机管理的监督制度

高校危机管理的监督工作，包括领导检查监督与专门从事检查监督的督查部门检查监督两个部分。危机管理中领导行为本身就包含危机决策与对决策执行情况的检查监督。对危机决策的执行情况检查一般由学校办公室承担。当前，我国高校危机管理还可以通过上级教育行政主管部门派出的督导组、检查组进行监督检查。学校纪委综合室也应参与监督工作。高校危机管理的监督制度可促进高校危机管理工作的顺利开展，让责任制落到实处，也有利于对危机处置工作的经验教训进行总结。

此外，高校危机管理中还应发挥媒体监督与公众监督作用。高校在危机管理中，应与媒体积极合作，通过媒体发布权威的公共信息，加强与媒体及相关专家学者的联系与合作。一方面，高校及时通过新闻媒体向公众提供高校在危机处理中的对策，解释高校行为；另一方面，通过新闻媒体了解社会的舆论状态及公众目前的心理状态，从而使高校根据公众舆论对危机应对措施进行相应的调整或加强。

二、高校危机管理的职能与机构

目前，我国高校危机管理的主体是学校职能部门，应对危机事件是高校各部门的职责。有效的高校危机管理体制要求把危机管理的职能整合到高校行政和相关部门的日常工作中。同时，由于高校危机管理与常态管理相比需要特别的关注与处置，需要统一的指挥，需要调动各种资源，甚至有必要设置专门的高校危机管理机构。

（一）高校危机管理系统与基本职能

根据管理主体在高校危机管理中发挥的作用大小、参与危机管理过程的直接与否等因素，高校危机管理系统分为五大系统。

一是决策系统。决策系统在高校危机管理中居于核心地位，实质上体现了一所高校的战略决策效能和危机应变能力。决策系统承担的职责是：保证校园安全，制定危机防范、危急状态控制的目标和原则，选择危机的对抗行动、对抗方案。这个系统扮演着高校危机管理的核心决策者和指挥者角色。

二是综合协调系统。综合协调系统是由职责不同的各个部门所组成的结构体系，以适应应急联动的需要。其在高校危机管理中处于重要地位,有利于保证各执行部门之间高效地协同运作,避免因相互扯皮、推诿而延误,影响危机救助。

三是执行系统。高校危机管理的执行系统主要是指负责高校危机防范、危机检测和危机控制的主要职能部门依据决策指挥中心的方针、政策,具体主管、执行某一方面的危机管理事务。各执行部门承担着大量日常的危机预防和快速反应的责任,成为高校危机管理系统中的骨干和中坚力量,是高校危机管理的直接驱动力量。

四是辅助系统。高校危机管理辅助系统主要是指那些拥有特殊的专业技能、业务范围,拥有特定的资源、设备和能力,主管着特殊的事务,担负着紧急事务应对中的某些特殊任务的部门。它们相当于危机管理的后勤系统,不直接具有危机管理的职能,而是提供危机管理过程所需的各种服务。如心理健康教育中心。

五是信息、参谋咨询组织系统。高校危机管理的时机把握和快速应对,需要应急指挥决策中心具备及时、有效的灾害信息,这不仅有赖于危机管理职能组织系统和辅助部门的信息来源,而且还必须依赖于师生的信息、参谋咨询系统的工作和服务,特别是发挥高校危机管理专家的积极作用,形成不同危机中的专家与决策者之间一定程度上的分工和相互协作关系。其主要职能包括:协调、促进校园危机相关立法;建立预警机制、决策机制、应急处理机制、信息管理与新闻发布机制、善后机制。这些内容将在本章的第三节详细展开。

(二)高校危机管理的机构设置

高校可以设立一个跨部门的危机管理机构——危机管理委员会。危机管理委员会由校党委书记任主任,副主任由校长、分管副校长和有关危机管理专家担任,成员单位由学校办公室、调研室、新闻中心、保卫处、后勤处、评估办等主要职能部门组成,集日常管理和危机管理于一体,主要任务是进行决策和制定总体预案,承担从危机预警到危机评估的全部职责。

委员会下设执行机构和总的协调调度机构——危机管理办公室,负责将委员会的决策落实到相关功能部门和院系,办公室应有专职工作人员;整合全校资源,成立危机管理各个工作小组,如医护组、宣传组、保安组、后勤保障组、心理辅导组等,接受危机管理办公室统一协调调度;

各学院、班级相应建立危机管理小组,与学校危机管理委员会形成条状管理关系,共同构建高效能的危机管理组织机制。

为有效利用学校已有资源,可将危机管理委员会各工作小组职责整合到现有各相关处室。如办公室职责可由学校办公室承担,调研室职责可视具体情况由学生处、研究生处、人事处等多部门承担,其他各工作小组职责可分别由宣传部、保卫处、心理健康教育中心、后勤处和财务处等承担,评估办应由委员会委员及相关部门主要领导组成。但要注意组织成员的配合与训练。当然,高校危机管理工作是一项综合性工作,即使组建了专门的组织机构,如果缺少了组织的整体配合与协调,危机管理也是很难获得成效的。因此,高校危机管理在提供组织保证的基础上,需要采取合作管理的办法,建立系统联动,以提高管理的有效性。

第三节　高校危机管理的机制

高校危机的发生、发展虽然具有突发性、隐蔽性,但同时它也具有一定的规律性。危机管理就是要最大限度地减少危机对组织的潜在伤害,帮助组织控制危机局面,尽最大可能保护组织的声誉。危机的发生,时常带有一定的突发性,如果组织不预先制定完善的危机防范策略,并在危机的最初阶段对其态势加以控制的话,危机造成的连锁反应将是一个加速发展的过程。相反,如果组织以危机为契机,抓住危机并从中找寻生机,危机就会变为组织的一个转折点,并为组织建立富有竞争力的声誉创造机会,无形中应了中国的一句古话:"塞翁失马,焉知非福。"如何积极化解危机,这是高校面临的一个重大问题。高校危机预防涉及组织管理的各个环节、各个部门以及全体师生员工,是一项复杂的系统工程。高校危机发生后,由于情况紧急,不免使高校各级组织都感到手忙脚乱,为了使危机管理有序进行,必须坚持正确的处理程序和采取有效的应对策略。

一、高校危机的预警机制

危机发生前的潜伏期是处理危机的最佳时期,危机预警管理是高校危机管理的前哨,是预防和解决高校危机最基本的手段。高校危机预警管理是一个动态的过程,不仅能够有效地监测高校内外环境中存在的不安全要素,而且为高校应对危机提供决策支持,具体包括危机信息监测、分析、评估以及预警分级、能力评估、警示发布、预案制定和调整等工作。预警管理的有效实现需要建立一个完善的预警管理体系,包括构建协同治理的高校危机预警组织体系,搭建联动的高校危机预警运行体系,建立长效的高校危机预警保障体系。

"预警"即"预先警示",预警机制是指组织为了能在危机来临时尽可能早地发现危机的来临,建立一套能感应危机来临的信号,并判断这些信号与危机之间关系的系统,通过对危机风险源、危机征兆进行不断检测,从而在各种信号显示危机来临时及时地向组织或个人发出警报,提醒组织或个人对危机采取行动。因此,预警机制可以看作是组织的一种信息沟通系统。高校应防患于未然,加强危机预警系统建设。高校危机预警系统主要包括系统地收集信息、排查危机隐患、制定应对方案、进行模拟演练等。具体包括四个过程:一是预知。即通过信息的采集、分析、研讨,有效预测危机发生。这类信息包括涉及重大国际问题、民族宗教问题、重大或容易引起师生恐慌的治安刑事案件等。二是预备。即针对常规性危机或在预知新危机形成前做好物资、人员、后勤等各种预备工作和制定相应的危机管理方案。三是预报。即掌握危机信息后,经危机管理机构分析后预先做出是否能够形成危机的判断及可能带来的后果,并形成书面预报。四是预警,即评估危机风险,并制定总体干预计划,确定应急体系,启动应急程序。

(一)制定、健全相关的法律法规

现代社会是一个法治社会,依法治校是学校发展和进步的需要。教育法律法规在高校危机处理过程中起着重要的作用,但是,现有的法律法规对危机处理标准、归责方式、责任承担的赔偿原则以及事后防范的措施与处理对策等缺乏明确规定,导致校园危机事件发生后,一些学校、学生、家长及主管部门相互推诿,责任追究无法落实。因此,需要颁布专门的、可操作的法律来预防和处理高校危机事件,为学校管理者提供依法治校的系统依据。以法律手段来处理高校危机事件,是世界各国普遍采取的措施和对策。美国大学有关防治校园危机的管理措施,主要是通过法律来加以明确和规范。除立法设立校园警察,制定《校园犯罪意识和校园安全法》外,其他与预防校园危机的教育法规政策几乎覆盖了所有方面。日本早在1947年就出台了《学校教育法》,自公布以来先后修改和完善了36次。而我国关于学校危机管理的专项法律尚处空白,只是在国家相关法律中零星显现。因此,高校首先应发挥智库优势,加强国家分散在不同的法律、条例、司法解释中的相应法律法规研究,最终促使国家出台一部具有权威性和统一性的《校园安全法》,全方位指导校园危机的管理,为高校危机管理提供法律保障。其次,高校也要精心研究,筛选出相关的法律条文。建议高校成立危机管理法律研究的专门机构,对我国已经出台的与危机管理相关的法律进行研究、整合、提取,并结合自身特点制定出符合法律要求的危机管理规章制度,让高校做出的危机管理各项行为都在法律的框架内运行。

(二)制定、健全危机预案体系

危机事件的发生大多带有很强的突发性、意外性,难以预测。但是随着科学技术的发展和人类经验的不断积累,许多事件在其发生之前表现出的许多特征大多已经为人们所认识,因此,需要在思想上高度重视危机事件发生前的各种迹象,及时做好应对预案,必须对危机发生的类型、程度、可能带来的后果做出必要的估计,有必要在危机发生前发出危机警报。在高校危机管理的工作实践中,应结合可能出现的危机,分析其特征,科学地制定预防、预警措施、可操作的应急方案和处理办法,实现危机管理的规范化、制度化。在掌握准确、可靠信息的基础上,针对可能引发危机的因素,预先制定周详的危机应对预案,一旦危机发生,可以避免决策的慌乱,减少危机的不良影响,控制事态的进一步恶化。应对预案一般包括加强规划、物资储备、长期预算和设立意外事故基金等方面。一旦危机来临,则立即启动预案,全校统一部署,各部门协同作战,保证各项应急工作高效有序地进行,最大限度减少危机带来的损失。

制定危机预案，首先，要确定管理目标，并对各种可能威胁校园安全的因素加以评估。其次，要按照威胁的程度和时间上的紧迫性对各种危机进行排序。最后，调拨应对各种危机所需要的资源，包括人力、财力、物力和技术等。同时，在制订危机应对计划时，应注意根据危机情境和可用资源制订计划。计划应具有可操性，既应有具体性和指导性，又应具备权变性和弹性，确保实现计划的渠道畅通。高校应在现有危机管理总预案基础上分门别类制定好子预案，明确各预案所涉及的部门职责及工作内容，汇编成册，发给每位师生，以便有效指导师生在不同危机发生时，都能有条不紊地应对。同时，各高校责任部门如危机管理办公室等，要加强研究，定期召开研讨会或预案修订会议，总结经验，在实践中不断充实、修正和完善预案。

（三）进行信息监测与分析

预测、预报和预防是消除各种危机事件最有效的手段。因此，高校欲将危机消灭在萌芽之中，提前做好充分准备从容应对可能发生的危机，使各项工作有条不紊地进行，必须完善信息系统，捕捉危机征兆，做好预测、预报工作。即建立危机信息的收集网络，并对所收集到的信息进行加工、识别、整理和归类，最后转化为具体的危机量化指标，得出较为准确的预测，且根据危机预测的评价指标体系，通过各种渠道及时发布信息，做到有情况、有分析、有建议、有预案，最大限度地规避危机爆发的风险。

危机处理主要从高校危机发生的五个阶段：侦测阶段、预警阶段、控制阶段、恢复阶段、学习阶段展开，由此形成了高校危机处理五个阶段动态的闭合循环，如图9-2所示。

信息收集与隐患排查是进行信息监测与分析的前提。高校危机管理人员应充分掌握高校的内外部信息，并进行科学地分析，及时发现危机隐患。首先，应查找危机来源，将其消灭于源头。内源型危机主要从高校战略、人力财力资源、校园安全、校园文化、师生压力等方面着手。高校战略目标模糊、校风学风不正、教学质量下降、科研创新能力减弱、优秀师资流失、人才引进困难、学生就业率降低、资金周转出现问题、发展后劲不足等均可视为高校潜在危机信号。有的高校通过设立向全校师生公开的校长信箱，增加信息节点，并建立起由学生个体、社团组织、教师等组成的信息分析、整理、辨别、反馈及传递机制,可以使学校各方面情况及信息比较完整快速地传递到学校决策层。有的学校尝试以学生、班长、学生会、学代会、辅导员、学生工作书记六类用户群的逐层管理,自入学伊始,就建立一份包含学生成绩、道德记录、诚信记录、生理记录、心理记录、职业间隙记录在内的电子档案,并随时更新,力图使之成为建立危情搜集机制的重要载体。[①] 外源型危机虽然多为不可控因素,但也可以通过对国内外和高校所在地形势报道的关注、对社会结构的分析、对办学环境的监测、对就业市场的跟踪、对竞争对手的评估等,预测危机发生的可能性及其程度,做到及时应对,将危害降到最低。其次,搜集并分析国内高校近期发生过的各类危机,引以为戒。对各种危及人身安全和高校声誉的危机现象均应引起充分重视。第三,总结本校历史上发生过的各类危机,以防重蹈覆辙。第四,关注诸多"不相干"的危机案件,作为前车之鉴。如从顾客对产品质量和服务等投诉事件引发对毕业生质量的关注,考察他们是否符合社会需求,从而引起对教育教学质量的重视;从宏观政策对其他行业的影响中看到国家对招生政策进行调整,高校应如何面对。总之,排查中要尽可能做到全面、准确、彻底。

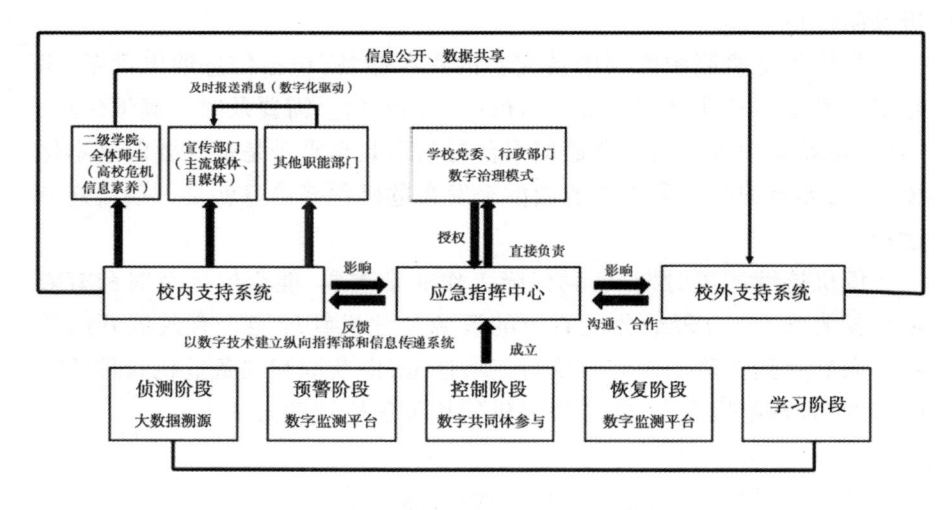

图 9-2 高校危机事件数字化处理协同模式

[①] 戴冰.高校学生工作管理信息化整合策略研究——"学生电子记录系统"开发理念及成果[J].思想·理论·教育,2004(02):12-16.

制定危机预案并非为危机购买终身保险,因高校内外环境多变以及危机的不可预见性等诸多因素,任何一项预案都具有时限性和局限性。因此,高校危机管理机构应不断监测环境和形势的变化,定期进行高校脆弱度分析,及时调整预案,使其切实可行,应对灵活,并对可能发生的重大危机组织模拟演练。同时,通过多种途径在全校范围内强化危机意识,并加强与媒体等公众的联系,为危机处理奠定良好的公众基础。

(四)完善各项基本资源储备

完善各项基本资源储备,是高校危机预警和预防的物资保障。首先,加大危机管理专项财政投入,增强预防和反危力度,是构建高校危机管理保障机制的重要基础。高校应把危机应对专项资金进行预算,建设资源储备库。需要指出的是,危机管理财政投入,包括危机前日常性的投入与危机后救助性的投入两个部分,两种投入匹配合理是危机管理有效的关键。事后投入无法替代和弥补事前投入的作用,在实践中,往往会因事前投入不足而引发事后的投入增大。高校应注重日常性的投入,积极预防危机。

危机预警机制中需要准备完善的资源储备,包括信息通讯设备、医疗卫生设备与其他物资设备。高校危机预警信息需要及时准确地传递,因此,建设集中管理的信息通信平台与信息共享平台是最重要的基本保障之一,如有的高校利用企业微信来发布危机预警信息就是一条很好的途径。

危机持续演进时期,后勤保障工作非常重要,能否保证及时和有效地供给资源,并合理地分配有限的资源是危机管理能否有效展开的关键。做好后勤保障工作需要执行三项任务,即获取和储备危机管理所需的资源、合理配置资源、将资源提供给相关危机管理人员。

(五)加强高校危机应对的培训和演练

再完善的危机预案,再充分的资源储备,还是需要人员的启动才能发挥作用。因此,高校危机预警还需要对相关人员进行相应培训,包括应对危机的管理人员、教师与学生。

第一,加强危机教育。高校的危机教育要重点围绕普及危机知识、强化师生员工的危机意识、提高防控能力开展。首先,强化学校领导的危机意识。学校领导的危机管理能力直接决定了学校能否平稳发展。因此,高校领导要把危机管理摆在重要工作位置,不断提高对危机的早期预判、发生时的处理和决策、发生后的恢复和重建等方面的能力。其次,要注重对学生的危机教育。一是开设危机教育方面的课程;二是把危机教育融合到校园文化当中去。如开展危机避险演练、文化走廊宣传、校园广播等,对学生进行潜移默化地熏陶,增强他们的危机意识。最后,注重对教师的危机教育。教师与学生接触频繁,教师的危机管理意识如何直接影响着学生。在内容上,注重危机的法律法规、基础知识、常见问题、热点难点、发展趋势等教育,做到针对性强;在形式上,注重课堂教育与课外教育、文字与图形、视频与实物等有机结合,做到时效性强;在方式上,注重讲解、展示、演示与互动相结合,鼓励、启发受众积极配合,做到参与性强;在手段上,注重心理疏导与强制措施相结合,教育师生员工积极学习和掌握危机处理的技巧,做到实用性强。让全校师生对危机事件有所警惕,有助于在校师生及时发现身边潜伏的危机,尽可能为应对危机争取时间。

第二,加强危机演练。危机管理是实践性很强的实务管理,未经实际训练与检视的危机预案很可能靠不住。高校要探索建立规范化、制度化的危机演练模式和机制,不断整合危机教育资源、总结危机处置经验、锻炼危机管理队伍、熟悉危机实战状态,持续提升师生员工的危机应对能力。模拟演练有三种层次:第一层次是沙盘推演,是指将危机预案中的剧本内容,放置在简单的图上或模型上,让学校危机管理团队负责人知悉,共同讨论检讨改进并找出合理可行的方案;第二层次是干部指挥演练,是指让各级干部在真正的时间与地点,依下达的虚拟状况具体进行操练各项指挥、管制、沟通与协调的工作;第三层次是全员参与演练,是指让校园中的每一分子都参加,依照自己扮演的角色在设定状况中实际处理危机的应变工作,这种演练是建立校园整体危机意识最好的方法。需要注意的是,在每一次进行操练后,都要及时检讨演练过程中的缺失与不足之处。通过实践仿真模拟,适时组织师生对预案进行实地演练,一方面可以从中发现问题,对预案不断进行修正,确保其可行性和有效性;另一方面可以进一步明确不同类型的危机发生时,全体师生应该做什么不应该做什么,检视并提高危机管理小组的应急反应能力。

二、高校危机的决策机制

高校危机决策，是指当高校遇到某种紧急事件或处于某种紧急态势时，为限制危机所带来的危害，在有限的时间、信息、人力资源等约束条件下，打破常规，以尽快的速度做出反应。

（一）高校危机决策的原则

高校危机管理要求在不确定性极高的情况下迅速做出正确决策，否则后果不堪设想。危机决策的各种约束条件主要包括：一是时间紧迫，危机的发生、发展有突然性与急剧性的特征，要求在短时间内迅速做出决策；二是信息有限，危机一般都是突发性的，因此关于危机的信息掌握有限；三是资源有限，由于危机决策需要迅速做出，因而决策者往往没有充足的时间去调动各方面资源；四是不确定性，事态发展可能危及决策者或大多数师生的根本利益，而且后果很难预料。

由于以上种种约束条件的限制，在危机状态下进行决策，需要遵循一些不同于常态决策的原则，从而也要求高校需要设立特定的校园危机决策机制。与常规决策相比，高校危机决策需要遵循的原则有以下几条。[①]

第一，权力集中原则。在紧急状态下，权力集中有利于全方位地调动人力资源与物质资源应对危机，也有利于适当简化程序，提高决策效率。

第二，结果优先原则。在危机状态下，因形势严峻，难以全面考虑应对方式被公众接受的程度，决策应以结果优先，即把决策结果放在更加重要的位置。

第三，短期目标优先原则。在危机状态下，因时间紧迫、信息资源有限，很难迅速对问题做全面深入分析，因此，在不违背长期目标的情况下，首要的任务是找到引发危机的直接原因以及可能导致局势恶化的因素，即优先实现短期目标。

第四，强制原则。为调动一切可利用的资源，最大限度地限制校园

---

① 夏书章. 行政管理学 [M]. 广州：中山大学出版社，2018：367-368.

危机带来的损害,决策机关需要以相对强硬的姿态制定、推行相关决策。这一原则虽与民主价值观不相符合,但在危机状态下是需要的。强制原则使决策机关享有调度的合法性和权威性。

第五,勇于承担风险原则。在时间有限、信息有限、资源有限,以及不确定性极高的情境下做出决策,必定带有一定的风险性。决策者在尽可能降低决策风险的同时,必须做好承担风险的思想和物质准备。

(二)高校危机决策机制的基本内容

(1)高校危机决策的三要素:问题确认、目标排序、方案评估与选择。一是问题确认,准确判断危机问题性质、直接原因以及可能导致事态恶化的因素;二是目标排序,排出决策目标的优先顺序,缩短选择时间,根据危机事态确定最重要的目标,通常是短期目标;三是方案评估与选择,在危机状态下,由于决策时间短、公众与利益团体参与磋商的可能性不大,为决策者提供咨询的专家的意见更为重要。

(2)高校危机决策机制主要由危机决策主体和危机决策制度这两方面构成。

一是高校危机决策主体。高校危机决策主体是为避免和应对校园危机而履行决策职责、参与决策过程的特定个人和组织机构。高校危机决策主体不限于几位学校领导,还包括提供咨询意见的专家顾问和组织机构。因此,形成校园危机决策机制的决策主体包括三方面。

(1)依法拥有做出最终决定权力的中枢决断系统——即特定的个人和组织机构,如高校党委书记、校长,党委常委会会议、校长办公会议。

(2)辅助中枢决断系统的参谋咨询系统,如相关专业的咨询专家或者高校智库、政策研究机构。

(3)为促进中枢决断系统和参谋咨询系统有效运转、获取决策所需各种资源的协调系统。

二是高校危机决策制度。高校危机决策制度是指导和规范这些主体的危机决策行为的一系列规章制度。一般涉及:谁是决策主体?决策主体的决策权有多大?危机决策的程序是怎样的?最终决策采用什么表决方式?这些都需要以制度的形式固定下来。

三、高校危机的应对机制

校园危机的应急处理是高校危机管理的核心部分。高校危机应对机制的特点是快速性、有效性;任务是在最短时间、最低成本和不良影响程度最小的目标下对危机事件进行处置。高校危机应对的关键是要迅速反应,尽最大努力控制局势,迅速查明原因,积极采取措施,防止损失扩大和事态升级;目的是及时有效地化解危机状态,尽快恢复正常的教学生活秩序。高校在这个阶段的工作量比较大,在对处理时间、成本和学校名誉的考虑下所产生的压力,对学校相关人员的工作效果和效率提出了严格考验。

(一)高校危机应对的工作流程

一是建立应急处理小组,作为校园危机事件处理的协调机构。
二是迅速调查情况和收集信息,作为应对决策的基础。
三是综合分析、果断决策、有序应对、控制和隔离。

(二)高校危机应对机制的基本内容

高校危机事件具有发生不确定性、对象群体性、社会聚焦性、结果破坏性的特点,对事件决策和处置者提出的最大挑战,就是要在非常有限的时间内和信息资源等条件约束下,能够做出正确的关键性决策和采取科学的应对措施。

(1)信息报告。一般是在规定的时间内逐级报告,并同时报教育行政主管部门。报告内容主要包括事件、地点、信息来源、事件性质、影响范围、事件发展趋势和已采取措施等。同时,做好信息发布工作。沟通与信息披露系统包括校内信息沟通和校外信息沟通。校内信息系统应在实现纵向的上下级沟通渠道畅通的同时,还要注意横向的各个部门、二级院部的沟通渠道畅通以及师生的沟通,高校要充分利用网络、手机短信、校广播台等大众传媒,及时告知师生、家属和学生家长发生了什么事、应该做些什么事,保障公众的知情权,消除师生的恐慌心理,凝聚人心,让师生与学校一起同舟共济,化解危机。校外信息沟通系统包括教育行政主管部门的逐级汇报,与新闻媒介的信息沟通交流。很多高校出现危机时不知如何与新闻媒体打交道,经常采取回避甚至拒绝的手段,这种做法由于公众不能及时了解事件真相,民众容易产生猜测心理、做出误判行动,让学校的负面社会形象加速恶化,甚至会产生其他的连锁危机反应。高校必须学会与媒体打交道,以避免小道消息、假消息的传播。

(2)先期处理。高校危机发生后,学校有关单位和部门要迅速采取应急措施,事件发生的二级单位的主要负责人和责任人要第一时间赶往事件现场,具体落实每项工作,控制事态的发展,确保其不扩大、不升级。在向上级报告的同时,根据职责和规定的权限启动相关的应急预案,并及时有效地进行先期处置。此时学校主要领导要在第一时间亲赴危机事发现场,了解情况,准确找到事件突发的症结,据此制定出解决问题的办法。

(3)应急响应。危机发生时,第一时间的评判与处置十分重要。在校园危机事件发生后,学校应立即启动危机事件应急预案,布置紧急行动。具体反应分四步:首先,明确责任,在学校危机管理委员会的领导下成立由分管校领导担任组长的统一指挥中心,指挥中心统一指挥协调各工作事务组,从整体上把握学校面临的各种可能发生的危机;第二,分析危机发生的内部环境和外部环境,弄清危机的起因、范围等,全面收集信息;第三,根据收集到的信息对危机做出初步判断;最后,根据判断的情况迅速启动预先建立的应急预案,有针对性地指挥各部门按照应急预案分类分层解决,布置紧急行动,以有效控制并尽快解决危机事件。快速反应系统应注意的问题是:全面收集信息,切忌盲目采取行动;分清主次,有重点地采取行动,其中减少或避免人员的伤亡是最重要的;阻止或延缓危机的蔓延和可能带来的连锁反应,把危机带来的不利影响控制在最小范围;做好资源上的保障工作,主要包括资金、人员和物资储备上的保障。

(4)指挥与协调。指挥和决策系统在危机反应管理中居于核心地位。学校在危机管理的指挥和决策系统中应做到:第一,成立危机处理的决策中枢系统;第二,制定危机防范处理和救治的总目标和原则;第三,将总目标科学分解为各个子目标;第四,为目标实现调度人员、资金和物资储备;第五,检查、反馈和调整各级目标。在应急指挥方面,纵向上,校园危机管理委员会把决策和信息传递给学院危机管理小组,再由学院危机管理小组传达到班级危机管理小组。横向上,医护组、宣传组、保安组、后勤保障组、心理辅导组等统一听从学校危机管理办公室的调度,各职能部门迅速投入危机管理过程中,通力配合应对危机事件。为了避免陷入"霍布森选择",领导干部在危机发生时要善于吸取专家和团队智慧,迅速、科学地判断形势,客观地分析事件的规模、性质和发展趋势,尽快查明造成危机的根源,把握事态发展中不同利益相关者可能的行为逻辑,找出处理危机的焦点问题和关键环节,理性科学决策。

（5）应急结束。当校园危机的应急救援解除或相关的危机因素消除后,应急处理指挥机构关闭,应急结束。

四、高校危机的善后机制

校园危机的爆发期结束,并不意味着危机管理过程已完结。这一时期危机从顶峰转而下降,矛盾和冲突在不断减弱,危机形势逐渐趋于缓解,学校开始恢复原有或正常状态。这时需要对危机带来的影响进行复原和补救,为学校弥补损失、修补关系、获得新一轮的发展做一些前提准备,其善后管理是整个校园危机管理的重要环节。校园危机的善后管理,指校园危机的紧急情况被控制后,作为危机应对者,高校相关部门尽快消弭危机带来的损害,将学校财产、基础设施、校园秩序和师生心理恢复正常状态。校园危机的善后机制包括以下基本内容：恢复与重建；调查与评估；学习与改进。

第一,着力进行恢复与重建工作。校园危机往往给师生的学习和生活造成损失,危机过后,要尽快消除危机所造成的损害,恢复高校正常的教学和生活秩序。危机恢复对象,根据目标不同可以是校舍的重建、师生的心理状况、家校的关系、学校的管理制度等不同方面,尤其要解决好对危机中相关利益损失方的救济和心理安抚等工作,防止引发其他社会矛盾。但完整的恢复工作,还应包括学校名誉及社会信任度的恢复。如危机事件的责任归于高校,高校应当勇担责任,利用传媒力量向社会公众承认错误并给出合理的解释,让社会大众看到学校的诚意,并及时向媒体和社会报道危机事件处理的进展以及学校工作取得的成绩,重树学校的声誉和形象,其目的在于尽快恢复校园秩序,并使师生重新树立信心。

第二,认真开展调查与评估工作。调查与评估可帮助了解掌握重建成本,而且是吸取经验教训的重要环节。危机平息后,高校危机管理机构应做好危机综合评估,总结经验教训。要对危机的性质、危机的诱因、危机演变过程、危机管理过程、危机后处理等内容进行评估,完善危机管理预案。认真调查危机事件产生的原因,查清事故的性质和责任,对导致危机事件的有关责任人和失职渎职、违纪违法的有关领导,要依法严肃追究其责任。还要对危机管理的全过程进行分析评价,评估危机处理的结果,评价危机管理的成效,找出危机管理中存在的问题,对现有的危机预警、预防机制和危机处置机制进行修正和改进,为今后的危机处理提供有价值的参考。同时,要针对其他可能发生的或潜在的危机进行风险评估,防患于未然。当危机过后,学校应及时全面总结经验教训,建立起完备的危机处理档案,这样做既可以为学校应对今后其他危机积累完整的资料和全面的经验,做到有据可查,也有助于提高应对危机的能力,促使高校危机管理日益成熟。

第三,建立危机善后管理学习与改进机制。对于高校危机应对主体而言,每次校园危机都是一次学习总结的机会。校园危机善后管理中的学习机制,是通过总结危机处理过程中的经验教训,对现有制度的缺陷加以完善,发现工作失误及时改进,建立危机预案,或是修订、完善原有危机预案,甚至可把危机事件作为组织变革的重要契机。出现危机不可怕,可怕的是面对危机不思进取,面对危机再犯同样的错误。危机虽然难以避免,但如果树立正确的危机意识,使得危机管理常规化、制度化、法治化和科学化,我们就能从容应对,并且把损失降低到最低程度。有效地总结可以对未来危机事件的发生提供警示和预防,并为今后的危机管理工作提供智力和技术支持。一是进一步健全和完善危机管理的组织和机构。只有不断地总结和吸取经验教训,危机管理部门职能、机构职责、流程控制才能得到完善和发展。二是进一步完善相关的危机管理制度。要以危机事件为契机,对现有制度缺陷加以完善,使学校的治理体系和治理能力得到进一步的优化和提高。三是加强危机管理研究,形成全校师生员工危机管理学习机制。必须重视危机管理研究,增加危机管理投入,分类建立危机事件的案例库和知识系统,研究与开发危机管理情景模拟训练系统,重视借鉴和学习发达国家高校危机管理的有益教训和经验,修订、完善原有危机预案,制定符合中国国情的解决高校各种危机的预案。

总之,高校作为人才培养的重要阵地,高校的安全稳定直接关系到国家和社会的稳定,随着社会的发展和时代的进步,高校面临着内外部环境双重变化的压力,突发事件不可避免,关键是我们要深入研究这一问题,加强高校应对突发危机事件处置的能力,构建一个稳定和谐的校园,保证师生的生命和财产安全,保障学校正常的教学生活科研秩序。

第十章

高校意识形态工作管理

党的二十大报告指出,"意识形态工作是为国家立心、为民族立魂的工作。牢牢掌握党对意识形态工作领导权,全面落实意识形态工作责任制,巩固壮大奋进新时代的主流思想舆论"。作为党的一项极端重要工作,党的十八大以来,习近平总书记关于意识形态建设提出了一系列新思想和新理论,为新时代加强意识形态管理工作指明了前进方向。高校承担着培养社会主义事业合格建设者和可靠接班人的历史使命,是传播、维护、建设社会主义意识形态的重要领域和前沿阵地。高校意识形态工作的特殊地位,要求高校党委必须加强意识形态管理,牢牢掌握高校意识形态领导权、管理权、话语权,把高校建设成为为党育人、为国育才和凝聚力强、引领力强的意识形态坚强堡垒。

第一节 高校意识形态管理概述

一、意识形态的概念

概念界定与内涵解析是研究工作的基础。自法国哲学家特拉西提出"意识形态"这一重要政治术语以来,因其功能价值的独特性,就一直为各国统治阶级所重视。关于意识形态的内涵或定义,历史上有很多专家学者对其进行过概括或总结,它的概念也一直处于复杂的争议之中。

意识形态的主要内容和主要功能也随着社会发展而不断变化。"意识形态"（Ideology）一词源自希腊文，最初只是哲学范畴中的伦理问题，在历史演变中逐步发展成为一个兼涉国家的政治与稳定与民族核心价值观念的实践问题。

（一）马克思主义经典作家关于意识形态概念的论述

马克思、恩格斯对意识形态的研究投入了极大的关切，在他们的理论文章中可以直接看到"意识形态""德意志意识形态""政治意识形态"等概念。但马克思、恩格斯没有明确界定"意识形态"的语义和内涵，这也导致了国内外学者对于"意识形态"概念有着不同的解读。需要指出的是，马克思主义意识形态概念基本是在否定性语境中被呈现出来的，马克思本人更是将资本主义的虚假的意识形态与科学相对立，并予以严厉批判。作为马克思主义意识形态理论的发端之作，《德意志意识形态》一书主要体现了马克思和恩格斯早期的意识形态思想。恩格斯指出："意识形态是由所谓的思想家通过意识、但是通过虚假的意识完成的过程。"[1] 马克思认为，意识形态是对社会统治阶级意志和利益的反映，然而这种阶级性却总是被包裹在超阶级性的、全民普适的外衣之下，以使其能够被所有社会成员接受。随着对无产阶级理论研究的不断深入，马克思和恩格斯逐渐赋予了意识形态以丰富的中性含义。他们指出："我们的出发点是从事实际活动的人，而且从他们的现实生活过程中还可以描绘出这一生活过程在意识形态上的反射和反响的发展。"[2] 马克思认为："在不同的财产形式上，在社会生存条件上，耸立着由各种不同的、表现独特的情感、幻想、思想方式和人生观构成的整个上层建筑。"[3] 在这些表述中，马克思将意识形态阐释为一种普遍存在于每一种社会形态并反映这一阶段社会历史条件的观念。

列宁继承并拓展了马克思、恩格斯意识形态学说的精神内涵。十月革命时期，列宁注重发挥马克思主义在俄国革命和改革中的理论指导作用。在早期著作《怎么办？》中，他提出了"社会主义意识形态"，强调了没有超阶级的意识形态，阶级矛盾的存在，导致不同阶级的意识形态间

---

[1] 马克思恩格斯选集（第四卷）[M]. 北京：人民出版社，2012：642.
[2] 马克思恩格斯文集（第一卷）[M]. 北京：人民出版社，2009：525.
[3] 马克思恩格斯选集（第一卷）[M]. 北京：人民出版社，2012：695.

的争斗是不可避免的,突出了意识形态的革命性。随着革命形势的发展和认识的深入,列宁又提出了"科学的意识形态"的概念。在《唯物主义和经验批判主义》中,列宁指出:"任何意识形态都是受历史条件制约的,可是,任何科学的意识形态(例如不同于宗教的意识形态)都和客观真理、绝对自然相符合,这是无条件的。"[①] 这些理论在列宁意识形态思想发展过程中具有里程碑意义,体现出列宁牢牢把握了马克思主义意识形态理论中关于科学性和革命性的思想内核。

(二)西方学者关于意识形态概念的阐释

部分近代的西方学者也分别从社会学视角或政治学视角给出了他们对意识形态的理解。"意识形态"这个术语最早源于法国启蒙学者德·特拉西1791年的《意识形态原理》,他把意识形态当作观念的科学,旨在将意识形态与宗教神学、经院哲学加以区分。德国知名学者弗朗克·菲德勒、奥托·苏格尔指出,意识形态表明一个阶级的经济和政治目的,它是包含政治、法律、哲学等一切思想的总和。[②] 德国哲学家卡尔·曼海姆出版了著作《意识形态与乌托邦》,将意识形态理解为一种具有特殊和整体两种样态的"思想方式"。法国政治学家莫里斯·迪韦尔运用政治社会学理论提出,意识形态能够以系统方法阐释社会运行的秩序和方法。美国学者阿瑟·施莱辛格认为意识形态是一种系统性的、死板的信仰,人们试图通过这些信仰改变整个世界。匈牙利著名学者卢卡奇认为,意识形态作为社会斗争的工具之一,是为使人有意识地进行社会实践而以观念描述现实的一种思想形式。[③] 在全球化浪潮席卷世界的背景下,西方出现了"意识形态终结论",其基本主张是:社会主义意识形态是一种乌托邦,是资本主义的意识形态的变种,是没有生命力的。这一思想主张的是"虚假的观念和意识"。总而言之,西方学者的观点大多比较片面,认为意识形态是为了满足狭隘的阶级利益而设想出来的一种政治偏见,是与科学对立的。

---

① 列宁选集,第2卷[M].北京:人民出版社,1995:96.
② [德]弗朗克·菲德勒,奥托·苏格尔等.辩证唯物主义和历史唯物主义[M].郑伊倩等译.北京:求实出版社,1985:489.
③ [匈]卢卡奇.社会存在本体论(第2卷)[M].白锡堃、张西平、李秋零等译.重庆:重庆出版社,1983:397-399.

（三）我国学者关于意识形态概念的阐释

关于意识形态的概念阐释，国内一些学者给出了自己的见解。俞吾金将马克思主义的意识形态定义为："在阶级社会中，适合一定的经济基础以及建立在这一基础之上的法律和政治的上层建筑而形成起来的，代表统治阶级根本利益的情感、表象和观念的总和。"[1]宋惠昌认为意识形态是"一定社会或阶级的思想体系"[2]。王永贵认为意识形态是"政党的政治信仰和政治观点的表达方式"[3]。赵景来提出，意识形态是为了维护和确保统治阶级统治合理合法的理论依据。[4]邢贲思认为，作为一种思想体系，意识形态是社会意识中最深层次的理论形态，能够自觉反映社会经济形态和政治制度。[5]国内学者对意识形态内涵的理解总体上包含两个方面：一方面，认为意识形态具有比较鲜明的阶级性，是一定阶级或社会集团的理论渊源；另一方面，认为意识形态包含广泛，是由政治、哲学、艺术、宗教、道德、法律等社会学说和观点所构成的一种思想体系。

综上所述，意识形态概念产生至今，不同时代、不同学派、不同立场的学者对其内涵的界定与理解见仁见智，众说纷纭，从不同维度对其概念进行了分析和阐释。尽管这些分析和阐释不尽相同，甚至有所差异，但我们仍能够从中找到这些理论最基本的理论要点，即意识形态是代表特定社会群体利益的价值理论体系。由于我国是社会主义国家，马克思主义既是我国社会发展的思想和行动指南，又是社会主义意识形态的旗帜与灵魂。马克思主义思想在个人层面、国家层面和社会层面均处于指导地位，因此，意识形态既是一个哲学范畴，又是一个政治学范畴，还是一个社会学范畴，它是诞生于一定社会经济基础之上的思想体系；在本质上，意识形态是统治阶级的思想，反映的是统治阶级的价值观和根本利益诉求。

---

[1] 俞吾金.意识形态论[M].北京：人民出版社，2009：131.
[2] 宋惠昌.当代意识形态研究[M].北京：中共中央党校出版社，1993：9.
[3] 王永贵.经济全球化与社会主义意识形态建设研究[M].北京：人民出版社，2005：18.
[4] 赵景来.关于意识形态若干问题研究综述[J].学术界，2001（4）：249.
[5] 邢贲思.意识形态论[J].中国社会科学，1992（01）：64-65.

二、高校意识形态工作

高校意识形态工作是事关人才培养的根本性问题,也是事关中国高等教育全方位、高质量发展的决定性因素。牢牢坚持社会主义办学方向、全面贯彻立德树人的根本教育任务,就必须始终将意识形态摆在高校整体工作格局中的突出位置。党的十八大以来,习近平总书记就高校意识形态建设的根本遵循、核心任务、关键环节、环境保障和政治基础提出了一系列新思想、新观点、新论断。从宏观战略层面,习近平总书记围绕在高校思想文化领域坚持和巩固马克思主义意识形态的指导地位、加强党对高等教育工作的全面领导进行了重点强调;从微观抓手层面,习近平总书记围绕思想阵地建设、组织队伍建设和文化内容建设展开了具体论述。由此可见,高校意识形态工作的目标任务已经明确,整体格局已经形成,习近平总书记的系列重要讲话,将为今后高校扎实有效做好意识形态工作提供了根本遵循。

从学术界现有研究分析,只有个别学者关注并阐释了"高校意识形态工作"的意义与内涵。陶培之认为,高校意识形态工作就是"在遵循意识形态伦理本性和人的存在与发展客观规律的基础上,以满足一定社会要求和人的生存与发展的内在需要为目的,有目的、有计划、有组织地对大学生施加意识形态影响,以促使大学生不断获得全面发展的一种人类社会实践活动。"[①] 彭庆红认为,"高校意识形态工作是党的意识形态工作的重要组成部分,它直接影响到大学生的培养质量,影响到校园文化的和谐与稳定,影响到中华民族伟大复兴的进程。"[②] 王永进提出高校意识形态工作是对学生进行国家主流价值观的有效引导,帮助学生建立正确的认知体系并指导其现实生活。只要是宣传社会主流意识形态方面的工作都属于意识形态工作范畴。[③] 罗双燕等人认为,高校意识形态工作就是坚持对大学生开展马克思主义宣传教育,引导其不断增强国

---

① 陶培之.人的全面发展视域中的高校意识形态工作[J].思想政治教育研究,2009(2):48.
② 彭庆红.论加强和改进高校意识形态工作[J].思想教育研究,2009(08):23.
③ 王永进.高校意识形态工作话语权研究[M].上海:上海交通大学出版社,2017:102.

家意识和社会责任感,进而自觉践行社会主义核心价值观。[1] 也有学者从领导权、话语权维度对高校意识形态工作进行解读,郑永廷等认为,高校意识形态工作领导权指的是意识形态工作机构为维护党的领导地位而以一定价值观念在高校领域进行引导、规范和矫正的职责与权力。高校意识形态工作话语权,就是高校坚持社会主义发展方向以及控制舆论的权力和能力。[2]

综上所述,我们可以将高校意识形态工作的概念做如下界定:高校意识形态工作就是由高校党委领导的,由高校各职能部门具体负责的,以思想教育、组织建设、文化宣传、监督规制等多种形式为载体,用以增强国家主流意识形态在校园思想文化领域的统摄地位,使其引导高校师生思想言行的自发遵循。

三、高校意识形态工作管理的内涵和基本特征

（一）高校意识形态工作管理的内涵阐释

高校意识形态工作管理,就是指作为高校意识形态工作管理主体的高校各级机关及其负责人,以在校师生为对象,综合运用计划、组织、指挥、协调、控制等手段开展的管理活动,用以提升高校意识形态工作领导权、管理权、话语权的相关工作。其目的是通过有效安排、协调各类要素资源,加大马克思主义中国化理论成果的教育普及力度,进一步增强高校师生的"四个自信",确保高校始终坚持社会主义办学方向,确保广大知识分子和青年群体坚定不移听党话、跟党走。

（二）高校意识形态工作管理的基本要素

1. 掌握高校意识形态工作领导权

"意识形态领导权"理论由西方马克思主义创始人葛兰西提出,他

---

[1] 罗双燕,陈功江. 多元文化视域下高校意识形态工作策略探究[J]. 学术论坛,2015（4）:160-163.
[2] 郑永廷,林伯海. 坚持高校意识形态工作的领导权与话语权[J]. 思想理论教育,2015（04）:11-12.

认为,西方无产阶级失败的重要原因在于没有取得意识形态领导权。意识形态领导权的本质是统治阶级通过"非暴力"形式,使被统治阶级认同统治阶级的意识形态。高校意识形态领导权主要是指高校意识形态工作的领导者或领导层的职责权力。具体而言,就是包括高校党政组织在内的高校意识形态工作机构,通过设立机构、配备意识形态工作人员、制定符合意识形态的规章制度,用社会主义意识形态倡导的价值理念引导、规范和矫正高校意识形态领域的职责与权力。高校意识形态工作的领导权事关党对高校的思想和组织领导,事关中国特色社会主义事业的继承人培养,事关高校的主流意识形态氛围。因此,掌握好高校意识形态工作的领导权十分必要。

2. 掌握高校意识形态工作管理权

意识形态管理权是统治阶级为实现自身的利益,运用计划、组织、指挥、协调、控制等管理手段,对意识形态领域内外的资源进行有效调整,进而达到意识形态工作的目的。高校意识形态管理权是指高校意识形态管理部门为落实意识形态工作,做出符合本校实际情况的具体的计划、组织、指挥、协调、控制等意识形态工作管理手段,实现高校意识形态工作目标。高校意识形态管理权的对象包括对思想的管理、对意识形态领域内外物的管理,以及对意识形态管理部门工作人员的管理。高校意识形态管理权是具体的领导权,做好高校意识形态管理工作是高校意识形态其他工作顺利进行的保证。

3. 掌握高校意识形态工作话语权

关于话语权的概念界定,学术界主要有两种观点:话语权力和话语权利。话语权力是指说出去的话语具有一定的效果和影响力。话语权利是指每个公民都享有言论自由。高校意识形态话语权侧重于话语权利,是指在党中央的领导下,以马克思主义及其中国化的最新理论成果为指导,以校园为阵地,用特有的学术话语体系及校园文化,构建和发展具有中国特色的社会主义理论路线的特殊话语体系,其目的在于从根本上实现党在高校意识形态领域的领导权和管理权。掌握高校意识形态话语权之所以是我国主流意识形态建设的重中之重,是因为在意识形态话语权的三种话语模式——学术话语、宣教话语、大众话语中,学术话语具有一定的优越性。学术话语既具有弱化强制的能力,又经过体系化凝练,具有传播的有效性,又因之以学术精英为主体,能够实现理论反思,因此其更具发展超越性,是支持我国主流意识形态建设与时俱进的重要保障。高校是知识分子和青年最为集中的地方,也是学术话语的流行之地。毋庸置疑,高校意识形态工作话语权状况关系到中华民族的伟大复兴,因此掌握高校意识形态话语权尤其重要。

高校意识形态工作的领导权、管理权和话语权是一个整体,三者紧密联系、有机统一、不可分割。从权力形成的机制来看,高校意识形态领导权是高校意识形态工作"三权"运行的核心与目的,影响着高校意识形态工作运行的大方向,具有引领作用;高校意识形态工作管理权是"三权"运行的根本保证,影响高校意识形态工作的效果和顺利进行;高校意识形态工作话语权是行动纲领和准则,是"三权"的基础,直接影响着高校意识形态工作的教育效果。因此,要做好高校意识形态工作务必抓好高校意识形态工作的领导权,用好高校意识形态工作的管理权,引导好高校意识形态工作的话语权,协调领导权、管理权、话语权,从整体上推动高校意识形态工作更好地发展。

(三)高校意识形态工作管理的基本特征

1. 政治性

政治性是高校意识形态工作中最核心、最根本的性质,对这一点理解不全面、不透彻,就可能犯方向性、根本性的错误。从国内外高等教育发展经验来看,大学是各个国家传播本土传统文化价值观念的主要阵地,是传播文化知识、塑造价值观念的摇篮,本质上服务和维护于本国国家利益。当前,世界百年未有之大变局和中华民族伟大复兴全局交汇演进,党和国家事业发展对高等教育的需要,对科学知识和优秀人才的需要,比以往任何时候都更为迫切。高校的意识形态管理关乎党和国家意识形态工作全局,关乎社会主义事业的发展。作为党领导下的社会主义高校,我国高校必须坚持正确的政治方向,坚决筑牢自身作为意识形态工作前线的思想阵地,从讲政治的高度进一步提升高校意识形态建设力度。

2. 复杂性

高校作为知识分子的聚集地和社会思潮的交汇地，总是处在文化传播、思想交汇、观念碰撞的最前沿。复杂多样的社会思想意识、多元多变的意识形态一旦出现风吹草动，总是首先在高校投射，传导给高校师生，进而影响高校意识形态管理。从工作内容来看，高校意识形态工作内容庞杂，大到思想教育、理论研究，小到新闻宣传、文艺工作等，涉及的领域跨度大、专业区分大，单一专业人员较难胜任。从工作场域来看，高校意识形态工作从较为有限的校园现实空间逐渐向趋近无限的网络虚拟空间拓展，高校意识形态工作的对象所接收的信息、思想繁杂多样，接受信息的强度和烈度不同，对负责高校意识形态工作的领导和工作人员的基本素质和技术能力提出了更高的要求。

从高校意识形态管理的主客体来看，高校师生的学习独立性强、学习深度参差不齐、信息源差异较大，导致高校师生之间在学术观点、价值观念上存在较大差异。

3. 潜隐性

在传统时代的高校意识形态工作中，教育者的思想知识相对较权威，通过课堂讲授、日常思想政治工作等方式对受教育者进行单向的知识输送和思想理论灌输，显性教育功能明显。隐性教育能够使受教育者不知不觉间受到教育，其教育方式是间接的、内隐的。由于新媒体具有隐蔽性、虚拟性特征，高校意识形态管理的潜隐性特征在新媒体时代愈加凸显，使得西方意识形态渗透既隐而不露，又难以辨别，增加了高校意识形态工作的难度。但同时也为高校意识形态工作者开展渗透隐性教育提供了便利条件，因为新媒体的虚拟性不等于虚假甚至虚无，这些在新媒体平台上广泛传播的信息和思想，同样以现实人的实际需要为基础，可以说它是一种特殊形式的现实。

高校意识形态工作者可以借助新媒体技术，通过微信、微博、论坛等方式，对大学生进行渗透性、隐蔽性的意识形态教育，在不知不觉中达到影响学生思想的目的。

第二节　加强高校意识形态工作管理

习近平总书记指出,"做好意识形态工作,事关党的前途命运、事关国家长治久安、事关民族凝聚力和向心力"。高等院校处于意识形态工作的关键位置,肩负着铸魂育人的光荣使命,意识形态工作的成效直接决定着高校培养的人才能否"为我所用"。近年来,随着国际国内形势不断发生新变化,高校意识形态领域面临着许多新的问题,使得高校意识形态工作形势越发严峻。面对新形势新任务,高校要科学应对意识形态工作中存在的问题,创新体制机制,改善工作方式方法,开拓高等教育事业新局面。

一、加强高校意识形态工作管理的价值意蕴

(一)坚持社会主义办学方向的根本问题

坚持什么样的方向、办什么样的大学,是高等教育改革发展必须明确的问题。我国是社会主义国家,国家的教育事业必然要坚持社会主义办学方向。2014年"五四"青年节,习近平总书记考察北京大学,与师生勾勒学校的发展蓝图时,提出要认真吸收世界上先进的办学治学经验,更要遵循教育规律,扎根中国大地办大学。扎根中国大地办学,就是要坚持中国共产党的领导,坚持社会主义办学方向,为确保红色江山永不变质、不变色、不变味提供坚强的人才保证。

坚持社会主义办学方向,要求高校不仅要将党和国家关于教育的方针、政策贯彻落实到办学的指导思想、改革思路、具体措施之中,还要始终如一坚持并巩固马克思主义在意识形态领域的指导地位。中国共产党归根到底是马克思主义政党,始终坚持马克思主义的指导地位,是中

国革命和建设的宝贵经验。始终如一坚持并巩固马克思主义在意识形态领域的指导地位,是高校坚持社会主义办学方向的根本要求。实践证明,马克思主义是与时俱进的理论体系,马克思主义中国化理论成果是指导当今中国开展伟大实践的科学理论,但马克思主义在意识形态领域的崇高地位无法自发形成并巩固,需要扎实有效的意识形态工作推动和保障。在高校管理好意识形态工作,牢牢掌握该领域的领导权、管理权、话语权极为关键。高校领导意识形态工作的过程就是主动作为的过程,就是坚持社会主义办学方向的生动实践,就是将马克思主义主流意识形态的观点和主张始终坚定地贯穿在舆论氛围中的体现。加强意识形态管理,牢牢掌握意识形态工作领导权、管理权、话语权,就拥有了主动权,就能引领舆论走向,稳定人心,从而为坚定社会主义办学方向提供坚实的思想和舆论保障。

(二)培养全面发展的社会主义事业建设者和接班人的必然要求

加强意识形态工作管理是高校培养合格社会主义接班人的必然要求。无论社会怎样发展,时代怎样变化,人才培养始终是高校的核心使命。知识和技术可以不考虑国界的问题,但大学却一定是隶属于所在国家的,大学培养人才的原始和首要目标无疑是服务于本国发展和社会建设的需要,大学"培养什么人""怎样培养人"首先是由所在国家和社会的性质与需求决定的。

人才不仅要掌握科学知识,更要会思考能判断。大学生正处于心理和生理的成熟期,世界观、人生观、价值观的形成期,来自课堂上、校园里、社会中的各种思想、观点和现象都会对他们产生影响和冲击,这些影响和冲击更多的是正面的,但负面的也不少,大学生活跃的思维、敏感的特点、求新求变的个性,使他们容易成为社会思潮的传播者和追随者,必须加以正确地引导。作为为中国特色社会主义事业培养建设者和接班人的重要场所,大学既需要传授学生专业的知识和技能,更需要培养他们具备崇高的道德品质和坚定的共产主义理想信念,使其成为德才兼备的优秀人才,只有这样,才能在经济全球化、高等教育国际化的进程中,不断维护和巩固我们的国家地位和民族形象。高校意识形态工作为人才培养提供着坚强的政治保障,决定着社会主义接班人的培养质量。高校掌握了意识形态工作话语权,就能更有效地承担起思想引领的使命,能够保证大学生在校园里尽可能多地接触到有效的主流意识形态宣传教育,而对于弥漫在其周围的各种非主流和反主流的思想和观点也能够有正确认识和分析,从而不断坚定共产主义理想信念。

(三)维护高校政治稳定的舆论支撑

稳定对于一个国家和社会的意义不言而喻,没有稳定的环境和氛围,一切建设、发展与进步都无从谈起。高校人才荟萃、信息密集,校园的稳定不仅关系到教学、科研等各项工作的顺利开展,更关系到人才培养和教育事业发展,关系到国家稳定大局。从大的方面来讲,影响校园稳定的因素主要包括客观事件因素和主观思想因素。客观事件因素主要表现为公共危机事件、校园突发事件等,这种因素具有不可预见性、危害后果即时呈现性、负面影响有限持续性等特点。事件发生后,其所带来的严重后果能够随即显现,而其所带来的负面影响在事件结束后一段时间内就会逐渐消失,不会持续太久。除了客观事件因素外,主观思想因素同样可以引起校园的不稳定。而且思想上的混乱是最大的不稳定,没有思想的共识就会出现观点的分歧,无主导、无引领的多元多样思想和舆论将导致派别的对立、秩序的混乱。相对于客观事件发生的不可预见性和表现特征的明显性,主观思想因素则积蓄时间较长、渗透性强、负面影响持续时间久。正是因为主观思想因素具有积蓄性的特性,也就决定了其具有可控可防性,高度重视并综合运用各种方式开展扎实有效的意识形态工作是维护思想稳定的重要保证,而掌握意识形态工作话语权就是其中必不可少的手段之一。面对各种已经存在的和各种潜在的非主流思想舆论影响,高校一方面要大力加强主流意识形态的宣传教育,增强其吸引力、说服力;另一方面要开展坚定的思想引领和舆论斗争,结合历史和现实澄清各种不正确的观点和思想,只有这样不断凝聚共识、统一思想,才能确保高校稳定。

(四)服务和引领社会发展的前提保证

教育事业有其自身的发展特点和规律,加强意识形态管理对自身发展意义重大。而当我们把视野从高校拓展到高校与社会,同样会认识到,掌握意识形态工作领导权、管理权、话语权是高校引领和服务社会发展的必然要求,是在全社会掌握意识形态工作话语权的关键。知识经济时代,高校既是经济社会发展的中心,也是精神文明建设的高地。在凭借人才和科研实力成为推动经济社会发展重要力量的同时,高校作为社会精神文明建设高地的形象和地位并没有弱化,而是始终被关注和强化。越是社会发展的关键时期,国家、社会越是期待和强调大学要发挥榜样示范和道德引领作用。高校的五大功能即人才培养、科学研究、社会服务、文化传承与创新和国际交流合作,与其社会精神文明建设高地地位的建立与巩固是息息相关的。培养全面发展的社会主义接班人是高校的核心任务,是大学社会主义精神文明建设的重要一环。高校科学研究是国家科学事业的重要组成部分。高校科学研究的指导思想和价值取向直接影响着校内的学术导向、学术价值,同时也影响整个社会的道德风气和学术思想。大学通过培养的人才到社会去发挥作用、通过科研成果转化推动社会生产力的发展,都是服务社会的表现。在间接服务的同时,大学还可以依托其智力和人才资源直接服务社会需求。事实上,知识经济越发达,高校间、高校与工业和社会力量的联合越紧密而广泛。然而,高校的社会服务功能并不局限于通过满足社会发展的各种知识和技术层面的需要直接或间接推动生产力提高上,还体现在维护和引领社会文明与进步上。文化是软实力,文化是意识形态的载体,高校在推进文化传承创新中发挥了突出作用。可以看出,高校作为产生新知识的"引擎",是思想沟通、文化碰撞的舞台,管理好"引擎",就能促进整个国家和社会的发展,让"中国号"这一艘现代化巨轮行稳致远。

二、高校意识形态工作管理面临挑战

(一)高校网络意识形态工作的领导力存在弱化现象

党的十八大以来,高校党委在网络意识形态工作中将习总书记的重要论述作为遵循,整体质量回升向好,但在思想认识、主体责任等客观方面仍存在一些问题。部分高校对网络意识形态工作重要性认识不够充分,将其视为软任务,造成的结果就是相关领导体系构建不完善、管理制度建设不健全、运行机制运行不协调。在党委担当主体责任方面,责任弱化现象普遍存在。对网络意识形态阵地管理的科学性、规律性、有效性认知不足，对相关文件的领悟不够透彻、执行不够坚决，在制定《党委（党组）网络意识形态工作责任制实施细则》时行动缓慢。部分高校对新时代的网络意识形态领域的客观规律缺乏系统研究，对相关领域斗争的复杂性、隐蔽性、严峻性缺乏应有的警惕。

（二）高校网络意识形态管理体制机制不够完善

当前，高校意识形态领域普遍形成了较为系统、网格化的管理模式，但是各部门齐抓共管的协作机制客观上并未确立。部分高校线上意识形态工作管理仍存在松、散、软的问题，甚至还未制定卓有成效的《党委（党组）网络意识形态工作责任制实施细则》，从而导致缺乏切实可行的文件指导。在工作机制上还未形成党委集中领导、党政齐抓共管、宣传部门组织协调、其他相关部门积极配合，聚合力做好网络意识形态工作的机制。在组织人才建设机制上，部分高校专业人员配置不够、素质参差不齐，相关培训和教育保障机制不符合新时代的特征，责任担当落实不到位，斗争本领、业务水平和工作能力亟待提高。部分高校缺乏执纪问责的严肃性，对网络上出现的各种反动言论和负能量论调不敢亮剑。

三、加强高校意识形态工作管理的对策

（一）突出政治引领，加强党委对高校意识形态工作的领导，巩固高校意识形态管理的领导权

习近平总书记在全国高校思想政治工作会议上强调："我们的高校是党领导下的高校，是中国特色社会主义高校。"[①] 这句话指明了我国高校发展的"根"和"魂"。紧紧把握党对意识形态工作的领导，是增强高校党建、落实立德树人根本任务、办好中国特色社会主义大学的根本政治引领。

（1）坚持党委领导下的校长负责制。党委领导下的校长负责制体

---

① 习近平.在北京大学师生座谈会上的讲话[M].北京：人民出版社,2018：6.

现了具有我国特色的社会主义办学方式,是凝练教育发展规律后的经验结晶,是我国必须长期坚持的根本制度。失去党委领导,校长负责制就失去了方向;而没有了校长负责制,党委领导便没有了根基。只有落实党委领导下的校长负责制,并将其贯穿高校意识形态建设的始终,才能确保高校长久保持社会主义办学方向,不断推动高校综合改革向纵深发展。

（2）强化高校党委意识形态工作主体责任。各级党组织及相关负责人都肩负着意识形态工作的主体责任。一是要增强高校党委主体责任意识。意识形态领域的斗争是长期、复杂且艰巨的斗争,高校负责人要率先垂范带头抓意识形态工作,针对意识形态领域的主要矛盾和突出问题,必须做到不回避、不掩盖,必须知责于心、担责于身、履责于行,关键时刻敢于承担责任。二是要明确高校党委主体责任清单。责任清单是对党委意识形态工作具体任务的细化,也是责任制度化和具体化的表现,是党领导意识形态工作的制度保障。三是要严肃高校党委主体执纪问责。只有坚持问责内容具象化、对象具体化、事项清晰化、主体精确化、程序规范化以及方式多样化,才能真正意义上落实意识形态工作主体责任。

（3）优化高校基层党组织建设。基层党组织是落实党中央各项方针的"最后一公里",是巩固党领导意识形态工作的基石。一是要突出政治功能。要坚定不移讲政治,宣传党的大政方针、坚决落实党的各项决定,增强"四个意识"、坚定"四个自信"、做到"两个维护"。要落实"三重一大"集体议事决策制度、党政联席会议制度、"双带头人"制度等。要持续改进基层党组织弱化、虚化、边缘化等问题,确保高校在各项工作中保持政治定力、明确政治方向。二是加强组织功能。高校基层党组织必须依照党中央的决策部署,细化组织体系,优化教职工、学生党支部设置,确保党的组织全覆盖。要充分发挥党组织在各项工作管理中的群众组织力和社会号召力,发挥党员师生的榜样领导作用,切实保障各项任务工作在基层落实。三是增强服务功能。高校基层党组织是党在高校的"神经末梢",要最大程度发挥组织优势,最大限度整合立德树人资源,形成服务合力,推进高校制度创新与组织建设深度融合,确保高等教育事业高质量发展。

(二)加强制度建设,建立意识形态监察预警机制,以主导规范牢牢掌握高校意识形态工作管理权

制度设计与组织管理是意识形态的重要环节,对意识形态建设具有根本性、全局性和持续性的激励与约束作用。坚持底线思维,强化高校意识形态管理制度供给、制度执行和制度保障,以主导规范牢牢掌握高校意识形态工作管理权,是新时代高校意识形态工作的制度逻辑。

第一,健全风险研判机制,增强风险研判能力。改革开放后,广大师生员工生长于更加复杂的社会环境,需要着重关注他们的思想动态与价值观念。特别是大学生的世界观、人生观、价值观尚未定型,当受到来自外界的不良因素影响时,容易产生思想上的波动。因此,要健全完善规范化、体系化、常态化的意识形态风险研判机制,将风险研判工作严格落实到高校日常工作机制之中,安排常规化风险研判教研活动;要建立由教职工、学生代表组建的研判队伍。坚定不移坚持问题导向,始终将风险研判的重点瞄准师生心理特点与思想动态,聚焦突出问题与重点领域,牢牢守好意识形态安全关口,及时发现潜在安全风险,提前采取相关防控措施。

第二,建立意识形态决策风险评估机制,提升意识形态风险评估能力。习近平总书记指出:"要强化风险意识,常观大势、常思大局,科学预见形势发展趋势和隐藏其中的风险挑战,做到未雨绸缪。"[①] 将风险意识落实到高校决策层面,就是要求高校在决策制定上有长远目光、敏锐洞察力、丰富经验,充分考虑党和国家教育发展的大势、高校长远发展的大局,强化风险意识,建立高校意识形态决策风险评估机制,充分考量决策的科学性、公平性、合理性,充分评估决策施行后可能引发的风险,特别是给高校师生思想意识与价值观念带来的影响及其可能引发的意识形态风险。一方面,在校内建立专门的决策风险评估小组,根据实时掌握的师生思想特点和思想动态,针对高校重大决策进行风险评估,给高校领导层的科学合理决策提供可行性参考。另一方面,聘请校外专业的专家学者做决策风险指导,跳出高校自身的视域限制,拓宽高校发

---

① 习近平.提高防控能力着力防范化解重大风险保持经济持续健康发展社会大局稳定[DB/OL].新华网.[2019-01-21].http://www.xinhuanet.com/politics/leaders/2019—01/21/c_1124021712.Htm.

展视野,提升高校重大决策的科学性、合理性、公平性和前瞻性。

第三,完善意识形态风险防控协同机制,提高意识形态风险协同监管能力。当前,主流意识形态正面传输与主导传播方式效果欠佳,特别在影响高校学生思想观念方面。因此高校意识形态建设必须坚持底线思维与逆向思维,采取对应"兜底"措施,落实党中央提出的"完善青少年理想信念教育齐抓共管机制",建立由政府到高校,由高校领导干部到各级教师、学生代表的纵向风险防控团队,再吸引由企业、社会组织、家庭组成的横向意识形态风险防控协同队伍,共同助力学生的意识形态与价值观念建设,避免高校意识形态风险。各级主管部门要成立意识形态风险防控小组,把好意识形态安全的整体方向,部署好相关重点任务。要将意识形态任务进一步落实到具体责任教师身上,配备专门的思想政治教师或辅导员,留意学生思想动态,帮助学生解决困难,并提供消解错误思想与负面情绪的出口。因此,要建立纵横两支意识形态风险防控协同队伍,增强意识形态风险协同监管能力,保证意识形态安全。

第四,完善意识形态风险防控责任机制,提升意识形态风险分责追责能力。增强高校意识形态风险防控能力,健全风险防控机制,一方面要注重"防",做好风险研判、评估与监管工作,另一方面要重视"控",细化意识形态风险防控任务,确保任务到位、责任到人,确保防控两手抓。建立高校意识形态风险防控责任机制,压实责任主体的责任落实。一方面,意识形态风险防控责任小组要尽到把握好意识形态整体方向的责任,守住意识形态安全红线;另一方面,由领导、教职工与学生代表组成的校内专业队伍要履职尽责。领导干部要在安全限度内,整理出具体任务,根据各校的实际情况,因地制宜,落实各模块具体负责人,实现分块负责、分层负责,织牢自上而下的安全责任网。要做到事后及时追责,找到安全漏洞后,及时弥补漏洞,跟进惩处措施,鞭策责任人更好地将工作落实到位,提升意识形态风险防控的成效和效率。

(三)注重内容创新,丰富主流意识形态教育内容,提升高校意识形态管理的话语权

开展主流意识形态教育是加强意识形态管理的重点任务。当今,意识形态领域斗争纷繁复杂,国家面临各方面安全威胁,种种问题都对主流意识形态教育提出了新的要求。面对形势任务新变化,积极创新主流

意识形态教育是高校应对意识形态新挑战、抵御意识形态新风险的不二选择。

第一,以马克思主义科学方法论及其最新中国化理论成果武装大学生。马克思主义及其最新中国化理论成果是党在不同历史时期进行意识形态领域斗争的关键法宝。高校要坚持用马克思主义方法论武装大学生思想,确保大学生坚定政治立场、明晰是非对错、筑牢意识形态安全防线。加强高校意识形态管理工作,要坚持以习近平新时代中国特色社会主义思想武装自身,引领学生入脑入心。社会主义高校的办学底色是马克思主义理论,高校党委必须承担起马克思主义理论学科建设的主体责任,根据高校自身的地域特点、办学特色、学生特质,建设有中国气象、中国特色的马克思主义理论学科。高校马克思主义理论学科的教师要注重科研,发表、出版高质量的研究论文和著作,为加强大学生对马克思主义中国化最新理论成果的认同提供必要的研究资料和思维方法。

第二,以社会主义核心价值观教育凝聚大学生价值共识。我国高校承担着学习宣传马克思主义、传播社会主义核心价值观、培养社会主义接班人的重任,关键在于为中华民族伟大复兴提供人才保障。根据《关于进一步加强和改进新形势下高校宣传思想工作的意见》的要求,全面审视、谋划和部署高校培育社会主义核心价值观的具体举措并切实做好践行,是高校意识形态管理工作的关键着力点。新媒体时代背景下,社会思想空前活跃,加强高校意识形态管理工作更应从深入大学生日常生活和学习交往实践,在纷繁复杂的思想背景下把准大学生的所思所想所需,充分发挥社会主义核心价值观的价值引领作用,使其丰富大学生的学习生活、引领大学生的价值塑造。

第三,以"四史"教育坚定大学生爱党爱国爱社会主义信念。"四史"教育是社会主义意识形态教育的压舱石,是助力大学生培育爱党爱国爱社会主义信念的关键载体。"欲知大道,必先为史。"党的十八大后,习总书记多次强调学习"四史"的重要性,指出历史是最好的"教科书""清醒剂"和"营养剂"。一方面,要引导大学生充分吸取历史中的"养分"。要在总结历史经验的基础上,积极传承党的优良作风,总结党拒腐防变、抵御风险的历史与能力。另一方面,要积极引导大学生旗帜鲜明反对历史虚无主义,引导大学生用辩证唯物主义和历史唯物主义的方法论来总结历史经验、把握历史规律,要警惕各种否定马克思主义指导地位、否定中国共产党领导、否定社会主义制度等历史虚无主义的思潮侵蚀，坚决抵制扭曲、篡改甚至编撰我党我国历史的情况，坚定大学生爱党爱国爱社会主义的信念。

（四）强化阵地建设，营造良好的校园舆论氛围，筑牢高校意识形态管理的主动权

教学课堂、网络平台和校园文化是高校意识形态阵地的重要组成部分，是向青年学生灌输意识形态的有效渠道，在思想传播、价值引领、人生航线校准中必不可少。为避免敌对势力占领高校意识形态阵地，我们必须主动应对、积极作为，下好"先手棋"。

第一，深化高校课堂作为主阵地的重要性。课堂阵地的管理应当从以下三个维度来考量。一是要促进思政理论课教学方法的创新。教学不仅要依据大纲全面展开，更应深入学生内心，坚持"以学生为中心"的教学理念，在课堂中要关注学生学习体验。重视案例教学，并采纳慕课等现代教学方式，确保马克思主义的理论与实践紧密结合，融入学生的日常生活。必须确保这些理论与实践的精髓深入人心，并引导学生将其融入思想和行动中。二是要积极促进"思政课程"向"课程思政"的转变。课程思政应发挥意识形态教育的作用，始终坚持马克思主义价值观，使学生在无形中接受意识形态教育。三是要加大对课堂的监管力度，坚决抵制任何包含政治错误的观点进入课堂，绝不允许课堂成为滋生错误观念的场所。

第二，强化网络舆论阵地的建设。鉴于高校意识形态领域的新问题、新情况多源于网络并因网络而加剧，我们必须深入研究网络的特点，精准研判网络形势，有效挖掘网络传播规律。应秉持积极推进、优化治理的原则，努力在网络意识形态斗争中掌握主动权，最大限度地发挥互联网作为马克思主义理论传播新渠道的作用。同时，应主动利用网络了解师生的需求和期望，及时回应他们的关切，凝聚网络空间的思想共识，共同构建线上线下和谐统一的校园环境。严格规范学校官方网络、微博、官微等网络平台，建立完善的校园网络管理体系。加强网络监管，明确网络平台的主体责任，以维护网络空间的清朗和稳定。

第三，加强配套校园文化阵地建设。校园文化建设作为高校实施隐性教育的关键途径，对社会主义精神文明建设起到了重要的推动作用，文化阵地的建设质量直接关系到意识形态管理的效果。首先，要加强硬

件设施的建设,如文化雕塑、宣传栏等,以营造积极向上的文化氛围。其次,我们应注重学生社团的建设,通过健康多样的社团活动,培育有影响力的校园文化品牌,为学生的成长提供有力支持。同时,发展以校训精神、教风学风、思想引领为核心的校园官方媒体,如校报、官微、广播站以及校官方社交媒体平台等,官媒宣传有助于优化校园人文环境,提升主流文化在校园中的影响力。还要结合学校的实际情况,提出具有本校特色的共同理想,并制定短期、中期和长期的发展目标,激发学生的爱校情感,引导他们为实现共同目标而努力。

(五)增强主流宣传和思想教育的实效性,确保高校在意识形态管理领域的实施成效

高校宣传思想工作队伍必须坚持目标导向,积极承担起维护马克思主义指导地位和党的执政地位的历史使命,全心全意投入到高校意识形态建设之中,确保职责的履行和使命的完成。

第一,打造一支坚强有力的管理队伍。党政干部和共青团干部在高校意识形态建设中扮演着至关重要的角色,他们不仅是党的路线方针政策的坚定执行者,更是维护党执政地位的中坚力量。他们的素质、作风和党性直接关系到高校意识形态建设的成效。因此,高校党政干部和共青团干部必须深刻领会习近平总书记关于意识形态工作的重要论述,充分认识新时期意识形态工作的极端重要性和现实紧迫性,以高度的责任感和担当精神将意识形态工作落到实处。面对意识形态领域的各种风险和挑战,要有敢于担当的精神,勇于迎难而上,坚决同各种错误思想进行斗争,确保高校意识形态的安全和稳定。

第二,增强自身素养,树立先进模范。教师是学校的灵魂,教师的责任和使命直接关系到学生的成长和国家的未来。在高校中,马克思主义理论课和思想政治教育课教师扮演着十分重要的角色,他们是引导学生树立正确世界观、人生观和价值观的关键者。为了确保这些课程的有效性,高校必须选拔一批业务能力优秀且具有高度责任感和使命感的教师来承担这一重任。这些任课教师需要坚定信仰马克思主义,能够熟练运用马克思主义的基本原理、立场和方法,引导学生沿着社会主义主流意识形态的方向前进。除具备丰厚的专业学识外,思政课教师还应具备独特的人格魅力。他们的价值观念、思维方式等都会对学生产生深远的影

响。因此，这些教师应以自身的崇高精神引领学生，春风化雨般地影响他们的心灵，推动主流意识形态话语权的建设。

第三，走近学生群体，担当指路人。辅导员和班主任是大学生日常生活的指导者，更是他们思想成长的引路人，也是离大学生最近的人。他们承担着为大学生提供思想引领、情感支持和人生指导的重要使命。特别是在意识形态建设方面，他们是维护高校思想稳定的骨干力量。辅导员和班主任在日常工作中，首先要加强思想引领，帮助大学生树立正确的世界观、人生观和价值观。在大学这一关键时期，要努力引导大学生坚定理想信念，提高辨别是非的能力，坚决抵制西方不良意识形态的渗透，确保大学生在思想上始终与党中央保持高度一致。其次要关注大学生的学习和成长，激励他们立志成才、报效祖国。辅导员和班主任应培养大学生良好的学习习惯，促进理论与实践相结合，鼓励他们将个人的发展与国家的需求紧密结合，为实现中华民族伟大复兴的中国梦贡献青春力量。还要注重行为督导，培养大学生求真务实、扎实苦干的精神。他们应引导大学生将社会主义核心价值观融入日常行为中，通过实际行动彰显对国家和人民的忠诚与担当。

第三节 加强高校网络意识形态管理

当今网络信息新时代背景下，大学生已经成为网络的原住民，网络已成为高校意识形态斗争的主阵地，高校网络上各种思想互相激荡，各种价值观念相互交锋。加强对高校网络意识形态的监督和管理，对于确保社会安全稳定、有序发展至关重要。

一、加强高校网络意识形态管理工作的重要性和紧迫性

随着互联网的飞速发展，大学生与网络的联系变得更加紧密，网络对大学生的生活方式、学习方式、思维方式等产生了深远影响。我们应当深刻认识到大学生在网络意识形态安全中的社会责任，积极采取有效措施确保他们的信息自由,并且充分发挥他们的积极作用。

根据第 52 次《中国互联网络发展状况统计报告》显示,截至 2023 年 6 月,我国网民规模达 10.79 亿人,较 2022 年 12 月增长 1109 万人,互联网普及率达 76.4%。当前大学生正是与互联网一起长大的"网生族",他们对互联网的依赖性更强,是使用互联网上最积极的一群人。大学生在互联网上的言行举止,直接影响到网络文化的发展。大学生正处于最美青春年华,他们面对着各种各样的学习、生活等方面的压力,缺乏社会经验,缺乏自主思考与决断的技能。互联网上的信息洪流对大学生的世界观、人生观、价值观产生了不可或缺的影响。由于互联网的开放性、多元性、互动性的特点,使得大学生能够轻松地了解不同的思想文化,从而拓宽知识视野,提高思考水平。但与此同时,互联网上所传递的信息数量庞大而复杂,泥沙俱下、良莠不齐的信息可能引起学生的情感起伏、思维混乱,阻碍正确价值观的构建。新自由主义、历史虚无主义、拜金主义、享乐主义等一些社会思想在当代大学生中的传播,对他们的思想观念产生了不同的影响,造成了一些人道德失范,出现低俗庸俗媚俗的现象,这值得我们关注和提高警惕。

大学生是国家建设的重要力量,是社会主义事业的建设者和接班人,也是西方敌对势力争夺的主要对象。在网络空间这场无硝烟的战争中,我们是否能够坚守阵地并取得胜利,将会直接影响到一个国家的政治、文化和意识形态安全。东欧剧变和苏联的解体给我们留下了一个重要的启示:必须紧紧掌握住自己的思想工作,决不能放松对思想工作的控制。在互联网飞速发展的今天,欧美发达国家利用网络加大了对我们大学生意识形态的渗透力度。邓小平曾经说过,"帝国主义搞和平演变,把希望寄托在我们以后的几代人身上。"他说,要"把共产党员教育好,把人民和青年教育好"。对此,我们必须始终保持冷静,提高警觉,坚决捍卫并巩固我国主流意识形态在网络传播中的主导地位。①

二、高校网络意识形态管理的基本逻辑

加强高校网络意识形态管理,需要全面把握网络意识形态问题及其治理的发生发展规律,着力增强社会主义意识形态的吸引力和凝聚力,

---

① 邓小平文选,第三卷[M].北京:人民出版社,1993.

不断提升网络意识形态治理的科学性和有效性。

（一）现实问题虚拟化与虚拟问题现实化的交织

网络环境下人与人虚拟化和人与物虚拟化的双重变化，造成了人在日常生活中"真实"与"虚拟"的割裂。伴随着互联网的不断发展，虚拟世界的疆域正逐步向真实社会延伸，人们在社会中所遇到的各种问题都会在虚拟世界中折射出来。而且，现实生活中人类所遇到的问题，反过来也会影响到虚拟的世界。二者之间的联系和作用体现为"真实问题虚拟化"与"虚拟问题真实化"的辩证统一。因此，这样的形势与逻辑下，形成了高校网络意识形态治理的深层规范力量。

高校网络意识形态管理中，应抓住实际问题虚拟化的逻辑，做到虚实结合，积极地探索和利用各类"虚拟"技术。依托互联网的虚拟生存、交流和信息获取模式，让大学生的学业和生活所遭遇的真实问题被重构并强化，明确反映了当下大学生群体生存发展的心理特点。由此，要正确把握"虚实"的关系，运用好"虚实"的方法，强化对大学生虚拟"生存"的价值引导，落实立德树人的根本目标，这是高校网络意识形态治理的重要任务。要做到这一点就必须对真实问题虚拟化背后的逻辑进行科学的理解，将思政教育优势与网络信息技术优势相对接，使学校思想政治工作的内容与方法变得更为直观，使大学生获得信息与资源更为高效便捷，从而增强高校网络意识形态管理的有效性。

高校网络意识形态管理要做到虚中有实、虚实结合，把握虚拟问题真实化的逻辑，使其与真实世界的联系更加紧密。在互联网环境下，数字化、符号化和标签化的生存交流模式，使学生在网络世界中获得了在现实中无法达到的认同与满足感，实现现实生活中难以达到的目标。但是，如果不能正确理解并妥善对待"虚"和"实"的关系，将会造成"虚拟经验"与"真实存在"失衡，并由此引起一系列的"价值偏差"。所以强化高校网络意识形态管理，不仅要关注虚拟环境，更要关注真实的社会环境，要通过开展思想教育、心理疏导和网上教育等多种形式的教育，对大学生进行思想教育、心理疏导，并开展实际活动，引导学生树立正确的价值观念。

（二）互联网技术与意识形态的矛盾统一

现如今，信息技术逻辑与意识形态逻辑相互交融、互相作用。首先，现代科技的进步为意识形态的传播提供了更多元的方式、更先进的手段和更加广阔的领域，从而为社会主流意识形态的稳固提供了坚实的技术基础。其次，科技的普及也对国家安全、社会治理，以及人的全面发展产生了深远的影响，社会意识形态正在科技变革中扮演着重要的角色，它影响着科技发展的社会舆论环境以及变革的方向。为了全面理解技术与意识形态之间的相互作用，我们必须认识到它们之间的相互关系，既不应因技术的便利而忽视其价值规范，也不应因意识形态的特殊性而排斥技术带来的优势。

高校应增加在网络意识形态管理中的科技投入，有效地把握技术逻辑。这就要求我们全面理解技术对意识形态治理的正反两方面影响，巧妙地将技术应用于网络意识形态治理中。通过利用人工智能、大数据等尖端技术，我们可以深入挖掘学生在网络环境中的行为数据，精准描绘他们的思想动态和价值取向。这些举措不仅能够为学生提供个性化的信息供给，还可以有针对性地强化主流意识形态的影响力，从而增强学生对主流思想的认同。这种做法不仅可以提升网络意识形态治理的科学性，也增强了其精准性。对于高校网络意识形态管理而言，把握意识形态逻辑的核心在于确保社会主义意识形态在技术发展中占据主导地位。这就意味着始终要以马克思主义为指导思想，以学生的全面发展为目标，将技术视作实现这一目标的工具。培养有理想、有道德、有文化、有纪律的新一代，为他们提供坚实的思想理论基础，是我们高校立德树人的目标。因此，高校应积极推动网络意识形态管理技术创新，同时保持理性和审慎，避免过度依赖技术，防止陷入技术崇拜的误区。只有这样，我们才能实现高校网络意识形态管理的智能化与科学化的和谐统一。

（三）互联网影响下的高校网络意识形态治理新逻辑

在现代社会虚拟与现实矛盾统一的背景下，高校网络意识形态也出现了前所未有的新逻辑。近年来，互联网已经变成高校教育教学、教育传授、学生训练、科学探索、社会贡献及传统文化继承等多方面职能有效施展的关键动力,这种模式的影响激发了大学的教学模式、管理系统等方面经历深远的变革。这样的全范围赋力及深刻转型彼此交融、互相作用,共同铸就了大学网络意识形态管控的根本逻辑。

要理解全局赋能的逻辑,关键在于突出高校网络意识形态管理的系统性和全局性。我们必须加强战略性、整体性和全局性的研究,以网络平台的交互性为基础,强化对策略性、全盘性以及整体性的深入分析,在互联网的支撑下,搭建起一个涵盖教育、管理、服务和网络安全等多方位的智慧型网络平台,进而能够实现大学网络思想政治导向管理机制的全面优化。进一步地基于内容、本质、特征与功用等原因,对大学网络意识形态领域内的问题进行有序分类,定位主要难点,制定针对性方略,精准高效地处理不同层级、关键难点和重点问题的网络思想政治安全威胁与挑战,使网络意识形态管理更趋专业与易于实施。对于深层次变革的逻辑,我们需要强化高校网络意识形态管理的精准性和针对性。这要求我们在全局上做好科学统筹,在关键点上确保落实。我们要聚焦重点领域,突出关键问题,特别是在高校学生价值观迷茫、意识形态偏差等方面,加大力度、加快进度、拓展深度,解决淤点堵点,以实现高校网络意识形态治理举措的系统集成和协同高效。同时,我们还应以思想政治教育为抓手,深入研究高校课堂教学、实践教学和校园文化活动,以更加积极有效的方式应对不稳定和不确定因素,推动高校网络意识形态治理体系的形成和发展。

三、加强高校网络意识形态管理的实践路径

(一)完善网络意识形态标准化管理顶层规划

高校在当前的现实条件下,科学合理的顶层设计是网络意识形态管理的基石和关键保障,构建一套完善且科学的指导体系则显得至关重要。首先,理念创新是推动高校网络意识形态管理适应时代发展的重要驱动力。这要求高校在管理过程中树立"共担、共治、共享"的核心理念,促进各方协同合作,共同参与治理过程,并实现发展成果的开放共享,从而为规范指导体系的建设提供有力支撑。其次,要加强目标整合。定位目标是高校网络意识形态管理的直接体现。我们应以"巩固马克思主义在意识形态领域的指导地位,筑牢全党全国人民团结奋斗的思想基础"为行动指南,以"掌握高校意识形态工作的领导权、管理权、话语权"为核心任务,以"防范和化解高校网络意识形态领域风险"为关键举措,以"网络安全保障有力、网络攻防实力均衡"为工作重点,构建全面而协调的目标体系,发挥目标的整合和引领作用。最后,要明确任务框架。我们要围绕"树立网络安全观念、加强基础设施防护、感知网络安全态势、提升安全防御能力"等核心任务,构建清晰明确的任务体系,并对任务的完成情况进行科学有效的评估和划分,以确保高校网络意识形态规范指导体系更加高效、科学。通过这些措施的实施,为高校网络意识形态管理提供坚实的理论和实践支持。

(二)健全高校网络意识形态管理风险防控机制

高校网络意识形态风险防控是建立健全科学合理的管理体系的迫切要求。随着信息技术的迅猛发展,网络世界汇聚了海量信息,其中意识形态安全风险潜藏在其中。网络意识形态风险防控,要确保精准研判、科学管控和快速响应,这是构建高效网络意识形态管理体系的当务之急。因此,我们必须强化精准监控和动态调试,以提升风险防控的针对性和实效性。

首先,应建立高效的安全监测体系。高校需要增强精准监控和动态调试的能力,提升高校网络意识形态风险防控的针对性和实效性。借助大数据、云计算和智能识别等先进技术,构建全天候、全方位、全角度的网络安全态势感知监测系统,实现对风险的高效识别和快速应对。其次,要加强风险预警机制。一个系统而高效的安全监测体系是优化风险管控体系的基础。应根据风险的性质、概率和影响,对高校网络意识形态安全风险进行分类评估,建立全息化、智能化的风险评估预警模型,确保风险等级的专业化,运用大数据、云计算、智能识别等先进技术,建立全面、实时、深入的网络安全态势感知监测系统,以提升风险管控体系的运行效率,确保网络安全态势尽在掌握。

信息共享也是提升风险防控能力的关键。根据风险的性质、概率和影响等因素,对高校网络意识形态安全风险进行分类和定级。各高校、学院和部门在构建风险管控体系时,应加强交流合作,相互分享和交流优秀管理经验。基于安全监测和风险预警结果,构建跨院校、跨部门、跨层级、跨地域的网络意识形态安全信息共享平台,实现信息的顺畅流通和高效利用。信息的开放协作和有效共享对于风险防控至关重要。

同时,还应防患于未然,提前制定应急预案,确保在出现问题时能够迅速作出反馈和协调,保障高校网络意识形态治理体系的稳定运行。各高校、学院和部门在构建风险管控体系的过程中,应相互借鉴、交流经验,共同加强网络意识形态治理体系的建设。同时,要制订和完善应急预案,确保在任何环节出现问题时都能得到及时有效地反馈和协调,保障高校网络意识形态治理体系的稳定运行。

(三)提升高校网络意识形态管理综合应对策略

在高效管控风险和规范引导的基础上,必须坚持大局思维、战略高度和精准防控,以强化综合应对为手段,推动高校网络意识形态管理向系统化、常态化、一体化发展。运用大数据等先进技术,加强防御应对。根据不同领域、层次和阶段,深入研究日常网络信息的传播特点,构建常态化的防御体系。还应做好随时同网络安全博弈对抗的准备,紧密关注国家网络安全博弈态势,针对涉及国家政治安全、社会核心价值和高校发展方向的重大意识形态问题,以话语权和技术博弈为基础,构建坚实、精准、高效的博弈对抗体系,以防范系统性风险和危机。加强舆论引导。在全媒体背景下,高校应把握网络舆论生态的变革趋势,强化主流网络平台建设,优化网络生态治理,提升网络引领能力。通过平台搭建、内容建设和话语创新,满足师生的网络需求,积极回应社会大众的网络诉求和思想困惑,从而构建健康、和谐的网络环境。

(四)夯实高校网络意识形态管理支撑保障体系

随着互联网的持续演进,虚拟世界的边界正不断向真实社会渗透,社会中的各种矛盾和问题在虚拟世界中都有所反映。同时,虚拟世界中的问题也会反作用于现实世界,形成了"真实问题虚拟化"与"虚拟问题真实化"的辩证关系。这种形势下,高校网络意识形态治理显得尤为重要,它成为一种深层次的规范力量。

高校在管理网络意识形态时,需要深入理解实际问题的虚拟化本质,实现虚拟与现实的有机结合,积极探索并应用各类"虚拟"技术。借助互联网的虚拟模式,重新构建并强化大学生在学业和生活中遇到的真实问题,从而真实反映当代大学生的心理特点和生存发展状况。因此,正确把握"虚实"关系,运用好"虚实"方法,引导大学生形成正确的价值观,是高校网络意识形态治理的核心任务。为了实现这一目标,我们必须深入理解真实问题虚拟化背后的成因,将思想政治教育的优势与网络信息技术的优势相结合,使学校思想政治工作更加直观、高效和便捷,从而增强高校网络意识形态管理的有效性。同时,高校网络意识形态管理还应把握虚拟问题真实化的逻辑,使虚拟世界与现实世界更加紧密地联系在一起。

第十一章

高校绩效管理

随着高校"双一流"建设的持续推进和提质增效意识的增强,高等教育以提高质量为核心的内涵式发展已成为当前高等教育发展的生命线。在这种情况下,传统的经验管理模式已不能适应高等学校发展的需求,有很多高校的行政体制跟不上改革的脚步,显得滞后和被动,存在人员膨胀、机构臃肿、权责不明、行政效率低下等"帕金森现象",因此,必须建立以绩效为核心的高等教育管理新模式。《国家中长期教育改革和发展规划纲要(2010—2020年)》指出,高校应"改进管理模式,引入竞争机制,实行绩效评估,进行动态管理",强调高校要完善目标管理和绩效管理机制。显然,高校实施绩效管理不仅是高等教育事业发展的应然追求,也是国家政策对高校发展的实然要求。推行绩效管理是转变高校行政管理方式,提高管理水平及效率,推进管理体制改革的有效途径和必由之路。

第一节 高校绩效管理概述

党的十八大以来,我国高等教育规模不断扩大,建成了世界最大规模的高等教育体系。同时高校资源的有限性也日益凸显,在高等教育规模不断扩大的同时,竞争也在加剧,高校开始注重内涵式发展,加强精细化管理,进行高校绩效管理。

一、高校绩效管理的概念

（一）企业绩效管理的含义

绩效管理是对绩效实现过程各要素的管理,是基于组织战略基础之上的一种管理活动。从20世纪20年代起,绩效管理就开始被运用于企业的人力资源管理中,发展到70年代后形成体系,对象管理也从单一的员工管理扩展为组织、团队、员工三个层次的管理。实践证明,实施绩效管理是提高绩效的有效途径。20世纪70年代末以来,随着英、美等发达国家"新公共管理"运动的兴起,倡导将私人部门的管理思想和方法手段应用到公共和非营利部门,已经成为一种趋势,也成为"新公共管理"改革的突出特点。

绩效管理（Performance Management, PM）,是一种通过开发组织和个人的潜能,从而提高其绩效,使组织实现自身战略目标,并不断取得成功的管理思想和具有战略意义的管理方法。从绩效管理的本质含义出发,绩效管理可以定义为,为了达到组织的目标,通过持续开放的沟通,推动团队和个人有利于达成的行为,形成组织所期望的利益和产出的过程。即通过持续的沟通与规范化的管理不断提高员工和组织的绩效,并提高员工能力和素质的过程。可以看出绩效管理是一个过程,持续开放的沟通在其中扮演着重要角色,通过强化有利于组织目标达成的行为,来达到组织所期望的利益和产出。

（二）高校绩效管理的内涵

目前,国内外对高校绩效管理的认识主要有以下三种说法：第一种为"效率论",强调高校绩效管理的主要任务就是提高管理效率,最终目标是效率最大化；第二种为"过程论",强调过程管理的重要性,认为管理过程中最重要的是个人与组织、团体之间的协调发展；第三种为"功能论",主要关注为谁服务的问题,认为高校绩效管理应该与高校发展战略和发展目标相结合,为促进高校发展、提高办学效益服务。普遍认为,

第十一章
高校绩效管理

高校绩效管理是指高校管理者和员工在确定目标与实现组织战略目标所达成统一共识的过程,是由制定绩效计划、实施绩效沟通监控、参与绩效评价反馈等环节构成的科学体系,通过循环往复达到最终实现组织战略目标的目的。高等学校作为高等教育的承载体,承担着人才培养、科学研究、服务社会这三项公认的重要职能。其中人才培养是高校最基础最核心的任务,科学研究和服务社会是学校的战略任务,学校内的各职能部门和学科团队是最基本的核心和战略任务单位,所有基本单位绩效目标的实现,是学校核心战略目标实现的保证,因此,如何构建高效创新团队以及提升相应的绩效成为高校绩效管理的关键。

高校绩效按不同的标准可以分为不同的类型。以绩效生成为标准进行划分,高校绩效主要包括投入绩效、过程绩效及产出绩效。投入绩效侧重于比较实际的资源输入与目标规定的资源输入,进而显示资源节约的情况;过程绩效侧重于考查资源的使用效率,通过比较实际输入与产出提升高校的运行绩效;产出绩效侧重于衡量高校产出是否达到利益相关方的预期效果。以绩效表现形式为标准进行划分,高校绩效主要包括成果绩效、声望绩效及不确定性绩效。成果绩效侧重于借助成果表现高校产出;声望绩效是指高校所获成果带来的声望,属于附带性产出;不确定性绩效是指高校教育活动所产生的超出预期的结果。以绩效表现形态为标准进行划分,高校绩效主要包括显性绩效与隐性绩效。显露于外且可以观测的绩效为显性绩效;不能外显且难于观测的绩效为隐性绩效。以绩效表现时间为标准进行划分,高校绩效主要包括短期绩效、中期绩效及长期绩效。资源投入当时或短时间内表现出来的绩效为短期绩效;资源投入一段时间后才表现出来的绩效为中期绩效;过了很长时间后,高校某一产出才对个人乃至社会产生影响,为长期绩效。高等教育成效滞后性明显,因此高校绩效评价还需注重考量中长期绩效。

绩效,是效率(efficiency)和效能(effectiveness)的总和,其中效率就是投入与产出的比率,效能则是将实际成果与原定的预期目标进行比较。前者适用于能够将投入和产出量化的场合,后者则适用于那些收益无法量化的场合。具体来说,高校部门的绩效概念涉及三方面内容。[①]

第一,办学成本。办学成本是办学活动中消耗的人力、物力、财力、

---

① 夏书章.行政管理学[M].广州:中山大学出版社,2018:367-368.

信息、空间、时间、权威、信誉等各种有形与无形资源的总称。与其他很多资源一样,高校的资源也是稀缺的。因此,高校的绩效一定会受到成本的限定和约束。办学成本包括有效成本和无效成本。

(1)有效成本。有效成本在办学过程中能够转变为绩效。具体而言,它有量化成本和非量化成本两种形式,如工作人员的工资、办公物品的折旧消耗费用、调研和决策执行费用等,都是以货币计量的有效成本;而高校在各项决策中必须承担的风险,是无法以货币计量的有效成本。

(2)无效成本。如高校难以杜绝的铺张浪费等无益于提高绩效的支出就是一种无效成本。

第二,办学产出。高校的办学产出是指办学活动所形成的直接结果,它可能是有形的,如高校修建实训楼、实施人才工程;也可能是无形的,如大学生思想政治教育、心理健康教育。与企业的产出相比,高校的产出经常是无形的,这是高校绩效难以精确测量的重要原因。

第三,办学效果。高校办学的效果是指高校的直接产出对社会所产生的最终影响。如高校培养的人才,为社会所作出的贡献,通过科技成果转化为企业带来的经济效益都是高校办学的效果。

办学效果可以分成不同的类型:根据时间跨度,可以将其分为短期效果、中期效果和远期效果;根据内容和范围,可以将其分为经济效果、政治效果和社会效果;根据作用的方向,可以将其分为正面效果和负面效果;根据可识别程度,可以将其分为显性效果和隐性效果。

(三)高校绩效管理的功能

绩效管理是一个完整的系统,具有完备的流程,包括绩效计划、绩效实施、绩效考核、绩效反馈与改进这四个最基本的功能活动,如图11-1所示。

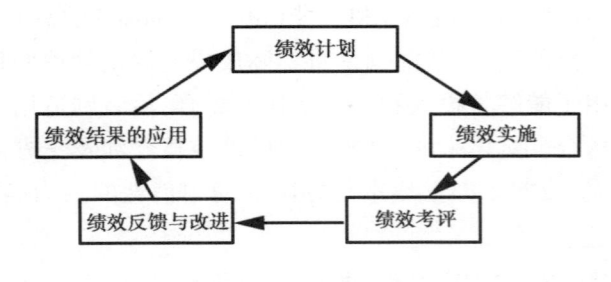

图 11-1 绩效管理流程图

第一，绩效计划。绩效计划是一个将个人目标、部门或团队目标与高校目标结合起来的目标确定过程，是绩效管理的起点。

第二，绩效实施。制定了绩效计划之后，高校教职员工就开始按照计划开展工作，即绩效实施。在工作的过程中，管理者要对教职员工的工作进行指导和监督，对发现的问题予以解决，并随时根据实际情况对绩效计划进行调整。

第三，绩效考核。绩效考核是根据事先确定的绩效指标，对管理过程中投入、产出、中期成果和最终成果所反映的绩效进行评定和划分等级。绩效考核包括组织绩效考核和个人绩效考核。对高校行政管理而言，组织绩效考核往往具有最重要的地位。高校教职员工个人绩效考核结果，是个人工资调整、奖惩和晋升的主要依据。

第四，绩效反馈与改进。绩效考核结果要通过反馈，让被考核者了解自己的绩效状况，才能将管理者的期望传达给员工，然后针对存在的问题制定合理的绩效改进方案并付诸实施。在绩效改进过程中，可以通过培训提高管理者和员工的自身能力。对整个组织而言，绩效反馈能更清楚地反映哪个部门或哪一要素出现了问题，并进行针对性改进。

总体而言，高校绩效管理是由收集绩效信息、确定绩效目标、设计考核指标、进行绩效考核、根据考核结果改进等流程构成的行为体系，它既包括对高校绩效创造过程的管理，也包括对高校绩效结果的评估；既包括对教职员工个人的考核，也包括对部门组织绩效的考核。绩效管理活动围绕这几个方面展开，是一个不断循环改进的过程，是持续提高高校绩效、不断促进管理创新的动因，通过它们使组织绩效能够得到持续提高。

二、高校绩效管理的意义

随着高校"双一流"建设的持续推进，高校行政管理工作也逐渐成为战略目标的重要一环。为了能够进一步强化自身竞争优势，从而在激烈的竞争中抢得先机，各高校必须进一步加强绩效管理，以提高广大教职员工的积极性和素质水平，增强综合实力。因此，在新的历史时期，进一步加强高校绩效管理，具有特别重要的意义。

第一，加强绩效管理是落实高校发展战略的重要基础。绩效管理在整个组织战略实现过程中具有举足轻重的地位和作用，它是以组织战略为导向，综合管理组织、团队和员工绩效的过程，通过在绩效管理过程中将员工的工作目标与组织目标进行整合，可防止出现组织战略被稀释的现象，从而为组织战略的实现奠定基础。高校要实现既定的发展战略目标，必须实行高效率的绩效管理，通过将高校的战略目标层层分解形成每个岗位的绩效目标，然后再激发每个教职员工的积极性和创造性，引导其为实现自身绩效目标而不懈努力，从而在实现各细分目标的基础上实现全校的战略目标。实际上，绩效管理涵盖了高校整合自身资源实现既定战略目标的所有管理过程，它是高校实现自身发展战略的重要基础。

第二，加强绩效管理是提升教职员工综合素质的基本手段。教职员工是高校立德树人根本使命的直接承载者，其综合素质水平直接决定着高校发展的成败兴衰。由于绩效管理具有显著的引导和激励功能，因而加强绩效管理普遍被高校当作全面提升教职员工综合素质的基本手段。一方面，通过加强绩效管理，围绕高校发展战略目标制定科学的绩效考评体系，可以清晰地对各类人员作出分类评价，再配合"能者上、庸者下"的用人机制，将会从外延层面大幅提升高校教职员工的综合素质；另一方面，绩效管理具有明确的目标指向，可以为教职员工明确自身努力方向，引导其紧扣高校发展战略需要而有针对性地强化自身素质，从而通过个体的素质优化带动整个教职员工队伍的素质提升。可见，绩效管理在促进教职员工综合素质提升方面具有独到功效。

第三，加强绩效管理是改善高校绩效水平的有效方式。绩效管理作为一种直接以改善绩效水平为目标的管理过程，在改善高校绩效水平方面发挥着独特功效。一是绩效管理具有明确的目标导向，将整个高校的战略目标分解到具体的部门和岗位，从而将所有教职员工凝聚成一股合力，共同指向既定目标，改善高校整体绩效水平。二是绩效管理具有科学的绩效体系，针对每个教职员工都制定了相应的绩效标准和要求，并且将绩效完成情况直接与个人薪酬和升迁挂钩，从而产生明显的激励约束效应，激发教职员工的积极性，在提高个体绩效水平的基础上提高高校整体的绩效水平。三是绩效管理不仅仅是一种结果管理，更是一种过程管理，通过对绩效实现过程的实时管理和控制，确保实现既定目标，从而提升高校绩效水平。例如，通过绩效沟通及时发现教职员工在工作中存在的问题，给教职员工提供及时必要的工作指导和资源支持，教职员工则通过工作态度以及工作方法的改进，保证绩效目标的实现。

第四，加强绩效管理是增强高校综合竞争力的重要路径。高校之间竞争的关键是综合竞争力。高校综合竞争力源于科研实力、教学实力、人才实力、管理实力等多个层面，而绩效管理凭借自身强大的功能优势在提升高校综合竞争力方面具有举足轻重的作用。如前所述，通过加强绩效管理，提升教职员工队伍的综合素质水平，提高高校的绩效水平，显然都有助于提升高校的综合竞争力。绩效管理是一种结果与过程并重的管理，通过加强绩效管理可以及时发现并解决绩效实现过程中存在的问题，提高高校的管理水平，增强高校在管理层面的竞争力。绩效管理过程对制度的依赖性很强，在加强绩效管理过程中制度建设会不断完善、制度效果会不断改善，从而增强高校在制度层面的竞争力。另外，绩效管理对于提升高校的软实力也有重要的促进作用。例如，被誉为大学综合竞争力核心的大学精神，其培育养成、宣传推广、内化践行都离不开绩效管理的支撑。

三、高校绩效管理的特征

高校绩效管理由于价值取向的不同而具有自己的特征，具有学术性、人本性、复杂性和效能性的本质特征。

第一，学术性。高校是一个学术组织，高校绩效管理具有典型的学术性。首先，高校绩效管理必须符合大学学术权力本位治理结构的机制原则。大学本质上是围绕学科和行政单位组织的矩阵组织。作为从事专门知识加工和传播的高校，学科知识是组织形式，是大学结构的基础，是学科而不是行政单位把学者组织在一起。因此，高校核心竞争力提升的关键是建立学术权力本位的高校治理结构，通过强化学术委员会对教学、科研等学术事务的决策权，规范高校权力的运行机制。其次，要强化高校管理部门的服务意识，树立行政权力服从学术权力的理念。大学需要管理，但其管理具有特殊性，大学的管理是以学术为中心的管理，必须以促进学术发展为圭臬，行政管理应服务于学术组织。因此，加大高校行政组织改革力度、强化高校行政组织服务功能，是体现高校绩效管理学术性的关键。最后，绩效管理要尊重学术运行的逻辑。学术讲求真而非假、讲求实而非虚、讲求新而非旧、讲求慢而非快，因此，高校管理者不应为了短时效益而追求短平快的管理方式，要有远见卓识，对真正是科学前沿、确有研究必要的问题予以大力支持，支持学术人发扬"板凳敢坐十年冷,文章不说半句空"的精神,打造"十年磨一剑"的学术精品,真正捍卫学术人的尊严。

第二,人本性。高校是一个人群的集合体,提高人的工作积极性和工作满意度,方能实现高校绩效的高效率、高效益、高效能。首先,在绩效管理中要尊重人的主体性,通过制度安排体现人的价值和尊严。高校绩效管理需要一系列规章制度,但高校绩效管理制度必须尊重教师的主体性,彰显教师的主体地位,体现教授治学的精神实质,给予教授实质意义上的决策权,实现真正意义上的"教授治学"。其次,在绩效管理中要坚持尊重教职员工的原则。充分体现利益相关者的话语权,不能由行政管理部门简单地"闭门造车"。高校教师是高校绩效管理中最重要、最基本的利益相关者。只要存在相应的制度安排,利益相关者的权利都会直接或间接地对学校权力构成制约。如果制度安排是有效的,则利益相关者的权利将会正面促进大学的稳定和发展;反之,即使是潜在的利益相关者也可能对学校构成威胁,妨碍学校目标的实现。因此,必须强化教职员工的权利意识、责任意识,形成有效的大学治理机制,实现大学与教职员工的共同治理制度。

第三,复杂性。高校绩效管理是一个涉及多层面、多内容、不同部门的复杂系统体系,需要不同部门的紧密配合。首先,绩效管理要体现多部门的联合性。高等学校有多个职能部门,不同职能部门的职责有很大的不同,但相互之间又存在着密切的关联,尤其是涉及绩效管理方面更是如此。比如在评价教师的绩效中,人才培养、科学研究、社会服务是最基本的三个层面,而在这三个层面上,人才培养包括本科生、研究生培养,会涉及专业设置、课程管理、教材建设、团队建设等多个方面,同时每个方面又由多个指标构成。显然,多个层面、多个方面的内容又与学校的多个职能部门有着紧密联系。因此,高校绩效管理要秉持多部门和谐共进的办事原则。其次,高校绩效管理要体现时代性。在高校绩效管理过程中,多种因素缠绕在一起,处于不断变化中,绩效也会不断发生变化。因此,绩效管理要与时俱进,体现富有创新意义的时代性。再次,高校绩效管理要体现多因性。多因性是指高校教职员工绩效的高低受技能、激励、机会、环境等诸多因素的影响。因此在绩效管理中不能盲目地"一刀切",在相对科学统一的标准基础上要因人而异,体现差异性,对不同学科、不同群体采取不同的绩效管理模式。最后,高校绩效管理要体现多维性。高校绩效管理要从多个不同的方面对高校绩效进行考评分析,不仅要考虑工作行为,还要考虑工作结果,根据不同指标,从多个角度、各个层面进行综合性的评价。

第四,效能性。管理效能是衡量管理工作结果的尺度,是管理系统的整体反映。追求效能的不断提高,是管理活动的中心和一切管理工作的出发点。管理效能是效率、效益与效果的三维统一。一般来讲,管理效率是指管理活动产出与所使用成本间的关系;管理效果是指由管理行为产生的有效的结果与成果;管理效益是管理活动所起的积极作用或产生的有益效果;管理效能是管理部门在实现管理目标过程中所显示的能力和所获得的管理效率、效果、效益的综合反映。在高校绩效管理过程中,如果只追求效率,就会产生为了功利目的而出现学术失范行为;如果只追求效益,就可能会产生时间管理方面的混乱,导致低效率,从而使管理目标的实现遥遥无期,也使高校的基本目标和期望目标成为假设,不利于人才的可持续发展;如果只追求效果,就会忽视投入和过程,出现投机取巧的事件,致使不公平事件发生,进而导致生存环境的恶化。显然,作为管理永恒主题的绩效,既不能简单地用效率、效果指标来衡量,也不能单一地用效益来评判,而必须用统摄性更强的效能来审视管理绩效。因此,高校绩效管理的效能是管理活动达到预期结果或影响的程度,是效率、效益、效果的三位一体,也就是将实际达成与原定的预期水准相比较,以了解管理活动是否产生所期望的结果或影响。效能所涉及的含义并非管理活动是否按原计划执行,而是管理活动执行后是否对环境产生期望的结果或影响。

第二节 高校的绩效计划与实施

一、高校绩效管理的价值标准

高校绩效管理是一个系统的体系,绩效管理过程涵盖大学的方方面面,渗透于大学管理的各个环节。然而,高校绩效管理与企业绩效管理存在着本质区别。基于公益性的要求,高校绩效管理必须坚持以下几方面的价值取向。

第一，坚持学术本位的价值取向。大学本质上是一个关于知识的特殊学术机构，其基本使命就是：管理知识、传播知识、运用知识、创造知识。我国大学最基本的功能是培养担当民族复兴大任的时代新人，实现这一切的关键是拥有一支高素质的教师队伍。因此，必须坚持学术本位的价值取向，强化行政为学术服务的理念。大学需要管理，但其管理具有特殊性，根本上是以学术为中心的管理，其目的是促进学术的发展。学术管理的基础是学术思想的自由和探索的自由，发挥学术权力的主导作用，贯彻学术自由、民主管理的原则，营造一种民主的宽松的学术氛围，为科学创造提供良好的学术环境。因此，必须强化高校行政组织服务功能，保障学术相对独立地行使职权。

第二，坚持教学科研并重的价值取向。人才培养是高校的核心工作，高校存在的最基本价值就在于围绕人才培养来实现知识财富的创新与发展。在担负这一使命的过程中，教学侧重于言传，科研侧重于身教，两者不是对立的，而是相辅相成的。教学和科研如能发挥各自优势、协同育人，就能更好地培养一流人才、成就卓越教师。因此，在高校绩效管理过程中如何处理教学与科研的关系就显得十分重要，既不能一味地追求教学而忽视科研，因为这样的教学本身就是缺乏创新的，教师也就变成了为了教学而教学的"教书匠"；也不能强调科研而忽视教学，因为这样的研究本身就缺乏"活水源头"，是没有生命力地制造学术的伪科研；而是要以科研促进教学质量的进一步提升，以教学深化科研水平。在高校绩效管理中，我们应该大力推进科研与教学的融合，使科研在人才培养中充分发挥作用。

第三，坚持以公平促效率的价值取向。公平与效率是人类社会永恒的理念。高校绩效管理既要受公平原则的指导，也要考虑到效率原则的影响，只有这样，才能真正实现高等教育事业的可持续发展。但事实上，高校绩效管理长期以来受"效率优先"思维模式的影响，绩效考评中更多地强调成果、专利、项目等可以彰显学校核心竞争力的显性内容，对不同学科、不同专业的差异性却没有给予足够的考量，其结果是几乎所有的教师都在为评职称、拿项目、发论文、出专著等功利目标乐此不疲，而周期长、难度大、不易短期见效的研究却无人问津。这种情况的产生虽然有社会大环境的影响，但更重要的是与高校绩效管理过程中效率优先的思想有着直接的关联。因此，高校绩效管理要创造公平的制度环境，建立高效率、分层次和多样化的高校绩效评估指标体系，促进高校绩效管理过程中公平与效率的"双赢"。

第四,坚持以规范促发展的价值取向。在高校绩效管理过程中必须坚持以规范促发展的价值取向,规范是前提,发展是永恒目标,高校绩效管理的终极目标是为了培养具有创新精神和实践能力的高级专门人才,从而实现高校的可持续发展。同时,在发展的过程中,也要通过基本的制度建设和运行规则来保障高校的健康发展。一方面,从高校绩效管理的规范来讲,高校出台内部规章制度来规范高校的发展,首要的前提是要保障规章与规则的合法性与合理性,保障师生员工的正当权益。另一方面,从高校绩效管理的发展来讲,高校绩效管理发展的终极价值关怀在于提高质量、内涵发展、育人为本、立德树人。因此,高校要树立质量意识,把人才培养质量放在发展的首要位置;要保障人的主体地位,提高人的能动性与积极性;要立足新发展阶段、贯彻新发展理念、构建新发展格局,促进高校高质量发展,最终实现高校绩效管理中以规范促发展的价值取向。

二、高校绩效计划

绩效计划是一个将个人目标、部门或团队目标与组织目标结合起来的目标确定过程。作为绩效管理的第一个环节,绩效计划是否合理,直接关系着后续工作能否正常开展,影响整个绩效管理的效果。绩效计划是一种预先控制手段,通过有效的绩效计划能够加强对绩效管理过程的控制,对绩效管理过程顺利进行意义重大。

高校绩效管理是以服务高校战略目标为前提的,绩效计划制定者要明确高校的战略目标。在此基础上,通过层层分解,制定出一个严谨的高校绩效管理目标体系。高校绩效计划主要围绕以下几个方面进行。

第一,确定学校的战略目标。绩效管理过程通常从计划与设定目标开始。绩效目标是以某时间为进程阶段的、由上级考评者与被考评者共同制定的、上下得到一致认可的管理活动的结果。经过充分的准备并在考评者和被考评者之间进行了充分的沟通、得到双方认可的绩效计划,将是高校教职员工在绩效周期内的工作指南和管理者进行工作监督、检查和考评的重要依据。因此,在制定绩效计划前必须充分考虑民意,杜绝主观性、随意性。

第二,将战略目标分解为具体的任务或目标。分解战略目标,首先要对工作标准进行明确的定义。工作标准必须符合高校的战略目标并且具有可测量性,使将来的绩效考核可以根据具体的标准来评价工作完成的好坏。这些工作标准应该是在对各个岗位进行相应的职位分析、工作分析、人员资格条件分析的基础上制定出来的,它反映了岗位的职责和特征。只有在明确了工作标准的基础上,才能制定出具体的岗位目标并加以落实。

第三,绩效计划中的沟通和参与。不同于领导者单方面布置任务、教职员工单纯接受要求的传统管理活动,绩效计划是一个双向沟通的过程,领导者和教职员工的共同投入和协作是绩效管理的基础。

绩效计划必须清楚地说明期望教职员工达到的结果以及为达到该结果所期望教职员工表现出来的行为和技能。通常,高校组织人事部门对制定绩效计划负有主要责任,各职能部门的领导也应积极参与其中。最重要的是让高校教职员工也参与绩效计划的制定,那样他们会更容易接受绩效计划并在深刻理解计划的基础上全力配合,有利于绩效管理工作的顺利开展。只有在全面了解教职员工的知识、能力、素质和技能后,制定的工作计划才会与个人的胜任特征相匹配,使绩效计划既有一定的可行性,又有一定的挑战性。

三、高校绩效实施与过程管理

在绩效管理过程中,决定绩效管理方法有效与否的关键就是处于计划与考核之间的绩效实施与过程管理。确定了绩效计划之后,高校行政管理工作就应该按照绩效计划开展起来。在工作的过程中,学校要对各项工作进行指导和监督,对发现的问题及时和相关人员进行沟通并予以解决,并对绩效目标进行适当调整。绩效实施与管理过程中主要需要做两件事情:一是上下级在共同工作的过程中分享各类与绩效有关的信息,即持续的绩效沟通;二是收集被考评者有关工作绩效的数据资料,为绩效考核与评价提供事实依据。在实践中,有些高校领导层同基层人员沟通不够,未向被考评者说明考核的目的以及具体的实施办法,导致有些人员在心理上对考核产生疑问,对绩效工作不支持、不配合,少数人员甚至抵制绩效管理,不愿接受考核,因为他们担心对自己不利的考核结果会影响自己的形象和工作前程。高校最容易犯的错误之一是在制定了一个好的绩效计划之后,就等着年底的绩效考核,这也是高校绩效管理薄弱的地方。

第一,持续的绩效沟通。绩效沟通是一个管理主体与考核对象追踪绩效进展情况、找到影响绩效提升的原因的过程。在绩效管理实施过程中,考评者和被考评者之间要进行持续的绩效沟通,即分享各类与绩效有关的信息。这些信息包括:有关工作进展情况、有关员工工作中的潜在障碍和问题、各种可能的解决措施以及管理者如何才能帮助员工等。绩效管理系统中,绩效计划是动态的,需要随时通过持续的绩效沟通来发现不合理和过时之处并及时调整。持续的绩效沟通可以使一个绩效周期内的每一个人,无论是领导者或是教职员工,都可以随时获得有关改善工作的信息,并就随时出现的变化情况达成新的承诺,从而确保绩效计划的顺利实现。有效的绩效沟通还需要选择正确的沟通方式,并根据实际情况采用恰当的沟通技巧进行沟通,不仅要重视正式的绩效沟通,同时也要重视非正式的绩效沟通。

第二,绩效信息的收集和分析。绩效信息的收集和分析是指系统地收集有关教职员工、工作活动和组织等方面的绩效信息并对此进行科学分析。所有的决策都需要信息,绩效管理也不例外。没有充足有效的信息,就无法掌握教职员工的工作进度和所遇到的问题,也无法对教职员工的工作结果进行评价并提供反馈;没有准确及时的信息,就无法使整个绩效管理循环不断地进行下去并对组织产生良好影响。绩效信息的收集过程不像其他过程一样有时间上的顺承关系,而是贯穿整个绩效管理期间,渗透于绩效管理过程的每个环节。收集绩效信息的主要目的是为绩效考核、绩效改进和教职员工交流提供事实依据,也为其他人力资源决策提供事实依据。

与绩效有关的信息主要包括:目标和标准达到或未达到的情况、考核对象因工作或其他行为受到表扬或批评的情况、证明工作绩效突出或低下所需要的具体依据、对领导者或教职员工找出问题有帮助的数据、领导者同教职员工就绩效问题进行谈话的记录等。信息收集的渠道可以是高校所有的教职员工,如教职员工自身的汇报和总结、同事的共事和观察、上级的检查和记录、下级的反映与评价,等等。

第三节 高校绩效考核

一、考核主体与考核对象

合理的考核主体不仅对绩效考核的程序、流程、目标和意义具有重要作用，而且决定和影响绩效考核工作目标、绩效管理目标的实现效果。

（一）绩效考核的多元主体

在高校目标管理中，绩效考核是一种衡量目标达成状况的手段，它可以帮助各级领导者对工作业绩作出判断。但是，不少高校管理者存在着一种认识误区，认为主管各项工作的中层干部即是本领域的专家，如教务处处长、科技处处长、研究生院院长分别是教学评价专家、科研评价专家、研究生教育评价专家，理应成为相应领域的考核主体，于是就出现了以工作主管为考核主体的考核现象。事实上，这些中层干部可能来自不同学科和岗位，如某材料学院分管教学工作的副院长被提拔为研究生院院长，某管理学院院长到教务处当处长，他们的专业知识及其对业务的熟悉程度可能都不如长期工作在一线的教师和管理者，让他们充当考核主体，只能凭自己的喜好来打分评级，导致绩效考核过程与结果都或多或少带有考核者的主观色彩，主管领导往往打出"人情分"多而公正分少，印象分多而客观分少，很难公平公正地考核每一个单位。因此要做到区别主管与主体，选择多元的考核专家。

考核主体是参与绩效考核工作的人，他们或因具有某方面的专业知识而成为专家，或因熟悉某方面的业务而成为内行。主管是职能部门、二级单位的主要领导者，他们是学校的中层干部。主体和主管有着本质的区别，一般情况下不可交叉，但在特定条件下二者可以相互转换。由于考核主体对考核结果具有决定性作用，为保证考核结果的客观性、公正性，高校有必要改变以部门主管替代考核主体的做法，多元选择考核主体。考核专家可以包括以下几类人：一是校外专家，他们具有专业知识和经验，能够客观地进行评判；二是素质高、觉悟高的离退休教职工，他们有着丰富的教学经验、管理经验和良好的道德风范，能够公正地评价职能部门、二级学院的工作业绩；三是师生代表，他们是高校教学科研的直接参与者和受益者，能够真实地反映职能部门、二级学院的工作情况和满意度；四是学校领导，他们是高校管理和发展的主要责任者和决策者，能够全面地把握职能部门、二级单位的工作目标和要求。[1] 在高校教师的绩效考评过程中，行政部门应该扮演组织者、辅助者的角色，而非裁决者。行政部门应强化大学的学术权力，为教师的工作和发展营造一个尊重知识、尊重人才的环境。[2]

（二）绩效考核的对象

高校绩效考核的对象为全校教职员工，对不同等级类别的人员要按照其管理权限实行分级分类考核。高校教职员工一般按岗位可分为教学类、科研类、党政管理类、教辅类、工勤类等，每大类又分若干小类，如教辅岗位可分为实验教学、实验管理、图书资料、其他专业技术等类。各类人员的岗位性质相差很大，但主要包括教师岗与行政后勤岗，教师岗的日常工作为教学，而行政后勤岗岗位不同，工作内容也不相同。因此，绩效考核就需要进行考核对象的细分，细化考核目标，以提升绩效考核的有效性。在绩效考核工作中，应强化教职员工对绩效考核的认知，提高其对绩效考核的重视程度及认可程度，确立正确的绩效考核理念，从思想上发生转变，并驱动其行动改变，充分发挥绩效考核对教职员工工作行为的规范、约束、监督与激励作用，实现绩效考核的目的。[3]

---

[1] 董泽芳，张尧.目标管理视域中的高校绩效考核：误识与澄明[J].湖北工程学院学报，2023（4）：45-51.
[2] 叶昭华.新时期下高校教师绩效管理探析[J].现代经济信息，2014（13）：58-59.
[3] 孙华.高校人力资源管理中绩效考核的问题及创新途径[J].投资与创业，2023，34（11）：157-159.

二、绩效考核指标体系

构建科学、合理的高校部门绩效考核指标体系,全面反映各部门的工作成果,是提高管理水平和教育质量的关键环节。部门的绩效考核指标可以分为四个维度:业绩、效率、效能和成本。绩效目标的设定应遵循 SMART 原则,即 Specific(具体的、明确的、切中目标的)、Measurable(可衡量的、可评价的)、Attainable(可达到的、能够实现的)、Relevant(相关的)、Time-bound(有时限的)。同时要制定简单实用、可量化、操作性强的考核指标。有效的绩效评价指标体系,应符合高校部门的特点和需求,同时具备科学性、合理性和实用性。指标体系应包括关键绩效指标(KPI)和关键业务指标(KBI),涵盖质量、效率、创新、满意度等多个维度,以全面评价部门绩效。[①]

(一)业绩指标

根据高校的工作特点和目标,业绩指标主要包括教学质量指标、科研能力指标、社会服务指标、管理效能指标等。如教学质量指标,教学质量是高校的核心任务,故其绩效评价指标应包括诸如课程设置、教学方法、学生满意度、教学成果、毕业生就业率等方面;科研能力指标,包括科研项目数量及质量、论文发表、专利申请、科研经费等方面。

(二)效率指标

高校部门的效率是指管理者从事管理活动所取得的成果同所消耗的人力、物力、财力和时间的比例关系。行政效率可以从公共产品或服务的数量、质量、时效、费用、行政能力的发挥水平、组织系统要素和系统整体的运行状况等方面的指标来测量。效率指标通常包括提供公共服务与产品的单位成本、部门的办公物品损耗费用等。

---

① 钱敏.评价指标体系构建及实施过程:基于高职院校部门绩效考核[J].质量与市场,2023(12):145-147.

（三）效能指标

效率作为绩效考核的指标，用于衡量可以量化的公共产品或服务，而许多公共服务从性质上很难界定，更难量化，不能使用效率指标进行测量。效能是指公共管理活动对目标团体的状态或行为改变的影响程度，如福利状况的改变程度、公共服务的顾客满意程度、政策目标的实现程度等。对高校机关部门的效能可以从两个方面考核。

（1）行为的合理化水平。包括决策是否科学、民主监督是否有效、行政是否廉洁高效、部门能否有效执行政策、制度建设能否符合学校发展的要求、行政体制能否依据需要及时变革等。

（2）高校机关效能。包括以下几个方面：①是否有合理而完善的制度、业绩的各种因素的比重来完成这项工作，包括岗位责任制、首长责任制、服务承诺制、限时办结制、联合办公制、效能考评制和失职追究制等；能否依法治校，是否推行校务公开，是否公示机关各部门的职责、权限、审批程序、时限、承办人姓名和审批结果等；能否提高办事效率。②能否提供使师生满意的优质服务。③管理效能指标，机关部门的管理水平对于整体工作绩效具有关键作用，因此需要关注组织结构、管理流程、内部沟通、员工满意度等方面的指标。④社会服务指标，高校部门在服务地方经济和社会发展方面的表现也应纳入评价，如与企业合作、社会培训、产学研结合、社会影响力等方面。在归纳高校部门绩效评价指标时，要注意指标的代表性、可衡量性、可比较性和敏感性，以确保评价结果的有效性和针对性。

（四）成本指标

高校办学成本指标的设置依据两个方面：一是为了维持机构运转所产生的费用；二是为了履行其职能所产生的投入。具体包括以下内容。

（1）高校部门占用的人力、物力与财力。如高校部门的职工人数、部门固定资产总额、部门支配资源的程度及支出结构等。

（2）高校部门的支出。高校作为公益性单位，其收入来源包括财政生均拨款、财政专项拨款、教育事业收入、科研事业收入及其他收入等，这些资金的使用效益是高校绩效考核的重要方面,但与企业不同的是,高校资金使用的社会效益远大于其经济效益,经济效益最大化不是高校资金使用的最终目的,但高校资金的经济效益水平是其发挥社会效益的重要前提和保障。因此,高校要提高资金管理水平,编细编准资金支出预算,合理控制资金支出成本,提高资金使用效益。财务层面的关键绩效指标可设计为资金到账率、预算执行率等。

三、个人绩效考核技术

绩效包括个人绩效与组织绩效两个方面。个人绩效考核是指单位在既定的战略目标下,运用特定的标准和指标,对员工一定时期内的工作行为及取得的工作业绩进行评估,并运用评估的结果对员工将来的工作行为和工作业绩产生正面引导的过程和方法。组织绩效的实现应在个人绩效实现的基础之上,但是个人绩效目标的完成却不一定能保证组织绩效的完成。高校应根据绩效指标的性质、自身的发展目标和实际需要以及教职员工的特点,选择恰当的绩效考核方法。

(一)自我报告法

即利用书面形式对自己的工作进行总结及考核的一种方法。这种方法比较适用于管理人员或高层领导的自我考核,并且测评的人数不宜太多。自我考核是对自身一段时期工作结果的考核,让被考核者主动地对其表现加以反省,独立地为自己的绩效做出评价。

(二)业绩评定表法

即根据所限定的因素对员工进行考评,是一种被广泛采用的考评方法。采用这个方法,主要是在一个等级表上对业绩的好坏判断进行记录。考核所选择的因素有两种较为典型的类型,即与工作有关的因素和与个人特征相关的因素。与工作有关的因素是工作质量和工作数量,涉及个人因素的有依赖性、积极性、适应能力和合作精神等特征。考核者通过明确描述出员工及其业绩的各种因素的比重来完成这项工作。

（三）因素考核法

即将一定的分数按权重分配给各项绩效考核指标，使每一项绩效考核指标都有一个考核尺度，然后根据被考核者的实际表现在各考核因素上评分，最后汇总得出的总分，就是被考核者的考核结果。使用因素考核法时，应该注意每个因素对于不同职位上的员工的重要性是不一样的，针对不同的考核目的和不同层次的考核对象，考核的侧重点有所区别。从考核的目的上看，对员工的奖励应以考"绩"为主，对员工的晋升应该以考"能"为主；从不同的考核客体来看，对一般员工的考核应侧重于工作态度和职业道德，对中层负责人的考核应侧重于能力，对部门负责人的考核应侧重于业绩。

（四）工作标准法

即制定工作标准或劳动定额，然后把员工的工作情况与工作标准相比较，找出差距，以考核员工绩效。高校对专任教师的考核有时使用该办法，而行政人员能够完全量化的工作标准较少，因此这种方法很少单独使用。

（五）面谈考核法

现代绩效管理十分重视上下级之间的沟通，面谈是一种十分重要的沟通方法，广泛地应用于人力资源管理的各个环节。面谈考核是为了反映通过书面测验无法反映出的情况，能更进一步地了解员工对工作岗位的适应情况，找出不足，对症下药。随着现代绩效管理思想的发展，一些高校越来越关注员工的能力与素质状态，对员工的考核强调上下级之间的联系与了解，通过构建上级与下级之间的良好关系，去了解下级的工作情况，并加以指导，协助改进，从而为人才资源开发打好基础。

(六)个人绩效合约

首先根据组织绩效目标自上而下地层层分解,确定不同员工的主要绩效范围,然后设定相应的绩效目标并确定具体的考核目标。员工在与其直接上级进行沟通后签订个人绩效合约。员工的直接上级负责监督绩效合约的完成,并负责根据绩效合约的具体要求对员工进行绩效考核。目前,不少高校采用该办法对新引进的人才进行考核。

(七)360度考核法

360度考评法(360-Degree Feedback),也称全视角考评法或多源考评法。在高校管理人员绩效考核中采用360度绩效反馈法就是要被考核者的上级、下级、同事、自身以及服务对象(学生和教职员工)共同对其工作绩效进行多层次、多维度的评价(见图11-2),可以综合不同评价者的意见,得出一个全面、公正的评价结果。这种考核方法是多层级、多角度的。它改进了高校管理人员原来采用的直线式的考核方法,将各方面考核意见综合起来,较全面地反映了被考核者的绩效,是一种行之有效的绩效考核方法。

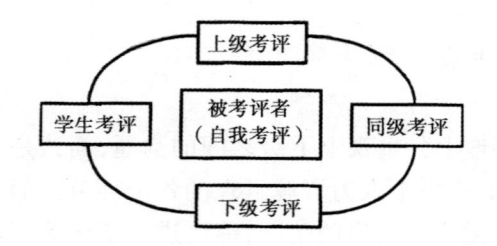

图11-2 高校行政工作绩效考评主体关系

四、系统绩效考核技术

目前被广泛谈论和应用的系统绩效考核的方法主要有两种:关键绩效指标法(Key Performance Indicator,KPI)和平衡计分卡法(Balance Score-card,BSC),这两者都是基于组织战略的系统考核方法。这两种方法的系统采用,使组织将未来愿景通过战略的连接,落实到每个战略单位、每个部门乃至每一个人,使整个组织在这个系统的引导和管理下,成功地实现组织的战略目标。

(一)关键绩效指标法(KPI)

关键绩效指标是用于考核和管理被评估者绩效的可量化的标准体系。它的含义有三方面:首先,关键绩效指标是一个标准化的体系,它必须是可量化的;其次,关键绩效指标体现对组织战略目标有增值作用的绩效指标;最后,关键绩效指标是进行绩效沟通的基石,它是连接个体绩效与组织战略目标的一个桥梁,通过在关键绩效指标上达成的承诺,员工与管理人员可进行工作期望、工作表现和未来发展等方面的沟通。建立关键绩效指标体系时,应当遵循以下几项原则。

(1)目标导向。关键绩效指标必须依据工作目标确定,其中包括组织目标、部门目标、岗位目标。把个人和部门的目标同组织的整个战略联系起来,以全局的观点思考问题。

(2)注重工作质量。工作质量是任何组织想要拥有强大竞争力的核心要素,而往往又难以衡量,因此,对工作质量设立指标进行控制尤为重要。

(3)保证可操作性。从技术上保证指标的可操作性,对每一个指标都给予明确的定义,建立完善的信息收集渠道。

(4)强调输入和输出过程的控制。在设立关键绩效指标时,要优先考虑流程的输入和输出状况,将两者之间的过程视为一个整体,进行端点控制。

(5)指标一般应当比较稳定。即如果工作流程基本不变,则关键指标的项目也不应有较大的变动。

(6)关键指标应当简单明了,易于被执行者理解和接受。

将关键绩效指标用于高校部门的绩效管理中,我们可以据此来设计基于关键绩效指标体系的绩效考核体系。基于关键绩效指标的绩效管理是结果导向的。关键绩效指标法的主要注意力在于绩效指标的设置必须与高校的战略目标挂钩,其"关键"二字的含义是指高校在某一阶段战略上要解决的最主要的问题。其目的是建立一种机制,将战略转化为内部过程和活动,以不断增强核心竞争力,从而使评价体系不仅成为激励约束手段，更要成为战略实施工具。

如对高校教师的关键绩效指标考核，首先，对教师做出科学、完整的工作岗位分析，制定岗位说明书。结合高校的实际状况，同时咨询人事部门的工作人员，根据考核指标对工作绩效的影响程度、出现的频率，设计出高校教师关键绩效考核指标体系。其次，科学确定指标权重。目前根据高校教师工作的特点，高校教师可分为教学型、科研型、教学科研并重型、社会服务型。不同类型的教师，关键绩效指标应当不同，尤其是指标权重应当不同。可以根据历史数据参考法和德尔菲法这两种方法，科学地确定绩效指标权重。再次，确定合理的绩效标准。绩效标准明确了教师的工作要求，即教师应当怎样做或做到什么样的程度。

（二）平衡计分卡法（BSC）

平衡计分卡法是由哈佛大学商学院的罗伯特·卡普兰教授创立的，它是具有绩效考核功能的管理系统。后经不断完善，被成功应用于企业绩效评价和战略管理，带来了绩效管理上的一种革命。同时，也被成功应用于政府机关及非营利组织。

1. 平衡计分卡法概述

平衡计分卡从财务、客户、内部流程、学习与成长四个维度描述战略和开展组织的绩效管理，四个维度紧密结合，每个维度都包含战略目标、绩效评价指标、目标值等要素，它以因果关系为纽带，实现了战略、过程、行为和结果一体化，是一种全新的绩效评价方法。

（1）财务维度。财务指标是平衡计分卡的一个重要组成部分，财务为组织生存提供保障。高校不谋求财务收益的最大化，但必须保证财务收支平衡，支撑学校的持续经营和事业发展，其财务层面的战略目标不外乎开拓更多资金来源、提高资金使用效率、降低学校财务风险等方面。

（2）客户维度。客户是组织的利润来源和发展的根本所在，因此，管理层必须认真思考谁是我们的目标客户以及客户的偏好与需求，这样才能提高组织竞争力，抢占目标顾客。同企业不同，高校所面对的客户或者利益相关者主要包括学生、家长、用人单位、教职工、政府主管部门等。客户层面的战略目标主要体现在服务满意度、学生就业率和社会评价等方面,可以简单地概括为学生满意、员工信赖、社会认可、政府放心。

（3）内部流程维度。为了满足客户层的需求,必须不断完善内部关键业务流程。应及时总结和分析影响客户满意度以及利益相关者的期望,将其归纳转化为可操作的实际评价指标,制定业务流程,确保该业务流程切合实际,并在实际应用中不断完善和优化。高校立德树人的使命决定了高校内部流程层面的战略目标主要集中在教学流程（提升教育质量）、科研流程（产生高水平的科研成果）、行政管理流程（提高服务质量和水平）等方面。

（4）学习与成长维度。学习与成长维度是完成组织使命和愿景最为根本的原始驱动力,是组织改善人力资源状况、提升人力资本水平的根本保证。一旦确定客户和业务流程维度的指标,就会发现员工技能与应该达到水平之间的差距,只有缩小这个差距,才能保证未来可持续的绩效。高校学习与成长层面的战略目标主要体现在教师素质提升与专业队伍建设上,因此战略目标主要划分为师资队伍建设、学术交流、科研能力等方面。

2. 高校应用平衡计分卡实施绩效评价的步骤

高校在绩效考核中引入平衡计分卡业绩评价体系,可以为考核各部门工作业绩提供依据,促使各部门及时采取措施,解决问题,完成任务;可以使教职员工的业绩考核更加客观公正,促使教职员工积极参与到评价管理中来,发现自己的不足,相互学习改进,以更加积极的态度投入各项工作。

一是组建团队并收集背景材料。构建一个有效的平衡计分卡所需的信息和资料平台,必须依靠学校高层的认可和集体的努力才能完成。组建由学校主要校领导,教学、科研、管理等部门人员组成的平衡计分卡实施团队,充分收集与学校相关的历史、使命、远景、价值观、战略计划、竞争对手数据、以往绩效报告等尽可能全面的背景材料。将找到的资料按照平衡计分卡的四个维度分门别类归档整理,凝练出各自的目标与指标,为下一步构建平衡计分卡打下基础。

二是确立高校使命、远景和战略。确立组织的使命、远景和战略,是建立稳定持久有效的平衡计分卡的前提和重要组成部分。高校的主要使命不外乎人才培养、科学研究和社会服务,但不同高校的发展方向、层次、重点会有不同。通过梳理对学校的发展战略达成共识,形成学校的发展远景,并树立实现远景的信心。依据平衡计分卡的理论,将学校的战略分解为不同层面的战略,确保其与使命保持一致。

三是与学校高层领导交换意见。构建平衡计分卡,需要高层领导的支持。在整个过程中要多次与高层领导沟通交流,离开了高层领导的支持,项目不可能成功。下面四、五、六均需与高层领导面谈和研讨,及时取得他们的认同、支持和意见。

四是确定平衡计分卡各个维度的战略目标和评价指标。平衡计分卡四个维度是一种模式,其涉及面很广,可以反映大部分内容。运用平衡计分卡将战略转换为各个维度的战略目标和评价指标,通过逐级分解落实到校内各二级单位和教职工个人。各个维度的目标和指标要尽可能地进行提炼,考核内容不能重复,数量不能过多。目标和指标的选择要与战略相关,要能够定量化、可获得、易理解,具有相关性和通俗的定义。

五是建立因果关系链。平衡计分卡区别于其他的绩效管理系统的最大特点,就是通过一系列相互联系的指标来构建因果关系链,这些因果关系链织成整个战略地图。因果关系实现了看似分离的组织要素之间的贯通,它描述了如何从指标的结合中衍生出价值创造,勾勒出组织取得战略成功的路径。因果关系链最好是从财务维度到顾客维度、内部业务流程、员工学习与成长维度逐级构建。

六是设立指标的目标。任何平衡计分卡都需要目标,没有目标,绩效数据就无法获得分析、决策所必需的反馈。目标主要有行业标准、经上级主管部门(财政、教育管理部门)确认的合格标准、历史标准、计划标准,以及经验数据和常识确定的标准等。高校设立指标的目标,应当尽可能地按照行业标准、主管部门确认的标准、计划标准的次序选取指标目标值,谨慎选用以经验数据和常识确定的标准。高校运用平衡计分卡对二级单位业绩评价时,因目标不同,指标的设置和权重的确定也应有所不同;不同的部门和学院由于职责的不同,考核的重点不同;不同的个人由于岗位的不同,考核的维度也不同。因此,各高校需依据本校实际情况进行灵活设计。

七是制订持续的平衡计分卡实施计划。平衡计分卡的各项指标应随着时间的推移而不断发展与变化,平衡计分卡实施组织每年应根据实际情况对各种绩效目标、指标做出调整。因此,平衡计分卡系统建立起来后,需要设立系统管理员来监控系统的主要功能,保证平衡计分卡结果能够及时准确地报告。此外,应建立考核和奖惩机制。严格将考核和奖惩的结果与行政考核、部门评优、下年度预算挂钩,与教职员工能力、薪酬、晋升联系起来,通过激励实现高校的战略目标。通过考核与奖惩的结合,充分调动内部各方面的积极性。

第四节 高校部门绩效反馈与改进

一、绩效反馈

目前高校的绩效管理中重视考核与奖惩挂钩,把绩效管理当作奖金分配的手段,而对绩效考核结果的反馈和沟通很少,绩效反馈还不全面、不及时,影响绩效管理的提升功能。作为被考核者的员工往往只知道考核结果,被动地接受上级管理者的考核和评价,而对考核的目标、内容和标准等了解很少。教师也无法利用绩效考核的有效信息改进科研或教学质量,更无法用于指导个人发展。绩效管理除了重视对员工的物质激励之外,更应强调对员工的开发与培养,实现绩效管理的提升功能。除了表彰优秀绩效者、树立标兵外,还要指出不良绩效之处,寻找原因,解决存在的问题,对每位员工进行指导和培训,实现员工的自身发展。

二、绩效改进和导入

绩效反馈与持续改进是高校绩效考核评价过程中不可或缺的一环。只有通过及时、准确、具体的绩效反馈和持续改进的实施,才能够促进部门的绩效提升,提高教育质量和管理水平,为高校的高质量发展提供有力的支持和保障。

绩效反馈应该及时、准确、具体。具体来说,需要对部门绩效评价结果进行详细的解释和说明,并针对评价结果中的问题和不足提出具体的改进建议和措施。同时需要根据评价结果,对教职员工的绩效进行分类和排名,以便于对教职员工进行激励和约束。

持续改进应该是一个长期的过程。具体来说,需要建立一个科学、合理、有效的绩效管理机制和体系,制定相应的绩效管理制度和规范,建立绩效管理档案,对部门的绩效进行跟踪和监督,及时发现和纠正问题,为后续的绩效改进提供有效的支持和保障。在绩效反馈与持续改进过程中,需要充分发挥上级领导和教职员工的主体作用,建立开放、透明、公正的绩效管理氛围,鼓励教职员工自主探索和创新,不断完善和改进工作方式和方法。

第一,绩效沟通。这是绩效改进和导入的前提。通过沟通,一方面可以有效地消除教职员工的某些误解,增强教职员工对绩效考核的认同度。另一方面,可以使教职员工认识到自己的成绩和优点,从而起到积极的激励和鞭策作用。绩效考评结果应用是绩效管理功能的强化,绩效考评结果除了用于核定绩效工资,还有更广泛的用途,例如职称晋升、员工发展计划、培训开发、招聘等。只有有效地应用绩效考评结果,才能实现绩效管理的良性循环。

第二,设定绩效改进目标。高等教育的公共性决定了它要对学生负责,所以与学生满意度相关的绩效改进指标是处于优先地位的。

第三,设定能力发展目标。能力发展目标是指那些与提高教职员工工作效率和工作能力有关的目标。领导者必须充分了解教职员工的能力、妨碍教职员工获得更好绩效的因素,以及教职员工的事业目标。根据这些信息,领导者才能制订出绩效导入计划,对教职员工进行必要的岗位(职务)调整,或进行培训与再教育。从长远来看,领导者还应该根据教职员工目前的绩效水平和长期以来的绩效提高过程,和员工协商制订一个长远工作绩效和工作能力改进提高的系统计划,明确员工未来的发展途径。

第四,绩效改进和导入方案的制定与实施。绩效改进和导入方案需要细致全面地策划以及专家的指导。正如平衡计分卡展现的组织内部四个层面之间存在的逻辑因果关系,高校部门的绩效计划也是这样通过逻辑因果关系联系在一起的。因此,在设计绩效改进的方案时要系统地看问题,不能顾此失彼。绩效导入属于学习与成长层面,对于一个组织的长远发展尤为重要,应制定一系列的方案,不断更新教职员工的知识储备,激发他们的创新能力。

第五节 我国高校绩效管理实践

当前,高校作为重要的公共部门,在其改革过程中也开始引入绩效管理,这为高校管理体制的改革和创新提供了新的空间,使得高校管理的科学化水平得以提升。但是,绩效管理不仅仅是一套形式化的管理工具,其背后隐含着特定的管理思想和理念,也需要一定的外围制度环境的保障和支持。

一、我国高校绩效管理的现状

随着绩效管理理论的发展和成熟,我国大多数高校在改革与发展进程中都不同程度地引入了绩效管理,并在实践探索中取得了一定成效,主要表现为人才培养数量和质量不断提升,科技创新能力显著增强,等等。然而,我国高校在绩效管理方面仍存在诸多突出问题亟须解决,有的问题已经相当突出并成为制约我国高校健康发展的桎梏。

(一)现状分析

目前,我国高校绩效管理的应用主要分为三种类型。

一是政府教育主管部门的组织绩效评估。主要是高校的上级主管部门为各类高校设立的绩效评估体系,一般具有自上而下的单向性特征,即由政府主管部门设立评价指标体系,上级组织对所属高校进行组织绩效的定期评估。如教育部有面向全国普通高校的本科教育教学审核评估,各省教育厅对省属高校也有评估。

二是上级部门组织的专项绩效评估。即针对某一专项活动或业务工作开展绩效评估。如省委网信办开展的高校网站绩效评估、省委宣传部开展的精神文明建设绩效考核等。

三是高校自己组织的评估。既有针对部门、学院的绩效评估和教职员工个人的绩效评估,也有针对专项工作的绩效评估,如本科教育教学工作的评估、二级单位网站绩效评估等。

总体而言,绩效管理实践已经在很多高校开展起来,并引起了社会各界的广泛关注。高校绩效管理对于促进高校事业发展,调动师生员工积极性,提高高校形象都具有重要意义。

(二)存在的主要问题

高校绩效管理是一个复杂的、系统的过程,加之我国高校绩效管理起步较晚,虽然近年来在这方面取得了很大进步,但相比国外高校还存在一定的差距,还有诸多问题。

第一,重绩效考核,轻绩效管理。绩效管理是一个系统过程,绩效考核只是完整的绩效管理过程中的一个环节,不能以绩效考核来代替绩效管理。然而,由于对绩效管理的认识不到位,无论是管理者还是被管理者对绩效考核的关注都超过了绩效管理本身,以至于在许多教职员工看来绩效考核就是绩效管理,甚至有的教职员工只知绩效考核而不知绩效管理。导致一些高校只重视绩效考核,制定了名目繁多的考核指标体系并且严格执行,但是对于实现绩效的过程却很少进行管理干预,全凭教职员工自己努力。这种重考核轻管理的错误倾向产生了严重的负面影响,不仅使绩效管理工作的总体效率大打折扣,无法为高校发展提供有力支持,而且使得不少教职员工怨声载道,严重制约了教职员工的凝聚力和战斗力。

第二,绩效指标体系设置不科学。合格的绩效管理的基础是有合理的绩效指标,设置体系健全的绩效考核指标是绩效计划工作的重要内容之一,这些指标要全面,并构成一个系统,这样才能全方位、多层次地进行考评。但是在高校绩效管理的实践过程中,指标的设定主要是靠设置主体主观的意志和经验,甚至只是一些现成指标的生搬硬套,缺乏相关的科学依据。对绩效指标的众多主体(如职能部门行政人员、教学科研一线专任教师、实验岗位专业技术人员、后勤服务员工等)的不同利益诉求和发展要求没有做充分了解和分析,未形成多层次多结构的科学绩效指标,导致指标设置不合理、不全面、评价内容过于简单。在制定指标时片面追求量化指标,未能考虑内部条件、外部环境等多方面因素,忽视了考评人的主观能动性,无法对被考核者做出客观公正的评价。如一些高校在教师绩效管理方面进行了很多探索,制定详细的教学科研标准,有的甚至细致到教案写作标准字体等规定;通过学生来评定教师的教学效果,由于缺乏科学的考核标准,很可能会忽略教师个体差异,也导致考核结果受主观因素影响较大,甚至脱离了理性科学的范畴,直接影响考核结果的真实客观性。

第三,绩效考核方法选择不当。高校行政管理与企业管理性质上有着本质的不同。因此,要根据高校工作的规律和特点进行考核方法的选择。在进行绩效考核的过程中,要根据考核目的、被考核者所处的职位、考核内容和其他具体情况来选择具体的考核方法和方法组合。部分高校在进行绩效管理工具选择上盲目追求新奇的、在企业管理中流行的考评方法。这些方法虽然本身合理先进,但未必适应高校行政绩效管理工作。此外,许多高校在绩效管理过程中,片面追求定量化的评价指标,过于重视可以数量化的绩效目标,在实际管理过程中也严格加以控制,而对于难以量化的绩效目标则不够重视,在实际管理过程中也缺乏可以有效控制的手段,总体上呈现出一种重数量、轻质量的错误倾向。重视数量而轻视质量的绩效管理,必将对教职员工的行为产生不良的引导作用,使他们更重视做好表面化的工作,而不愿意投入更多的时间和精力去追求高质量的绩效及成果。

第四,绩效反馈机制不健全。绩效反馈是指将绩效考核的结果正式地、持续地反馈给被考评者。通过与被考评者面谈等沟通方式,使被考评者明确自身目标完成的情况以及不足,并与被考评者共同探讨制定下一个绩效管理周期的绩效改进计划。绩效反馈既是完整地进行绩效考评的要求,又是对绩效管理过程进行有效地反馈控制的需要。但目前,一些高校对于绩效管理结果的反馈工作却不够重视,被考评者在考评之前对考评的相关内容了解不够。考核之后也只是通过公示、通告等方式了解考核结果。上级考评者很少通过绩效反馈面谈等方式对考评结果与被考评者进行有效地分析和讨论。没能将绩效管理结果艺术化地反馈给各利益相关者,从而使其能够更好地开展下一轮工作。过于重视绩效管理的评价功能会使教职员工站到绩效管理者的对立面,容易对绩效管理产生抵触情绪;同时,轻视绩效管理结果的及时反馈,不仅使员工丧失了很好地学习改进的机会,也不利于消除员工与绩效管理者之间的隔阂,甚至会导致学校内部人际关系的紧张。

第五，绩效考核结果的运用不全面。要根据对教职员工绩效的考核结果，将绩效管理与人力资源管理中的制定培养计划、薪资调整、奖金分配、等级晋升、岗位调整和职业生涯等进行对接，以实现教职员工个人和高校组织绩效的不断改进。目前，大部分高校将考核结果停留在传统与薪酬挂钩的阶段，并没有对考核主体业绩提升、人力资源规划开发、激励以及潜能评价进行综合考虑，在当前学校战略发展阶段缺乏对教职员工高层次需求方面的重视，也没有差异化的倾向性和对比性，形成了单一陈旧的激励形式，使得高校教职员工的工作积极性很难得到调动，考核结果的运用激励作用有限，让教师失去了对绩效管理的信心，对学校产生不信任感，同时也会出现教师忽视教学科研等基本职责和素养，产生急功近利的思想。

二、我国高校绩效管理问题的原因分析

我国高校绩效管理存在上述问题的主要原因有以下方面。

一是绩效管理缺乏稳定的制度环境支持。绩效管理最先是作为私人部门的管理工具来使用的，其根本上来说是为实现企业的发展目标而服务的。由于企业是天然的营利性组织，其组织目标清晰明确，就是获取利润。而公共部门的组织目标却是模糊、复杂和不明晰的，对于我国高校而言，这种组织目标和任务的模糊性还来自我国特有的高等教育管理体制。我国的公办高校大都隶属于教育部或省级政府，有的地方院校还受地方政府和省教育厅双重管辖，也就是说高校一般有一个或两个上级主管部门。主管部门对高校管理的直接干预和任务设定较为频繁，并以这些任务和指标的完成程度作为考核高校领导者业绩的依据，而这些任务和指标可能不一定切合实际，甚至和高校高质量发展的战略思想相违背。这样，一方面使得高校的既定发展目标和任务受到影响，使得原本清晰的发展战略变得模糊；另一方面，使得绩效管理工具的功能发挥受到影响，绩效标准不得不围绕行政干预的指挥棒来回变动。所以，高等教育管理体制的问题会给绩效管理的实施带来问题。

二是高校内部对绩效管理缺乏科学的认识。高校领导层和教职员工，都在一定程度上缺乏绩效管理的科学知识，没有明晰绩效管理的根本路径和思路。一些行政人员狭隘地认为绩效考核就是绩效管理，将绩效管理归为某一个或几个相关部门的工作，当作是人事部门用于考核部

门和人员、发放酬金的手段,没有把师生员工作为绩效管理的主体。绩效管理的最终目标是充分开发和利用每个员工的资源来提高组织绩效,即通过提高员工的绩效达到改善组织绩效的目的。有效的绩效管理的核心是一系列活动的连续不断的循环过程,一个绩效管理过程的结束,是另一个绩效管理过程的开始,具体包括绩效计划、管理绩效、绩效考核和奖励绩效四个环节。绩效计划是一个确定组织对员工的绩效期望并得到员工认可的过程。由于绩效包括结果绩效和行为绩效两个部分,因此,绩效计划必须清楚地说明期望员工达到的结果以及为达到该结果所期望员工表现出来的行为和技能,即确定工作目标和发展目标。管理绩效也是绩效管理中非常重要的一个阶段,也是常常被忽视的一个过程。在绩效管理实践中,管理的主要功能是保证员工能够按照第一阶段设定的目标,在规定时间内顺利完成工作任务。此外,无论是结果绩效还是行为绩效,只要达到或赶过了绩效考核期开始时确定的绩效标准,都应该发挥奖励机制,以绩效结果来充分激励组织成员。高校在进行绩效管理的过程中,常常忽略了绩效管理的整体过程,而抓住诸如绩效考核或其他某个单一的环节,这样的绩效管理手段必然是残缺不全的,难以发挥真正的效用。

三是高校的产出难以量化。绩效管理的一个重要前提就是将所有绩效都以量化的方式呈现出来,据此进行绩效衡量。但高校的产出很难用具体的数据来衡量,要精确计算出投入产出比并不容易。尤其是高校教师作为高校绩效管理的主体,与其他行业的员工存在着巨大的差别。一是劳动投入难以体现在量化结果中。高校教师的劳动具有高度的复杂性和累积性。高校教师的工作主要以脑力劳动为主,教师要搞好教学往往需要花费课堂之外的大量时间,比如,课外辅导、批改作业、网上答疑等,使得教师在劳动过程中的投入难以准确和公正地计量。二是高校教师的工作成果难以考察。如果教育是一种产业,它生产的产品就是来自不同家庭状况、有着不同教育背景、既生动多样又千差万别的学生们。教师的工作成效不仅取决于个人的业务能力,还取决于学生的意志品质和情感倾注度,甚至是个人的情趣喜好。三是高校教师的工作成效难以在短时期内全部体现出来。高校教师的劳动成果具有长期性和滞后性的特点。教育教学工作见效周期长,因此特定阶段的工作结果并不一定是客观事实的全部结果,更难以形成结论。而学校的量化标准往往是以学期或者学年为阶段。这对于多数高校教师而言,一个学期或一个学年的结果可能并不是工作的全貌；学生的考试成绩不一定能真实反映学生的能力、教师教学水平；而且高校教师主要从事专业性、实践性较强的学科教育，教学效果无法像中小学教师那样从学生的考试成绩或升学率来做出评价，而更多地需要学生走向社会，接受用人单位的检验后才能体现出来，况且毕业生工资或由就业地缘因素决定，也不一定真实反映高校的教育质量。这就使得高校教师的工作成果难以在短时期内得以计量。凡此种种，均说明高等教育表象与本质之间的关系极为复杂，这就带来技术上对其数量进行正确测量的难度。

四是绩效管理强烈体现出"领导者主导"的特征，缺乏组织成员的广泛参与。组织的关键问题之一在于协调，在充分的协调和沟通过程中，组织成员逐渐形成对组织目标的认同和忠诚，进而确保组织绩效的实现。绩效管理其本质上就是为组织目标的实现而服务的，绩效标准的设定、绩效考核的内容、绩效管理的程序以及绩效奖励的公平性等问题都需要广大组织成员的充分参与和沟通，通过信息共享和意见传递来使得绩效管理的理念得以认同，为绩效管理功能的发挥奠定基础。然而，在实践过程中，高校绩效管理往往缺乏组织成员的广泛参与，这为绩效管理功能的真正发挥埋下了隐患。一些高校将绩效考核的内容体系、权重设置全部由领导一人决定，或根据领导人的注意力和重视程度来设置和变动绩效考核的标准，或在绩效管理的过程中随意改动绩效内容要求，其实质等于利用绩效管理作为工具来达到领导人对组织的控制。这从根本上偏离了绩效管理的本质性要求，使得绩效管理畸化为一种传统的组织控制手段。

三、优化我国高校绩效管理的对策

当前，我国高校正处在"双一流"建设的战略机遇期，高校行政管理工作也必然面临新的挑战。由于内外部环境和多种因素的影响，我国高校现有的绩效管理体系未能发挥其应有的作用，应当在符合高校绩效管理规律的基础上，探索出一套目标明确、系统完整、设置科学、功能齐全的高校绩效管理体系，促进高校行政工作的高效、有序发展。

第一，加强绩效管理知识的学习。要想真正地贯彻绩效管理的全过程，就必须使得组织成员对这一管理理念有着较为清晰和透彻的了解。首先，大力加强高校内部成员对绩效管理知识的学习。特别是高校领导

第十一章
高校绩效管理

要深刻理解绩效管理对于高校发展的积极意义，高度重视绩效管理，对绩效管理的开展给予充分支持。组织人事部门和科研管理部门作为绩效管理的直接责任主体，更要正确认识绩效管理的科学内涵，树立正确的绩效管理观念，扭转错误倾向。其次，树立正确的绩效观，按照综合绩效理念进行绩效管理。绩效管理是以绩效为导向的管理过程，对于高校的绩效不能简单化地片面理解，必须确立综合绩效理念，进行全面的绩效管理。高校在开展绩效管理过程中，既要关注科研绩效和人才培养绩效，还要关注社会影响绩效和创新绩效，等等。最后，实行以人为本的绩效管理。关键是要强化人本理念，将广大教职员工的全面自由发展作为绩效管理的出发点和归宿点，强调主人翁意识，让所有教职员工都意识到自己才是绩效管理的主体，积极参与到绩效管理的各个环节，充分发挥其积极性和创造性。高校是知识型员工的密集地，员工的学习能力普遍高于其他组织，因此，加强绩效管理知识学习的效率必将更高。同样，如果绩效管理的基本理念不被组织成员所了解，则绩效管理推行的难度势必比其他组织更大。

第二，建立合理的绩效标准，完善绩效管理制度。绩效管理是具有显著目标导向性的管理过程，依据战略目标进行合理的目标分解，并确定合理的绩效标准，是绩效管理取得成功的基本前提保障。因此，加强高校绩效管理，必须下功夫解决好绩效标准问题，在具体操作过程中应注意如下问题：一是坚持分类对待原则。根据不同岗位、不同专业、不同阶段的不同特点，分别制定相应的绩效标准。避免绩效考核"趋同"化，真正做到"因岗制宜、分类考核"。二是坚持定量与定性相结合原则。既要有一些可以量化的绩效指标，又要有一些反映质量的定性的绩效指标。三是坚持可实现性与前瞻性相结合原则。所确定的绩效标准不能明显超出目前教职员工的实际能力范围，但也不能明显低于其能力水平，应该需要付出一定的努力才能达成。此外，应加强制度建设。为高校绩效管理提供完善的制度支撑，确保高校绩效管理能够规范有序地开展下去。同时，通过制度建设合理规范地引导广大教职员工的行为，激励其为了实现绩效目标而不懈努力。

第三，建立行之有效的沟通和激励机制。绩效反馈是让被考评者认识到自己的工作状况、与考评者共同分析所存在的问题，并制定绩效改进计划的过程。一是将沟通贯穿绩效管理的全过程。沟通是最好的"润滑剂"，有效的沟通，特别是双向沟通，能有效地传达管理者的信息，了解被考核者的意见和建议,消除被考核者由于信息不对称造成的误解和产生的抵触情绪,了解被考核者的工作情况和困难,并及时提供帮助和支持,实现信息共享,使绩效管理更科学、更全面、更真实。二是建立有效的激励机制。高校应将考核结果与教育培训、薪酬调整、职位晋升等联系,进一步完善行政管理人员选拔、交流、调配、奖惩制度,使得高等学校的薪酬体系更加公平化、客观化,提高员工参加绩效管理活动的积极性。

第四,引入先进的管理模式。高校绩效管理是一项技术性要求很强的管理过程,相应管理模式和管理技术的选择对于绩效管理的实际效果有非常重要的影响。当前在绩效管理领域主流的管理模式包括:一是360度反馈。由被评价者的上级、下级、客户以及被评价者本人担任评价者,从多个角度对被评价者进行360度的全方位评价,再通过反馈程序,达到改变行为、提高绩效等目的。二是关键绩效指标。关键绩效指标是衡量战略实施效果的关键指标,其目的是建立一种机制,将战略转化为内部过程和活动,以不断增强核心竞争力,从而使评价体系不仅成为激励约束手段,更成为战略实施工具。三是平衡计分卡。平衡计分卡从财务、顾客、内部业务流程、学习与成长四个方面来衡量组织的业绩,而绩效考核结果的使用也绝不仅限于薪资报酬的支付,其根本目的在于持续将组织的战略转化为日常行动。因此,在加强高校绩效管理过程中,必须辩证分析各种管理模式和管理技术的优缺点及适应性,灵活运用先进的管理模式,以不断提升绩效管理的实际效果,不断改善个体绩效和组织绩效。

第五,积极争取外部行动者的支持性环境。高校的行政干预问题已经成为可能阻碍绩效管理有效实施的外部制度性问题。因此,要从国家和政府层面探索改革高校管理体制,落实和扩大高等学校办学自主权,完善中国特色现代大学制度。高校只有具备较为充分的办学自主权,才能有效推进组织内部的绩效管理改革。在推行绩效管理的过程中,要积极争取行政主管部门的支持,以及其他可能影响高校决策的外部行动者的支持,为绩效管理塑造支持性的优良发展环境,确保绩效管理按照可预期的计划实施,为提升高校管理水平奠定基础。

第十二章

高校行政改革与发展

改革是教育事业发展的根本动力。习近平总书记在中共中央政治局第五次集体学习时强调,从教育大国到教育强国是一个系统性跃升和质变,必须以改革创新为动力。要坚持系统观念,统筹推进育人方式、办学模式、管理体制、保障机制改革,坚决破除一切制约教育高质量发展的思想观念束缚和体制机制弊端,全面提高教育治理体系和治理能力现代化水平。高校行政改革是高校普遍关注的问题和高校行政管理学研究的重大课题。研究高校行政改革和探讨行政发展的基本趋势,对建立中国特色社会主义高等教育办学体制和高校内部管理体制,促进高校的高质量发展有重要意义。

第一节 高校行政改革概述

一、高校行政改革的基本含义

高校行政改革,是指政府和高校为适应外部生态环境的变化以及高校内部构成要素的变化,有意识地对高校的结构功能和行政人员的行为方式不断进行调整和改变,使其转变到新的形态,以期谋取行政系统与环境之间的动态平衡,从而实现行政效能的行为或过程。它包括行政责权的划分与行政职能、人事制度、领导制度、行政方式、行政运行机制等方面的改革。

　　行政改革是行政主体适应内外部环境变迁而进行的自我调整、变革过程。由于国情不同,同一国家在不同发展阶段的具体情况也往往不同。在高等教育的改革实践中,又形成了以下一些改革形式。

　　就改革的深度,行政改革有"渐进式"改革和"激进式"改革两种类型。所谓改革的深度,是指某一新的政策目标与高等教育的现有价值观念和标准相背离的程度,亦即新目标与传统模式的一致或不一致程度。如果新政策与传统目标一致性程度高,我们就把这种变革称为"渐进式"或"温和式"改革;反之,就称为"激进式"改革。

　　就改革的广度,可分为全局与局部的改革、综合与单项的改革等类型。所谓改革的广度,是指实施某一政策后或多或少发生了重大变化的领域的数目。如果新政策引起了许多领域的变化,即全局的综合性改革;如果新政策直接影响的领域只有一个或有限的几个,即局部的或单项的改革。

　　此外,还可依据改革的层次进行分类。所谓改革的层次,是指改革的目标所在,是指向整个系统的改革,还是指向一部分学校或一所学校,或者仅仅是指向一所学校内的某个单位的改革。可概括为两大层次,即院校层次和高等教育系统层次。

　　在我国高等教育的改革实践中,还形成了自上而下的改革和自下而上的改革两种类型,前者主要是指有关高等教育的改革政策和行动,由中央教育行政部门主导制定、并从中央逐级向地方贯彻实施;后者则主要是指某些高等教育政策先由地方形成或进行试点,然后逐渐在全国范围内推进,并最终影响中央教育行政部门等决策机构,进而上升为国家政策。

　　增量改革与存量改革。增量改革是指在原有基础上,通过建立一些新的高等教育机构、增加高等教育的招生人数等方式,从而使高等教育规模得以扩大的改革方式;存量改革则是指高等教育机构在维持原有数量和状态的基础上,通过适当扩大招生人数使各种教育资源得以更充分利用,进而扩大高等教育总体规模的改革方式。在我国高等教育的发展方式上,也存在着三种发展道路的选择,即内涵式发展道路、外延式发展道路以及内涵式和外延式相结合的发展道路。改革开放后,我国的高等教育一直是以比较缓慢的速度发展,在21世纪初,我国采取外延式的发展道路,通过新建许多高校、扩大招生人数,以跨越式的发展战略使高等教育规模在短时间内得以迅速扩大,这种发展改革方式也就是增量改革。在经过一段时间的扩招后,出现了质量下降、新建高校生源不足、就业压力过大等问题,因而我国又开始走以提高质量、综合利用现有资源以扩大高等教育规模的途径,也就是从增量改革转向存量改革、从外延式发展转向内涵式发展。目前,我国在高等教育的发展策略上,采取的主要是内涵式的发展道路,适当辅以外延式发展。

二、高校行政改革的必然性

《深化新时代教育评价改革总体方案》出台以来,我国教育系统正开启新一轮变革,加快破除制约自身发展的体制机制障碍,全力推进行政效能革命,坚定驶向高质量发展的"快车道",成为大学发展的重要课题。

什么是效能?《辞海》对其的定义是"事物所具有的功能"。这里的"功能"包括了事物具有的潜在影响力和改变其他事物的能力,以及事物所产生的积极效果。也就是说效能是一个综合性评价标准,既涵括了效率,又兼顾了质量和成效。基于此,对于行政管理效能的解释,也就并非现代管理学中认为的仅具有经济学意义的投入与产出比率。它是"基于行政服务理念,围绕高校行政目标、行政管理部门依法行政的能力、水平、程度,以及由此产生的经济、社会、政治等方面的综合效益"。

党的二十大报告中指出:"我们要坚持教育优先发展、科技自立自强、人才引领驱动,加快建设教育强国、科技强国、人才强国,坚持为党育人、为国育才,全面提高人才自主培养质量,着力造就拔尖创新人才,聚天下英才而用之。"这是新时代实施科教兴国战略,强化现代化建设人才支撑的重要举措,是加快建设人才强国的战略部署,这也对高校发展提出了更高的要求和目标。要完成党和国家交给的目标和任务,就必须从内部挖潜、增效、提质,不断提高行政管理水平。在高校教育改革过程中,高效、科学的行政管理能大大提高工作效率,节约高校人力成本和财政经费投入。通过科学和高水平、高质量的行政管理,实现对各方面资源有效统筹,以满足新时代高校高质量发展的需求。因此,进入新时代,高校进一步提升行政管理水平,对于落实党的教育方针、办好人民满意的教育具有极其重要的现实意义。

高校行政管理：理念与路径

（一）新时代党和国家发展战略的要求为提升大学行政管理效能提供了思想遵循

习近平总书记强调，高等教育发展水平是一个国家发展水平和发展潜力的重要标志。党的十九届五中全会提出"建设高质量教育体系"的总体部署，明确了教育改革发展的政策导向、任务目标和重点要求。由此可见，大学治理能力和治理水平已成为衡量一所大学办学质量的重要标准。而大学治理能力和治理水平的提升必须有一流的管理，一流管理的核心要素之一是学校行政管理效能。这些指导思想和战略部署，使推进教育治理体系和治理能力建设、不断提高行政效能，再次成为建设高质量教育体系的题中之义和基础性工作，成为贯彻落实国家治理体系和治理能力现代化的内在要求和重要内容。

（二）高校行政改革是高等教育深刻变革新常态下的客观需要

教育评价改革总体方案的颁布，使高等教育评价的指挥棒发生了重要变化，要求大学加快从原来的外延扩张向内涵发展转型，更加注重发展的质量和效益。因此，在管理上，大学需要改变过去的外在依赖性，亟须转变管理理念、优化管理机构、探索管理新途径，探索和建立适合高校自身特点的行政管理模式，实现由"政策驱动"向"内需驱动"转型。加上近些年许多大学综合改革已经踏入深水区，面临着利益格局的重新调整，改革过程必然会出现许多新问题，如果缺乏强有力的行政管理或者行政效能低下，势必会使改革停滞不前。因此高校行政改革，提升行政效能不仅是一种价值导向、一种科学理性的工具，更是大学发展客观且迫切的现实需要。

（三）高校行政改革是大学自我完善与发展的内生动力

国务院印发的《统筹推进世界一流大学和一流学科建设总体方案》中，明确把完善内部治理结构同加强和改进党对高校的领导等内容作为改革主要任务。一流的高校必须匹配一流的教学、科研，一流的教学、科研源自一流的人才，而要使一流人才顺利成长和高质量产出，必须依靠一流的行政管理和服务来提供最有利的环境、条件和最有力的保障,其中制度文化建设、管理方式创新尤为重要,这才真正符合内涵式发展的要求。所以,为了与"双一流"战略目标相适应,必须全面提升行政管理效能。

"政善治,事善能"。近年来,高校越来越重视行政管理效能,积累了许多宝贵的经验。伴随着"善治"的难度越来越大,"善能"的要求越来越高,高校迫切需要运用大学治理现代化相关理论,结合自身的实际和特点,在内部治理体系、治理能力上积极探索、大胆改革、力求创新,切实提升行政管理效能,从而实现科学治理、有效管理,使其迸发出更大的潜力和活力。

第二节 当代西方国家的高校行政改革

自20世纪80年代以来,全球的高等教育机构纷纷进行了一系列改革。这些改革的一个最突出的特点是,很多国家运用大量的市场方法来改造传统计划式的高等教育管理,以期通过引入市场机制为大学提供强大的动力,促使大学提高教育质量。这一改革通常被称为"高等教育的自治化(或市场化)"。

一、当代西方国家高校行政改革的基本趋势

正如在新公共管理运动中提倡的那样,采用市场机制改革计划式的高等教育体系一个主要原因是市场机制的经济效率、价值最大化,尤其是在配置稀缺的公共资源方面;另一个主要原因是,希望用市场竞争机制给高等院校施加压力以促使其提高培养质量,改变原来依靠政府及大学教授管理教学质量的局面。例如,很多国家通过鼓励发展私立高等教育,采用收费制等方法来促进各个高校之间的竞争。在高等教育的市场化改革中,大多数政府为激励其高等教育机构所采用的改革措施主要有以下几个方面。

（一）削减政府权力，增加大学自治权

当代西方很多国家的政府废除各种管制条例，制订新政策，来削弱政府对高等教育的控制，逐步增加大学的自治权，鼓励大学根据实际情况进行自主管理。例如，荷兰政府在其制订的《高等教育自治与质量管理白皮书》中强调了政府遥控的新式管理政策。在这个文件中，政府表明要减少各种复杂的计划管理和控制，增强大学的自治管理能力，鼓励大学实行自主管理。在挪威，政府虽保持一定的干预权力，但在很大程度上鼓励大学对内部事务进行分权管理。1990年，政府制定了一项新政策，极大地增加了大学的自治权。这一政策规定各大学有权聘用工作人员，包括全职教授和高层管理人员。此外，大学也有权根据自己的需要使用预算资金。

大学自治的实质就是大学不受外界干扰，自己有权决定事情。这是大学自主管理的前提条件，因为只有这样做，大学才可能根据市场需要及时调整对策。除了废立政策外，各国政府普遍赋予大学更多的权力来增加大学的自治权，不过，各个国家增加大学权力的方式是不同的。例如，英国的大学权力很大，能自主决定五个主要内部事务，包括财务、一般管理、设置课程、人员聘用及招生问题；而丹麦大学决定财务、人员聘用及招生的权力却较小；美国大学有较多权力，可以决定人员聘用及招生；在澳大利亚，除招生外，其他内部事务大学都有权自主决定。经济合作组织2003年对大学自主权研究的报告也反映出，英国、荷兰和波兰的大学有较大自主权，可以决定招生、课程设置、人员聘用及学费设置。在日本、韩国和土耳其，大学自主权小，政府决定大学大多数内部事务。各国政府虽然在不同程度上增加了大学的自治权，并不代表大学是完全自由的，大学自治权的取得是要付出一定代价的。政府不再对大学实行过紧的集权式管理，而是把主要精力放在监控大学的教育质量及责任性上。政府通过制订各式各样的考核标准及绩效管理机制，例如课题审核制、学位评估制等，督促各大学改善教学质量，提高科研水平，以达到国家规定的标准。

（二）建立质量评估体系，加强政府调控

建立质量评估机制是过去十多年里在高等教育改革中出现的一个普遍现象。研究表明，在高等教育体系中专门设立一个特殊单位或机构对大学教育进行质量监控，是大多数国家普遍采用的方式。法国、芬兰、丹麦、英国、韩国和泰国都属于这类。通常，各国质量评估机制中主要包括三个步骤：自我评估、同行评议、报告发布和后续活动。美国是最早使用自我评估方式进行质量检查的，这种方式有很多优点，比如成本低、危害性小、能实质性地提高教学质量等。同行评议主要是同行专家组成的学术考核，在评估中是比较普遍的形式，包括学院（系）定时考核、课程及专业考核、行政考核、教学考核、科研考核（或教学、科研同时考核）。此外，有些评估项目还包括统计数据分析及对学生、毕业生及雇佣者的问卷调查分析。与自查自评或自我考核一起，同行评议在国家级考核中扮演很重要的角色，因为大学基本性和全面性的信息可以通过这一途径取得。有时，同行评议专家还聘请一些相关领域的高级学者或行业专家。报告发布和后续活动也是质量评估体制中一项很重要的内容。在评估中，各种各样的报告用处很多。对大学的考核报告或学科评估报告经常被提交给国家高层管理人员或机构，如首相、教育部、政府拨款委员会等。有时，这些评估报告还被公开发表，或者对这些评估机构进行排名。排名制的使用尽管可以增强这些教育机构的责任感，督促其提高教育质量；但是也有可能会损害一些学术水平较差的机构或学科。因此，如何设计一套有效、公正的评估体系去提高大学教育质量，是各国高等教育管理者面临的一项严峻挑战。

（三）建立市场激励机制，提高教育水平

在高等教育市场化过程中，各国政府主要用四种方式为高等教育机构提供市场式激励，来促进大学教育质量水平的提高。

一是减少政府拨款。尽管各个国家高等教育机构都得到政府的财政支持，但政府财政拨款是逐渐下降的。从20世纪90年代中期到2000年初，大多数经济合作组织国家的这个指标在下降，例如加拿大、美国、日本和英国。

二是建立收费制。为了应对高等教育成本增加及学生数量增长的问题，很多国家从20世纪80年代起颁布政策，开始对学生实行收费制以补贴高等教育支出。通常，美国大学学费占家庭人均支出的40%；韩国和日本的大学经费中，学费的贡献超过了50%；澳大利亚大学教育支出的三分之一是由学费承担的。目前，经济合作组织的很多国家学生是需要付费上大学的，如澳大利亚、意大利、荷兰、新西兰、瑞士、英国和美国。在1997年时，芬兰和瑞典是唯一提供义务高等教育的两个国家。值得一提的是，很多欧洲国家的大学生除了不收费或付很少学费外，这些学生同时还享有奖学金、低息贷款或家庭补贴等多种形式的经济支持，例如，在北欧国家、德国和希腊。即使在学费较高的国家，比如英国，学生是否交学费主要是看其父母的收入水平。贫困生仍是可以享受免费高等教育的，同时，还有国家财政补贴的支持。

三是发展私立高等教育。大众化高等教育政策的实施对国家财政支出施加了很大压力，同时，在大众化高等教育政策的倡导下，许多高中毕业生又在努力寻找接受高等教育的机会。虽然近年来，高等教育机构数量在不断增加，可是高等教育市场始终供不应求。为了增加高等教育培养机会，促进高等教育质量的提高，从20世纪80年代起，很多国家的政府开始在高等教育中引入市场竞争机制，鼓励发展私立高等教育。在拉丁美洲，巴西、墨西哥、哥伦比亚和委内瑞拉等国，几乎有一半的学生在上私立大学；在中欧和东欧，私立大学也在很多国家快速发展，例如，匈牙利、波兰、罗马尼亚和爱沙尼亚；在亚洲，除了传统私立教育占统治地位的菲律宾、韩国和日本外，泰国、马来西亚和印度尼西亚的私立大学也得到了迅速地发展。

四是建立以绩效为基础的资金分配体系。作为质量评估机制的一部分，绩效资金的运用已成为一项重要的激励手段来促进大学和学术人员提高业绩。但在各国实践中，并没有很多例子表明评估结果直接影响大学资金的划拨。经济上的表现多半是通过评估对大学声誉的影响（提高或下降），进而间接影响大学的招生、分工及科研资金获得的情况。有些国家也运用大学排名制来激励大学提高教育质量。通过排名制公众可以了解各个高等教育机构的培养质量及标准的信息。一般排名靠前、得分高的大学，更容易在市场上招募到学生。

（四）各国高等教育由传统的政府单一管理的计划模式转变为由政府、市场及大学教授共同管理的新模式

各国政府、市场及大学教授的管理程度在实践中有所不同。粗略地说，美国大学受到市场的影响较大，国家行政管理水平及大学教授的权力较小；在英国，大学教授的权力较大，政府管理及市场影响水平一般。与美国和英国相比，澳大利亚的高等教育体系中，国家权力、市场影响及大学教授的水平相对较均衡。与此相反，有些国家的政府仍然对其高等教育机构拥有很紧的行政控制，市场影响和大学教授的权力非常小，例如日本和韩国。但跟韩国相比，市场影响和大学教授的权力在日本的大学里要略大些。

二、当代西方国家高等教育管理体制的特色

综观国外的教育管理体制研究文献，高等教育的发展呈现出多样化的趋势，大多数国家的教育都打破了高度集中的教育管理体制，并建立了适合本国政治、经济、文化发展需要的高等教育体系。国外高等教育管理体制主要有以下特点。

一是国外大多数国家都重视并尊重学术自由。特别是发达国家都有"学术自由"的传统，如美国、法国、英国、德国等。高等教育有着宽松自由的教学、科研氛围，大学的学术权力不受外部干涉。

二是国外高校的董事会、理事会成立得比较早，制度规范。特别是美国。董事会、理事会在协调好大学与政府及社会三者之间的关系上起着很好的作用，不仅引入社会力量支持高等教育，还在一定程度上避免了政府在其中发挥强制作用。

三是国外高校与政府的关系均限定在法律的框架内，高校和政府的行政关系淡化。如日本政府在高等教育体系改革中，颁布了一系列的法律来规范高等教育的发展，美国也通过立法确立了公立私立两大教育系统的并存。

四是高校内的学术权力和行政权力协调发展，行政权力让位、服务于学术权力。董事会聘请的校长不参与学术活动，专注于学校的发展建设。学院一级机构主要以学术活动为主，即校长负责寻求办学经费，学

院专注于学科建设。

三、国外高等教育管理体制的启示

（一）合理的大学治理结构是高等教育发展的基础

美国大学采用董事会，英国大学采用校务委员会、理事会，法国大学拥有高等教育理事会和大学咨询委员会，它们都采用了这一类中介组织来协调大学与政府、高校与社会之间的关系，充分说明了大学的发展离不开社会的支持，社会是大学的战略利益相关者，大学的治理必须将社会力量纳入其中。从这些董事会、理事会等中介组织的成员来看，其中大多为校外人士，有地方官员、社会名流、企业家等，这样便扩大了民主决策的基础，避免了政府一家独断的可能。从这些组织的性质来看，董事会、理事会是高校最高权力机构和决策机构，负责制定学校的战略目标，对学校的重大事务进行决策等。董事会、理事会实行董事会、理事会下的校长负责制，即董事会、理事会不直接参与高校日常管理，而是由董事会、理事会遴选产生的校长去负责。校长只对董事会、理事会负责，不对政府负责，并且校长只能从事校内管理和对外联络协调等工作，避免了以校长为首的管理层直接干预学术性事务。董事会、理事会制度职责分明，能有效行使监督职能，决策民主、科学，有利于理顺高校内部管理体制，其推行的大学校长职业化管理在发挥校长职能方面起着积极的作用。就高等教育的办学规律而言，不管是设立董事会、理事会，还是校务委员会、学术评议会，都是适应高等教育多样化发展的需要。大学能够获得社会各方力量的支持，实现协调发展，与这一类型的中介组织的设立是分不开的。可以说，合理的大学治理结构能为社会各方积极参与高等教育搭建平台，促进高等教育的发展。

（二）加强立法是高等教育发展的保障

在高等教育体系形成过程中，加强立法是高等教育发展的重要保障。美国高校董事会能有效运行，英国高校的管理工作没有政府和教育行政部门的随意干预，法国大学能实行自治，最重要的一点就是它们的制度或规定都有相应的法律保障。当前,高等教育在一国政府中的比重越来越重要,国家在重视高等教育的同时,也对其实施一定的政治影响。因而,为确保高等教育的健康发展,必须通过立法来规范国家对高等教育的管理,明确大学的地位及政府的职责权限等。

(三)协调好行政权力与学术权力之间的关系是高等教育发展的关键

学术权力和行政权力是大学内部最主要的权力。美国、英国、法国三国高校的行政权力与学术权力关系各有不同,但又有相似之处。美国是学术权力与行政权力分开,学术、行政各司其职,权力范围明确,并在各自的职责范围内发挥自己的优势,是一种高效的内部治理模式。英国是学术权力与行政权力分开,以学术权力为主导,大学设置了众多的委员会,确保了大学自治。法国是学术、行政两权分离,以行政权力为主导,国家的行政管理深入高等教育的内部,校级和院级的权力比较薄弱。美、英、法三国高校内部都是行政权力与学术权力共同发挥作用。从其大学治理结构的发展来看,适度的国家行政干预有利于大学的发展。如果大学完全实行自治而没有行政权力的介入,大学的发展也存在问题。但是,大学又是一个特殊的社会组织,过多的行政干预不利于大学的发展。学术自由和大学自治是现代大学的本质特征,高校的权力要体现学术与行政的统一,行政权力与学术权力同等重要,因此必须协调好它们二者之间的关系,这样方能促进高等教育的可持续发展。

第三节 我国高校的行政改革及展望

改革开放以来,我国高等教育体制改革从改革计划经济体制下政府对高等教育"统得过死、包得过多"弊端入手,逐步推进管理体制、办学体制、投资体制、招生就业体制改革,进而深入到高校内部管理体制和高等教育人才培养体制的改革。特别是党的十八大以来,围绕培养什么人、怎样培养人、为谁培养人这一根本问题,全面深化高等教育体制改革,加速推进教育现代化,让高等教育的中国特色更加鲜明。

一、新中国成立以来的高校管理体制改革

高等教育体制改革主要包括管理体制、办学体制、投资体制、招生和就业体制改革以及高等学校部门管理体制改革等方面的内容。其中管理体制改革一直是高等教育体制改革的重点与难点,高等教育管理体制反映着政府、高等学校和社会三者之间的关系,尤其是政府和学校的关系,始终是改革的关键环节。

(一)高等学校办学体制改革的历史进程

新中国成立初期,我国高等教育基本上都是由各级政府主办,其他形式的办学都被取消。这种办学体制一直延续到20世纪80年代初期。改革开放以来,我国高校的办学体制也进行了改革。按照办学自主权的自主性及受外部控制的程度,新中国成立以来的高校办学体制可分为四个阶段,即行政垄断阶段(1949—1978年)、办学自主权的萌生阶段(1978—1992年)、办学自主权确权与发展阶段(1992—2012年)和高等教育"放管服"改革阶段(2012年至今)。

第一阶段:行政垄断阶段(1949—1978年)。在新中国成立前,旧中国在高等教育办学体制上存在着政府办学、私人办学和教会办学三种形式。新中国成立后,对高等教育进行了整顿和改造:通过收回教育权运动,接收或接管了教会学校;对私立大学进行了改造,将其合并、撤销或重建。随着社会主义改造的完成和模仿苏联的高度集权计划经济体制的确立,我国高等教育基本上都是由各级政府主办,其他形式的办学都被取消,形成了条块结合、以条为主的办学和管理体制,在办学体制上除了中央和地方两级政府办学外,中央政府业务部门和省级政府的业务部门也主办和管理了不少高校,因而在两级办学、两级管理的体制中也包括部门办学体制。政府包揽办学权,高校基本没有办学自主权。

第二阶段:办学自主权的萌生阶段(1978—1992年)。从1978年实行改革开放,到1992年市场经济体制改革目标确立的这十几年间,在经济体制改革的推动下,中央与地方的关系逐步打破了高度集权的模

式,向地方分权型转变。高等教育作为政府的横向分权,跟进央地纵向分权进行同构性实践,高校的办学自主权逐步扩大,但是高校仍然不具有独立法人地位,政校关系的调整依然是通过政策手段进行规制,缺乏法治化配套制度工具的加入,权力无法确立并得到保障。

1978年,党的十一届三中全会召开,明确了工作重点由阶级斗争转移到经济建设上来。"文革"结束,高考恢复,高校工作步入正轨,高等教育管理体制强调中央集权,逐步恢复"中央统一领导,中央和省、自治区、直辖市两级管理制度"。当时高校有一股强烈的"扩大办学自主权"的愿望和要求。1979年12月,复旦大学校长苏步青等在《人民日报》发表文章,呼吁"给高等学校一点自主权"。这一呼吁成为我国高等教育体制改革的先声。同年,上海交通大学率先实行了人员流动、岗位责任制和内部工资改革。1983年6月,教育部同意上海交通大学扩大管理权限,增强学校办学活力。由此,以管理、人事、分配制度改革为突破口的高校内部管理体制改革逐步铺开。与此同时,各地还纷纷结合本地情况,由地方政府出面,开始推动"扩大高校办学自主权"。

1985年出台的《中共中央关于教育体制改革的决定》(以下简称《决定》)第一次由中央明确提出高校办学自主权问题。《决定》指出:"当前高等教育体制改革的关键,就是要改革政府对高等学校统得过多的管理体制,扩大高等学校的办学自主权,加强高等学校同生产、科研和社会其他各方面的联系。"同时,明确赋予高等学校七个方面的自主权,将招生、教学、科研合作、专业、基建、内部干部以及国际交流等方面的权限界定为办学自主权。这一规定表明,高校办学自主权的扩大要与社会经济发展相适应,将高等教育看作推动经济社会发展的重要动力。为配合贯彻《决定》,1986年3月,国务院颁发《高等教育管理职责暂行规定》,旨在"加强和改进对高等教育的宏观指导和管理,扩大七项高等学校的管理权限,进一步调动学校和广大师生员工、办学单位和用人部门等各方面的积极性,使高等教育更好地为社会主义现代化建设服务"。进一步明确坚决实行简政放权,扩大学校的办学自主权。

第三阶段:办学自主权确权与发展阶段(1992—2012年)。自主权的确立和发展意味着大学与政府、社会等的对外关系及大学内部的各种关系发生了深刻变化,而且,这种关系结构及其变化须依托法律予以明确化和稳定化。

1992年,以邓小平同志南方谈话为转折点,我国确立了市场经济

高校行政管理：理念与路径

体制的整体改革方向，形成了中央和地方关系新的建构点。同时，经济体制改革为高校改革引入了市场要素，且提出要扩大高校办学自主权。1992年，《关于国家教委直属高等学校深化改革、扩大办学自主权的若干意见》指出，"改革的重点方向是理顺政府与学校之间的关系，转变政府职能，扩大学校办学自主权，逐步确立高等学校的法人地位……主动适应和服务于国家经济建设和社会发展的需要"。1993年2月，中共中央、国务院颁布了《中国教育改革和发展纲要》(以下简称《纲要》)。《纲要》明确了教育体制改革的主要思想，包括：改革办学体制，改变政府包揽办学的格局，逐步建立以政府办学为主体、社会各界共同办学的体制；在政府与学校的关系上，政府要转变职能，由对学校的直接行政管理，转变为运用立法、拨款、规划、信息服务、政策指导和必要的行政手段进行宏观管理；逐步建立以国家财政拨款为主，辅之以征收用于教育的税费、收取非义务教育阶段学生学杂费、校办产业收入、社会捐资集资和设立教育基金等多种渠道筹措教育经费的体制，并通过立法保证教育经费的稳定来源和增长。为了推动《纲要》精神的落实，1995年国家教委下发《关于深化高等教育体制改革的若干意见》，推动以"共建、划转、合并、合作办学和协作办学"为主要途径的管理体制改革。1998年，全国高等教育管理体制改革经验交流会进一步提出"共建、调整、合作、合并"的八字方针。在此背景下，国务院部门所属院校再次进行了较大幅度的调整。到20世纪末，我国高等教育基本形成了中央和省级政府两级管理、分工负责，以省级政府统筹为主，条块有机结合的体制框架。除教育部和少数部委，国务院部门和单位不再直接管理学校，彻底改变了中央部门、单位(条)和地方政府(块)分别办学、分割管理的局面。建立了以财政拨款为主、多渠道筹措教育经费的投入体制，学生交费上学，社会各界积极参与办学。检视这个过程，虽然央地对高等教育的管理权随着纵向分权松绑，我国计划经济体制形成的条块分割的高等教育管理模式最终被打破，但是在地方政府与高校之间的横向分权关系上，行政权力依然是高校运行的管理方，其办学自主权处在相较于政府的弱对抗地位。

基于此，我国于1998年颁布《高等教育法》，其中规定高等教育机构拥有"调节系科招生比例""设置和调整学科和专业""制订教学计划、选编教材、组织和实施教学活动""开展科研活动，技术开发和社会服务""开展国际交流与合作""设置内部机构和聘任人员""管理和使用学校财产"七个方面的自主权,为高校办学自主权提供了法律依据。这一法律规定表明了自主办学序幕的拉开,也意味着办学自主权仅仅是权力配置结构的变化,而非采行全盘西化的模式,使高校完全脱离政府的管辖而完全市场化。这是因为,自主办学是一项复杂的系统工程,它不仅依赖成熟的市场经济制度,还必须依赖国家改革方略及其具体制度。因此,不成熟的市场运行机制和不协调的配套制度,极易导致自主办学的内容歪曲与效果不彰的尴尬局面。鉴于此,我国自主办学不应采取一蹴而就的态势进行建设。

第四阶段:高等教育"放管服"改革阶段(2012年至今)。党的十八大以来,以习近平同志为核心的党中央统筹推进"五位一体"总体布局、协调推进"四个全面"战略布局,对教育改革发展提出了新的更高要求。2013年11月颁布的《中共中央关于全面深化改革若干重大问题的决定》指出,教育改革进入深水区,需要深化教育领域综合改革,提出"深入推进管办评分离,扩大省级政府教育统筹权和学校办学自主权,完善学校内部治理结构"。其后,一系列高等教育体制改革政策和举措密集出台。2017年3月31日,教育部、中央编办、发展改革委、财政部、人力资源和社会保障部联合出台了《教育部等五部门关于深化高等教育领域简政放权放管结合优化服务改革的若干意见》,要求"破除束缚高等教育改革发展的体制机制障碍,进一步向地方和高校放权,给高校松绑减负、简除烦苛,让学校拥有更大办学自主权"。2017年9月24日,中共中央办公厅、国务院办公厅印发了《关于深化教育体制机制改革的意见》,指出:"深化教育体制机制改革要坚持'放管服'相结合。深化简政放权、放管结合、优化服务改革,把该放的权力坚决放下去,把该管的事项切实管住管好,加强事中事后监管,构建政府、学校、社会之间的新型关系。"习近平总书记在2018年9月召开的全国教育大会上指出,要深化教育体制改革,健全立德树人落实机制。要坚决克服唯分数、唯升学、唯文凭、唯论文、唯帽子的顽瘴痼疾,切实扭转不科学的教育评价导向。要深化办学体制和教育管理改革,充分激发教育事业发展的生机活力。我们要认真学习贯彻习近平总书记重要讲话精神,系统深化育人方式、办学模式、管理体制、保障机制改革,着力形成充满活力、富有效率、更加开放、有利于高质量发展的高等教育体制机制。

(二)高等学校内部管理体制改革

改革开放后,我国开始进行经济体制和政治体制改革,与这种改革进程相适应,教育体制也进行了改革。我国高校也开展了一系列内部管理体制改革。从改革的领域选择看,主要表现在高校内部领导体制改革、高校内部管理机构改革和高校内部人事分配制度改革等三个方面。我国高等学校的内部管理体制改革从十一届三中全会开始至今大致经历了五个阶段。

第一阶段:酝酿与尝试阶段(1978—1985年)。从1978年《全国重点高等学校暂行工作条例(试行草案)》(简称《条例》)实施至1985年《中共中央关于教育体制改革的决定》颁布之前,为酝酿与尝试阶段。这一阶段主要进行了内部管理体制方面的恢复与重建,各高校在拨乱反正中逐步恢复和理顺了内部管理体制。由于《条例》是在1961年颁发试行的《教育部直属高等学校暂行工作条例》(即《高校六十条》)的基础上修改而成,实施中表现出新的不适应,各高校酝酿并尝试新的改革。这一时期,学校内部管理体制改革主要集中在以下三个方面:调整高等学校领导班子;恢复教师职称评审制度,建立高等学校教师考核、培训制度和机关干部岗位责任制;恢复和改进校内分配制度、后勤管理制度。总体来看,这一阶段在学校内部管理体制方面主要还是恢复和重建,改革主要是在高校小范围试点,并进行以人事制度、分配制度为主要内容的单项改革,带动高校教学和科研等其他工作,为政府对高校改革政策的制定提供实践与理论依据。这一阶段的改革成果最终反映在1985年颁布的《中共中央关于教育体制改革的决定》中。

第二阶段:启动和全面探索阶段(1985—1993年)。从1985年《中共中央关于教育体制改革的决定》颁布到1993年《中国教育改革和发展纲要》发布之前,为启动和全面探索阶段。1985年5月27日颁布的《中共中央关于教育体制改革的决定》对我国教育体制改革进行了系统设计,高等学校内部管理体制改革也进入启动和全面探索阶段。这一时期主要进行了以下探索:进行校长负责制的试点;实行教师职务聘任制度;建立以岗位责任制为中心的管理制度,试行浮动岗位津贴制;以高校后勤服务社会化为改革总目标,推行高校后勤经济承包责任制;进行高校综合改革和内部管理体制改革试点。这一阶段试点探索的成果集中体现在1993年发布的《中国教育改革发展纲要》中,该纲要发布之后我国高等学校内部管理体制改革进入新的发展阶段。

第三阶段:逐步深化阶段(1993—1999年)。从1993年2月8日国家教委发布《关于普通高校内部管理体制改革的意见》到1999年《中共中央、国务院关于深化教育改革全面推进素质教育的决定》颁布之前,为逐步深化阶段。1993年2月8日,国家教委出台《关于普通高等学校内部管理体制改革的意见》;1993年2月13日,党中央、国务院正式颁布《中国教育改革和发展纲要》,标志着内部管理体制改革深化阶段的开始。在这一阶段,《高等教育法》颁布,高校内部管理体制改革步伐明显加快,改革的内容也不断深化,并开始了大规模探索与实践,从单项改革逐步转向整体综合配套改革,要求相互配合、整体协调进行。高校内部管理体制改革也开始深入到教学改革领域,特别是涉及加强跨世纪的高校领导班子、教学科研带头人队伍、学校党政管理干部队伍的建设等方面。实行学院制是高校内部管理体制改革和整合学术资源的一种模式。20世纪80年代中期,已有一些本科院校尤其是重点院校实行学院制。将过去按校、系、教研室建制的校内教学行政机构与教学组织变革为校、院二级教学行政机构。到20世纪90年代末期,尤其是高校扩招导致学校规模扩大之后,实行学院制成为越来越多的高校深化内部管理体制改革的实践。

第四阶段:全面推进阶段(1999—2010年)。从1999年《中共中央、国务院关于深化教育改革全面推进素质教育的决定》颁布到2010年中共中央、国务院印发《国家中长期教育改革与发展规划纲要》,为全面推进阶段。1998年8月,《高等教育法》颁布,1999年6月,党中央、国务院召开改革开放以来第三次全国教育工作会议和《中共中央、国务院关于深化教育改革全面推进素质教育的决定》颁布之后,我国高等教育出现了深化改革、加快发展的趋势,为建立与社会主义市场经济体制相适应的高等教育体制,高等教育体制改革的整体步伐大大加快,高校内部管理体制改革也进入全面推进阶段,并取得整体突破性进展。这一阶段改革的重点在五个方面:一是学校机关改革,精简高校内设机构和管理人员,开始建立教育职员制度,重点是减员增效;二是调整或重组教学组织,主要是校内院系调整,以适应新科技发展和新教学模式的要求,提高质量,多出成果;三是分配制度改革,普遍推行岗位津贴制度,在增量中拉开差距;四是人事制度改革,建立能上能下、能进能出的用人机制，遵循"按需设岗、公开招聘、平等竞争、择优聘用、严格考核、契约管理"的原则，逐步推行全员聘任制度；五是后勤改革，方向是社会化或准社会化，高校后勤社会化改革取得突破性进展。

第五阶段：深化改革阶段（2010年至今）。从2010年《国家中长期教育改革与发展规划纲要》颁布至今，为深化改革阶段。进入新世纪新阶段，高等教育发展的战略重点已经放在内涵建设上，更加突出质量、水平的提升。2010年颁布的《国家中长期教育改革与发展规划纲要》明确指出，要完善中国特色现代大学制度。其中进一步改革高校的内部管理体制是完善现代大学制度的重要组成部分。一是推进学部制改革，赋予基层学术组织自治权。学部制是指针对高校学科布局分散、管理跨度大的问题，在校、院之间增加学部一级学术性组织或管理机构，以整合学术资源，促进学科交叉融合。近年来，北京、浙江等高校均不同程度地进行了学部制改革。目前我国高校创建学部主要采取两种模式：第一种是"单一学院升格型"，即由原来一个学院升格为学部，原来的体制机制基本不做大的改变。第二种是"多学院多单位整合型"，即由多个学院或单位整合而成的学部。目前大学所进行的学部制改革绝大多数采取这种模式。但当前国内大学学部制改革尚处于探索阶段，在功能定位、权责分工、制度管理等方面，还需改善加强，以期学部制更好地服务学科发展、服务人才培养、服务学校管理。二是推行大部制改革，实现管理重心下移。大部制改革就是按扁平化的组织模式来设置机构，通过破除高校自上而下的垂直高耸的"金字塔"结构，精简管理层次，增加管理幅度，明确岗位职责，缩短工作流程，建立一种紧凑的横向组织，推动高校内部管理体制改革，为破解当前高校行政化弊端提供路径选择。三是建立问责与激励机制，加强民主管理与监督。近年来，教育部遴选的27所试点高校在积极探索建立现代大学制度的过程中，民主管理机制和激励机制在制度建设上有了一定的创新和突破。如同济大学健全《同济大学校务委员会章程》《同济大学董事会章程》，修订了《同济大学教职工代表大会实施办法》，组建了新一届校务委员会，调整了学生申诉处理委员会并研究建立教职工申诉处理委员会。

由此可见，高等学校借鉴公共行政管理改革的一些经验和方法，在学校内部行政管理改革方面进行了积极地探索，并取得一些阶段性的成果，这对高等学校各项事业的发展起到了很大的推动作用。但是，由于我国高校长期受计划经济管理模式的影响，内部行政管理的观念、方法、体系依然比较传统和陈旧,同社会主义市场经济体制的要求和高等教育国际化的发展要求相比,还存在很多不相适应的地方。所以,高校为了自身的生存和发展,还需要借鉴国外先进改革理论和改革经验,不断进行改革。

二、我国高校行政改革的经验及展望

在2018年全国教育大会上,习近平总书记系统总结了党的十八大以来教育改革发展的成就和经验,概括为"九个坚持",即坚持党对教育事业的全面领导,坚持把立德树人作为根本任务,坚持优先发展教育事业,坚持社会主义办学方向,坚持扎根中国大地办教育,坚持以人民为中心发展教育,坚持深化教育改革创新,坚持把服务中华民族伟大复兴作为教育的重要使命,坚持把教师队伍建设作为基础工作。这也是今后全面深化高等教育体制机制改革的根本遵循。

(一)我国高校行政改革的经验

第一,立足中国国情,走中国特色高等教育之路。高校管理体制改革作为我国全面深化改革的重要组成部分,其主要动力来自社会改革的推动和高校自身发展的需要,因此改革的特征、进程、重点与社会改革基本保持了同步。作为改革开放前奏的"解放思想",高校发挥了重要作用。改革的启动是从下放权力开始的,围绕下放权力自主办学、引入竞争强化责任、利用市场适应需求、优化体制科学组织等关键方面,循序渐进地不断推动改革的深化。从总体看,高校管理体制改革的每一个阶段关注的主要问题都能看到当时社会改革热点的影子,而且通常是"滞后"社会改革一段时间,因此,认识和总结高校内部管理体制改革,必须放到中国社会全面改革开放的大环境中,充分注意到"自上而下"和"由外及里"这样的特征。在未来的一段时间里,这样的特点还将继续。因此,高校内部管理体制改革应当结合社会改革进行,充分考虑改革的社会环境条件和基础。背离了社会大环境、滞后或者过度超前的改革是难以取得成功的。

第二,经济社会发展是改革的主要推动力量。我国高校管理体制改革的推动力量可以概括为以下三种:一是经济体制和社会运行机制的

高校行政管理：理念与路径

改革要求高等学校建立新的运行机制；二是外部对高等教育运行效率的巨大压力要求高校优化自身组织结构模式；三是高校自身发展的内在力量要求改变原来由外部安排的高校内部管理制度。我国高校管理体制改革首先是外部社会环境推动，波澜壮阔的改革开放是高等教育改革的主要推动力量，全社会的转型与变革推动了高等教育为适应外部运行环境而进行内部的全面改革，这样的改革被落实到高等学校的内部管理体制改革中。改革开放以来，我国从计划经济逐步过渡到社会主义市场经济体制，高校内部管理体制改革从下放权力、减少审批，到学院经费包干、自筹经费办学，政府要求高等学校更多地承担自身发展的责任，更多地独立获得办学资源并减少对政府的依赖，希望高等学校要"面向经济建设主战场"，在推动经济社会发展中从市场获得自身发展所需要的部分资源。这样的变化推动了高校从人事分配制度到组织结构模式，从教学科研业务到后勤体系的全面调整和改革。社会改革的"样板"对高校内部管理体制改革也起到重要的示范和引领作用。显然这样的改革在最初具有一定的被动适应特性，但随着高校内部管理体制改革的持续推进，其成功做法又推动了整个高等教育体系的深入全面改革，进而影响到整个教育系统和全社会的改革开放。内外结合的改革形成了改革的持续动力，也在改革过程中发挥了重要作用。

第三，结合国情，尊重地方，调动高校积极性。我国高校的管理体制改革始终是我国自己主导的，虽然受到外部影响、不断吸收借鉴国际高等教育发展的经验，但总体上是"以我为主"的，始终把适合国情作为改革的重要指导思想和行动原则。纵观高校内部推进的改革，始终立足国情、立足现状，在改革的总体方向上，重视调动地方支持高校内部管理体制改革的积极性，重视调动高校自身推动内部管理体制改革的积极性，尊重地方和高等学校结合自己的具体情况选择和调整具体的改革策略和时间进度，促使高校结合实际情况推动改革。

第四，坚持新发展理念，正确处理改革、发展和稳定的辩证关系。社会转型中高校内部管理体制面临的困难与问题比较多，推进改革的进程与节奏就显得特别重要。我国高校内部管理体制的成功经验是始终注意处理好改革、发展与稳定的关系。实践证明，改革是推动我国高校快速可持续发展的重要基础，不改革就无法适应社会的发展，但任何改革的目的都是发展，不能为改革而改革。改革中出现的问题如果处理不好很可能会危及发展，进而葬送整个改革；只有及时调整改革节奏解决这样的问题才能够将改革持续推进下去。衡量改革成效的主要依据之一就是高等学校的发展,但所有的改革与发展都必须以稳定为前提,这方面高校的经验教训尤其值得总结,如果影响了稳定,改革与发展的成果就可能付诸东流。今后一段时期,我国高校内部管理体制改革必将继续推进,这样的改革必须紧紧围绕推动高等学校的高质量发展,必须注意维护高等学校的稳定和社会的稳定。

第五,"自下而上"与"自上而下"的有机结合。我国高校多年来的管理体制改革总体上是一个自上而下的推动过程,政府(主要是国家教育行政部门)在改革中发挥主导作用,许多改革是通过行政命令实现的,"统一要求、自上而下、行政推动"是其鲜明的特征。政府根据国家经济社会发展战略和高等教育改革发展目标,制定体制改革的目标、任务、步骤和重点突破口,并通过教育理念创新、法律法规建设、政策和经费驱动,引起制度创新需求,促进体制改革。但中国高校内部管理体制的"自上而下"中的"上",其决策又主要来自基层的实践经验,个别地区、个别高校内部管理体制的实践经验和做法被总结、提炼和完善,成为推进全面改革的原则和依据。总体上看这是一个"从群众中来,到群众中去"的过程,基本避免了盲目改革和"瞎指挥"的情况,这是改革成功的重要经验。我国高校内部管理体制改革的实践证明,教育行政部门的强力推动是高校内部管理体制改革推进的重要保证,但这样的推进应当坚持尊重高校的现状,决策应当更多地来自高校改革的经验和创造,要特别注意总结群众和高校创造的各种经验,充分尊重他们的智慧,只有坚持自上而下与自下而上的结合,才能保证高校内部管理体制的顺利发展。

第六,坚持循序渐进、试点推广、逐步改革的渐进改革方式。改革是对个人利益和权力的重大调整,会引起权益格局和社会关系的重大变化,也必然会遇到许多矛盾和问题,这就决定了高校行政改革的复杂性、艰巨性和长期性。我国高校内部管理体制改革选择了注重成效、循序渐进、试点总结后推进、发现问题及时纠正调整的稳妥的改革策略。"摸着石头过河"是经常采用的渐进式改革策略,几乎每一个比较重大的改革问题都是从实践中提出来的,都是在总结个别高校实践尝试的基础上设计并组织试点,试点取得成功后再不断推开,发现问题及时调整和纠正。这样的策略保持了高等学校内部管理体制改革的稳定推进,极大地推动了我国高等教育的发展,改革、发展、稳定得到了有机地统一和平衡,这样的策略也是我国高校未来改革应当遵循的原则。

(二)我国高校行政改革展望

实践发展永无止境,改革创新也永无止境。我们要进一步解放思想,坚持问题导向、系统观念,积极推进高校行政改革,重点统筹好规模、结构、质量、效益,统筹好内部精细管理与外部拓展资源,统筹好改革、发展与稳定。通过改革优化高校治理结构,提升治理效能,激发办学活力,凝聚发展合力。

1. 政府进一步推进"放管服"改革,扩大高校办学自主权

我国各级高等教育行政组织在职责、权限的划分上,仍存在着某些问题,如中央教育行政和地方教育行政在分权限度上存在的无序状态;在政府与高校的关系上,政府权力过分集中、扩大高校自主权的状况仍有待进一步改变;经过近些年改革,业务部门所管高校数量变少了,但实行中央与地方共建的管理体制,在权力和责任的协调上也存在着有待改进的地方。

首先,政府要转变职能,简政放权,扩大高校办学自主权,真正形成政府、学校、社会组织和市场多元主体共同治理高等教育。创新高校的行政体制运行模式,切实落实高校的办学自主权。政府转变角色和职能的同时,要把握好宏观调控方向。政府要由"划桨"转变为"掌舵",实现传统的唯一管理者身份转变,做到与多元利益主体平等相处;要加强宏观调控,把握好高等教育发展方向,避免高校进入教育误区。政府的主要治理方向应该是规制高等教育培养的基本目标,确定高等教育发展的结构和规模,防止和弥补市场带来的缺陷。其次,政府应强化对高校的监督,确保高等教育在阳光下治理。政府在简政放权的同时,要制定对其他主体的监督机制,确保多元主体能够得到有效的监督和制约,避免出现偏离高等教育发展的基本轨道。最后,建立自主的高校行政管理协调机制。高校要实行法律范围内的自治,必须依照法律法规进行治理,履行教育的基本功能,接受政府和公民的监督。只有这样才能更好地实现政府宏观管理和学校内部自治的统一,促进高等教育有序发展。

2. 有效推进高校内部管理机构改革

高校内部管理机构改革的根本目的是为高校更好地从事人才培养、科学研究和社会服务工作提供高效的组织构架。多年来,为着眼于改变这种状况,本着"科学、精简、高效、合理"的原则,校内管理机构的改革也在进行。改革虽然取得了一定的成效,但离"精简、高效"的要求还有很大差距。改革中显现的突出问题是,高校的管理机构究竟如何设置?怎样设置才是真正的科学、合理?这些引导改革的政策性问题仿佛并没有在政策层面上得到很好地解决。高校管理机构的改革一方面受到领导体制改革的影响,另一方面也缺乏良好的政策引导或规约。

首先,优化高校内部行政管理机构设置。高校要根据学校发展需求和具体实际,科学、合理地设置行政管理机构。教育行政管理部门要有效落实宏观调控和监督工作,确保高校行政管理机构更好地为高校发展和学校全体师生服务。具体来讲,一要精简高校内部管理机构,提高行政管理工作效率。高校机构改革不是简单的机构合并,而是要根据高等教育的发展规律与现实需要,对应其应担负的职责和所发挥的功能、作用设置机构和配置岗位,并从提高效能出发,用效能提升来检验机构改革是否到位,形成系统完备、科学高效的大学机构。高校应有效整合指挥和执行机构部门,根据学校具体发展情况和实际需求,撤销职能交叉重叠和可有可无的部门,合并职责相近甚至相同的部门,确保行政管理机构有效运行。二要严格执行定岗、定员、定编制度,明确各部门各人员的工作与职责范围,根据具体的工作需求合理设置岗位和人员,做到人岗匹配、人岗对应,杜绝部门或人员相互推诿、扯皮现象。

其次,有效处理学校同二级院系间的关系,提高行政管理工作效率。这就需要高校对学校发展战略和行政管理工作进行统筹规划,全面把握学校的教学、科研、学术等活动范围与职责权限,合理设置行政管理机构和相关职能部门,牢固树立以师生为中心的理念,力戒"象牙塔"内的形式主义、官僚主义,不断提高学校行政管理效能和治理水平,打通服务师生"最后一公里",使行政管理工作更好地为学校落实教学、科研目标服务。

3. 高校进一步下放权力,推进校院二级管理

学院是高等学校组织结构层次上的基本单元,也是学校最基层的教

学、科研单位,充分发挥学院的作用是教学和科研创新的前提。高校要改变之前等级僵化的直线式管理模式,建立校院二级管理体制,这样可以促进校、院协同管理,增强各个学院的管理自主性和创新能力,使各学院能够因地制宜地管理行政事务,提高高校行政管理效率。

当然,管理重心下移不是简单的"放权",而是学校管理体制的深层次改革,旨在建立责任清晰、权责分明、目标责任与权利义务相统一,人的积极性充分发挥,各种资源充分利用,充满创新活力的校、院二级管理体制。通过管理重心下移,使广大师生员工能参与到学校和学院各项重大事务的决策和管理中,把民主办学、教授治学落到实处,建立起学校目标引导和宏观调控下的自我约束、自我发展机制。推进二级管理,在进一步提高和统一认识的基础上,要切实给予二级学院应有的人权、财权、物权,实现事权、人权、物权和财权的统一。只有这样才能充分调动院系的积极性,真正达到二级管理预期的目的。目前应切实把学院应有的学术管理权力、行政管理权力下放给学院。根据部分高校实施二级管理的经验,学院应具有的主要权力包括:学术权力、用人自主权、机构设置权,具有各专业本科招生计划、研究生招生计划制定权、对外办学权、资金支配权等。

4. 进一步完善制度,推进依法治校

要深化内部管理体制改革,首先要制订出科学可行的制度。制度的制订要严谨科学,既要借鉴国外的先进经验,也要符合中国的国情。其次,要严格执行制度,让制度去管事,而不是让人去管事,实现依法治校。制度一旦制定了就不能朝令夕改,要有长期性,要有延续性。党委领导下的校长负责制已经通过《高等教育法》这种法律形式确立,是党和国家的意志,高校要坚决贯彻执行。在制度完善的过程中,应特别处理好以学术权力为核心的行政权力和学术权力之间的关系。总的原则是应针对大学的本质特点,按照有利于办学自主和学术自由、有利于行政权力和学术权力的互动和制衡来进行。大学不同于其他社会机构的特点是它从根本上是一种学术组织,离开了这一点大学也就丧失了基本特性和存在的价值。大学的基本活动是学术活动,学术活动是大学中包括行政管理、后勤服务等所有活动存在的逻辑依据。大学学术活动的内在逻辑决定了学术权力的核心地位,行政权力的存在和行使是为了保证学术活动健康、顺利地进行,因此,要通过合理的制度对这两种权力给予明确的定位,使之在各自的权力范围内有效地行使。大学学术活动的内在逻辑也决定了教授在高校学术事务中的权威性。教授参与管理无疑能够提高管理的成效,同时也有利于创造大学的学术氛围。更重要的是,教授参与学校重大问题的决策与咨询将提高学校决策,特别是学术性政策制定的科学性和有效性,有利于知识的创新和创造型人才的培养。因此,只有完善行政权力和学术权力的关系,使之相互促进和制衡,高校才能更好地培养创新型人才,更多地取得原创性科技成果,更好地为社会提供高水平的服务。

5. 大力加强信息化校园建设

在新一轮科技革命推动下,人类正在加速迈向数字社会。大数据、云计算、移动互联网、物联网、人工智能等新一代数字技术迅猛发展,成为推进现代化建设的强大动力。新科技革命成果不断融入生产生活,正在改变传统的生产生活方式,改变人们的行为方式、社会交往方式、社会组织方式和社会运行方式,深刻影响人们的思想观念和思维方式。加快数字校园建设步伐是顺应这一趋势的重大战略举措,是推动高等教育更好更快发展的必然要求。

首先,要加强高校信息化校园建设,建立统一信息管理体系,加强数据传递与整合。进入新时代,高校应立足高校自身实际,制定行政管理信息化建设方案,优化 OA 办公系统,在学校整体范围内建立统一的行政信息管理体系,实现各类行政管理工作项目的集中规划与管控,为各职能部门的数据传递与信息交流提供统一的数据标准和畅通的沟通渠道,促进不同部门间事务协同办公,以提高行政管理工作效率。

其次,要进一步优化高校行政管理信息化工作流程。建立信息共享机制,打破各部门壁垒,通过信息的充分共享,提高行政组织系统的快速反应能力。实现数据信息的集中收集、传递与管理,避免各职能部门针对同一工作的信息断层、"孤岛问题",善于使用大数据为管理决策、施策,提供科学管理的支撑,不断降低管理成本,规范业务流程,提高高校行政管理工作质量。

最后,高校行政管理者要增强信息化管理工作理念。充分认识到信息化建设在行政管理工作中的重要性,用互联网思维促进行政管理工作,建立网上服务大厅,利用信息技术将各部门联系起来,提供整合性的一站式服务,简化办事流程,为师生提供迅速的反馈、快捷及时的服务,让"数据多跑路、师生少跑腿",可在网上办理的事项就在网上办理,规范并简化办事人需要提交的材料,提高信息化建设在行政管理工作中的地位,不断提高行政管理服务的满意度。

21世纪是中华民族伟大复兴的世纪。高等教育发展要立足基本国情,遵循教育规律,坚持改革创新,培养堪当民族复兴重任的时代新人,向着实现教育现代化、建设高等教育强国、办好人民满意的高等教育的目标奋勇前进,以高等教育高质量发展全面服务支撑中国式现代化。

参考文献

一、著作类

[1] 中共中央马克思恩格斯列宁斯大林著作编译局编译.马克思恩格斯文集(第1卷)[M].北京：人民出版社,2009.

[2] 中共中央马克思恩格斯列宁斯大林著作编译局编译.马克思恩格斯选集(第2卷)[M].北京：人民出版社,2012.

[3] 中共中央马克思恩格斯列宁斯大林著作编译局编译.马克思恩格斯选集(第4卷)[M].北京：人民出版社,2012.

[4] 中共中央马克思恩格斯列宁斯大林著作编译局译.列宁选集(第2卷)[M].北京：人民出版社,1995.

[5] 毛泽东.毛泽东选集(第1卷)[M].北京：人民出版社,1991.

[6] 毛泽东.毛泽东选集(第2卷)[M].北京：人民出版社,1991.

[7] 毛泽东.毛泽东文集(第3卷)[M].北京：人民出版社,1993.

[8] 邓小平.邓小平文选(第2卷)[M].北京：人民出版社,1994.

[9] 邓小平.邓小平文选(第3卷)[M],北京：人民出版社,1993.

[10] 习近平.习近平谈治国理政(第一卷)[M].北京：外文出版社,2014.

[11] 习近平.习近平谈治国理政(第二卷)[M].北京：外文出版社,2017.

[12] 习近平.习近平谈治国理政(第三卷)[M].北京：外文出版社,2020.

[13] 习近平.在北京大学师生座谈会上的讲话[M].北京：人民出版社,2018.

[14] 习近平.在庆祝中国共产党成立100周年大会上的讲话[M].北京：人民出版社,2021.

[15] 习近平. 高举中国特色社会主义伟大旗帜为全面建设社会主义现代化国家而团结奋斗：在中国共产党第二十次全国代表大会上的报告 [M]. 北京：人民出版社，2022.

[16] 黄达人. 大学的转型 [M]. 北京：商务印书馆，2015.

[17] 薛天祥. 高等教育管理学 [M]. 桂林：广西师范大学出版社，2006.

[18][美]约翰·S·布鲁贝克. 高等教育哲学 [M]. 王承绪等译. 杭州：浙江教育出版社，2002.

[19] 伯顿·克拉克. 高等教育系统——学术组织的跨国研究 [M]. 王承绪等译. 杭州：杭州大学出版社，1994.

[20]（美）伯顿·克拉克. 高等教育系统 [M] 王承绪等译. 杭州：杭州大学出版社，1994.

[21] 柯武刚，史漫飞. 制度经济学：社会秩序与公共政策 [M]. 北京：商务印书馆，2000.

[22] 任钟印. 夸美纽斯教育论著选 [M]. 北京：人民教育出版社，1990.

[23] 朱云杰. 高等院校治理研究：基于非营利法人治理的分析 [M]. 北京：中国经济出版社，2011.

[24] 张德祥. 高等学校的学术权力与行政权力 [M]. 南京：南京师范大学出版社，2002.

[25]（美）约翰·范德格拉夫. 学术权力——七国高等教育管理体制比较 [M]. 王承绪等译. 杭州：浙江教育出版社，2001.

[26] 夏书章，王乐夫，陈瑞莲. 行政管理学 [M]. 广州：中山大学出版社，2018.

[27] 林建华. 校长观点：大学的改革与未来 [M]. 上海：东方出版中心，2018.

[28] 刘献君. 院校研究论 [M]. 武汉：华中科技大学出版社，2021.

[29] 刘银花编著. 领导科学 [M]. 大连：东北财经大学出版社，2015.

[30] 乔治·凯勒. 大学战略与规划：美国高等教育管理革命 [M]. 别敦荣译. 青岛：中国海洋大学出版社，2005.

[31] 周巧玲. 大学战略管理研究 [M]. 北京：科学出版社，2009.

[32] 居延安. 公共关系学 [M]. 上海：复旦大学出版社，2001.

[33][德]弗朗克·菲德勒，奥托·苏格尔等. 辩证唯物主义和历史

唯物主义[M].郑伊倩等译.北京：求实出版社，1985.

[34][匈]卢卡奇.社会存在本体论(第2卷)[M].白锡堃、张西平、李秋零等译.重庆：重庆出版社，1983.

[35]储祖旺.高校学生事务管理教程[M].北京：科学出版社，2008.

[36]俞吾金.意识形态论[M].北京：人民出版社，2009.

[37]宋惠昌.当代意识形态研究[M].北京：中共中央党校出版社，1993.

[38]王永贵.经济全球化与社会主义意识形态建设研究[M].北京：人民出版社，2005.

[39]王永进.高校意识形态工作话语权研究[M].上海：上海交通大学出版社，2017.

[40]瞿振元主编.当代中国高等教育：以变化适应未来人才需求[M].北京：中国人民大学出版社，2021.

[41]谢红星，文鹏.高等学校青年教师专业发展能力提升研究[M].武汉：武汉大学出版社，2022.

[42]高建勋.高等教育探索与研究[M].武汉：武汉大学出版社.2015.

[43]高建勋.高校事务文书写作与公务讲话要领[M].武汉：武汉大学出版社，2021.

[44]高建勋.高校管理干部的八项修炼[M].武汉：湖北人民出版社.2023.

[45]陈霄.高校中层管理者专业发展研究[M].武汉：湖北教育出版社，2022.

二、期刊类

[1]习近平.推进党的建设新的伟大工程要一以贯之[J].求是，2019（19）：4-15.

[2]洪成文,莫蕾钰."双一流"建设的路径：流程再造的视角[J].北京教育（高教），2017（05）：26-29.

[3]马廷奇."双一流"建设与大学发展[J].国家教育行政学院学报，2016（09）：9-14.

[4]熊丙奇."双一流"需要一流管理[J].中国高等教育，2016(7)：1.

[5] 王智慧. 论西方高等教育的管理模式及其自治化改革 [J]. 广东行政学院学报, 2011（2）: 38-43.

[6] 李旭锋, 中国共产党领导高等教育百年发展的历史演进与经验启示 [J]. 国家教育行政学院学报, 2021（12）: 3-9.

[7] 李立国、张海生, 国家治理视野下的高等教育治理变迁——高等教育治理的变与不变 [J]. 大学教育科学, 2020（1）: 29-35.

[8] 邬大光. 现代大学制度的根基 [J]. 现代大学教育, 2001（03）: 30-32.

[9] 张应强, 周钦. 从学术单位体治理走向学术共同体治理: 我国大学学术治理改革的基本方向 [J]. 高等教育研究, 2022, 43（02）: 31-41.

[10] 张应强, 张浩正. 从类市场化治理到准市场化治理: 我国高等教育治理变革的方向 [J]. 高等教育研究, 2018, 39（06）: 3-19.

[11] 胡建华. 大学学术组织科层化分析 [J]. 探索与争鸣, 2015（07）: 47-49.

[12] 秦惠民. 当前我国法治进程中高校管理面临的挑战 [J]. 清华大学教育研究, 2001（02）: 49-59.

[13] 别敦荣. 现代大学制度建设与大学权力结构改革 [J]. 高校教育管理, 2012（01）: 3-4.

[14] 王宾齐. 我国高校行政化的表现及其产生的社会文化根源 [J]. 探索教育, 2010（10）: 56-58.

[15] 钟秉林. 关于大学"去行政化"几个重要问题的探析 [J]. 中国高等教育, 2010（09）: 4-7.

[16] 钟秉林. 现代大学学术权力与行政权力的关系及其协调 [J]. 中国高等教育, 2005（19）: 3-5.

[17] 别敦荣. 学术管理、学术权力等概念释义 [J] 清华大学教育研究, 2000（2）: 4.

[18] 刘晶, 纳欣悦. 高校危机管理: 观念冲突、行为差异与制度缺失 [J]. 高等教育研究. 2022, 43（10）: 49-55.

[19] 刘道玉. 从大学的起源看西方教育的精髓 [J]. 中国地质大学学报（社会科学版）, 2009（6）: 1-6.

[20] 周廷永, 熊礼波. 西方大学使命的变迁及其历史效果 [J]. 新华文摘, 2009,（16）: 119.

[21] 徐同文. 大学领导者的责任定位 [J]. 教育研究, 2008 (10): 87-90.

[22] 欧阳淞. 高等学校实行党委领导下的校长负责制的实践与思考 [J]. 红旗文稿, 2011 (5): 10.

[23] 杨少波. 高等学校院(系)领导体制的发展演变与现实思考 [J]. 华中农业大学学报(社会科学版) 2012 (2): 117-121.

[24] 刘献君. 高等学校决策的特点、问题与改进 [J]. 高等教育研究, 2014 (6): 17.

[25] 刘献君. 论高校战略管理 [J]. 高等教育研究, 2006 (2): 1-7.

[26] 袁振国, 周军. 教育代价与教育决策 [J]. 教育发展研究, 2000 (1): 18-21.

[27] 陈廷柱. 我国高校推进战略规划的历程回顾 [J] 高等教育研究, 2007 (1): 63-67.

[28] 别敦荣. 高校发展战略规划的理论与实践 [J]. 现代教育管理, 2015 (5): 9.

[29] 陈超. 美国研究型大学的战略规划及其秉持的理念 [J]. 外国教育研究, 2013 (8): 118.

[30] 王轶玮. 美国大学如何进行战略规划与管理 [J]. 现代教育管理, 2018 (1): 103-108

[31] 魏海苓. 战略规划与大学发展——以卡内基·梅隆大学(CMU)为例 [J]. 比较教育研究, 2007, 28 (9): 57-61.

[32] 唐汉琦. 论大学战略规划与共同治理 [J]. 现代教育管理, 2016, (7): 14.

[33] 李雄鹰. 美国大学战略管理发展及启示: 读《大学战略与规划: 美国高等教育管理革命》[J]. 高等理科教育, 2011 (5): 74.

[34] 刘向兵, 李立国. 高等学校实施战略管理的理论探讨 [J]. 中国人民大学学报, 2004 (5): 140-146.

[35] 赵俊芳. 新中国成立以来我国高校人事制度回溯及评价 [J]. 中国高教研究, 2019 (8): 25-32.

[36] 邝浩. 政策工具视角下的高校人事制度改革 [J]. 复旦教育论坛, 2014 (6): 63.

[37] 李志民. 引进预—长聘制"Tenure-track"的是与非 [J]. 中国计算机学会通讯, 2021 (8): 56-60.

[38] 嵇景涛.高校职员制度改革的实践与探索,中国农业教育,2021（4）:10-14.

[39] 陈远临,钟起万.论新时代高校学生事务管理的中国特色[J].赣南师范大学学报,2023,44（2）:136-140.

[40] 付文红.美国高校学生事务管理的特色与启示[J].思想教育研究,2007（09）:49-51.

[41] 陈剑波.香港高校学生事务管理的模式与特点[J].浙江理工大学学报(社会科学版),2016（3）:313-316.

[42] 朱若霞,郭文秀.香港高校学生事务管理考察启示[J].高等工程教育研究,2002（4）:55-57.

[43] 李伸平.浅谈危机处理[J/OL].http://www.carpcman.org.tw/172.Htm.

[44] 白涛,等.高校危机管理对策初探[J].华南理工大学学报:社会科学版,2005（4）:67-71.

[45] 朱晓斌,美国学校危机管理的模式与政策[J].比较教育研究,2004（12）45-50.

[46] 许中华,雷育胜,高校危机的类型、特点及管理策略[J].中山大学学报论丛,2005,25（4）:445-447.

[47] 潘东良.学校危机类型、特点及管理策略[J].教育科学研究,2004（8）:26-28.

[48] Robert Health.Dealing with the Complete Crisis - the Crisis Management Shell Structure[J].Safety science,1998,（30）:139-150.

[49] 纪宝成.从"非典"防控看高校的危机管理[J].中国高教研究,2003（B）:3-6.

[50] 戴冰.高校学生工作管理信息化整合策略研究[J].思想理论教育,2004（2）:5.

[51] 赵景来.关于意识形态若干问题研究综述[J].学术界,2001（4）:249.

[52] 邢贲思.意识形态论[J].中国社会科学,1992（01）:64-65.

[53] 陶培之.人的全面发展视域中的高校意识形态工作[J].思想政治教育研究,2009（2）:48.

[54] 彭庆红.论加强和改进高校意识形态工作[J].思想教育研究,2009（08）:23.

[55] 罗双燕,陈功江.多元文化视域下高校意识形态工作策略探究[J].学术论坛,2015（4）:160-163.

[56] 郑永廷,林伯海.坚持高校意识形态工作的领导权与话语权[J].思想理论教育,2015:11-12.

[57] 董泽芳,张尧.目标管理视域中的高校绩效考核:误识与澄明[J].湖北工程学院学报。2023（4）:45-51.

[58] 叶昭华.新时期下高校教师绩效管理探析[J].现代经济信息,2014（13）:58-59.

[59] 孙华.高校人力资源管理中绩效考核的问题及创新途径[J].投资与创业,2023,34（11）:157-159.

[60] 鲍威 戴长亮 金红昊 杨天宇.我国高校教师人事制度改革:现状、问题与挑战[J].中国高教研究,2020（12）:21-27.

[61] 钱敏.评价指标体系构建及实施过程:基于高职院校部门绩效考核[J].质量与市场,2023（12）:145-147.

[62] 查国清 徐亚妮.基于危机生命周期理论的高校突发事件应急响应机制[J].安全,2018（5）:12-14.

[63] 汪华,孙霄兵.中国高等教育70年:成就与政策[J].中国高等教育,2019（12）:7-9.

三、报刊和网络类

[1] 习近平.在中央党校建校80周年庆祝大会暨2013年春季学期开学典礼上的讲话[N].人民日报,2013-03-03（002）.

[2] 习近平.胸怀大局把握大势着眼大事 努力把宣传思想工作做得更好[N].人民日报,2013-08-21.

[3] 习近平.在中央政治局第二十次集体学习时的讲话[N].人民日报,2015-01-24.

[4] 习近平.在第十八届中央纪律检查委员会第六次全体会议上的讲话[N].人民日报,2016-05-03（002）.

[5] 习近平.关于树立创新、协调、绿色、开放、共享的发展理念[N].人民日报,2016-04-29（009）.

[6] 习近平.把思想政治工作贯穿教育教学全过程 开创我国高等教育事业发展新局面[N].人民日报,2016-12-09（001）.

[7] 习近平在全国高校思想政治工作会议上强调 把思想政治工作贯穿教育教学全过程 开创我国高等教育事业发展新篇章[N]. 光明日报，2016-12-09（01）.

[8] 习近平. 抓住培养社会主义建设者和接班人根本任务 努力建设中国特色世界一流大学[N]. 人民日报，2018-05-03.

[9] 习近平. 切实贯彻落实新时代党的组织路线 全党努力把党建设得更加坚强有力[N]. 人民日报，2018-07-05.

[10] 习近平. 在庆祝改革开放40周年大会上的讲话[N]. 人民日报.2018-12-19.

[11] 胡锦涛. 在庆祝清华大学建校100周年大会上的讲话[N]. 人民日报，2011-10-09.

[12] 国务院关于全面深化新时代教师队伍建设改革的意见[N]. 人民日报，2018-02-01.

[13] 陈宝生. 坚持以本为本 推进四个回归 建设中国特色、世界水平的一流本科教育[N]. 中国教育报，2018-06-22.

[14] 习近平在清华大学考察时强调 坚持中国特色世界一流大学建设目标方向 为服务国家富强民族复兴人民 幸福贡献力量[N]. 人民日报，2021-04-20（01）.

[15] 习近平在中央党校（国家行政学院）中青年干部培训班开班式上发表重要讲话强调,信念坚定对党忠诚实事求是担当作为努力成为可堪大用能担重任的栋梁之才[N]. 人民日报，2021-09-02.

[16] 张学文. 大学如何告别平庸[N]. 光明日报，2015-04-07（13）.

[17] 刘云山. 领导干部要注重提高政治能力[N]. 学习时报，2017-09-11.

[18] 刘建军,赵宇飞. 提高政治能力的四个基本要求[N]. 中国教育报，2020（05）.

[19] 中华人民共和国中央人民政府. 中共中央、国务院印发《关于加强和改进新形势下高校思想政治工作的意见》[EB/OL].（2017-02-27）.http：//www.gov.cn/xinwen/2017-02/27/content_5182502.htm.

[20] 新华社. 习近平主持中央政治局第五次集体学习并发表重要讲话. 中华人民共和国中央人民政府官网[EB/OL]（2023-05-29）. www.gov.cn/govweb/yaowen/liebiao/202305/cotent_6883632.htm.

[21] 新华网：习近平在全国高校思想政治工作会议上发表重要讲话[EB/OL].http：//news.xinhuanet.com/politics/2016-12/08/c_129396382.htm.

[22] 习近平.提高防控能力着力防范化解重大风险保持经济持续健康发展社会大局稳定.[DB/OL].新华网.[2019-01-21].http：//www.xinhuanet.com//politics/leaders/2019-01/21/c_1124021712.htm.

后 记

当前,我国高等学校"双一流"建设如火如荼,完成这一项宏伟的任务,仅仅依靠专任教师队伍是远远不够的,还需要有一流的行政人员与机构。"双一流"建设的重点是学科,师资队伍是关键,管理是支撑。高校管理主要包括教学管理、科研管理、学生管理、人事管理、财务管理、后勤管理、意识形态管理、绩效管理等。面对新阶段新征程严峻的形势任务,高校管理工作重、任务新、要求高,由于长期以来管理队伍缺少专业教育培训,对外交流较少,专业化水平不高,多数管理人员基本依靠个人经验的积累来开展管理工作。行政管理工作不能指望"师傅带徒弟"的模式来推进,散落在茫茫人海中的个体经验的贝壳,需要串成美丽的项链。只有依靠理论的指导,才能在整体上推进高校行政管理工作水平的提高。

高校行政人员需要一本指导从事高校行政管理的书,这样的书既要有学术性、又有实践性,专家学者看了不觉得浅陋,管理人员看了又可操作实施。市场上谈公共管理的书籍很多,但是很难找到专门针对高校行政人员提升行政管理能力的著作,要学习如何做好高校行政管理工作这项技能,可以说基本上是"求学无门"。本来,这样的工作,应该是专家学者的事,应该是高校领导的事,而偏偏没有人去专门研究。教育部原副部长周远清多次说:我很奇怪,高等学校有那么多教授专家,研究自然科学和社会科学的方方面面,而且总有研究成果不断涌现,怎么很少有人好好研究自身,即极少研究高等教育是什么、为什么、干什么?他希望多出这方面的研究成果。[①] 中国工程院院士、武汉纺织大学校长徐卫林曾经一针见血地指出,高校唯独不研究自身问题,高校管理干部需要做好"研究型"管理。现实中的确存在这些情况,一些领导认为高校行政管理是领导者的事情,能够选拔担任领导就说明具备行政管理能

[①] 陈浩,论教多识见 名声不浪垂——《周远清教育人生》悦读慨言[J].中国高等教育,2022(10):45.

后 记

力,无须再学习研究;一些领导认为,高校行政管理要靠自己在实践中摸爬滚打。导致的结果是,专任教师没兴趣研究高校行政管理工作;研究人员多关注高等教育宏观政策、教师队伍发展,对高校行政管理操作层面的工作研究得很少;领导每天为大学排行、学科评估、办学经费而忙碌,没有时间专门坐下来研究和写作。而现实中,高校行政人员这个群体,对提高个人能力的需求是很旺盛的,对拥有一本有助于提高自身业务能力的专业书籍相当渴求。这类专业书不是一般的泛泛而谈,而是要针对高校行政管理工作的实际,回答现实工作中的问题。我在想,如果我在刚参加工作的时候就能读到这样的书籍,就能少走不少弯路。作为一名"资深"高校行政人员,我应该站出来,用自己30余年高校行政管理工作的亲身经历,以自己的切身体会,为高校行政人员写一本如何做好高校行政管理工作的业务书,为高校年轻管理干部专业化成长提供一些借鉴和参考。因能力有限,阅历经历积累不足,加之缺乏创新的勇气,多年来时时思考写作,但没有形成理论体系。众里寻他千百度,蓦然回首,那人却在灯火阑珊处。癸卯兔年的春天,我随武汉纺织大学党委书记田辉玉教授到广州出差,其间参观了他曾经挂职的中山大学。在中山大学陈列馆,我看到了夏书章教授主编的《行政管理学》,突然间来了灵感,我就想以夏书章教授主编的《行政管理学》[1]为指导,撰写一本对高校行政管理工作有参考价值的书,在多年积累的基础上经过近一年的写作修改完善,就有了这一本书。

横看成岭侧成峰,远近高低各不同。每个人都有不同的经历和个性,身处不同的位置,看到的是不一样的风景。这本书不是为了评职称和完成课题所写,而是纯粹出于自己对高校行政管理的兴趣而写。因此,自动笔之初,本书的写作就不受任何外在规范的制约,而是以一种轻松自由的心境来面对。本以为凭借我在高校行政管理岗位工作三十余年的"资深"管理人员的经历,这样的写作会很轻松。我自2002年12月任学校团委书记,走上高校中层领导岗位,迄今也有20余个年头了。我先后在学校机关处室、院部教学单位等多个岗位工作,担任过八个二级单位的主要负责人,从事并分管过群团、党务、教学、科研、学生、宣传、人事和综合协调督办等工作。如今回想起来,不胜"欣逢其盛"之感。何其有幸,得以见证和参与中国高等教育独特的一页。在人生成长的过程

---

[1] 夏书章.行政管理学[M].广州:中山大学出版社,2018.

高校行政管理：理念与路径

中，人生的经历是不可逾越的，令我没有想到的是，我的这些经历已经成为我享用不尽的精神财富，如今也成了我撰写本书的灵感源泉。近年来，我尝试着把自己的工作感悟，分享给刚走上高校管理岗位的年轻人，先后出版了《高校事务文书写作与公务讲话要领》《高校管理干部的四重修炼》《高校管理干部的八项修炼》等专著，被一些高校当作管理干部集中培训读本，对他们的帮助很大。湖北民族大学党委副书记邓磊教授认为，《高校管理干部的八项修炼》一书把工作经验上升到理论高度，指导工作实践，意义重大。但真正动笔才体会到自身能力的不足和其中的困难。现在的高校行政人员多数不是行政管理学（公共管理学）专业毕业，大学期间就没有学习过行政管理的知识，要做到写作"对路"实为不易。我想，针对大多数高校行政人员关注的共性问题做一些分析探讨，给出有一定成熟度的方案，能为解决实际问题多少提供一点有益支持的书籍，可能是更被需要的。因此，坚持问题导向就显得尤为重要。写作本书与其说是做学问，不如说是个人的又一次修炼。写作的特殊性，在于苦乐相循，苦中有乐。柳永词中的"衣带渐宽终不悔，为伊消得人憔悴"，正是这种境界。面对即将付梓的书稿，又有一种温馨感、成就感、自豪感。此际，我的心境，亦复如此。

谁言寸草心，报得三春晖。感谢各级领导和师长一直以来的关心指导，感谢同事朋友们的支持帮助，有你们的关注鼓励，我的脚步更铿锵，我的眼前一路风景，一路美丽，一路温暖……武汉纺织大学党委书记田辉玉教授、中国工程院院士徐卫林校长有领导者的睿智勤勉，以及为人师表者的包容和鼓舞，在他们的耳濡目染下，我对田辉玉书记"有制度按制度办，没制度按规矩办，没规矩商量着办，商量不成按领导指示办"，徐卫林校长"要做'研究型'管理干部"的大学管理理念有了新认识，感谢武汉纺织大学党委副书记黄国辅教授、副校长傅欣教授和党委常委王栋教授的大力支持，他们如此敏锐缜密，又如此热情直爽，他们的学术热诚与真性情令我如沐春风。本书也可以说是我30余年工作经验的总结升华。小时候立志要在县城当高中教师，又要当作家，当记者……从没有想到过在大学从事管理工作。在这里，我还要感谢家人的理解和包容，只要我在看书写字，也不管是看的什么书，就不让做家务事。我的妻子刘俊给了我很大的支持，每当我想放弃的时候，她都给予我鼓励，给予我前行的力量。

为什么我的眼里常含泪水？因为我对这土地爱得深沉。我也感谢

后 记

自己这么多年来不褪色的坚持。因热爱而坚持,因梦想而坚定。我上高中时,在《中学文科教学参考》杂志公开发表过一篇谈学习体会的文章,被当时的大悟一中历史教研室主任申志霄老师抄写在学校操场边的黑板上,以至于给不少人一个错觉——以为我文字功底不错,具备研究能力。大学期间,也有不少同学称我为高副教授(那时的教授真的很少)。1991年7月,我从华中师范大学毕业分配到武汉纺织工学院(2010年更名为武汉纺织大学)工作直到现在。我把高校管理工作作为职业去从事,作为专业去研究,作为事业去追求,在平凡的岗位不断追求、不断攀登,努力提高专业技能和专业知识,不断突破自身专业能力水平线,始终追求事业上的进步。2010年12月,我被湖北省高校教师高级职称评委会评为教授。文科教授一向把著书立说视为"名山事业",本书的出版算是了了我多年的一个心愿。我只是贪婪,掷一颗小石子在空谷流水中,想听到回声,无论是否美妙。律回岁晚冰霜少,春到人间草木知。我利用龙年春节假期,对书稿又做了一次全面修订,春天就要到了,本书的写作马上就会结束,但作为研究,还远未结束。对于我而言,将多年工作的体会融入本书进行了一次深刻的梳理与反思、提升与顿悟,并借此机会与同行或交流分享,或商榷批判,这个过程,本身就是一种收获。期待能够抛砖引玉,带动更多同行和专家对高校行政管理学进行有益的探索和研究,为进一步推进高校治理体系和治理能力现代化添砖加瓦。

高建勋

2024年3月2日定稿于清风居